20世纪中国文学经典新解读丛书

李娜　李哲　◎主编

重读李准

从延安文艺座谈会走来

河北出版传媒集团
河北教育出版社

图书在版编目（CIP）数据

重读李准 / 李娜, 李哲主编 . -- 石家庄 : 河北教育出版社, 2023.7

（从延安文艺座谈会走来）

ISBN 978-7-5545-7467-6

Ⅰ. ①重… Ⅱ. ①李… ②李… Ⅲ. ①李准 – 生平事迹 ②李准 – 文学研究 Ⅳ. ① K825.2 ② I206.7

中国国家版本馆 CIP 数据核字 (2023) 第 012780 号

书　　名	重读李准——从延安文艺座谈会走来
主　　编	李　娜　李　哲

策　　划	丁　伟
出 版 人	董素山
责任编辑	刘书芳
装帧设计	李关栋
出版发行	河北出版传媒集团 河北教育出版社　http://www.hbep.com （石家庄市联盟路 705 号，050061）
印　　制	河北新华第一印刷有限责任公司
开　　本	787 mm×1092 mm　1/16
印　　张	28.25
字　　数	364 千字
版　　次	2023 年 7 月第 1 版
印　　次	2023 年 7 月第 1 次印刷
书　　号	ISBN 978-7-5545-7467-6
定　　价	85.00 元

版权所有，翻印必究

以历史、社会中"人"为媒介重读李准（序）[1]

◎李娜

李准作为"十七年文学"的代表作家之一，与赵树理、柳青等近些年日益受到关注、研究不断推进的情况不同，可说处于被"遗忘"的状态。但"北京·当代中国史读书会"师友们在长时间的阅读和讨论中却逐渐有了强烈的共感：要充分抉发"十七年文学"中对我们建立更丰满中国认识、更丰富文学理解的重要资源，特别是对深入理解在20世纪50—80年代文学史中居关键地位的文艺实践与社会、政治的互动经验而言，李准绝对是具有特殊价值、不能也不该绕开的存在。

基于这样的兴奋认识，"北京·当代中国史读书会"同仁毫不犹豫地把李准列入文学史上通常由赵树理、丁玲、柳青、周立波等作为代表的革命、社会主义文学的经典作家系谱中，并经过近两年的精心准备，

---

[1] 本序主要以李准五六十年代创作与"社会史视野"的相互生发，探讨李准研究之于"社会史视野"要发展得饱满、更具有思想含量所具有的意义，而没有完整涵括本书文章的讨论范围（特别是关于李准20世纪80年代创作的研究），对本书所收文章的精彩、重要、创造性，也未做具体讨论。
准确地说，在"社会史视野"研讨会上发表和收入本书的文章，并不以"社会史视野"为限；"社会史视野"本身也是一个开放的、意涵不断充实的文学研究意识与方法。

在2019年11月与上海师范大学人文学院联合举办了为期两天的"社会史视野下的中国现当代文学研究——以李准为中心"研讨会。[1]《重读李准——从延安文艺座谈会走来》收录的十四篇文章，便来自这次研讨会。会后两年间修订、多已在刊物上发表的这十四篇文章，不但令人欣喜地证实了研读李准作品期间师友们的共感，且以出色的文本实践对"社会史视野"内涵与路径的探索、推展，以及富有张力地"溢出"，让我们相信，这本书不只是"李准研究"的重要推进，它对当代文学、当代史研究中一些重要问题、概念、方法论的层面，乃至读书会自2014年提出、经过十年实作的"社会史视野"，都有打开、重启的意义。

一

李准是在新中国成长起来的作家。1928年，李准生于河南省洛阳县（现改属孟津县）下屯村，祖父是乡村教师，父亲务农，也在镇上开杂货店。他在1948年才解放的洛阳县长大、新中国成立后才"参加革命工作（银行职员）"，在"三反""五反"运动中被波及、初领会革命政治的不同寻常，在自身生活积累、文学能力与时代敏感的交汇和激发下，走上文学创作之路，成为20世纪50年代后半60年代前半中国最受瞩目的作家之一。相较于30年代即以学生运动投身革命的赵树理、柳青等，此一时期同样写合作化、同样在文艺为政治服务的意识下写作，李准的生活资源和文学养成以及创作与革命/政治的关系，是很不同的。在李准研讨会的邀请函中，我们曾说：李准的文学养成与实践路径不单在理解当代文学的独特创作机制上有认识价值，其现实把握的深

---

[1] "北京·当代中国史读书会"的"社会史视野下的中国现当代文学"系列研讨会从2014年起，已相继举办了以赵树理、丁玲、柳青、李准、周立波为中心的五次会议。其中李准与周立波研讨会在上海师范大学人文学院薛毅、冷嘉、全亚兰老师的倾力操持下得以成功举办。

度、表现力度、表现方式,亦构成对理解当代历史的挑战。

可以说,李准 20 世纪五六十年代的小说,基本沿着政治政策或说集体化进程带来的乡村变动中的"问题"和"新人新事"来展开,这在当时的农村小说中是常见的。不过,从他跃上文坛的成名作《不能走这条路》——描写农村土改后重新出现的土地买卖、贫富分化问题——这篇起手就相当成熟的小说,可以看到李准的特别超卓之处,就是对乡土社会与人在历史变动中的心情、心思变化的把握如此敏锐,而又对于如何调动乡土上既有伦理、情感资源,配合政治理想来应对、解决这样的新状态、新问题,是如此富有灵感。他的"敏锐""灵感",质朴而又不避俗的、看起来缺乏历史自觉但实则准确的乡土生存智慧和文化养成,使得不同阶段他的创作与政治政策的关系既非"传声筒"那么简单,也很不同于柳青、赵树理、周立波等革命作家。用"当代中国史读书会"日常讨论中经常出现、本论文集有文章特别阐释的一个词来说,李准五六十年代的创作呈现了文学与社会、政治的一种独特"缠斗"[1],蕴藏着新中国政治与乡土社会的互动、变迁的极为细腻、丰富的历史、文化、情感意涵。

这种"缠斗"为理解当代文学/历史带来了挑战,这挑战是多方面的。我们姑且从李准五六十年代的创作在当代文学研究中不无尴尬的处境中体会:一方面,这些写乡村变动和"新人新事"的诸多短篇,当年特别以"有生活"且叙事"行云流水""无描头画角之态"受称赞。[2]

---

[1] 何浩:《与政治缠斗的当代文学——重读李准的〈不能走那条路〉》,载《文艺争鸣》2020 年第 1 期。
[2] "有生活"是李准的创作在五六十年代受到的普遍的赞誉。"行云流水"见于茅盾的评论,不过茅盾是同时送给马烽和李准的:"马烽、李准的风格有共同之处:洗练鲜明,平易流畅,有行云流水之势,无描头画角之态。然而各人又有其个人的特点,这在塑造人物典型的手法上可以看出来。"茅盾:《反映社会主义跃进的时代,推动社会主义时代的跃进!》,载《人民文学》1960 年第 8 期。

不少人物如宋老定、李双双、喜旺等走上戏曲舞台和大荧幕，烙印于几代人的记忆中，今天从这些故事、形象中，仍能感受到一些生长于特定社会历史但已然沉淀、汇入当代中国人情感、价值与伦理感受的基底的东西；另一方面，新时期以来对李准五六十年代的写作多有"紧跟政治"（而有违生活真实）的批评——80年代初的李准自己也曾以一种笼统的反思，称再不能写"速朽"的作品，看似接受了这种批评。即便是自觉想要突破"文学－政治"二元对立的简单认识框架来重估"十七年文学"的一些研究者，也会觉得在新中国才开始写作、缺乏曾投身革命的作家的主体锻造经验的李准，五六十年代的写作"紧跟政治"又都是短篇，虽"有生活"，终不似柳青、赵树理、周立波等在政治文化构想、历史责任自觉、主体深度乃至美学风格上的成就更值得深掘。

我们认为，李准在当代文学研究中的这一处境，恰恰提示了：今天流行的"文学－政治"二元认识框架，实则是"文学"和"政治"都没有被足够打开的认识框架，用以把握20世纪中国革命、社会主义文学中那些缺少能动性力量的文学经验尚属恰当，但至今仍强势的这种"文学－政治"二元认识框架，若依赖它来认识以"文学"面对"政治"时有着活跃能动性的作家的作品、创作经验，便会陷入捉襟见肘的窘局。"北京·当代中国史读书会"正是面对这一亟待突破的状况，于2014年启动了"社会史视野下的中国现当代文学"研究和系列会议，近十年后，读书会同仁前期的部分研究结集为《社会·历史·文学》一书，"社会史视野"这一内涵方法论探索概念的提出者贺照田在"编后记"中追溯其动力与设想：

> 如果研究的关怀不只是对二十世纪四五十年代革命中的文学和政治的关系予以批判性的概要考察，不只是指出时代文学中诸多平庸表现的时代结构性原因，而还想对——时代中认同革命政治、渴

望为革命做出贡献又以"深入生活""深入群众"为自己创作路径的关键部分,但其相当部分写作和许多时候的文学感受、文学理解又无法直接被政治充分回收的——作家做深入考察与理解,重重引入"社会"的维度便是不可避免的。就是通过由"'社会'中人"为媒介的"社会"维度的认真引入,我们才能对作家所深入的"生活""群众"有更多的认识、体会;我们对作家的"生活""群众"认识品质及其认识特点,才可能有更深、更可靠的理解与评估;我们也才更有可能对如下关键性构成我们文学性理解的诸问题方面——作家如何转化其"深入"成果,该怎么历史-现实实践地理解、评估作家的"转化",如何文学性、美学性地理解、思考不同作家的不同"转化"——做出深入、有力的考察,准确、公正的认识。而也只有当文学研究者在如上几个环节、层面都有结实、充分的掌握,我们才能算对这过于以政治为前提时期的有意思作家、作家值得研究的作品与思考,做了把其文学性、美学性充分包括在内的高度完成性的把握。而只有当我们对这一时期有代表性的诸作家、作品都做了这种高度完成性的把握,我们才有足够条件,可对这一时期文学的经验与教训做——更有启发性、更公平、也更能打开和滋养我们文学理解的——总结。[1]

也即,"社会史视野"的引入首先是为了帮助打开对20世纪革命与社会主义的"文学"的充分认知,不过,贺照田强调,这里引入的"社会"维度,是以"'社会'中'人'为媒介"的"社会"维度。因为,要跳出"文学-政治"二元认识框架重新认识那些以"文学"面对"政治"时有着活跃能动性的作家,对不同作家如何"深入生活"、

---

[1] 贺照田:《不能忘记历史,不能忘记社会,更不能忘记人(编后记)》,贺照田、何浩编:《社会·历史·文学》,中国大百科全书出版社,2023年版,第462页。

如何"转化"他的"深入"成果等环节、层面做"高度完成性的把握"，一般性地从社会主义价值立场或审美出发"重估"，一般性地从文史互证意义上的"回到历史现场""历史化"，都是不够的——而是要求研究者努力进入作家和他的人物的"世界"，去把握活生生的人。就此而言，李准五六十年代的创作，他的"有生活"，意味着：一个包含着政治设想的工作任务、人物进入村庄，会层层荡出生活具体而丰富的涟漪；而李准最好的小说，会非常敏锐地揭示这些涟漪中所含蕴的社会、文化、心理内容，而这些敏锐的揭示，又会帮助我们站在一个展开的社会角度审视政治，特别是政治落实于社会的过程、方式和引发的问题。也是因此，我们说：李准最好的小说，是扎根乡土社会很深的小说，是能帮助政治政策做从社会出发的反观的小说。

二

在上文所引贺照田对"社会史视野"思考脉络的追溯中接着讲的是：引入"社会史视野"内涵的另一抱负、可能性方面，是在三维研究意识框架中的耐心追索、往复中，打开"文学"，亦打开"政治"：

> 并且在我们2014年夏的认识中，把"社会"重重插进来的研究意识与研究路径的建立，其可带来的认知打开不只对政治－文学－社会三维研究意识框架中的"文学"有效并重要，对这一框架中的"政治"之维的打开认识也非常重要且有效。

就是研究二十世纪四五十年代革命中的文学不能不注重政治，因为政治之维对其时的文学确实构成着最关键的结构性规约。当然，仔细考察这一时期文学常常被政治特别关注，我们即可明了，这一时段之政治关注文学，常常因为文学是政治权力介入思想文化问题、聚焦革命中知识分子的主体打造问题等的方便发言点，并非文学本身实际成为规约其时代政治感构型的关键性维度[1]，尤其到1945年抗战胜利革命本身实力大大增长后，特别是到1949年革命成功新中国成立后，文学对政治的塑造力更为下降[2]。而相比文学，对社会的认识，对所认识的社会可进行什么样的动员、推动、组织，能让社会更积极、充分地参与到自己的革命、建设设想中去，显然在四五十年代革命政治主导者主观意识中，更是参与构成他们时代政治感确立的关键维度。而这也就意味着从四五十年代政治的社会感、社会理解角度，可以为我们以贴近的方式深入审视这一时期不同时段的政治，提供极有效的理解切入点。比如，这一时期的多数时段中国共产党的政治感都是可圈可点的，而这又与其社会感可圈可点密切相关。熟悉中国共产党历史的人都知道，从对中国社会相当教条的理解，到二十世纪三十年代后期开始对中国社会有一种更准确的把握，是中国共产党经过相当艰难的努力才做到的，而这又为贯穿掌握着四五十年代革命不同时段政治主导权的领导者及其周边，在不断变动、总是充满挑战的四十年代、五十年代前期，在不断变动的时势中多数时候都能及时、准确地调整、确立自己新

---

[1]至于文学可不可以、应不应该成为革命确立自己政治感时的核心参照维度，当然是一个有高度认识打开作用的重要问题，尤其具体到二十世纪中国革命，从上述角度我认为可以引出一些极为重要的理解、思考来，希望将来有机会正面聚焦讨论这一问题。（此注为引文原有注释）

[2]关于二十世纪中国历史特别是革命历史中文学对政治的塑造与影响问题，很多研究都涉及，但可惜都没有把文学对政治的塑造作为正面主攻问题，从而既准确把握、呈现不同时期文学对政治的影响，又在对相关历史前后变迁的准确、系统勾勒后，认真体味、分析这些变迁何以发生，其发生的历史、思想、政治、文化意涵是什么。

从文学角度关注二十世纪中国革命的学者，要做出对文学之外诸多领域都有特别启发性的研究贡献来，这个注解和上个注解提出的问题，我想应该是从文学角度关注二十世纪中国革命的学者不能不面对的那些重要问题中具有不能被代替地位的两个问题。（此注为引文原有注释）

的政治认识、新的政治实践方向与路径，提供了来自社会认识方向的非常重要的支撑。

如上阐释提示着，这一把"社会"重重插进来所形成的"政治－文学－社会三维意识框架"，并不是一个可以直接套用的、不变的原理性框架，因为每一维和三维之间的关系，都是在历史展开过程中运动着的。不只是20世纪40年代革命时期和新中国成立后相比，政治、文学、社会各自的状况及其之间的关系发生了极大的变化，整个五六十年代中国的时势变动如此急骤，能否准确把握、安置这三维的角色和关系，对于政治主导者来说，实具有重要意义。显然，要获得"足够准确的以其时'历史、社会中"人"'的深入理解为媒介的社会感"[1]，是特别可以从内涵了深刻的时代－社会性关联的文学中收获很多关键性指引的。

我们通过李准成为"作家"后更自觉的"深入生活"的经验、创作谈，看他最好的那些作品如何把个人的时代－社会性关联转化为作品的时代－社会性关联，便会发现，其中确实蕴含了一种文学、社会、政治良性互动的能量：文学通过对政治下落乡土社会时引发的乡土社会中各种人的反应的敏锐把握，实际在召唤准确深植社会既有的建设性能量的政治。1953—1955年，也即合作化运动高潮前、时代政治相对"平缓"的时期，李准对政治下落乡土社会的感受、书写，都比较从容、展开，或说此时表现矛盾和问题，比较"不受束缚"[2]，小说《不能走那条路》《白杨树》《农忙五月天》对互助、合作化运动引发的农民心理、情

---

[1] 贺照田：《不能忘记历史，不能忘记社会，更不能忘记人（编后记）》，贺照田、何浩编：《社会·历史·文学》，中国大百科全书出版社，2023年版，第463—464页。
[2] 洪子诚：《李准的创作》，王雨海编著：《李准研究》，河南大学出版社，2017年版，第121页。

感、意识的波动和人们如何相互触发,都有细腻、动人的捕捉和体察;"其中的核心体察——农民群体不仅在乎物质实利,还在精神、情感、尊严感、伦理、价值意义感方面有重要需求与相关潜质,在适当的激发调动下,这些潜藏可以被召唤出来,并在新的意识结构中发挥建设性作用"[1],应该说,不仅在当年,对于今天应该有怎样的社会理解,仍具有启发意义。而在留给作家和时代中人的可自主空间被极大压缩的"大跃进"、人民公社时期,李准一方面写了不少口号式宣传作品,包括《马小翠的故事》这样经不起生活逻辑追问却在当时被广为出版传播的人物特写,另一方面这个时期李准仍写出了《李双双小传》《耕云记》《两匹瘦马》等可说是他五六十年代最好的一批作品。其中"李双双和喜旺",经过从1959年到1963年小说、戏曲、电影等不同艺术媒介和作家经历、时势变动颇为曲折的锻造,成为当代文学史和中国人身心里有特殊意义的积淀。《两匹瘦马》,据李准晚年追述,茅盾当年认为是"李准写得最好的小说"[2]。小说写于1959年6月,也即政治主导者在1958年末开始正视并着手纠正"大跃进"和人民公社激进化带来的严重问题、1959年上半年一些纠偏措施陆续落到乡村基层的一个短暂"小阳春"中。"穷有穷打算,富有富打算",青年农民韩芒种不怕人笑,为自己的穷队买了富队淘汰的两匹瘦马——小说没有矛盾,没有斗争,甚至也没有什么戏剧性的故事,只有在与妻子、村民们说说笑笑、相互扶持中,芒种怎么一点点把两匹瘦马养成了"昂头扬尾巴"的好马的生活图景。不只茅盾表彰,这篇小说刊出后获得众多关注和称赞,也使它很快被改编成电影,老舍为电影改名为《龙马精神》。芒种被当成"艰苦奋斗"

---

[1] 莫艾:《"新与旧、公与私、理与时、情与势"中的人:试探李准1954—1955年(合作化高潮前)的小说创作》,载《妇女研究论丛》2022年第1期。

[2] 李准:《晚年自述》,向继东编:《李凖文学回忆录》,广东人民出版社,2021年版,第70页。

的精神象征，看起来是呼应着此时政治政策对人民公社"一大二公"、平调富队生产资料等问题的纠偏，但李准对农民的情感、精神、价值意义感何以波动的细微体察，让他在这一政治前提下，写出了什么是好的"民气可用"，以及人是如何"在有限的可自主空间中仍然活出相当的生命尊严与意义支撑的"[1]。

可惜的是，《两匹瘦马》所依托的1958年末1959年初这个"纠偏"的小阳春终成了让人叹惋的历史一瞬，以一种会害羞的朝气、责任感和精气神儿鼓动人心的养猪组组长芒种，在1965年上映的电影《龙马精神》中，已经成了观念化的与搞破坏的阶级敌人做斗争的生产队委员。也即，李准这些本来具有和时代政治对话的丰富能量的"有生活"小说所包含的以人为媒介的"社会感"，在当时历史展开过程中没能成为和时代政治相辩证的力量，能否因为我们今天的耐心开掘和有灵感的转化，而成为我们今后思考和行动的参照资源呢？

三

最后，我想借用贺照田"编后记"结语的一段话，对读书会已累积了十年实作的"社会史视野"和"重读李准"做展望：

> 而正是如上这些——关于"社会"的认真引入，对我们深入认识我们设定的文学对象，对我们深入认识相当强力规约着这些文学的政治都非常重要的——认识，和我们对研究对象决定研究方法的认识论、方法论信念坚执，共同使得我们2014年年中决定启动自己的文学研究计划时，没有多想就使用了既强调自己的研究意识又

---

[1] 贺照田：《不能忘记历史，不能忘记社会，更不能忘记人（编后记）》，贺照田、何浩编：《社会·历史·文学》，中国大百科全书出版社，2023年版，第454页。

突出和"政治-文学"研究架构对话的自我命名"社会史视野下的中国现当代文学",而没有把自己命名为能更突出我们研究基点意识的"以历史中'人'为媒介的中国现当代文学研究"。[1]

也即,因为对"研究对象决定研究方法"的信念坚执而有的"社会史视野",有其意欲对话、突围的研究架构,也有其适用的对象。《在延安文艺座谈会上的讲话》之后,对柳青、赵树理、周立波、李准这样的作家,文艺和政治的关系确实是紧密的,他们都自觉以政治为中介展开创作、介入社会现实;但这一关系发生的具体过程,落在这些作家经过革命锻造或被乡村文化传统浸染的主体,以及主体所深入的具体生活引发的主体脉动方式,又是非常多样的。他们与革命的关系、与乡村的关系可以做细致的区分。他们"深入生活"的时候去把握什么,认为哪些现实和问题具有基点性,也影响他们会有不同的乡村生活认识。当我们以"社会史视野"的探索意识来重新解读这些为20世纪五六十年代的中国乡村社会变革留下深刻的记录、思考的作品,或许可以说,有多少个优秀的作家,就有多少社会史视野路径。归根结底,"社会史视野"只是帮助我们撑开、进入我们想要探访的世界的一个支点、一个手杖。至此,我想,在"社会史视野"背后,能更为准确表达"北京·当代中国史读书会"研究基点意识——和已经强调历史化多年的中国现当代文学研究者们同中有异的——"以历史、社会中'人'为媒介的中国现当代文学研究"的文学研究意识,随着对一个个作家努力做"高度完成性的把握"的研究累积,无疑将会推动更多更为自觉的中国人、中国社会、中国现代的认识路径。

就此,李准的写作对当代历史/文学研究提出的挑战,可以说是一

---

[1] 贺照田:《不能忘记历史,不能忘记社会,更不能忘记人(编后记)》,贺照田、何浩编:《社会·历史·文学》,中国大百科全书出版社,2023年版,第464页。

个重要的认识契机。

本文开头曾说，在读书会以"社会史视野"推动讨论的几位作家中，李准其人其作，远不像赵树理、丁玲、柳青和周立波等那样被普遍承认其价值；在2019年秋的李准研讨会上，一些对当代作家、当代文学史有深厚研究积累且有相当代表性的学者，提出就文学性也好、历史认知价值也好，"李准，有你们说的这么重要吗？"打开这本论文集，当可以回望、回答这一问题。

也因为这本论文集，我们敢于进一步说，"以历史、社会中'人'为媒介"重读李准，李准是富矿，期待更多研究者来面对他的挑战，和我们一起来挖掘当代文学的"富矿李准"。

2023年5月24日

目 录

辑 一

与政治缠斗的当代文学
　　——重读李准的《不能走那条路》
　　　◎何浩 ……………………………………………… 003

在作品中看到人
　　——试析李准早期两篇小说创作
　　　◎莫艾 ……………………………………………… 028

1956—1957年文学语境中李准的创作与思考
　　　◎夏天 ……………………………………………… 059

辑 二

李准早年传略补遗
　　——以豫西"地方史"为视点
　　　◎李哲 ……………………………………………… 081

新中国成立初期农村中的"两极分化"与"中农化"问题
　　——李准小说的社会史意涵
　　◎ 常利兵 ················· 116

农忙托儿所与乡村再造
　　——李准《农忙五月天》里的制度与人心
　　◎ 梁苑茵 ················· 143

辑　三

"再使风俗淳"
　　——从李双双们出发的"集体化"再认识
　　◎ 程凯 ················· 179

李双双：从更深的土里"泼辣"出来
　　——试探20世纪五六十年代"新型妇女"的一种生成史
　　◎ 李娜 ················· 225

银幕新人的生成
　　——电影《李双双》再解读
　　◎ 张冰 ················· 279

从"跃出"到"回置"的新人
　　——小说《李双双小传》与电影剧本的版本变迁与思想变迁
　　◎ 梁帆 ················· 304

辑 四

我见过的李准
　◎王增如 ·· 349

字里行间的"时势"
　——研读李准
　◎朱羽 ··· 359

转折与延续
　——论李准《黄河东流去》的当代性
　◎李海霞 ·· 386

从李准的《黄河东流去》谈新时期初现实主义美学的变化
　◎谢俊 ··· 407

辑 一

2019年11月16—17日,"社会史视野下的中国现当代文学研究——以李准为中心"研讨会在上海召开,由上海师范大学人文学院、中国社会科学院文学所"二十世纪革命与文学"创新工程课题组、"北京·当代中国史读书会"共同举办。

与政治缠斗的当代文学
——重读李准的《不能走那条路》

◎ 何浩

内容摘要：文学试图捕捉、追踪政治，及时反映现实，共同推动、引导社会现实变化，这种文学实践方式从1942年《在延安文艺座谈会上的讲话》（简称《讲话》）以来成为党的文艺工作方针，也构造出中国当代文学的特殊形态。李准作为新中国成立后体现这一创作方式的代表性作家，他在成名作《不能走那条路》中充分展示了文学与政治之间的复杂缠斗。本文通过细读《不能走那条路》，揭示看似文学服务于政治的创作中所内含的复杂的文学展开路径，以及李准所开创出的另一种当代文学路径。

一

就新中国成立初期文学与政治任务关系问题，赵树理1951年2月发表《谈"赶任务"》一文，曾劝诫1949年后苦于"赶任务"的作家们：

抗日战争在当时是一个长期任务，但每时期仍有每时期不同的任务，例如，救灾、支前、增产等等，把这些任务看成临时而去"赶"是不太妥当的，因这与大任务并不脱离，并不那么"临时"。如果本身生活与政治不脱离，就不会说临时任务妨碍了创作，因为人民长远的利益以及当前最重要的工作才是第一位的，不只是带着应差拉夫的心情去"赶"，而是把它当作中心任务去干，很严肃的，郑重其事的，看作长期性的任务去完成。[1]

话硬，理不糙，可赵树理自己的创作却越来越少。与1949年之前相比，赵树理在之后的十年里，发表小说仅《登记》（1950）、《求雨》（1954）、《三里湾》（1955）、《灵泉洞 上》《锻炼锻炼》（1958）、《老定额》（1959）六部，被文坛普遍认可的只有《三里湾》。这与1953年初登文坛，至1963年的十年里便发表四十多篇小说的李准差异巨大。1906年出生于山西省晋城市尉迟村的赵树理，对中国农村的娴熟度明显高于1928年出生于河南省洛阳市孟津县小地主家庭的李准，其对革命经验的积累也远甚于尚年轻的李准，但赵树理的丰富经验在1949年后却难以顺畅地转化为文学创作，笔端干涩；而李准这样的年轻作家却似乎越来越得心应手，意到笔显。

赵树理这段话更像是针对骆宾基这样的渴望投入创作的国统区作家而言。骆宾基1917年出生于吉林省珲春市，一直活跃于国统区文坛。他参加第一次全国文代会时三十二岁，不但当选为全国文联候补委员，1951年又出任山东省文联副主席，仕途颇顺，参与各地调研考察的机会很多。他在20世纪40年代较为活跃，产量颇高，令文坛瞩目。但

---

[1] 赵树理：《赵树理全集》第4卷，大众文艺出版社，2006年版，第77页。

1949年后，直到1956年，他才写出一篇较为人认可的小说《父女俩》。骆宾基可能苦于赶任务而无法写作；赵树理并不拒斥赶任务，却没有因为推陈出新的政治任务调动起创作热情；而李准的高产量却是看来颇为适应用文学配合各种政治任务。李准在1979年也曾批判20世纪60年代中后期盛行的赶任务式的"运动文学"，但在50年代至60年代初，他并不觉得主动配合政治任务是对文学创作的抑制。

赵树理扎根农村的丰富经验似乎成为他在新中国成立后感知、把握新现实的负担，但革命经验为何在新中国成立后难以转化为新的创作灵感和资源？非革命经验的骆宾基似乎也很难无障碍地展开对新中国实践经验的文学叙述，而"白纸一片"的李准为何会越来越透视般地进入新中国成立后的政治规划？这些现象，很难简单地用缺乏生活经验、政治对文学有强势压制、文学修养不足等理由来解释新中国成立初的文学实践。同样是由《讲话》（1942）为原则所指导下的文艺，为何新中国成立前后会有如此差异？以对《讲话》的理解和认识的深浅程度，也很难解释这些文艺现象。如何深入描述和解释1949年之后新中国文学创作实践中的这些差异？1949年后的政治实践状态与1949年之前有何不同，使得《讲话》原则在历史时空下会发生如此弯曲，以致对政治同样有热情的作家竟形成快慢缓急的不同节奏行走在现实曲面？这些历史曲面为何会在文学领域引发诸多作家创作状态的起伏？这是我们想讨论的问题。

如果我们稍加留意就会发现，赵树理、骆宾基和李准大致对应了1949年前后解放区、国统区和新中国成长起来[1]的这三类作家。这些作家在20世纪50—60年代的文学实践展开了对以往文学形态罕见的挑战。我们不妨从新中国成立初期历史结构性变动所引发的认知框架、观

---

[1]新中国成长起来的作家又可细分为在社会和学校两种环境中成长起来的作家，前者如李准、浩然等，后者如刘绍堂、林斤澜等。

念意识变化，来考察他们的不同应对，以此管窥新中国成立初期文坛创作状况的端倪，探索革命文学内部在服务于政治时其展开路径之差异，以更为深入理解政治－文学如何为了探寻更好的生活世界而测探、磨合。

二

1953年10月2日，李准创作完成第一篇小说《不能走那条路》，发表于11月20日的《河南日报》，1954年1月26日被《人民日报》转载。他于1953年11月谈到如何写《不能走那条路》说：

> 还是在今年六月间，我们村里有我个叔伯哥（他是我们乡里党支部书记）买了二亩地。以后他对我说他爹还打算再买几亩，另外还想叫他在集上开个小成衣局，因为离区上近，生意好。当时我记得在一个整顿农村党的基层组织的报告文件中，曾批判过这些东西，因此就劝他不要买。后来我开始考虑起来这个问题了。我想：为什么会有这种现象？这种现象的发生说明了什么问题？因为总路线在那时还没有现在提得这样明确，所以我也没有充分认识这个问题的本质意义是什么，觉着写成文学作品普遍教育意义不会大。后来我和一个税局同志扯起来，他说："咱们土地交易税是经常超额完成任务。"我为这句话暗暗地吃了一惊：我想着农民起"分化"了。这时我又回到村里看看：去临汝贩卖芝麻的、倒卖牲口的和放账的现象都有；另外这时又有一家卖地，一亩地的地价由六十万元涨到八十万元。我觉得这真是个问题了。恰巧这时报纸上发表了《农村工作的基本任务和方针政策》的文件，里面讲到要防止农民两极分化必须引导农民走共同上升、互助合作的道路。这几段话，

使我感到买卖地这个问题是个大问题，可是怎样解决这个问题，自己还是不大明确，于是和一些同志研究起来。有的说："土地自由买卖是政策，你这样写怕有影响。"有的说："买卖地多了本来不是好现象，不过正面揭开不大妥当。"从研究中没有得到真正解决，我思想苦恼极了。最后我想：政策准自由买卖土地是不错，不过绝不是提倡，也绝不是坐视其分化。我们农村中党组织应该保证不使农民两极分化，而应该引导农民向共同上升的社会主义道路走。同时我想到赵树理同志曾经说有些事情不是单凭政策，而是凭教育。主题确定后，人物的影子已经在我的脑子里活动起来。我很兴奋，我准备从这个问题中写出工人阶级思想和农民的自发趋势的斗争，也就是社会主义道路和资本主义道路的斗争。[1]

李准强调他反复掂量，希望文学所把握的现实能够具有普遍教育意义，而这一切又都与政治总路线之间保持着密切引力性。如果我们考虑到他不把他之前写的小故事——《卖马》和《卖西瓜的故事》（1953）理解为文学，主要原因是这些小故事不具有普遍教育意义，就更能看清他对文学功能的期待，是与政治方向、民族命运相关，与载道相关。同样写互助向合作化的改造，李准的掂量和疑虑跟赵树理完全不同。赵树理担心政治所推动的合作化是否会伤及农民；李准此时考虑的是政治所推动的合作化当然没问题，问题只是哪些现实问题才能承载重大政治方向。所以，熟知政策文件的他毫不犹豫地认为，卖地这种在旧社会常见的社会行为，现在成了不妥。他对现实的敏感性来自他对这一时期政治的信任和熟悉。卖地、交易税、分化、地价，这些因素发生变动的性

---

[1] 李准：《我怎样写〈不能走那条路〉》，原载《长江文艺》1954年第2期，转引自卜仲康编：《中国当代文学研究资料·李准专集》（简称《李准专集》），江苏人民出版社，1982年版，第75页。

质，不是被作为一般的社会经济结构分析来理解，而是被作为与此时政治所推动的国家方向相关性来把握。

政治在新中国成立初期的出色表现，尤其是对中国社会氛围的打造，早在李准的几个小故事里就有表现。《卖西瓜的故事》中，原本对城市市民的刁难和不友善而心怀疑虑的瓜农流庆，发现新社会里大家都变了。互助、体谅、不占便宜、人心彼此间的荡漾，这些都是李准对生活的直接捕捉。这样一种把握生活的方式未尝不可以发展为文学创作的路径，虽然李准认为他的小故事有种种不足，但这种把握生活、赋形生活的方式本身仍可继续摸索拓展。不过李准认为，文学要更广泛地教育大众，要更深刻地关心和理解农民的命运。而最深刻地理解农民的方式，他此时认为是熟悉和理解政治，尤其是党的不让农民两极分化，引导农民向共同上升的社会主义道路走的政治路线。这一时期政治对中国社会氛围的良好打造、未来规划，使得李准相信，文学可以借助于政治，便能把握中国民族、民众的未来。这一点，是李准从小故事飞跃至小说的关键，也是李准将文学从直接把握生活转变到文学以政治为中介把握生活的关键。

以这一观念前提为基础，李准才会觉得，不经由政治，他甚至无法理解生活（实际上是无法理解生活的方向）；这也是他为什么会觉得，学透了政策，如同"有了一架望远镜和显微镜"。否则生活中的丰富和复杂，会让人无所适从，无从为民族、民众的未来进行选择和赋形。哪些是民众真正的福祉所在，苦乐所在，也无从判断。

也正是接受了政治的认知框架之后，实际上熟悉农村生活的李准反而感到："我最近在创作上感到最大的困难是生活太贫乏。特别是熟悉多种多样的人物不够，对先进人物的理解和表现还缺乏能力。"[1] 这并不

---

[1] 李准：《我怎样学习创作》，李准、未央等：《我是怎样学习创作的》，长江文艺出版社，1956年版，第4页。

是李准真的缺乏生活，而是认知框架的变化所带来的认知盲区，尤其是对先进人物的理解，李准自己在生活中找不到对应的实感。

三

如果说这是1956年李准的认知，那1953年11月，李准在谈到《不能走那条路》中的先进人物东山的塑造时，就觉得自己"还没有钻到这个人物的灵魂深处，对于这个人物还缺乏较深刻的理解"。将生活中的人物区分为先进人物和落后人物，这是文学接受政治认知框架后给李准带来的新问题。李准并非不会写小说人物，而是对写先进人物感到棘手（为什么在这一时期的小说创作中，先进人物是一个作家们普遍感到困难的叙述点？）。政治认知框架，尤其是这一认知框架中的方向性，如何落实和转换为现实生活中的实感，这是李准文学创作面临的挑战。

对于另一些人物，李准认为自己的塑造得心应手，比如宋老定。实际上，李准熟悉的农民类型很多，并不只是宋老定这类中农。关键是，李准有信心，即便是将宋老定放在政治认知框架中来塑造，他也能驾驭。比如李准说他在小说中安排了八个细节，来体现宋老定的人物特征，有对话、有行动、有心理，有声有色，又有情有义、重情重义。李准认为，自己能控制宋老定在农村生活世界里的行动路线，让这些细节推动他的性格发展。而其他类型的农民，实际上李准也熟悉，但这些农民却不容易与政治认知框架展开顺接。比如张拴，更比如东山，李准就很难在生活世界中构想出，东山这样大公无私的先进人物会呈现出什么样的细节？那种因与生活世界的切入、碰撞、磨合，而产生的手茧，李准想象不出来。

但他可以想象宋老定。宋老定有自己基于生活世界情境的愿望，可以被牵动。如宋老定一出场，"今年一连接住东林八封挂号信，一封一封里都有钱。这算把他愁住了"。接连收到儿子劳动所获寄回来的钱，宋老定似"愁"实喜，喜中又有自耕农对超出日常可感知钱财范围的无措。这八封挂号信"一封一封"，不断催生、诱发着宋老定对生活的构想。宋老定没有用钱投机，在政治没有进入乡村生活世界时，宋老定的行动逻辑当然是买地。这是中国农村生活世界结构里自耕农长期形成的生存方式和伦理感觉，以及这种感觉塑造出的自耕农的世界边界。宋老定一定会因为"一封一封里都有钱"而"愁住了"，且一定会买地。这就是他的伦理感觉塑造出来的情感边界和世界边界。如果是张拴有钱了，他会"愁"，但他不会买地，对他来说，地"不解渴"。这是张拴的世界边界。宋老定的这些行动逻辑前提，是李准所熟知的中国农村生活肌理。在这个生活世界中，人物的动线是确定的，只是现在李准要根据党的政治路线让这个动线发生转折。如果没有政治对农村的规划，"愁"之后的宋老定一定会买地。但买地的后果被政治所规划的"共同上升走社会主义道路"所预设和堵截了：农民必然会两极分化，必然会有人受苦。

两极分化的农村世界其实是宋老定可以理解的，张拴也能接受。宋老定买地和张拴倒卖牲口本身就说明了这个农村生活世界的逻辑。李准自己就说："农村中吃飞利、跑生意，不好好劳动这种人是有的。"中国农村可以在两极分化的状况下形成自己的组织形态和结构，中国传统乡村即是如此。有人读书，有人种地，有人做手工，有人经商。在这种形态中，农民也会发展出相应的行为准则和伦理感来安顿和运转。宋老定的"愁"而买地，本身正是这一传统乡村结构在伦理、经济自我再生产中的重要一环。不过，党的"共同上升"打破了这一结构再生产。党的政治规划要将整个社会推到更好的状态，不再有两极分化，不再有人陷入贫困。如张拴，就必须回来劳动（真的"必须"吗？）。这实际上会改变中国农村社会阶层结构。相应地，也就需要改变宋老定、张拴的伦理感知和行动路线。至于转折之后的宋老定如何继续行动，李准没有写。因为转折之后，实际上宋老定和张拴的行动路线都会超出中国农村生活肌理的逻辑，它会在一个新的曲面上摩擦滑行，这是李准很难感知和叙述的。所以李准会说，"后来对他（张拴）的教育是写得不够的"。

更难感知和叙述的是党员东山，在李准笔下，他更加光滑、无阻力。跟梁三老汉不能理解梁生宝一样，宋老定也不能理解这个儿子。20世纪50年代初期的父亲，普遍都不能理解儿子，但是却普遍信任党的政治实践。这是一个奇怪的现象：新中国成立初期，李准被党的政治实践打造出的良好社会氛围所打动，但他却又很难具体理解党员在乡村中的政治言行。比如东山。与其说党员东山是外来力量的代表，不如说他更是外在于村庄的生活脉络和逻辑。他似乎没有肉身，没有内在于村庄的伦理感来形成的行动方向和脚步声。当时就有评论家指出，东山这个人物，说话多，行动少，他的世界似乎是坐而论道，是无边的。因为无边，也就无从有分寸、有质感地叙述他的言行，找到他与生活世界发生摩擦的节点。李准自己说：

> 在写东山这个人物时，原曾打算创造一个正面的典型人物。他是个共产党员，他具有大公无私的品质和远大的理想。他把村上的事情，例如庄稼的好坏、农民的生活等等，看作是自己的责任。同时我也想到：也不能把东山写得"神化"，使人感到"高不可及"，不能仿效。结果这个人物并没有写好，写得比较概念些，他的性格不够鲜明。那就因为我自己没有钻到这个人物的灵魂深处，对于这个人物还缺乏深刻的理解。[1]

---

[1] 李准：《我怎样写〈不能走那条路〉》，李准、未央等：《我是怎样学习创作的》，长江文艺出版社，1956年版，第10—11页。

李准完全理解党员的内在品质，既大公无私又有远大理想，也能理解这种品质的人为乡村的付出，但他无法感知这种品质的人在想什么，以及这种想法的动力来源与乡村的关系。他觉得无法抵达这种人的"灵魂深处"，实际上是无法把握这种人与乡村、房舍、田产、伦理、情感之间的关联性。宋老定想买地，他可以说"我要钱弄啥？还不是给你弟兄们打算，我能跟你们一辈子？"张拴卖地，是他"种不好，同时他也觉着种地老不解渴"。一个买地，可以安顿和照顾宋老定多方面的需求：在乡村结构中的经济地位，家庭繁衍中为了子孙后代的厚重亲情，置办家业、勤劳在乡村获得的声望等等。一个卖地，可以满足张拴寻求更高、更快获得利益，缓解自身因为技能不足带来的生存压力，同时乡村社会也存在这样的流动和活动空间。这里面都有着可以理解和感知的社会条件，以及应对这些社会条件而发展出来的人性形态。

而东山不一样，他因为张拴是"贫农"，就要帮他，就会因为别人批评张拴地种得不好，觉得自己"脸上就像被打了一下一样"。东山不是没有感情，而是这种感情是脱离了村庄生活结构对张拴的界定和情感分配。在宋老定看来，张拴是"贫农"这种话语，对应不到他对农村生活世界的理解之中。对宋老定来说，土改分地时，将最好的地分给最不会种地的人张拴，本身就不可思议；但他认为"咱是干部，当然不能跟他争这块地"。可现在是张拴自己不争气要卖地，宋老定认为，"买地卖地是周瑜打黄盖，一家愿打，一家愿挨，两情两愿，又不是凭党员讹他的，有啥不能买！"宋老定不与人争利，他不求助于土改时东山的干部身份来谋取私利；但他不理解，当张拴自己愿意"吃飞利、跑生意"，这个与之非亲非故且是自己儿子的干部，为什么要因为张拴穷，就想办法帮他还债、阻止他破产？

"贫农"存在于村庄生活世界范围，比如它就是穷人；但"贫农"不在村庄生活世界的伦理认知结构范畴里。宋老定对"贫农"一直无感。只有将"贫农"转换为张拴他爹的坟，转换为死无葬身之地，转换为瘦得皮包骨的张拴的孩子，宋老定才能够理解和被触动。事实上，也正是李准在小说叙述中将东山的"贫农"具体化为这些村庄生活世界中的生老病死、孤寡老弱，宋老定才能够意识到自己买地所隐含的生活和伦理后果。在宋老定和东山的第一回合对话中，宋老定讲着土地、土壤、雨水、大粪，讲到自己为了子孙后代；而东山对此毫无反应，他讲的是"咱和张拴家从前都是贫农，他现在遇住困难，咱要帮助他。咱咋能买他这地！"宋老定顿时不耐烦，在他的认知中，"贫农"是政治问题，东山是党员，党员当然关心政治，当然就不敢买。而他眼里的土地买卖，只是村庄生活世界结构再生产再循环的一个环节。村庄生活的逻辑是在政治之外的另一层面上运行，"买地卖地"不但是政策所允许，还是两情两愿。只要没用政治讹张拴，就是正当的。这是宋老定基于中国传统社会结构的经验反应，也是1953年合作化尚未全国范围推广的生活空间状态所允许的理解方式。对宋老定来说，东山的政治仿佛是不经世事的少年，冠冕堂皇，哪里懂得底层人的含辛茹苦、乡间中的道路泥泞？宋老定把东山的"贫农"政治推开了。

从这里可以看到，在这个时期，政治与村庄生活彼此有关联，但又互相保持距离。当合作化没有形成对社会的强制规划时，中国社会的运转还是依托于它以往的组织方式、伦理感觉。那这就存在一种可能，党的政治实践可以保持在某种层面或程度，而让中国社会自行组织和运转，党的政治只在某些需要它出面的时候，再做适当介入。这时，东山就可以顺着群众的生活世界结构组织方式和伦理感觉，仍然"见天为群众打算"，心里"公道"，保持其作为党员的先进性。这时李准也可以有更多方法，让东山与村庄的生活世界建立沟通的途径，而不用只将他回收到家庭伦理。东山可以顺着村里人的伦理感觉和关系方式，如士农工商，各归其位；贫瘠孤寡者，设立扶助组织；等等。这样他可以出入于家庭，同时也能"为群众打算"。

但李准在接受文学以政治为中介的起始处，也快速接受了党的政治对于"共同上升"、不许卖地的社会规划，他迅速用政治之眼来判断现实，实际上也使得现实的这一叙述可能性被封闭起来。他没有以文学试探这一历史可能。文学以政治为中介，原本是由于这一时期的政治更加具有打造社会的活力，文学借助这一活力来推动自己对社会现实的把握和赋形；而这一时期的政治一方面仍保持着打造社会的活力，另一方面，这一打造的实践本身尚未稳定落实到社会之中，高举的拳头，并没有落下来。文学此时以政治为中介给现实赋形，反而面临着一个没有明确政治规定的现实。赵树理在新中国成立初期的犹疑正在于此，李准写《不能走那条路》时的反复掂量也在于此。

如李准所说，过渡时期的总路线还并没有明确贯彻为具体政策，在具体情况与政治方向之间，存在着变数。李准说他"从研究中没有得到真正解决，我思想苦恼极了。最后我想：政策准自由买卖土地是不错，不过绝不是提倡，也绝不是坐视其分化。我们农村中党组织应该保证不使农民两极分化，而应该引导农民向共同上升的社会主义道路走"。在微妙的变局中，李准实际上选择了一条既是他信任，同时也是需要勇气的叙述方向：文学的使命就是要探索更好的社会理想。我们也看到，李准的确没有在小说中具体叙述那些走资本主义道路的人，那些自由买卖了土地的农民，其生活处境到底是什么？他屏蔽，也剪裁掉了这些历史内容。

李准虽然不能把握东山，但还是选择以他更信任的政治方向来组织文学。其实，政策下的现实状况是李准熟悉的，比如买地卖地、交易税、地价等等；而"共同上升"的政治路线反而是李准不熟悉，也没有在洛阳呈现为实践中的现实。他实际上是在自己尚没有充分的"先进人物"经验（实际上是党的政治也没有将实践充分落下来），却要在小说中强行完成必须由"先进人物"主导完成的事业（且在现实中也没有展开）。这对于现实主义文学创作来说，实际上是非现实的。他的叙述也是建立在非经验之上的。李准说他熟悉宋老定这样的人，实际上他把宋老定放置到了一个宋老定不熟悉、他自己也不熟悉的逻辑空间之中。这是一场当政治尚未尘埃落定，作家便参与其中的共同的冒险。这是文学以政治为中介，却比政治提前行动的孤军深入。

四

当李准选择此时政治中的路线方向而不是政治中的政策时，接下来他所要面对的现实中的人物，其实就只能是这一政治路线逻辑下的行动逻辑。比如宋老定买地，小说中看不到他与其他中农之间的互动，我们看到的是李准设定的这般情境：宋老定孤身一人深陷贫农和互助组之中。这不是党员陷入小农经济的汪洋大海，而是小农经济陷入贫民的汪洋大海。这一情节设计不够有力，可对于李准要表达的资本主义道路和社会主义道路之争来说，是便于控制小说整体推进的。这相当于作家事先就预设了一个具有明确方向性的势能，他剩下的工作只需要拨弄几下。我们当然也要注意到，李准对小说形式的这一设计，本身是依托于他对共产党现实成就的信任。也就是说，李准认为，这样的小说势能，本身有现实的对应力。

现在李准让宋老定和东山来呈现两条道路之争——关键是这个"争"的发生地点。这也是李准封闭政治的另一种历史可能、承接政治路线之眼后，必须塑造先进人物东山时所感到的困难：社会主义的"公"在乡村的什么地方与小农经济相遇？如果宋老定和东山只是两不相干的村民，东山这个党员如何去深入感化、教育互不往来的宋老定这个中农呢？党的实践经验是发展出了丰富的群众路线方式。但李准身处的河南洛阳，1948年4月5日才解放，属于新解放区，没有老根据地的工作基础，李准无从深入熟悉当时党的群众路线。[1]他也就没有如何处理当类似于陌生人之间发生矛盾冲突时的革命式具体化解方式。社会主义的"公"如何能在乡村里变成可以触及的存在？换句话说，东山要出生在乡村的哪一家？

最好的办法，也是李准熟悉的民间戏曲常用构造方式之一，让他们"碰巧"是父子，这是李准要完成叙述的内在逻辑所需要的东山与乡村建立起关联性的关键环节。李准的叙述逻辑依赖了一个巧合，他让东山恰好是宋老定的儿子。要知道，党员出身于中农，这并不是当时的政治中特别被叙述的问题，当时最着重叙述的是贫、雇农出身的党员。可如果不存在这一层亲情，如果宋老定与东山没有任何亲属关系，党员与农民的隔阂要如何才能建立基于特定人性状态的沟通途径呢？这涉及党员要在超出家庭的更大社会范围内展开工作的问题。李准的叙述回避了这一难题。对于党员如何才能更广泛地与农民建立基于农村伦理构成方式的途径，这一问题涉及的社会存在形态，超出了他的感知范围，他很难在叙述中构造出相应的细节。人如何才能变得无私？无私到什么程度？高尚的无私的人是什么状态？这实际上在20世纪50年代初期，是大多数作家所面临的无法塑造有说服力的先进人物，以及赵树理所说的新中国成立初期创作热潮的放缓等问题的一个历史、思想史问题。

中国共产党具有一种不依托于具体血缘亲属宗族关系的互动、工作能力。李准构造的东山对张拴有超出血缘亲属的关切之心，但他的这一关切是依托于"贫农"阶级话语。可这一话语如何能在不依赖阶级话语构成的乡村生活世界里扎根？这是问题。

正是在这一背景中，我们看到，李准始终没法让东山与张拴建立

---

[1] 1948年4月，洛阳解放。经表伯介绍，李准参加了革命工作，开始在豫西中州银行（后改为人民银行）当职员，1951年任货币计划股股长，次年调至洛阳市干部文化学校当语文教师。

起基于村庄社会伦理层面的联结，唯一的连接线是他不断强调张拴是贫农，他不忍心看到张拴陷入困境。不过，东山与张拴的村庄伦理关联性建立不起来，实际上并不完全会导致李准小说叙述的瓦解。这一层面连接线的空缺，李准可以转交给政治在当时的社会说服力。由于党的威信，社会普遍接受党对社会的规划：不让人受苦受穷，总是仁义的。虽然它不能内在于村庄的社会伦理结构，但它至少并不破坏乡村伦理感觉。关键是既要关切乡村最悲苦的贫农群众，又要在乡村整体经济结构上改变贫农的处境。而改变贫农这一处境的关键，如果不回到传统乡村组织结构方式，那就不只是不让张拴卖地，还在于要截断和改造买地之人，从而彻底破坏传统乡村组织结构的再造。这就把叙述逻辑的轴线转移到东山和宋老定身上。李准以政治为中介的文学起点，在理解现实的角度上，就与赵树理的犹疑存在着差异。

李准借助于巧合来简化和化解他与历史的缠斗。宋老定和东山的父子关系确立之后，李准让东山的理想从超越家庭、乡村生活伦理回到了家庭，尤其是中间经由东山媳妇秀兰的劝导。秀兰仅出场两次，其中一次即是她教导东山：

> 平时你见他连句话也不说，亲父子爷们没有坐到一块说过话。你饭一端，上街了。衣裳一披，上乡政府了。你当你的党员，他当他的农民，遇住事你叫他照你的话办，他当然和你吵架！[1]

秀兰试图把东山拉回到乡村伦理之中，把党员与农民之间的隔膜打开，而这实际上只需要东山"平时"多跟宋老定说说话。在整篇小说中，秀兰的声部位置低浅、柔和、明亮，拉出的这一层面看似轻柔，却

---

[1]李准：《不能走那条路》，李准：《车轮的辙印》，人民文学出版社，1959年版，第5页。

是整篇小说隐伏的文眼。

李准让东山回归亲情，建立起与宋老定的伦理关联性，看似化解或帮助了宋老定的转变；但同时，李准叙述这种伦理关联性建立的特定层面，也成了对东山的一种束缚，而不是一种鼓励、推动。比如宋老定窗外偷听到东山在屋里对张拴说：

> 他今年六十多了，我也不想叫他生气。他受了一辈子苦，弄几个钱自然金贵。不过你放心！有共产党领导，绝不能看着叫你弃业变产，大人孩子流落街头。我预备把俺这互助组的人召集起来说说，大家集合一下帮助你一把。[1]

东山的回归，实际上同时也放弃了劝阻宋老定买地和借钱。他逼着自己从政治的立场后退一步，"不想叫他生气"，转而求助于"大家"。李准没有找到让东山更加坚持党的立场、坚持批判宋老定的支点，而是转向"大家"。可这个"大家"又都是什么人？为什么就会自然地帮助张拴？这个"大家"为什么就不会是宋老定的态度呢？最重要的是，这实际上已经不是社会主义道路与资本主义道路的斗争，而是瓦解宋老定道路之后的东山如何回归的问题。

不过东山体谅宋老定，还是让宋老定吃惊又释怀："想着平常看着孩子冷冷的，却想不到他心里会想到怕自己生气。"我们看到，这里出现的声音，是东山的回归在宋老定心中的回响。如果说宋老定看到张拴父亲的坟（当时众多戏曲改编都强调这一细节的重要性），是让阶级感情层面与乡村伦理感觉相联系，促使宋老定转变的关键；那东山回归伦理，则是李准给出的唯一的乡村接纳党员的渡桥。这场看似社会主义道

---

[1] 李准：《不能走那条路》，李准：《车轮的辙印》，人民文学出版社，1959年版，第13页。

路战胜资本主义道路的斗争，实际上变成了社会主义道路向乡村伦理回归和乡村伦理被强化的过程。

东山后退时，宋老定发现自己被儿子接纳、尊重和疼惜。屋里这个党员儿子虽然站在贫农这边，却并没有与自己隔心；他倒也有情有义，不让别人"弃业变产""大人孩子流落街头"（东山的"贫农"政治转化为宋老定的生活伦理）。宋老定不再像小说开场听到"贫农"政治时的烦躁，而是在窗外耐心听着儿子继续对张拴讲：

> 你别着急！长山伯借给你点，信贷社贷给你点，我再找几个人，大家再给你凑点，你就可以搞点副业生产了。另外找人和你妻妹夫说说，等你在生产中有了收入，再陆续还他的账，这就过得去了。[1]

儿子看到了张拴所有的难处，并想尽办法。不是灾难，而是日常生活中捉襟见肘的为难，才最容易让人在鸡零狗碎中心力交瘁，不堪其烦，走投无路。所谓一文钱难倒英雄汉，宋老定心里明白让日子"过得去"的甘苦，自然也听得真切。否则谁会留意这些絮叨呢？

他听见张拴声音高起来，激动地说：

> 东山！你是怕别人说闲话，你放心！我知道咱村老少爷们都知道你这人，你是共产党员，不论谁提起你都说好。谁的心公道，谁见天为群众打算，村里人都知道。[2]

宋老定不仅听到了儿子眼中的自己，现在东山看到了张拴的为难，

---

[1] 李准：《不能走那条路》，李准：《车轮的辙印》，人民文学出版社，1959年版，第13页。
[2] 李准：《不能走那条路》，李准：《车轮的辙印》，人民文学出版社，1959年版，第13页。

张拴也看到了东山的仗义磊落。透过窗棂，张拴还替宋老定看到了街坊四邻眼中的自己的儿子。隔着木窗、土墙，人心反倒在夜里互相敞开了。儿子融入村里，又扶助公道，"村里人都知道"。小说一开始张拴卖地时，村里人是估摸、猜测，人人相隔，好坏难分，心不可测。现在，是非不在时势，公道自在人心。村里人看到了儿子的仗义公道，但村里人如何看待自己？小说一开始，宋老定并不在意村里人的闲言碎语，他执意买地，这本也合情合理。现在，当他放弃买地后，他开始希望自己被看见，能在另一种"公道人心"中占一席之地。

宋老定悬着心，侧听张拴继续说：

> 谁也知道你有个糊涂爹，不会怪你。[1]

宋老定心里一沉，李准在小说中说："他（张拴）这句话说得特别轻，可是老定却听得特别清楚。"老定此时心系于此，恨不能闻蚁斗如雷鸣，当然听得特别清楚；可听清之后，却也真如雷鸣。大家竟然这样低看自己。张拴声音的"轻"，分明是认定，是失望，是抱怨，是断定他好歹不分、忠奸不辨。儿子争气，可他也不是一个昧心只图买地传世之徒，他为子孙忍气受苦，从未耍赖害人，这满腹的委屈，大家怎么就看不到呢？没等老定自己出声，他听到东山站出来替他反驳：

> 我爹这二年也有转变。你知道前年我参加互助组时，和他生那气。现在在组里，一些小事也不怕吃亏了。他干得也很下劲，我就想着过去我和他硬别也不行。像这次他要买你地，经过我劝说，昨天口气就变了。他说："张拴家那地咱不能买，过去我和他爹在一

---

[1]李准：《不能走那条路》，李准：《车轮的辙印》，人民文学出版社，1959年版，第13页。

块推了几年煤，都是穷人，咱不能买他的地。"就是借钱这事他怕张风。[1]

原来老定这些年的甘苦和志气，儿子都看在眼里。他老了，还有什么比儿子能撇开政治，撇开外人，站在自己这边，体谅自己，更能安慰他这老父亲的委屈呢？党员东山一开始会因为张拴这个贫农，而跟老定对立、置气；而现在却能站在自己这边，自我批判，并反驳这个贫农，而且自己这两年的不容易和现在的担心，他都在一旁默默地记挂着、包容着。老定愿意跟这样的儿子多待一会儿，哪怕是隔着窗和墙。他继续听下去。

张拴说："我也知道老定叔，他这人是直心人。他过去也给地主划过十字，他知道那卖地啥滋味。我爹常说：'我和你老定叔将来死后都免不了给人家看地头！'谁想来了共产党，要是我爹活到现在……"[2] 宋老定"听到这里再也听不下去了，他用手使劲地捂住要流泪的眼，走到屋里，像一捆柴倒在地下一样倒在床上"。

五

还没偷听完东山和张拴的对话，宋老定就瘫倒在床。这不是被击垮，而是卸掉了防御。他不是被政治击垮，这里没有了政治，或者说，政治还是有的（"谁想来了共产党"），但完全被揉进了宋老定半世遭逢的坎坷里。党员也以撤退至老定的生活世界，重新看见老定一生的曲折委屈，而进入老定的生命。宋老定愿意卸掉防御，是因为曾经规定他，也是他所执念的买地传世这一传统生活世界结构的再生产方式——

---

[1] 李准：《不能走那条路》，李准：《车轮的辙印》，人民文学出版社，1959年版，第13页。
[2] 李准：《不能走那条路》，李准：《车轮的辙印》，人民文学出版社，1959年版，第13—14页。

经过东山和村邻对他上进（"在组里，一些小事也不怕吃亏了"）、正直（"直心人"）品质的肯定，儿子的默默关注以及张拴竟能理解他坚韧挺立背后的含辛茹苦，竟能看见和体谅他坎坷一生，自己对天地间已逝者和幸存者生灭无常的悲恸，以及可贵可叹可泣的生命遭际——现在不再值得固守了。他有更值得珍惜的，比如这一夜里变得善解人意、化解繁难的儿子和村邻，以及被儿子和村邻照亮的自己。这意味着，实际上规定宋老定的不只是买地传世，不只是小农经济中的小农，还有溢出这一结构、不会被任何既定结构彻底叙述和回收的可感可变的心。宋老定老了，风烛残年，一辈子为了生计，为了子孙，甚至都没想过自己的死。而这些艰辛和委屈，都被别人讲述出来。讲述即照亮。这个差点被自己伤害了的不孝子，被自己认为不争气的朋友的儿子，竟然能体贴他的一生。张拴不只是那个拥有"一杆旗"地的农民，也不只是那个倒卖牲口的农民，他还是懂得体贴、能被感动、愿意上进的孩子，他也是值得被疼爱的啊。谁说穷通有定，离合有缘？谁说张拴就命该如此呢？命该如此的背后，不是更应该互相珍惜吗？

在张拴的叙述里，改变命运的政治（"来了共产党"）隐现其中——仅仅是隐现。它如同命运中常见的偶然，带来转机，此刻（1953年）却还并没有改变宋老定对生活、生命的感觉意识机制。政治没法让张拴爹多活几年，也并不是政治让宋老定幸存下来。这里的政治，是决定了个人命运的政治；不过，恰恰也是政治的出现，让个人命运变得更加扑朔迷离。共产党只是获得政权，没有具体进入农村，它让农村人分地，不过也仅此而已。正是土改分地。原本张拴爹和宋老定都认定自己死无葬身之地，却不想共产党来了，宋老定也能有自己的坟地。也正是共产党来了，才让张拴感叹，他爹死得太早。共产党为什么不早一点来，张拴爹不就不用给人家看地头了吗？正由于控制命运的政治阶级论的逻辑力量还没全部进入乡村，这时的乡村，仍是依赖人生如寄生灭无常的叙述结构来抚慰人心的乡村。在天地玄黄里，这样的乡村更加依赖彼此的相濡以沫。在此时的乡村世界里，没有英雄，没有革命者，连党员东山也站在了老定这边，更像是儿子。与东山一起，政治溶解在了更大更易沉浮的人世里。

经此一役，不但东山和张拴之间的政治关联变成了生活脉络连带，宋老定也因生活脉络对政治的重构而焕然一新，变得更加从乡村生活内在、从人与人的相互珍惜中重新站起来。如果说老定最后改变了人生道路，那不是他认同了政治的社会主义道路，而是认同了无常命运中的守望相助、同舟共济。

宋老定认同的前提，有儿子的转变、村邻的善意、国家－社会机构的相互协助、村里相亲相邻的人心推助，以及他在历史中涌动的生命遭逢被人看见、讲述、体察和拥抱。他对买地的坚持，本身是被特定乡村生活世界结构规定的意识和行为，并不是他人生的必然。这种特定的乡村生活世界结构规定和安顿了宋老定生命遭逢的很多内容，但它仍然是特定历史状态下对人的规定，不是牢不可破的。那一夜，当老定被东山和张拴层叠起伏的谈话所牵动，整个生活世界被重组（长山伯、信贷社、搞副业、远房亲戚、互助组的大家出力，东山不只对张拴好，还在全村获得声望等），他那些被既定生活世界压力（包括为着子孙的伦理压力）逼迫而不得见的生命遭际，随着眼泪散透出来，让他的心理防线断为数截。仿佛他之前竟是孤独地活在被人指定的世界里，而生命另有其名。一个买地传世的人生，一个被特定历史时刻形成的生活结构所规定的那些准则，不是值得他宋老定坚持的全部。他自己都不知道，原来自己内心还如此渴望与他人这么深度的相通。无论这种看见、进入别人历史生命存在的能力是不是小说人物张拴所具备，至少李准的叙述表明，不是社会主义所界定的"贫农"政治框架，而是党员东山和贫农张拴，重新作为儿子和村邻，并看见和讲述了他具体生命之可贵可叹可泣，才是宋老定最终放弃买地、同意借钱给张拴的生活逻辑和生命逻辑。这是李准的文学以政治为中介，却以自己的文学之眼探索出来的洞见。它恰恰叙述了一个——政治不全部进入乡村，只在某个层面做出调整，乡村里的中国人，仍然可以从乡村内部突破既定的社会生活结构所规定的伦理规范，走向更好的改变；虽然也是付出更大的牺牲。李准保持了对宋老定的肯定，让他次日再次站起来所看到的世界，是一个"像秋天河里的水一样明朗、新鲜"的清晨。

六

李准让东山作为党员后撤了一步，作为儿子又迈进了一步。为了打动宋老定，李准不断强调萦绕着乡村生活世界的生息繁衍、生老病死、亲情仁义等无法被直接回收为革命政治的生命生活内容。而社会主义道路，实际上在小说中一直没有出场。社会主义的图景，变成了乡村生活伦理在村庄中的被改写和再焕发。

宋老定最后借钱给张拴，对他说："不借给你难道我还想买地！你记住：以后要好好地下劲种地，要不，连谁你都对不住！"宋老定放弃买地，愿意借钱，不是因为东山的"贫农"政治；而他劝诫张拴的，也不是政治，而是要让张拴"对得住"。对得住谁呢？很多，也可能是别人的情义，也可能是张拴自己，也可能是每个人都应该被珍惜的可贵可叹可泣的生命本身。乡村生活世界有情有义的伦理被东山的"退"和"进"所激活，同时，宋老定买地传世的乡村伦理也被否定。不只是宋老定买地传世的伦理被否定了，实际上他现在要为了家庭之外的人做出更大的牺牲。《不能走那条路》意不在于抽象肯定或否定乡村伦理，或者说，李准的文学叙述在贴着中国人在乡村生活世界的命运展开中，超出了对乡村伦理的抽象肯定或否定。比如宋老定，他由于被回归伦理的党员和贫农看见自己生命的可贵可叹可泣，而否定了自己之前为子孙买地的伦理准则。这是否就能突破既定生活世界结构对他的全部规定性，还不敢确定；但至少他不再完全依赖之前的规定性。至于他将来的路，他自己并不清楚。这需要政治的理解和规划，需要党的政治和李准的文学继续探索。

这里值得注意的是，中国人的乡村伦理内部构成本身，有具有活力的部分。或者说，乡村伦理的活力不依赖于伦理本身。恰恰相反，伦理总是有着对生命的某种规定，这种规定随时可能在历史变动中丧失活力。伦理的活力依赖于对人的生命活力的激发，并在激发后形成伦理形式对生命活力展开护持及维系，以此形成新的伦理规范。我们不能抽象地说，宋老定的转变过程，是从一种政治转变到伦理，或从伦理转变到政治。与孟悦《〈白毛女〉演变的启示》一文的结论相反，党的政治活力不是来自对乡村传统伦理的直接再利用。李准的叙述逻辑，恰恰不是政治回到了伦理，而是政治重新激活了中国传统伦理活力的构成机制，使之呈现出新的形态。不是抽象的乡村伦理本身，而是政治在规划现实时，对乡村生活世界所面临的困境做出适当的调整，并展开一系列的现实调度，使党员及群众能彼此看见和讲述别人生命之可贵可叹可泣，对他人生命的看见和拥抱，以此建立新的伦理方式、形态。正是当政治让他人重新认识到人的可贵可叹可泣，彼此多珍惜珍重时，这个政治才具有能量去突破特定历史结构形成的伦理范畴对中国人的规定。如果说这里有政治，这个政治已经不是阶级论的政治，而是政治在触碰中国乡村社会时推演出来的新形态。

党在规划合作化的集体化形式时，不是以宋老定这样的中农为组织核心，而是以张拴这样的贫农为中心来理解和构想农村新组织形式。东山一出场就与张拴靠近和结合，就是以这一农村理解方向为前提的。这是李准以政治为中介推演出的政治逻辑，又在文学叙述逻辑的冒险之旅中发现的、能突破政治规定之处。但这一突破出来的生命生机和情义能量能推动宋老定走多远？政治如何在社会组织结构的规划中理解和安顿这种能量，就是政治需要面对的问题了。

从这一点来说，李准在《不能走那条路》中从家庭亲情角度给出党员和农民的浮桥，和给得这么巧，也都是在这一时期历史结构中文学与政治搏斗后的叙述探险。李准要呼应政治，及时反映现实。他以家庭亲情来衔接党员和农民，既是对他所娴熟的中国传统戏曲叙述组织方式的一次调动，也是对这一时期政治与乡村特定历史关系形态，以及自身尚缺乏对革命内在机制真正理解就匆忙叙述革命的排险，同时反而逼迫自己的叙述以对乡村伦理再造机制的激活和再发明结束。政治经由文学之眼的远渡，而被乡村社会之活力暗度陈仓，也都是这一时期文学叙述的必然结果之一。《不能走那条路》的叙述结构，并没有它题目中的音量那么确定和自信；但李准借以扛起政治大旗的，是遍布乡村田间地头、床前窗下的情义、道德、伦理及中国人互以为重的人心。正是这些乡村空间角落里的暗自思忖或一寸赤心，承载了李准对政治和人心的探险，并托举着李准抵达令人惊讶之地。或许正是这个小说内部结构的双重面向——经由重重复杂构造才得以踉跄获胜的党员，和山河大地上总能由情义感动突破自身规定性的农民——让李准心里对先进人物心有余悸，又对文学的探索方式、中国人内在的生命力保有信心，并持续多年。

20世纪50年代通过机制和观念推动作家"深入生活"、为工农写作,图为李准把作品念给河南密县超化人民公社的社员听。(张青云摄)

在作品中看到人
——试析李准早期两篇小说创作[1]

◎莫艾

李准是20世纪五六十年代具代表性的作家。他在新中国最早的两部小说作品《不能走那条路》和《白杨树》创作于1953年秋冬,围绕农民转变意识加入互助组的主题,展开对互助合作在乡村开展过程中引发的相关方面、问题的探讨。虽为起步阶段的探索,两作所展开的思考视野、基点、面向与相关意识敏感,为他之后的写作奠定了重要基础,并显露出诸多思考启发价值。

一

李准生于1928年,抗战结束后开始尝试写作,1953年开始发表小

---

[1] 本文的思考与写作,要感谢"北京·当代中国史读书会"和周边师友的启发、帮助,并要特别感谢贺照田老师《启蒙与革命的双重变奏》《群众路线的浮沉——理解当代中国大陆历史的不可或缺视角》《如果从儒学传统和现代革命传统同时看雷锋》《当社会主义遭遇危机……——"潘晓讨论"与当代中国大陆虚无主义的历史与观念构造》诸作给予的启发,感谢他在文本把握、语境表述、表达分寸等诸多方面的精心指导与修改。

故事和短篇作品。《不能走那条路》为他赢得最初声誉，使他顺利走上专业写作道路；《白杨树》是紧接其后的创作。两作构思写作于1953年秋、冬，借助农村土地买卖与分家现象，来探讨土改后生产获得发展的农民如何转变自家独自致富思想加入互助合作的问题。从1952年到1955年合作化高潮前，新中国互助合作运动的发展经历了反复探索与调适。[1] 这两作的写作背景为：土改结束到1953年年初，合作化运动在全国范围内获得推行，到1953年春季，合作运动初次整顿调整、放慢发展。1953年秋，在新中国各方面取得稳步成绩、国内外形势稳定的情势下，党中央确立了从新民主主义向社会主义过渡时期总路线，制定国民经济"一五"计划。同时，党中央颁发一系列决议，为配合农业社会主义改造，合作化进程开始提速。

《不能走那条路》完成于1953年10月2日，作品的基本情节为：主人公宋老定新中国成立前失去土地、为地主做长工，土改后因为擅长农事，又有在外做木匠的二儿子的帮扶，很快成为"新中农"，想买年轻人张拴的地；他的大儿子共产党员东山是互助组带头人，努力劝说父亲放弃买地、帮助张拴。在东山的教育下，宋老定最终转变思想。在作品完成不久的创作谈中，李准自述，1953年6月以来他通过土地买卖的活跃注意到农村贫富分化问题、邓子恢有关互助合作问题的报告[2]及其关于当时农村应该如何走社会主义道路的思考，使他决心通过农村的土地买卖现象探讨如何"引导农民走共同上升、互助合作的道路"。当年众多评论肯定作品较成功地表现出"两条道路"（资本主义道路和农民共同致富的社会主义道路）和新旧社会经历对比对农民的教育作用，

---

[1] 这一阶段，合作互助运动经历了反"保守"、快速推进与反"冒进"、调整巩固的数轮阶段性变化。

[2] 指邓子恢发表于1953年的文章《农村工作的基本任务与方针政策》。李准：《我怎样写〈不能走那条路〉》，卜仲康编：《李准专集》，江苏人民出版社，1982年版，第73—74页。

可以说相当准确地抓住了李准这部作品所贯穿的时代政治自觉。不过，除如上时代政治自觉，李准还明确说想要通过这一写作改变自己此前"把人物变成背政策的机器""作品里看不到人"的状况，他在写作中意识到"写作主要是研究人，观察人……也可以说是'人学'。因为只有了解各种人的思想感情，把他们摸透，然后再通过形象把他们表现出来，才能够叫别人感到真实"[1]。确实，这部作品之吸引人，不仅仅在于它抓住了时代政治脉搏，更在于它成功探究和表现人的意识、心理，敏锐把捉对人的意识变化发生作用的诸种因素与面向。而这就使得这部作品虽然不长，却有很多溢出时代政治的理解，蕴含极为丰富。

首先，作品的角色设定不简单。主人公宋老定在性格上坚韧、倔强，又有通情达理、细腻体贴的一面。这一人物具备传统自耕农的核心品质：勤劳、节俭、善良、自尊、自律，对土地与农耕劳作怀有深厚情感，劳动技能好，同时有很强的家庭责任感，对后辈有深厚的情感。[2]张拴的笔墨不多，但凝结了众多信息。李准将这一人物设计为缺乏勤俭品质和劳动观念，贪图靠"吃飞利"发家，劳动技能差同时缺乏经营能力，是乡村中的落后者和边缘人物。不过他也同时被表现为心地善良、老实、不油滑，有自尊意识和家庭观念，在意亲戚、邻里、长辈后辈

---

[1] 李准：《我怎样写〈不能走那条路〉》，卜仲康编：《李准专集》，江苏人民出版社，1982年版，第77页。

[2] 李准回忆，宋老定这个人物是"合金"，融合了他的生活经验，有他舅父的影子。李准还将他"在解放前……小时候看到的情景"安排在宋老定身上：气愤于儿子儿媳不体会他买地置业的苦心，老定一气之下去镇上喝羊汤，却舍不得买肉，就着从家带的馍菜吃。参见李准：《从生活中提炼》，卜仲康编：《李准专集》，江苏人民出版社，1982年版，第17—18页。当年众多评论称赞这一刻画真实地表现出农民的俭省朴实，非常感人。

间的关系情分[1],不同于沾染赌博、偷盗习气,缺乏家庭意识,道德品质败坏的"二流子"。作品也点出导致张拴陷入困境的因素来自他自身,也与农业的特点和社会历史条件相关(小农生产、农村民间商业与借贷的脆弱性,党员、互助组织、农村信贷系统没有予以及时帮助)。在中国近代乡村衰败过程中,遭遇经营挫折或意外的小农,在难于获得有效扶助的情况下容易一蹶不振,是以作品中张拴成为互助合作帮助与改造的对象[2],在中国近代以来的乡村视野中便是极端重要的。宋老定与张拴这对有着矛盾关系的角色设计,使作者将买地-卖地现象置于更为复杂的历史-现实境况中,这一设计也更利于他展开阶级视角之外的观察思考。

如何理解农民置业发家的心理动机,作者的把握也很不简单。第六节宋老定对自家过去经历的回忆,揭示出他买地置业的渴望不仅出于生存、生活要求,还基于曾经的苦痛经历带来的精神创痛。作者描写到多年后回忆起遭遇灾荒、老伴重病、失去土地、大女儿饿死家中、十三岁的东山被送去做学徒的往事,老定依然心怀苦痛与愧疚,"偷偷看"大

---

[1] 张拴决心卖地的动机不仅想换来继续做生意的本钱,还因"妻妹夫见天来要账,连襟亲戚,惹得脸青脸红,他也不想再说软话……";他因为担心借钱的事使宋老定难堪而有意回避和老定照面;故事尾声,张拴在东山的引导下说老定是"直心人",将他认作和自己父亲共患难的长辈。参见李准:《不能走那条路》,李准:《不能走那条路》(短篇小说集),中国青年出版社,1955年版,第1页。

[2] "游民"问题产生于中国近现代史的结构性状况,为近现代乡村社会的重要现象。从20世纪20年代末期,共产革命开始探索如何对这一群体进行有效转化。新中国成立后,合作化的初期发展阶段再次面临如何对待这一群体的问题。1952年7月中共中央在回复西南局什么人群可加入互助组时,指出"过去有许多经验证明,把游民二流子放在互助合作组织中更便于改造他们,使他们迅速学会生产",同时不应把"某些染有不良习惯或有某些缺点的劳动人民与游民混淆起来",将之"排斥在互助组织之外"。参见《中共中央批转西南局关于小土地出租者等成份的人可否参加互助组的意见》(1952年7月24日),中华人民共和国国家农业委员会办公厅编:《农业集体化重要文件汇编(1949—1957)上》,中共中央党校出版社,1981年版,第61、62页。

儿子东山"从小受过症的脸"[1]。过去的经历使他认定，拥有一份家业是农民根本的生活基础，更是他作为长辈对后辈应尽的责任。因此，为了买地，当女儿有喜时，重视亲情与乡村礼俗情面的老定不肯花钱给女儿买礼物；得知东山想借钱给张拴，老人极度激愤，"像发疯一样喊着……'你咋没有把我借给他，你咋没有把你妈借给他！'"[2]这样的描写告诉我们，农民把土地看得和自己性命一般重的观念有着深刻的社会历史根由，同时联系着农民的家庭意识、情感要求与伦理意识。在作品的表现中，这也构成宋老定最终决意放弃买地、帮助张拴和互助组的重要经验基础。作品展开过程中对人物一点点累积的刻画也表明，对于宋老定这样的农民，他发家致富的方式是依靠劳动、劳动的智慧；他们对土地的渴求中，包含着在日复一日地耕作，在日日俯身向着土地、双脚立在泥土中、双手抚摸庄稼的过程中，不由自主的情感、心意赋予[3]。

作者意图呈现人物复杂的心理、意识。宋老定看不起张拴想"吃飞利"、不专心务农、糟蹋土地；知道党员干部在土改时不应和群众争好地，但认为现在买地是"两情两愿，又不是凭党员讹他的"[4]；尽管内心挣扎矛盾，老定觉得自己为了儿孙必须置业，但在想象自家好前景时，会不由自主设想张拴失去土地后孩子们"瘦得皮包骨头"的情形；老定偷偷丈量张拴的地时，遇到张拴爹的坟"心里扑通扑通地跳起来"，回

---

[1] 李准：《不能走那条路》，李准：《不能走那条路》（短篇小说集），中国青年出版社，1955年版，第11页。

[2] 据李准夫人董冰回忆，这是李准母亲听到的村民的真实对话。这一表达不仅生动，还透露出农民的重要意识、心理。参见董冰：《老家旧事——李凖夫人自述》，学林出版社，2005年版，第154页。

[3] 宋老定在地里看着田野里的秋庄稼，看到"跟前的一块高粱，穗子扑棱开像一篷小伞，缀满了圆饱饱的像珍珠一样的果实"。参见李准：《不能走那条路》，李准：《不能走那条路》（短篇小说集），中国青年出版社，1955年版，第12页。

[4] 李准：《不能走那条路》，李准：《不能走那条路》（短篇小说集），中国青年出版社，1955年版，第3、4页。

想同辈的遗言落泪；路上遇到借麦子给张拴的长山老头用话来"碰"自己，老定"脸红""理屈"。这些表现同时呈现出作者的重要体察：使宋老定意识、心理发生触动的因素，有很多超出物质利益范畴的方面。

尾声部分更充分地展现出作者有关人的体察与思考。在"窗下偷听"的特定情境契机中，已经出场的因素汇聚交织，一步步加强撞击着宋老定的内心，最终促成他思想的转变。

（张拴）"人就怕一急没了主意……"

（张拴）"人就怕遇事没有人商量。你动员长山伯先借给我五斗麦，他说：张拴！谁能没点事，我借给你！……"

……

（东山）"我爹总是打不通思想。他今年六十多了，我也不想叫他生气。他受了一辈子苦，弄几个钱自然金贵。不过你放心！有共产党领导，绝不能看着叫你弃业变产……"

老定想着平常看着孩子冷冷的，却想不到他心里会想到怕自己生气。……

（东山不想再难为宋老定，而是积极想其他办法帮助张拴摆脱困境，包括请长山老头借给张拴粮食、向信用社借贷、找互助组成员凑钱帮助张拴搞副业，托人说服张拴妻妹夫推迟还账）

张拴激动地说："……我知道咱村老少爷们都知道你这人，你是共产党员，不论谁提起你都说好。谁的心公道，谁见天为群众打算，村里人都知道。"接着他又轻轻地说："谁也知道你有个糊涂爹，不会怪你。"他这句话说得特别轻，可是老定却听得特别清楚。

"我爹这二年也有转变。……现在在组里，一些小事也不怕吃亏了。他干得也很下劲，我就想着过去我和他硬别也不行。像这次他要买你的地，经过我劝说，昨天口气就变了。他说：'张拴家那地咱不能买,过去我和他爹一块推了几年煤,都是穷人,咱不能买他的地。'就是借钱这事他怕张风。"东山说着笑起来,张拴却接着说:"我也知道老定叔,他这人是直心人。他过去也给地主划过十字,他知道那卖地啥滋味。我爹常说:'我和你老定叔将来死后都免不了给人家看地头!'谁想来了共产党,要是我爹活到现在……"

老定听到这里再也听不下去了,他用手使劲地捂住要流泪的眼,走到屋里,像一捆柴倒在地下一样倒在床上。……[1]

对谈由张拴反省自己、东山对他批评教育开场。其后,张拴感谢的话呈现出东山等的努力:东山动员长山老头、让张拴去信贷社借款,张拴的家庭关系也获得改善。接下来,东山表白自己体谅父亲、不想再难为父亲,想出其他方法:动员互助组成员凑钱帮张拴搞副业,托人说服张拴妻妹夫推迟还账。最初这部分对谈引起老定的心理波澜。儿子的体谅使老定在父子间关系持续的对立紧张中开始柔软("老定想着平常看着孩子冷冷的,却想不到他心里会想到怕自己生气")。在这样的心理变化基础上,东山和周围人的做法对他形成正面的参照性;听到东山因"公道""见天为群众打算"获得村民敬重,老定从乡村社会角度体会东山行为的价值、意义也被唤醒。但紧接着张拴"轻轻地""特别轻"地说"谁也知道你有个糊涂爹,不会怪你",又对老定构成强烈刺激。儿子的体贴、自己与儿子行为的比照、村人的反应评价,会促使老定反观自身、产生比"理屈"更强的羞愧感,同时也让他感到没面子,甚至隐隐的恼怒。老定本已开始松动的心再次变紧。在这段对话中,开篇出现

---

[1] 李准:《不能走那条路》,李准:《不能走那条路》(短篇小说集),中国青年出版社,1955年版,第15—17页。

的乡村社会空间包含的因素再次凸显。[1]

接下来东山的话使情境又是一转：东山更正张拴和大家的看法，肯定"我爹这二年有转变"、在互助组里"一些小事也不怕吃亏了"、干活"下劲"，由此检讨自己对待老人的生硬态度，告诉张拴老人经过劝说已转变态度（"……都是穷人，咱不能买他的地"），不肯借钱是因为"怕张风"。东山以这样的方式化解老定和张拴之间的紧张，引导他转变对老定的认识。东山的"公道"、诚恳和有效的筹划帮助，使张拴敬服、感激。现在东山从老定和张拴爹曾同患难（这一体贴张拴的角度）说明老定转变想法（不仅基于阶级身份），对老人不想借钱的解释又合情合理（吻合农民不露富、不张扬的心理和土改后新形势下农民的心态），使得张拴相信东山的话，在引导下转变态度："我也知道老定叔，他这人是直心人……他知道那卖地啥滋味……"，进而回想自己爹和老定同患难的经历，感慨自家老人没有赶上新的时代。

东山的肯定使老定再次感受到儿子的体谅，听东山从自己和张拴爹"一块推了几年煤，都是穷人"的角度说自己不想买地，老人在意外的同时也受到很深的触动、引导；听到东山说自己不肯借钱由于"怕张风"，老人叹服儿子深明人情事理，体会到儿子维护自己在村中的形象、情面的苦心，他的羞愧感更为强烈。接下来张拴对东山的相信与态度的转变，视老定为父辈的尊重与亲近，必定使老人内心愈加感动、羞愧。东山和张拴的对谈将窗外的老定推向与张拴爹将心比心的情境，激发起他对张拴一家的恻隐之心与愧疚感。经过此前的挣扎和此时一浪接一浪地冲击，老定内心最后一道防堤终于被冲溃，再也无法承受张拴和他爹

---

[1] 小说开篇生动表现出土改后生产发展、部分农民的物质生活条件获得改善后渴望置业发家，同时谨慎观望政府政策举动的乡村氛围与心理。在此氛围中，村人的焦点集中在宋老定，因为他家有条件买地，但他家又有个"公家人"：老定的大儿子东山是共产党员、互助组骨干。

遭受同样命运。对他人的感同身受与恻隐之情，使老定包含着伦理性的情义感受开始突破原来的范围。

第二天，老定"大清早就去地里找东山"，准备和他商量帮互助组打井、装水车，半路遇到张拴。

"张拴！张拴！我有话要和你说！"他大声喊着……

（老定告诉张拴"后晌"去家里拿钱，张拴吃惊，老定回说）"不借给你难道我还想买地！你记住：以后要好好地下劲种地，要不，连谁你都对不住！"[1]

"要不，连谁你都对不住！"——这言语透露出宋老定新的意识状态。他话里的"谁"，回应着（昨晚听到的）张拴和长山老头的话（"人就怕遇事没有人商量""谁能没点事""不论谁提起你都说好""谁也知道你有个糊涂爹，不会怪你"）。昨夜，"像一捆柴倒在地下一样倒在床上"的老定会不会想，今后再不能让"村老少爷们"想着"共产党员"东山"有个糊涂爹"，自己也要和东山一样"心公道"，要帮助儿子，教育张拴……与儿子东山、与乡村人们新的关系感受，使老定从内心郁结中走出来。"八月的清早，像秋天河里的水一样明朗、新鲜"[2]，也映照着老定舒朗开来的心。

东山这一角色不仅承载着作者有关干部问题的思考，也关联于他有关人和农民的理解。东山和老定的互动过程、互动方式值得深入分析。东山第一次试图劝说而引起老定的激烈反弹后，作者让儿媳、共青团员

---

[1] 李准：《不能走那条路》，李准：《不能走那条路》（短篇小说集），中国青年出版社，1955年版，第18页。
[2] 李准：《不能走那条路》，李准：《不能走那条路》（短篇小说集），中国青年出版社，1955年版，第18页。

秀兰首先去"解劝公公",再回家做丈夫的工作。秀兰对东山说:

"我也得批评批评你。平时你见他连句话也不说,亲父子爷们没有坐到一块说过话。你饭一端,上街了。衣裳一披,上乡政府了。你当你的党员,他当他的农民,遇住事你叫他照你的话办,他当然和你吵架!"东山(听了)……心里可挺服气。[1]

"饭一端,上街了。衣裳一披,上乡政府了"是当时乡村基层干部数量少、承担公务繁重、大多无暇顾及自家生产、生活的实况写照。在作品中,东山因为工作勤勉、为人公道而在乡村赢得声望。作为妻子,秀兰知道丈夫因公务无暇照顾家人,但她同时认识到,宋老定排斥东山的劝说,责任首先在东山:平时没有和老人建立起良好的沟通关系,没有及时了解老人的生活状况、思想、心理,仅想通过一次说理就让老人按照自己的想法转变观点,既不合情理,也不现实。[2]经过秀兰的批评与分析,东山调整工作方式、方法,转变急躁态度与生硬做法,体贴、尊重、耐心体察老人的心理意识。宋老定不仅感受到东山是村民敬重的党员干部,还是体贴、理解自己、通达情理的儿子,即东山经过努力与他真正建立起情意相通的关系,可以说这为老定转变意愿奠定了极重要的基础。窗下偷听的情境设计与父子关系的角色设定,突显出作者的理解:即便与工作对象是父子、家人关系,也不意味着干部能不经过努力就自然了解家人、与家人顺畅沟通。干部与群众建立良好关系的前提,

---

[1]李准:《不能走那条路》,李准:《不能走那条路》(短篇小说集),中国青年出版社,1955年版,第6页。

[2]当年曾有评论者指出东山起初做法存在的问题:没有经过宋老定的同意,就想做主把做木匠的弟弟汇来的钱借给张拴,显然不尊重老定、会激怒老定;东山那时也没有像后来那样发动大家一起帮忙,而是要求宋老定全部承担起帮助张拴摆脱债务的任务,也不合理。参见振甫:《评李准〈不能走那条路〉》,载《语文学习》1956年第3期。

是在沟通中充分考虑到群众的理解状况、接受程度、心理、情绪，要注意方式方法，必要时还需运用智慧创造情境、契机。这有关人与人互动状态、方式的思考，还关联于作品包含的另一方面重要体察：当"互助合作"对农民不再是抽象的观念，而是变成他们可感，甚至可感同身受的具体经验时，它才更能对接受者产生触动，进而真正开启它被感知、接受的过程。

尾声部分对谈中呈现的东山转化宋老定的方式发人深思。在持续努力没有达成预期目标的情况下，东山没有急于对宋老定做判断，也没有对老定继续施加压力。听到村民对宋老定的议论和态度，东山在张拴面前主动检讨自己，有分寸地维护老定并假称老定已改变主意，引导张拴转变态度。东山以"虚构"方式表达出的对老定的信任和张拴在此引导下对老定的态度转变，是促成宋老定意识转变的关键一环。[1] 老定本没有表现出东山所说的转变，作者却借"偷听"形式，让情感和心已开始活动的老定被导引出东山所期待的心思、情义。东山的做法同时也在引导乡村舆论朝向更能带动老定改善的方向发展，为他今后的转变创造空间、条件。而这些描写让我们了解：农民群体中的多数都可以在适当的引导和多方因素配合作用下展现出积极面向与潜能。东山不硬性要求老定而给他留下转变空间的做法，则给我们思考——如何才能更好地激发培育农民扎根于自身深切经验的伦理向上心、精神觉悟自主性——这一重要问题以关键性启迪。

与上述理解相关的一个层面，是作者有关乡村社会交往方式与社会

---

[1] 李准曾在1959年的一篇创作谈中说，作家从生活中汲取、提炼素材"仍然必须是以生活中的某些事实和现象作基础"，这一能力是对作家"生活观察能力的考验"。他以《不能走那条路》《孟广泰老头》的人物塑造为例，说明作家需要对所表现的生活努力进行准确把握，在此基础上"学会虚构，善于正确虚构……使自己的丰富想象，得以舒畅如意的发挥"。参见李准：《从生活中提炼》，卜仲康编：《李准专集》，江苏人民出版社，1982年版，第14、15、19页。

心理的体认。这由"窗下偷听"的情境构思集中体现出来。在作品中，借助不在场的方式，宋老定听到东山想方设法帮助张拴，听到张拴平心述说困境和内心的变化，听到张拴和村里人对东山的评价，更听到东山和张拴对自己的体谅、尊重和"相信"。设想，如果相关几方当面交谈，因彼此关系的紧张，这些信息可能很难被平心传达、接受。对自尊心强、身为长辈却"理屈"的老定，当面说一定令他感到难堪、恼怒而更倾向于排斥这些信息；"背地里"讲并配合正面引导教育的方式，反使他在不失去"情面"的前提下更易检省自我。东山、张拴不知道老定在场的前提，也更突出他们态度、言说的坦诚真确，这对老定形成更加正面的效果。在日常生活中，即便交谈者关系融洽，如果没有适当的情境、契机，当事人恐怕也难于直接表达对彼此的意见看法；即使一方提出的意见极为正确，在情境、时机不当的情况下，也可能因被对方感觉受伤、情面过不去而难以达到预期效果。有关中国人交往互动方式、心理特点的体察，构成作者有关人的理解的重要方面。[1]

作品由之也开启一重要层次：经由互助意识引导的互动过程，参与者获得自身主体状态的变化与提升。对于宋老定，与他人、与所在乡村初步的情感、道义与责任意识关联，使他开启了更积极帮助弱者、参与乡村公共事务的意愿，同时获得更为顺畅的家庭关系与在乡村中被提升的形象。这也使他的自我感受、他人感受和身心状态发生变化。对于张拴，获得东山、长山伯、宋老定的帮助，被互助组接纳，决心"下劲""正干"——这些行为的意义不仅在于摆脱经济困境，还使他在树立新的劳动、生活、价值观念的同时获得新的自我意识，实现自我身心

---

[1] 有关如何理解中国人基于深长传统形成的交往心理、行为特点，这些因素在 20 世纪 60 年代初期社会主义集体建设经验中曾发挥的作用和它们在当代条件下的可能，贺照田曾在文章中进行深刻阐发。参见贺照田：《如果从儒学传统和现代革命传统同时看雷锋》，载《开放时代》2017 年第 6 期。

感受的关键性更新，他也由此获得改变自身形象、位置、被乡村多数人群重新接纳与积极肯定的机会。东山在此过程也更深理解了父辈、张拴与所在村庄，工作意识、能力获得增长；对象的转变、父子关系的加深与村民的回馈也使他获得对自己工作意义价值更为实在的感受，使他内心更感充实。

作品这些部分让我们了解，人的变化和提升，是经由人们之间不断的引动－回应，使得一方面不断深化对他人的感知，同时不断反思、调整自己实现的。东山在与对象的交往中不断省思自己每一次的态度方式、言语行为引发对方怎样的回应，引动对方呈现出哪些面向的变化，据此及时反观、调整自己已有认识和互动方式，同时积极寻找接下来的行为介入点、介入契机。人的改变、提升是以人与人之间的持续沟通感应为必需媒介的，这是李准理解"感""化"方式的核心关键。其中包含的一层重要意涵，是一个人的自我反思、自我调整能力，与他悉心体察他人的意识、能力有很强的内在关联。东山这样的教育者（启蒙者）抛掉自身成见、努力进入他人，才可能在互动中找到有效的行为介入点、介入方式以实现帮助他人转变的目的，即东山工作的开展（帮助他人），是以首先努力进入他人并以此不断自我反观、自我调整为路径的。只有这样，他帮助他人的行为、他推动互助合作的工作才和他自身发生正相关关系，才能帮助他的自我不断打开、不断获得充实。这种情况下，自我与他人、自我与工作是相互打通的关系。

这部作品，体现出作者经由深入现实所感受体察到的人所无法被简单化约的种种细微与潜藏。[1]

---

[1] 在"文化大革命"刚刚结束后谈及此作时，李准肯定自己当年的作品"主题是从生活中来，人物也是从生活本身创造出来"，强调作家需要"研究社会投向每一个具体人的烙印"。参见李准：《从生活出发》，载《光明日报》1978年6月17日。

二

写作《不能走那条路》后，李准紧接着在1954年元月初完成《白杨树》[1]，作品围绕董守贵老头（老中农）与儿子进明带领的互助组年轻人（贫农）的矛盾展开，表现思想固执的老中农转变成见、加入互助组的过程。

作品意图回应当时互助合作现实中的焦点问题。经历土改，新中国成立初期农村社会与生产稳定恢复、发展。地主作为阶级被取消、富农阶层受到限制外，大多数农民的生产获得稳步发展。其时的互助合作运动将中农、贫农群体设定为基本参与群体。其中，中农在土改后迅速成长为农村数量最庞大的群体，在生产资料和生产经营能力上占有优势，被期待成为互助组织的基本构成力量；贫农群体在生产资料、财富积累和劳动技能方面不如中农群体，但被赋予政治位置的优先性，被期待成为互助合作的核心力量，并在互助组织内部的利益分配方面获得照顾。这两个群体的人员构成又具有复杂性：中农群体中有部分人在土改前就是中农，部分人土改后由贫雇农变为中农，还有一部分生产基础更好的人被划归为"富裕中农"；贫雇农群体的大部分人经过土改变为中农，也有部分人的经济情况改善不够，仍然属于贫雇农。整体而言，在上述基本组织前提、原则下，互助合作发展进程加快极易导致两个群体间的矛盾突出。当时的主要矛盾集中于生产资料的投入（土地、牲口、重要农具的入社折价）和分配环节（土地分红与劳动报酬的比例）。两者关系不仅关乎互助合作运动，同时关乎农村社会的稳定与整体的生产状况。李准捕捉住这一现实问题，尝试思考中农、贫农群体（在作品中

---

[1] 作者在篇末注明"一九五四年元月九日改完于洛阳"。参见李准：《白杨树》，李准：《不能走那条路》（短篇小说集），中国青年出版社，1955年版，第45页。

实际引申为相互差异的人）如何经由互助合作过程深化彼此的理解，发展出新的关系。

在把握思路上，作品配合当时国家相关扶助政策与宣传内容，点出互助组的优点：合理的群体协作使生产效率更高，可更方便配置重要生产资料（耕牛等），更利于运用新技术，能够获得借贷社、供销社的资源等。有意思的是，作者选择表现的是一个基础、条件较弱的案例：村庄规模小（三十四户人家），只有两个老、弱组成的临时互助组，生产劳动能力弱；缺乏干部和组织力量；主人公董守贵是意识固执、对互助合作抱很深成见与抵触心理的老中农。这一设计以中农、贫农的矛盾为主题，同时意在突出在物质条件不足的情况下，人的因素对互助合作发展的推动作用。[1]

作品梗概为：退伍军人董进明回村积极展开互助组的工作。进明、凤英、大发等年轻人主动改善与守贵老头的关系，守贵对互助合作的成见、隔膜、抵触情绪却不断加深，导致他想出"分家"的计策，想等儿子尝到互助合作苦果后回心转意，再与儿子一家合住。在和互助组同伴观察分析老人的意识心理状态、权衡利弊后，进明意识到目前阶段老人不可能转变，同意分。其后，老人与互助组年轻人在"对垒"中不断互动、逐步改善关系，最终父子"合家"。

作品一方面部分延续此前的观察、处理思路，同时在角色设定、人物塑造、主题表现、语言表达等方面呈现出问题与状况性。角色设计与塑造呈现出简单性：尽管有意将董守贵老头（老中农）的形象塑造得更多面，但因着意表现这一人物性格、素质、意识方面的问题，刻画显出生硬；互助组年轻人则被表现得相对简单而过于理想化。在党员董进明

---

[1] 主人公董进明回村后动员年轻人时，说发展互助组"什么是好条件？无非是有人、有地、有毛主席领导，再加上你们这几个青年团员"。参见李准：《白杨树》，李准：《不能走那条路》（短篇小说集），中国青年出版社，1955年版，第23页。

的塑造上，作品通过更为展开的互动过程，着重表现他能够以耐心、宽厚的态度对固执的守贵老头展开教育、引导与感化。但同时，为突出立场性、政策认识与"斗争"意识，这一角色从一出场就始终"正确"，没有经历东山那样的自我反省，刻画深度、厚度不足。

作品有关互助劳动与个体劳动的情境比照与互助劳动优势的表现，也更多从年轻人的感受视角出发，没有更真实贴合董守贵那样的乡村老辈农民的经验感受。主题表现方面，为体现出更加鲜明的政治性，作品增加了更多直接呼应、传达政策表述的言语（主要通过进明），但这些部分基本没有真正贴合人物与情节，成为浮在作品表面的附加物。作品还在分家一节安插一位富农角色（进明舅舅）突兀出场，人物形象相当脸谱化，和作品其他部分没有关联。作品中有关人物的描写和旨在烘托传达人物内心状态的景色描写，呈现出状态的不稳定与描写方式的不一致，有些部分精彩，有些部分分寸把握失当、不能贴合人物心理感受或过于直露。[1]

《白杨树》的写作（1953年10—12月）正值毛泽东对合作化的推动努力和"两条路线"的表述开始发酵，《不能走那条路》发表后的评

---

[1] 人物描写方面，开篇守贵、秀荣见进明的描写方式和作品其他部分不同，让人感到没有贴合农民的心理、感受与表达方式（当然，这也透露出作者尝试借鉴新的资源、手法来表现农民新的情感状态）；另有些段落的描写显得夸张、生硬，如结尾部分守贵得知进明同意与他们合住后的描写："突然守贵老头由外头跑着回来，一进屋'哗啦'一脚踏在洗脸盆里，盆里的水像箭一样飞溅的满屋都是。"景色描写方面，某些段落透露出精神的饱满、充实感与清新状态（如"麦苗喝足了雨水以后，太阳一晒，就像手提着一样齐忽忽地长了起来""南风顺着金水河岸飘荡着，河两岸的麦田像一片湖水一样翻动着金色波浪。三月黄的大麦已经熟透了。看着，看着，小麦也快该收割了"），某些部分（如结尾）的表达则过于观念化、意涵单薄。上述引文参见李准：《白杨树》，李准：《不能走那条路》（短篇小说集），中国青年出版社，1955年版，第44、34、37页。

价与反馈也陆续出来。[1]这些因素对李准的写作构成一定压力与影响。相较《不能走那条路》,《白杨树》显然存在"简单化"与生硬宣讲政策的问题[2],在深入认识社会、具体地表现人的方面没有达到作者的自我要求和上一作品的水准。尽管如此,这部作品在很多方面依然具有分析思考价值。作者意图在《不能走那条路》打开的视野、视点与思考基础上,更加展开地表现互助合作引发的人与人的互动、变化。[3]

我想从作品相当耐心展开的互动过程入手来具体分析。

故事前四节,进明和年轻人努力使守贵转变认识,却没有达到目的。在守贵的坚持下,进明一家与老人分开过。作品设计了"隔而不分"的情境:分家的方法不是儿子一家搬出去单过,而是在原来的院子中间打一道隔断;父子俩的地也还是紧挨着。这样,家虽然分了,但父子俩仍出入一个院门,隔着院墙能即刻听到对方声气;地虽然分了,但劳动时一抬头就看到对方。双方的劳动、生活形成对照:白天劳动时,一边是活泼热闹的气氛与高效率,一边是"一个人孤零零地像哑巴一样";下地回家,老两口一边冷冷清清,一天辛劳后无法亲抚孙儿,只能隔着院墙听儿子一家的日常生气与欢声笑语。[4]

在此情境下,守贵老头展开了和年轻人间的"较量"。随着情节的进展,这一人物呈现出更多面向:要强、劳作精心、技术细致、爱惜牲

---

[1]《不能走那条路》发表后最早的评论在作品理解、评价方向上有或大或小的差别,但都认为对共产党员东山的塑造不够理想,党员和党组织的力量不够突出,对张拴的批判不够充分,矛盾斗争表现得不够尖锐等。可参见1953年年底到1954年年初苏金伞、李琮、康濯等人的评论和此间报刊发表的读者读后感。

[2]冯牧在1960年评价《不能走那条路》和《白杨树》是李准"最初两篇产生了广泛教育作用的作品",同时指出董守贵和董进明的"个性还不是丰满的",《白杨树》"对于集体化思想与个体农民思想之间的冲突的描写,还遗留着某种简单化的痕迹"。参见冯牧:《在生活的激流中前进——谈李准的短篇小说》,载《文艺报》1960年第3期。

[3]《白杨树》的篇幅比《不能走那条路》的篇幅长近三分之一。

[4]这一情境中不同劳动氛围和人物心理的比照,更多是从年轻人的心理感受出发的。

口,分家后依然处处替儿子着想,但对互助组的戒备心和成见也深。[1]作品的表现让我们体会,守贵自我中心的意识方式与固执状态,使他更加缺乏感知他人的能力。守贵对家人的亲情因而很"硬":自认为关心儿子,实际无法体会儿子的感受,对家人的言行也近乎不通情理;对他人的感受、理解和反应方式也很"硬",以至陷入偏狭、带有扭曲感的心态。另一边,进明"不信有破不开的木头!"教育媳妇"咱爹是农民,他不是敌人,在他跟前耍不得那种'骨气'!"[2]在互动中能够不被老人的态度、言行反应所牵制,对言语行为不近情理的老人始终体贴并耐心引导。

在接下来的互动过程中,双方发生着变化(第八节)。年轻人钻研种植技术,学习克制情绪,避免以简单对反的方式回应老人,避免双方情绪感受和矛盾的激化,同时抱着体谅、耐心的态度正面思考老人意识中的合理部分,认识到勤俭品质、他所要求的劳动态度、劳动技能值得尊重,并从自身开始改变。[3]作者特别描绘年轻人在村庄里散发的活力与气息:他们"生龙活虎","车装得扬头撅尾,好像一只大狮子伏在车上一样"。守贵老头也在变。他说自己"一辈子不好和人拉扯",但年轻

---

[1] 看到年轻人用大车拉污泥,守贵心想他们不会照顾儿子,看到事实后又对老伴说"你等着看,秫秸一割狼就出来了";年轻人主动帮他拉泥,老头以为他们借机把他地里的泥"糊涂"走了。参见李准:《白杨树》,李准:《不能走那条路》(短篇小说集),中国青年出版社,1955年版,第35页。

[2] 李准:《白杨树》,李准:《不能走那条路》(短篇小说集),中国青年出版社,1955年版,第34、37页。

[3] 在作品中,"小姑娘"凤英心思细腻、善解人意,是有很好观察、理解与沟通技巧的乡村青年积极分子。她对乡村的具体情况较为熟悉,与老人有互动经验,能够尊重、体贴老人的心理,注意互动的方式方法。比如,拉麦时,凤英"悄悄"对大家说先拉老人的麦,并嘱咐"大家可得仔细点,你们看守贵伯两只眼往这里瞅着哩!"年轻人"互相使着眼色……哪怕是一个麦穗也要拾起来"。大发背后学着守贵老头的"姿势说'我一辈子不好和人拉扯'",被凤英"瞪了一眼"。参见李准:《白杨树》,李准:《不能走那条路》(短篇小说集),中国青年出版社,1955年版,第40、41页。

人主动帮他拉泥后,他悄悄帮儿子割麦(不是帮互助组其他年轻人),他也注意到年轻人以新技术培育的麦子。但出于执拗和争强好胜心理,他刻意和年轻人较劲,同时对老伴的言语行为刻薄粗暴,使她又气又累哭倒在地头。同时,年轻人的善意劝解、帮助和他们劳动态度、劳动习惯的改变,使守贵开始改变对他们的观感。

这部分深化着上一节展开的思考:由于性格意识的封闭、执拗,守贵很难平心接受亲人和他人的善意帮助,反而产生扭曲的竞争心理。与互助组的"较劲"使守贵老头身心紧张、失衡,以至无法控制自己的言语行为,伤到多年艰辛中相互扶持的老夫妻间的情感。平日感知、沟通能力的欠缺,使得他扭曲状态下的言语行为显示出更强的伤害性。[1]从作品之前传达的信息来看,守贵土地多、劳动技能强、有强牲口农具,在这些基本条件不变的情况下,即便年纪大、"腿笨了",也不至于在劳动方面处于太大劣势,这里的处理显得牵强。不过这样的处理意图使我们清楚看到,狭隘固执的"自家"意识和对自我－他人关系问题的理解,不仅影响到守贵与他人的关系,也对他自身和他身边的家人造成负面影响。

作品尾声(第九节),互助组的好收成,儿子的体贴、耐心,年轻人的理解、转变与帮助,老伴的哭诉,劳动、生活的孤单——在这些变化和感受中,守贵开始转变。从隔膜、戒备、较劲和身心紧张中解脱,他的心变得柔软。经历这一番酸涩,他与家人、他人顺畅的关系体验应

---

[1]为了抢在互助组前面收割完自家的麦子,守贵老头让老伴连夜蒸馍,第二天一早和他共同下地,催促她快干,骂说"你是死人,你就不会快一些!""要你吃饭腾锅哩!"老婆"再也忍不住,就把镰把一扔说:'我不是牲口!累死累活跟着你起五更爬半夜,你就不怕把人累死了!'说着就哭了起来","一把鼻涕一把泪地对大家说:'他整天像吆喝牲口一样吆喝我,我也是五六十岁的人了。昨天在北地拉麦,他叫我踩车,有两杈没装好掉下来,他就捡个石头向我扔来……'守贵老头……只恨地下没有缝不能钻进去"。参见李准:《白杨树》,李准:《不能走那条路》(短篇小说集),中国青年出版社,1955年版,第39—40页。

该会被他格外珍惜。[1]这一经历应该也会引动他开启自我反观的意识和更积极感知、认识他人的意愿。"哪怕是再小的风吹来，它总要向山谷发出呼啸，总要放开喉咙给白杨树村的人歌唱"[2]，映衬出人们新的自我状态与对他人的关系感受。作者同时点出，守贵更积极参与到互助合作之中、与他人形成更深的关系，还要经过很长的路："人"就是这样的，"（再闹）再想办法打通思想。进一步总比退一步强。啥时候你想把大家想法弄得一般齐。……"[3]

作品对于互动过程的详尽表现，显示李准在把握董守贵这样的农民意识转变的主题时，将焦点落在人与人之间的互动过程、互动方式上。他着重观察封闭的意识状态对人的自我感受、自我状态的影响，在此参照下，他意图探究以建构良性关系为指向的人们间的互动，如何引导个人加深对他人的理解并在参照中自我反观，进而带动人们打破彼此成见、隔膜，对参与者的自我感受、主体状态产生良性引导作用。尽管表现存在简单、过于理想化的问题，但内中呈现的敏感与思路值得重视。在李准后面的写作中，这一观察视角与路径不断获得开展、深化。而如何在表现中带入现实与人的复杂性，对作者来说是具挑战性的任务。同样值得关注的，是家庭开始成为作者观察、思考互助合作问题的重要基点。这部作品中，成功的互助合作和劳动，被作者更深关联于参与者新

---

[1]小说结尾，互助组大家耙地，"一下子套了四犋牛，守贵老头赶着自己和儿子的牛，心里痒痒地，跟在最后边，他看着八只牛拉着四辆拖车，在黄土路上走着像赶会一样，他第一次感觉到在一块做活的愉快"。参见李准：《白杨树》，李准：《不能走那条路》（短篇小说集），中国青年出版社，1955年版，第45页。如果作品的表现更加饱满、有力，"隔而不分"的情境装置与"隔而不分"的情节，可能引动更为深远的发问：新的生活与劳动，是否、如何能够使人们之间发展出更深、更广的情感、心意连通？

[2]李准：《白杨树》，李准：《不能走那条路》（短篇小说集），中国青年出版社，1955年版，第35页。

[3]这是凤英问互助组转社后守贵老人如果"再闹"怎么办时，进明的回答。李准：《白杨树》，李准：《不能走那条路》（短篇小说集），中国青年出版社，1955年版，第44页。

的自我状态、家庭关系。

此外，主人公董守贵的形象塑造不尽理想，但包含值得认识的内容。守贵不像宋老定心思细腻、善于体贴人、注重人情礼俗，他意识固执、脾气暴躁，言语易伤人，不顾及他人情面，并且"私"意识更重、与人交往互动的能力更弱、对他人和互助合作抱着极强的防备心理与成见。这一人物同样具有传统自耕农的特点：勤劳节俭、有较强劳动技能，自尊、自立，热爱劳动、相信劳动，相信可以依靠自己的勤俭致富，有家庭责任心、注重亲情，抱有朴素的公平、公正观念。[1]作品的表现保持了重要的分寸：尽管对互助合作有明显隔膜、疑虑，守贵没有主动贪图、损害他人利益，他的算计心理出于保护自己正当利益的逻辑，并且他的意识状态和他感知他人的能力不足相关。

作品同时引领读者体察，董守贵这样的农民对互助合作的强烈抵触心理是基于下列认识：互助合作难以做到公平、公正，难于合理照顾到参与各方利益（比如农忙时节谁家地先下种，就很难处理）；合作双方的基础、条件不同，自家在大牲口、农具等生产资料方面占优、有财富积累、劳动技能强，而互助组年轻人缺少好牲口、劳动技能差（"糊涂"组），也不懂得爱惜牲口、土地，生产技能和生产效率低，合作让条件好的一方吃亏。这些理解，加上性格执拗、缺乏感知他人的能力，更促使守贵老头对互助组产生很深成见。在他的感受中，互助合作既不公平，也不公正，这是他对互助组成员不信任与算计心理的感受认识基础。

贯穿在作品中的有关牲口的情节，体现出作者的人物理解。在小说中，牲口引发了老人和互助组年轻人最初的激烈冲突：为使老人感受到互助合作的益处，进明托大发给老人拉土，但当守贵老头看到大发赶着

---

[1]守贵与年轻人较劲的方式执拗、偏狭而朴素，他想依靠自己和老伴的加倍劳动挣得面子。

自己的牛上坡，"一鞭子一鞭子好像都打在牛的身上，也好像打在他心上一样难受"，加深了对互助组的成见。分家后，老人心里喜爱互助组贷款买来的牡牛，又担心年轻人不会喂养、糟蹋了牲口。尾声部分，老人开始转变后加入互助劳动时，既心疼自家的牛，也心疼互助组刚买的小牡牛，舍不得让小牛拉车。[1]读者至此终于明了：老人对牲口格外体贴、爱护，是出于长年劳作艰辛和牲口结下的深厚情感。因此，守贵老头最初无视大发的善意动机和缺乏经验，推断对方人品恶劣，不能共处（"都没看看那都是些啥人！一个比一个的刀子还快，我一辈子就不跟他们拉扯！"[2]）。而大发因为不能体会到这一层经历、情感而直观判定老人刻薄，导致彼此矛盾加重。作者体察到，农民对牲口的在意、爱惜不仅出于物质层面的考量，还包含朴素而值得珍视的情感，甚至伦理意识。

如何对待董守贵这样"小农意识"强烈、对互助合作有明显隔膜的农民？在他们对互助合作的态度、感受、做法中是否有需要认真对待的因素？他们有转变的可能吗？可以说这是作者通过《白杨树》提出的重要问题。

《白杨树》呈现出作者有关互助合作精神与实践展开路径进一步的感受与体察。这部作品让我们体会到，互助合作不仅在生产方面，而且在家庭关系、日常劳动、生活氛围与人的情感需要、精神感受等方面带来新的影响。在《不能走那条路》的基础上，作品进一步启发读者思考互助合作在乡村社会的推行过程可能引发社会、人的哪些方面、哪些点；哪些因素会影响到农民对互助合作的感知与接受；互助组织的利益

---

[1] 老人宁愿多跑几趟，只让自家的牛拉半车土，对互助组的小牛则"不敢当大牛使唤"，舍不得让它拉车。参见李准：《白杨树》，李准：《不能走那条路》（短篇小说集），中国青年出版社，1955年版，第42页。

[2] 李准：《白杨树》，李准：《不能走那条路》（短篇小说集），中国青年出版社，1955年版，第26—27页。

分配、生产组织管理需要把哪些因素纳入视野，可更有效调适组织内部的矛盾，引导参与者发展出良性关系。

三

将这一阶段农村互助合作的实践展开状况与李准的创作相互参看，可更多体会他思考、写作所处的张力语境，也有助于打开有关那段历史的更多思考。

两作创作于1953年秋、冬，正值总路线颁布、合作化发展提速、统购统销试行等系列重要政策举措密集出台。1953年秋，互助合作运动已经历初期发展、相对快速发展、调整整顿几个阶段（1953年春开始整顿）。同时，统购统销在全国范围开始试行并导致1954年农村的紧张状态，合作化实践面临更复杂的现实状况。[1]在李准这两作的写作时间（1953年年底），对农民封建"小生产者"意识和"资本主义自发倾向"的批判成为主导话语，农民是否加入互助合作被归结为"走社会主义道路还是资本主义道路"的话语高度。

相比，李准的写作一方面敏锐配合着互助合作运动的发展状况、政策导向，另一方面体现出其相当独特的现实体察与理解。两作所探讨的，是处于起步阶段的互助组织：不仅物质条件弱，参与者合作意识的建立也非常艰难。将探讨聚焦于合作化的意识心理，方便作者呈现对合作化实践在现实中遭遇的复杂、紧张的感知。他在观察、思考，在当时历史情境和农民心理意识状况与关系状态中，互助合作下落到社会中可能引发社会哪些方面的反应、变化，农民对它的感知、认识关涉到哪些方面、因素。

---

[1]李准此时的写作尚未涉及1953年年底统购统销实施后农村的现实状况。

互助合作在新中国成立初期的推行面临复杂状况。社会环境由战争转向和平稳定，政府积极鼓励发展生产，生产条件好的农民普遍认为传统生产方式可以发家致富，互助合作的动力下降。过去时代条件下农民生活的不稳定性（如遭遇灾荒、重病、无法获得借贷等），令农民更为渴求尽可能多地获得土地来发家致富。《不能走那条路》借张拴的经历点出小农经济的脆弱：疾病、灾荒、借贷渠道少、乡村商业不稳定等因素，在当时很容易摧垮农民。在新的社会条件下，可以通过新的发展举措有效应对这些问题，互助合作并不是有效克服这些问题、推动农村生产发展的唯一道路。从生产角度来看，互助组织生产效率的提高需要组织管理、生产技术等多方面、多个环节的探索和相关资源的配合投入。互助组织在当时条件下确立自身生产优势并非易事。事实上，农民更习惯于运用传统方式和多年积累的经验从事生产，条件好又善于经营的个体农户的生产效率、收益比互助组织高，是高级社阶段前一直存在的突出现象。对于多数农民，没有明确显示出生产优势的互助组没有太大吸引力。部分农村党员在土改后也出现买地、雇长工、不愿加入合作社的现象。

合作化问题直接关联的另一个重要前提，是我党以阶级理论为社会群体认定标准。在农村生产整体上升的趋势下，依据经济条件划分社会身份的方式给农民的意识、心理带来怎样的影响，是观察思考合作化运动的必要维度。新中国成立初期，绝大多数农户在土改后处于生产上升状态：贫农获得更多土地、开始具备发展生产的新条件，部分生产经营能力强的贫农快速转变为"新中农"，中农则可进一步上升为富裕中农、富农，土改中减少土地财富的富农被"限制"发展，但依然有所发展。生产的上升意味着各阶层的人员构成与相互关系处于流动状态。同时，担心因生产发展和财富增加而导致阶级成分变化，成为政治上不利甚至被压制人群，成为农民，特别是富裕中农、老中农、新中农的普遍心理顾虑。土改过程多数地区实际剥夺富农自耕地的做法,对中农(特别富裕中农)和生产处于上升状况的贫民的生产热情、政治积极性也构成潜在压力。这些状况使合作化展开的现实背景更为复杂。

阶级理论也被用来规定合作组织的基本人群构成与位置关系。"依靠贫农、联合中农""自愿互利原则"是土改完成后到高级社之前互助合作的基本政策。而如何真正做到参与者"自愿"和贫农中农"互利",是极具挑战性的任务。贫农、中农在合作组织内的关系,因前提性的位置设定和分配原则易存在矛盾。从阶级理论出发,贫农因经济状况处于底层而被认定为互助合作动力最强的核心"依靠"力量,获得政治、组织方面的优先位置;中农的政治位置低于贫农,但互助组织的实际生产运行更多依靠中农的力量与资源。在资本投入方面,中农投入更多土地、牲畜、车马等生产资料,但在分配上,劳动力优于土地等生产资料的分配原则意味着中农必须出让更多利益。这不仅增加中农加入互助组织的顾虑,也在前提上为互助组织内部中农、贫农间关系的调适增加了难度。在互助组织内部存在利益层面不够公平、公正,投入、分配等环节需要某一方做出让步的前提下,怎样有效调适各方矛盾,怎样有效调动、培养他们参与互助合作的意愿与能力,帮助参与者加深连带关系?是众多合作组织不能不处理的核心问题。

领导层在推动互助组织提高生产效率的同时,反复强调需要平衡中农、贫农关系,不应侵犯中农利益,切实做到中农与贫农"互利",表明推行者意识到以固化的阶级观点认识农民、设定合作组织内部农民群体的政治位置带来的问题,强调需要在物质利益方面给予中农群体更多公平待遇。[1] 如果互助合作实践不单纯指向经济目标而期待切实落实社会关系诉求，那在物质利益之外还需要哪些因素的配合，才可能更内在激发调动农民的参与热情，更能切实朝向培养社会主义期待的主体？当时政策一再强调改变干部工作方式，树立民主作风，对农民进行集体主义、爱国主义和"前途教育"。[2] 这些方面的确重要，但在实践过程调整哪些环节、做法，能有效改变干部工作方式，有效深化干部的政策理解，同时增强他们与群众互动的能力？如何切实培养互助合作参与者的民主意识？与集体、国家目标配合的相关观念价值如何能够有效抵达人心，促成群众更积极的接受意愿？对于这些问题的认识与处理，需要建基于对农民群体、乡村社会多方面状况的深入体察。

李准的创作帮助我们开启有关这些问题的思考意识。两作让我们了解，农民的意识、心理与特定社会历史状况有很深关联，并且农民对互助合作的感知不仅仅关联于物质利益的考量，还可能与价值、情感、家庭关系、亲情、人际间交往互动方式（特别是干部与群众）、乡村公共空间的舆论和人心导向、周边人的带动、新的生活与劳动氛围等因素相关。作品引导我们观察，互助合作不仅影响到农村生产组织层面，还引动着农民家庭关系与生活、劳动氛围的变化，影响改变着人们对自己、家人、周边人们和所在乡村社会的感受理解。

---

[1] 邓子恢在1953年谈"不能侵犯中农利益"时，指出"互助组合作社的内部关系也是农民内部的相互关系的问题"，认为可以在"今天揩中农油以满足贫雇农，那就错了。今天的贫雇农将来也要成为中农的，今天要他揩中农的油，将来就会让别人来揩他的油，这就是贫雇农对上升增加顾虑，结果两头都不讨好"。参见邓子恢：《在全国第一次农村工作会议上的总结报告》（1953年4月23日），中华人民共和国国家农业委员会办公厅编：《农业集体化重要文件汇编（1949—1957）上》，中共中央党校出版社，1981年版，第135页。

[2] 山西省人民政府长治专署：《山西省长治专区一九五一年试办十个农业生产合作社的成绩与经验》（1952年5月），中央人民政府农业部农政司编印《农业生产合作社参考资料》第一集，转引自中华人民共和国国家农业委员会办公厅编：《农业集体化重要文件汇编（1949—1957）上》，中共中央党校出版社，1981年版，第91、92页。

李准体察思考农民与农村社会的视角，与他和夫人的家庭经历有着深层关联。李准出生于"诗书耕读"的大家庭，虽在时代变迁中境况日渐艰辛，但家中尊卑有序、家庭关系和睦。李准的父亲是责任意识重、能够隐忍担当的家庭支柱。李准自幼接受传统教育，同时很早表现出体贴人情事理和善于社会交往的能力。他十五岁辍学后在洛阳车站盐栈做学徒，十七岁在麻屯镇邮政代办所工作，同时加入镇业余剧团编写戏曲剧本，并曾代不同身份的农民书写家信。李准夫人董冰出身乡村底层，自幼目睹、经历种种艰辛悲苦，遭遇兄弟姊妹离世、母亲重病，很小就开始帮助母亲做家务。在此境况中，她家周边患难的邻里善良、勤俭、坚忍、宽厚，在艰困中相互扶助，结成深厚的情意。董冰在新中国成立前没有条件识字，极少接触新的文化与观念，李准鼓励她识字读书、多见世面，他们夫妻关系和睦。李准不少作品的语言、人物、故事，皆来自董冰的乡村见闻与讲述。这些经历，使李准有机会较深体察时代转变过程中乡村社会、文化、习俗、道德、伦理等多方面状况，构成他有关农村、农民理解的重要根基。[1]

　　携带着这些印刻在心的感受与经验，李准走入新中国。1948年年底，新政权接管洛阳，李准"在豫西中州银行（后改为人民银行）当职员"，1951年"任银行货币计划股股长"[2]。李准"听到建立新中国的广播消息……热泪盈眶"，新的历史使他激动、兴奋。但他随后经历了一番坎坷。1952年春，李准所在单位开展"三反"运动，李准被指有贪

---

[1]李准出身"农村教师兼小地主家庭"，全家二十一口人在新中国成立前合住，家庭关系和睦，保持着传统乡村大家庭的关系。祖父辈曾做乡村私塾先生、小学校长、小学教师、商人。李准十七至二十岁曾参加麻屯镇戏曲剧团，改编旧戏、编写戏曲剧本。参见卜仲康、陈一明的《李准小传》（1978年，收录于《李准专集》）与董冰的《老家旧事——李凖夫人自述》。李准写作这两部作品时二十五岁，但体现出很深的社会洞察、人情体贴能力，这与他的早慧和成长过程的社会历练分不开。

[2]卜仲康、陈一明：《李准小传》，卜仲康编：《李准专集》，江苏人民出版社，1982年版，第3页。

污嫌疑,被批斗、隔离审查到同年"农历六月",后被解职。据董冰回忆,"那时候,运动搞得很凶",李准被推、打、"脸贴墙站着,不让睡觉……一直站了四天四夜",而他一直坚持自己的清白。失去银行的工作,李准曾想"去关西拉大粪、卖大粪",后经去市委申诉,获得洛阳市干部文化学校语文教师的职位(1952年9月开始任教)。也是在那个教职上,李准开始写作、发表作品。[1]

今天确知李准这一段经历的具体情况,使我们可由此体会,他写作起步阶段有关农民的体察与思考不仅包含对农村现实的敏感与观察,还包含对自己在新中国成立初期经历的转化。了解到这些,也使我们更深感知,20世纪50年代上半期"人民共和"焕发出来的社会精神风貌与人心凝聚状态,民众参与国家、社会事务的高度热情,人与人间深切的信任感与连带关系,成为李准此阶段现实感受与写作所依托的重要时代基本面。在这一时代背景下,国家赋予农民的新的位置、价值与互助合作承载的社会理想,对李准产生很深的精神感召。两作呈现的体察农村社会和农民时的视点,对农民深切的"相信"和对有效感化农民方式的细腻探讨[2],有关集体-个人、干部-群众关系的思考以及作品映现的精神安实感,都映照出他这一核心时代感受。

两作对于家庭的处理值得进一步思考。对家庭、亲情的关注,显示出李准着意体察新的社会变革过程对乡村社会人际关系、家庭关系、伦理意识等方面带来怎样的挑战与变化,对乡村社会日常带来怎样的塑造

---

[1] 董冰:《老家旧事——李凖夫人自述》,学林出版社,2005年版,第144—147页。董冰在后记中说明,回忆录写于1983—1985年。李准1952年在单位接受审查隔离时,董冰没有在现场。
[2] 在此意义上,《不能走那条路》中长山伯回答张拴、宋老定回答张拴话里的"谁",在作者那时的感受中可能包含哪些群体,是值得深思的问题。在河南省戏改会根据小说改编的剧本《不能走那条路》(1953年12月第1版)结尾,小说中宋老定对张拴说的"要不,连谁你都对不住!"被改成"要不,你连你死去的爹也对不起!"李准小说表达中"谁"显然传达出更广、更深的感受与意涵。

与影响。作品也显示，他并非将乡村家庭关系、伦理意识做固化理解，而是努力在农村社会、农民生活形态与意识心理的变化过程中，看视它们在与其他因素的关联碰撞、在新结构中的状态与发展可能。"窗下偷听"与"隔而不分"的情境设计借鉴自中国传统戏曲，家先分后合、和睦团圆的结局处理也包含呼应民间社会的文化、心理积淀与诉求。但读者不应据此认为作品是对民间心理的简单认同。在李准笔下，农民的家庭观念与情感渴求包含着感通他人、连接到"公""义"理解的经验基础，在恰当的价值引导和情境契机下，可以成为促成主体意识变化的重要因素。[1]李准试图将家庭关系和亲情结构在互助合作引发的新的自我－他人关系感受和新的生活、劳动状态中，使它们承载新的功能。[2]

《白杨树》传达出守贵老人对家人和自己的感知，是经由与互助组的互动、参照而被重新意识、反观，并在对方的善意帮助和引导下发生变化的。老人封闭狭隘的"自家"意识不仅无助于建立更好的自我－他人关系，还影响到他与家人的关系（老人意识中最核心的关切）和他自我的状态。经由与儿子、互助组的互动，守贵老人渐渐感受到，原本自认为自己的做法是为儿子好、自己可以负起长辈的责任，但实际自己不了解儿子，对儿子和老伴的态度太粗暴了；他也开始体会，互助组年轻人对自己是善意的。通过与老人的互动，互助组年轻人也获得成长、

---

[1]当年有评论说《不能走那条路》将"真实的人情味"和"党的原则精神"做了很好的结合："作者既写出了真实的人情味，又写出了党的原则精神。两者的良好结合，正是这篇小说成功的地方。同时，作者也向我们指出来如何向农民进行教育的正确方法。农民虽有自发情绪，但他们是劳动人民，有阶级友爱的情感，社会主义思想他们是可以接受的，所以只要我们善于抓住农民的亲身体验，用回忆对比的方法，进行前途教育，农民是可以跟着党走共同上升、大家富裕的社会主义道路的。"参见王五魁：《评〈不能走那一条路〉》，载《河南日报》1953年11月20日。

[2]当年有关《不能走那条路》的改编剧本多增强东山的"孝子"戏份，以更突出家庭的和睦氛围，但这些处理同时可能削弱作者的原初创作意图。参见李准原著，白得易改编：鼓词剧本《不能走那条路》，新文艺出版社，1954年版。

改变。这样的处理包含了作者有关互助合作问题的重要思考方向：互助合作契机可能引发参与者的自我意识、他人意识发生怎样的变化，引发参与者与家人、他人间怎样的关系变化？

作品有关家的表现包含作者更深层次的思考。在《白杨树》的尾声，进明看到时机成熟向娘提出合住，进明娘劝说儿子，如果老头还不愿入组就依他，进明回答"退出来办不到！……我能不管你们吗？只是得照住我这正路走！"强调需要同时照顾自己家和互助组的理解，不应被视为对当时互助合作政策的简单应和，也不仅基于作者对农民在互助合作开展初期思想意识状态（所谓"觉悟程度"）、接受能力的判断。自家和集体应该共同发展并形成相互间的良性关系，这是李准此后探讨个人－集体关系的核心思路。在其后有关合作化题材的系列作品中（有关初级社的《孟广泰老人》、有关高级社的《冰化雪消》、有关人民公社的《冬天的故事》和《李双双》），互助合作的范围不断扩大，越来越强的集体要求也对家庭关系构成挑战。在此形势下，家庭始终被李准作为自我与他人、个人与不断扩大的社会发生关系的中介，同时成为个人与他人、集体关系中具一定自主性、可发挥调节功能的必要空间。在李准以正面方式展开的把握中，家庭和亲情成为个人与集体内具张力的关系建构中发挥建设性功能的要素。

干部问题是李准在起步阶段的另一思考重点。在上面讨论的基础上，我还想讨论两点。首先，作者借助文学的方式努力探索人的意识、心理、精神、情感状态，细腻体察人们在互动中相互触发、引动、变化的过程。这样的认知、表达努力促动我们感知：人是具体的，是在价值、观念、情感等众多层面因素的交互运动中的具体存在，在不同的社会情境、时、势中，人的表现会变化，不应以固化的阶级预设先设定具体的人；政治也是具体的，政治的实践过程、观念与规划设计落到不断变动的社会现实、落到具体的人的过程，也必然是具体、复杂的。现实不可能依照预先设想来发展，实践目标也无法仅通过观念灌输、政策指导，而是依靠制度组织规划获得落实。其次，两作暗示互助合作需要改造的主体不仅包括农民，也包括干部。李准显然也意图使自己的作品具备"工作手册"的功能，意图引导干部思考如何在具体且不断变化的现实情境中认识农民、理解农民的"小生产者"意识；引导他们思考，在物质利益之外，还有哪些价值、因素对于农民的实际生活、主体与精神构成具有重要支撑作用。

《不能走那条路》与《白杨树》这两部李准起步阶段的作品，显示出他对合作化深入乡村过程引发的社会多方面反应及其中人们意识、心理、情感细腻变化的体察努力。两作所开掘的观察与思考的视野、意识敏感与基点，为他20世纪50年代中后期的写作奠定了重要基础。对李准当年写作的探究，也为我们在今天重新认识他的写作所面对的历史和这历史中的真实经验，提供了重要线索。

1956—1957年文学语境中李准的创作与思考

◎夏天

1956—1957年是中国当代文学史的特殊时期，无论从作家的创作心态、作品的创作手法，还是作家对现实的感受方式等方面，在之前之后都有显著的变化。以往的文学史往往挑选特定的作家与文学史事件来说明这一历史状况的特殊性[1]，并赋予这一历史时段大胆、叛逆的特质。到了新时期，一大批老作家开始重新回到文坛，李准也是其中之一，他的《灰色的帆篷》被选入《重放的鲜花》，意味着他的创作重新为文学史所承认，同时说明他的创作也被这样的文学史叙事所吸纳。《灰色的帆篷》在"暴露问题"与"干预生活"两方面的确能够归于典型的"百花文化"的范畴，但这篇小说在李准这一时期的总体创作与思考中处于什么位置？作为被当时文坛重视的"新人作家"，李准的创作在1956—1957年的两年间又有哪些新的思考和转变？从他当时的创作与思考状态出发，能否成为观察1956—1957年"文学事件"之外的新切入点？

---

[1]尤其强调"双百方针"的决定性影响来进行历史叙述，并且以作品集《重放的鲜花》中的作家、作品为代表来观察这个转折期。

1956—1957年:"青年作家"创作的转折

李准在一生中创作了大量的小说和电影剧本。在他创作的分期上,一般有如下几种说法,首先,李准在"文化大革命"后自述创作历程时认为他的创作分三个时期:"第一个时期是学习时期,作品有《不能走那条路》《孟广泰老头》,中篇《冰化雪消》《信》《灰色的帆篷》,电影《老兵新传》《小康人家》《前方来信》等。第二个时期是接近成熟时期,作品有《李双双小传》《耕云记》《两匹瘦马》,电影《龙马精神》《李双双》等。打倒'四人帮'以后这十几年是我的反思时期,作品由甜腻转入苦涩。"[1]在列举自己第一时期小说创作的代表作时,李准选择了《不能走那条路》《孟广泰老头》《冰化雪消》《信》以及《灰色的帆篷》,其中《信》与《灰色的帆篷》即创作于1956—1957年。李准认为一直要到1960年的《李双双小传》,他的创作才开始接近成熟,并认为早期的创作与政治的关系过于密切。这种自我理解的方式很大程度上受到了新时期以来的文学创作思潮的影响,也同他更认可自己《黄河东流去》为代表的20世纪80年代的创作相关。因此他在新时期反思20世纪50—70年代的"运动文学"时,也更新了对自己早期创作的评价。

首先需要追问的是,如果李准的确感到自己从《不能走那条路》到《冰化雪消》的创作需要有所提高的话,那么他的早期创作中哪些环节让他不能满意?同样的,1956—1957年他在思想和创作中就哪些问题做了总结与思考,这些思考中,有哪些在他下一阶段的创作中有所深化?

其次,其他的研究著作对李准创作生涯的理解中,一种观点认为在

---

[1]中国人民政治协商会议全国委员会文史资料研究委员会《文史资料选辑》编辑部编:《文史资料选辑》第20辑(总第120辑),中国文史出版社,1990年版,第62页。

1953—1957年是学习期,将1957—1966年界定为高潮期。[1]另一种观点则是在更细致的划分中将1956—1957年单独划分为创作的"风波",而将1958年李准的再次下乡认定为"突飞猛进"的开始。[2]这些研究都包含了李准创作的前期和中期之间,有一个调整时期,而这个调整时期可能是自觉的有意识的,也可能是因为实事变化而不得不进行的转变。因此无论从哪一种划分来看,1956—1957年这两年对李准的创作道路来说都意味着从一个阶段迈向另一个阶段的过渡。因此在具体的历史语境中打开李准的创作道路,是理解李准所以能在之后创作出《李双双小传》《耕云记》等重要作品的关键,更是理解1956—1957年文学本身的复杂性之所在。

文坛在经过了1955年的"批判胡风"运动后,作家中形成了一种具有压力的氛围。而随着1955年后半年在农业领域出现的"批邓子恢'小脚女人'"问题,农业合作化运动不断推进,中央也需要再次对知识分子发出号召,知识分子会议的召开、向科学进军的号召以及随后举办的中国作协第二次理事会(扩大)会议都表明了新的文学状况的展开。除此之外还有三个重要的背景:第一是一批新人新作的涌现,包括王蒙、刘绍棠、李准等;第二是理论批评上的简单化以及创作上的公式化、概念化重新引起了文坛的关注,这也是文坛亟须面对与改变的状况;第三是斯大林逝世后,苏联文学界的变化引起了中国文学界的关注,如对典型问题理解的变化、爱伦堡的《谈作家的工作》等理论在中国的传播等等。[3]

---

[1]姜忠亚:《活力的奥秘:李准创作生涯启示录》,中原农民出版社,1989年版,第88页。
[2]刘景清:《李准创作论》,内蒙古人民出版社,1987年版,第19页。
[3]苏联作家爱伦堡的《谈作家的工作》文章对"双百方针"时期的青年作者如王蒙等,都产生了很深的影响。目前没有确切的材料证明李准读过这篇文章,但李准创作谈中的很多内容对其可能有所借鉴。如《从两件事情说起》中提到爱伦堡的重视思想改造的道路值得学习,这一阅读角度较为常规;《关于对生活的敏感》一文中对古典作家和社会主义时代作家的比较,与爱伦堡的论述切入点较为相像。

与其他1956—1957年的重要的新作家相比，李准的独特性恰恰体现在他从1953—1955年已经写出代表作《不能走这条路》以及一系列的中短篇小说，如《孟广泰老头》《冰化雪消》等。而王蒙、宗璞等新作家，因为在"双百方针"期间所发表的新作品才广泛受到文坛的关注，可以说，经过多年的写作过程，李准已经初步了解到新中国文学体制对作家的高度要求以及在创作上的种种限制，因此他对"双百方针"的反应也不像其他新人作家的创作那样，直接受到当时迅速多变的文学事件的影响。此时他仍然将自己界定为"青年作家"，在李准的视野中，"青年作家"的身份并不仅仅意味着他的年龄，更意味着他的创作还面临诸多的问题和挑战，需要在各方面加强自己的创作能力。对李准来说，青年作家的自我要求首先是从思想、政策上提高认识；其次是青年作家还未深入了解生活，需要不断磨炼自己对生活的敏感。他虽然认识到了这些问题，但在对这些问题的理解上，仍然依赖当时文艺政策所给出的思考方向。

就如何更深地理解生活这一点而言，李准认为青年作家需要通过持续进行自我改造来加强，这与新中国成立之初持续的知识分子自我改造的要求同步。从具体的创作问题来说，他在对当时创作中常出现的教条主义的批评中认为，教条主义的问题是"懒得去做生活的调查和研究，而热衷道听途说的片面材料"[1]。他在认识论上虽然细分了加强对生活的敏感度需要同时在调查与研究两方面同时下功夫，反对缺乏亲身经历地获取创作的资源，但在这一阶段对如何深入生活这一问题本身没有更进一步的论述。他的重点在于青年作家需要不断地强化马克思主义理论和政策方面的学习，由此认为自己早期的创作在思想深度上还不够。这个时候他认为作家如果能够深入学习马克思主义的理论以及国家的政策的

---

[1] 李准：《关于对生活的敏感》，载《文艺报》1955年第23期。

话，实际上是能够不断推进对现实的理解的。[1] 这一点也区别于"胡风派"对作品与现实关系的理解，他的《从两件事说起》一文是对胡风文艺思想的批判。他以自己的小说《冰化雪消》为例，指出小说中所描述的两个合作社之间的关系在自己最初理解小说中冲突的时候只是"意气之争"[2]，而解决矛盾的方式只能"表面上强调团结"[3]，但在学习了马克思主义理论和毛主席的《关于农业合作化运动》后，能够把这些自己观察到的现象上升到社会主义和资本主义道路之间的矛盾，进而在思想上提升小说。因此，具体的理论与政策学习在这个阶段非但没有成为束缚李准写作的框框，反而"给我们擦亮了眼睛，他不但教导我们怎样用阶级观点去分析问题，并且具体规定了用'全面规划'来理解农村合作化运动中大发展中的这个矛盾"[4]，如果不从新时期的理解框架来看，此时学习理论与政策对青年作家来说是提高创作的重要方式。在李准看来，现实主义作品是否成功不可能单靠作家本身对生活的直观经验，具体的理论学习也恰好能够让他对自己最初对农村的直接经验（"意气之争"）转化为更为理论化的认识（"道路矛盾"），并且帮助他在人物形象塑造以及每个人物形象背后的社会历史脉络与理论的脉络有更深入的理解。比如李准认为自己过去无法区别新中农和老中农，而在学习理论之后明白了二者的区分，便能够"清楚地观察社会生活，才能够'站得高，看得远'。同时也能够加强自己的政治敏感，能够驾驭作品中正面人物的进攻思想"[5]。可见，理论学习对青年作家来说，并非外在于创作的政治学习，而的确能够在结构小说以及塑造人物上发挥作用。

---

[1] 李准在经历了"文化大革命"后推翻了这一认识，他在20世纪80年代有比较详细的对之前创作的"运动文学"的批判。
[2] 李准：《从两件事说起》，载《长江文艺》1955年第5期。
[3] 李准：《关于对生活的敏感》，载《文艺报》1955年第23期。
[4] 李准：《关于对生活的敏感》，载《文艺报》1955年第23期。
[5] 李准：《从两件事说起》，载《长江文艺》1955年第5期。

除了理论学习之外，在塑造人物这一问题上，李准认为"表现人的新的品质和精神面貌"是需要在发现生活中新的矛盾中才能同时呈现的。[1]因此在下个创作阶段，如何在不断深入理解理论和政策的前提下深入对生活的了解，并且发现生活中新的矛盾，便成为是否能够呈现新人和新的精神面貌的关键。发现矛盾、表现矛盾这样的理论表述，很大程度上与苏联第二次全苏作家代表大会后的理论倡导相关，周扬在中国作协第二次理事会（扩大）会议上就直接提出反对"无冲突论"，这正与苏联文艺政策的调整遥相呼应。同时在1956—1957年，中国作协举办了对三部苏联小说《拖拉机站站长和总农艺师》《区里的日常生活》以及《被开垦的处女地》（第二部）的学习活动，也提出了要勇敢地发现社会本质矛盾的号召。[2]这一号召与"干预生活"的口号一道，直接催生了"双百方针"期间大量的中短篇小说。从这一角度看，李准对自己创作的理解与判断以及对新的矛盾的追寻亦是内在于1956—1957年的文艺政策的倡导的氛围中的。

在这一前提下的李准参加了1956年举行的中国作协第二次理事会（扩大）会议。在这次会议中，他作为"文学队伍中的新兵"的代表，更进一步地发展了之前的观点。首先他不仅从思想问题，还从小说写作上进一步检讨了自己前一阶段的小说"'密度'是十分不够的。忙于交代故事，有时把小说写成像'提纲'一样，缺乏具体描写，缺乏从引人入胜的情节中来塑造人物性格，这差不多成了我们的通病"[3]。就小说缺乏细节这一问题来说，是无法简单通过政策与理论学习就能解决的。他在1953年写完《不能走那条路》后就已经开始强调塑造人物时细节的

---

[1]李准：《关于对生活的敏感》，载《文艺报》1955年第23期。
[2]马烽、康濯、郭小川、刘白羽：《勇敢地揭露生活中的矛盾和冲突》，载《文艺报》1956年第3期。
[3]李准：《培养文学上的接班人》，载《长江文艺》1956年第4期。

重要性:"在创造人物时,我用了一些细节,并力求赋予他们和自己身份相称的独特性格。在过去我曾写过一些小东西,把人物变成背政策的机器,他们说的那些话如果换成老年人也行,换成年轻人也行,总之,在作品里看不到'人'。过去写作时先找事,后找人,是由故事产生人,不是由人产生故事,当然不能把他们写成活生生的人了。我觉得我们写作主要是研究人,观察人。如果说创作也是一门学问的话,也可以说是'人学'。因为只有了解了各种人的思想感情,把他们摸透,然后通过形象把他们表现出来,才能够叫别人读后感到真实。"[1]李准这段反思的前后段语义上有着微妙的置换,前半段中李准反思的是作品中的人物行为过于被政策所规定,后半段则将政策的"事"转化为叙事中的故事与人物的关系,这一语义转换回避了政策如何在文学作品中发挥作用的讨论,而他对创作的反思、对人物塑造的思考落在人与故事的关系层面上,这也是对批评他"配合政治"的一种回应,他所思考的如何在接受政策要求的前提下,让人物显得更加具体与鲜活,也即生活、政治与艺术三者之间的有机联系。[2]而随后到了1956年年初,当李准再次调整自己的创作时,他则突出了希望老作家能够帮助年轻作家提高创作的角度谈这个问题,这也说明此时李准虽认为作品中的思想性非常重要,但是创作技巧仍然不能直接被还原为思想认识,不能通过对理论、政策的学习直接获得。那么在这一调整时期他的创作面貌到底经过了怎样的调整呢?

---

[1]李准:《我怎样写〈不能走那一条路〉》,载《长江文艺》1954年第2期。
[2]一直到20世纪60年代,李准对自己创作的反思中,仍然表达了"写事"是自己创作中的缺点,参见张绍武、张舒主编:《李凖全集》第5卷,九洲图书出版社,1998年版,第150页。

"双百方针"期间李准的创作与思考

李准在1956—1957年发表的作品无论从数量还是从体裁来说都称得上丰富,体现了他进行不同创作以期达到自我状态与创作的调整。他积极参与到荥阳的农业合作化运动中,同时还以记者的身份对东北进行了考察,这些经历为他的写作积累了丰富的素材,而这些创作大致可以分为如下几个系列:

首先是延续前一阶段继续对农业合作化高潮进行书写,但与之前以小说创作作为主要的体裁不同的是,李准开始尝试散文与特写的写作,这些作品围绕着他在下乡与作为记者的过程中的所见所闻,如《野姑娘》《农民心爱的朋友——有线广播》《老桥工》《杨同林的故事》《青年轧钢工李辉元》《欢腾的乡村》《在沸腾的生活里》等,大多是以他去荥阳地区各个合作社下乡时与不同的先进人物接触时的写作。这些下乡期间的特写创作很多是直接在合作化高潮的氛围中的创作,因此在这些特写中经常直接呼应当时的政策。如《野姑娘》的结尾,冬妞在介绍自己的办社经验的时候,就直接说出了社里的干部就像"小脚女人"的批评,可见李准仍然陷于先前的创作困境中。在回顾这些创作时,李准谈到"我觉得从生活中切一个'横断面',或者像素描一样勾画一个人物,能锻炼自己的文字;能提高概括组织情节的能力;并且,在写后有一种特别爽意快感。作为学习,我今后仍要多作这种锻炼"[1]。这种横断面式的特写练习,是李准这时的特点,针对前一阶段重"事"不重"人"的问题,他有意识地在创作上进行练习与调整。这种通过特写的方式进行调整既与李准自己主动参与下乡有关,同时特写这一文学体裁的流行也

---

[1]李准:《芦花放白的时候》,作家出版社,1957年版,第225页。

与1955年苏联作家奥维奇金来中国访问，"特写"的形式在中国受到欢迎相关。但奥维奇金式的特写更多强调特写的虚构性以及反映农村的深层矛盾冲突，这自然不是李准的特写所强调的。李准的特写以歌颂农村的新人新事、刻画新的性格在合作化运动中的展开为主要着力点，与其说与奥维奇金类似，不如说他的工作与苏联记者波列伏依的即时记录伟大时代本质的精神更为接近。在这类描写合作化高潮的散文与特写中，李准似乎没有采用之前创作中比较倚重的对农村人情伦理问题的关注，在塑造新人物时也相对简单，由于是快速记录与写作，因此人物也很难说能够给读者留下深刻印象，反而更加强了早期创作中"配合政治"的印象。他在20世纪60年代谈《李双双小传》时回溯自己过去的下乡经历，认为"写不出新人物或者写出来了，但形象不鲜明，性格不丰满。这自然是由于我没有更深入地参加到他们的生活和行列中去，对他们还不够熟悉，对他们的精神世界还不够了解"[1]。

其次是李准以《人民日报》特约记者的身份，取材于他在东北的见闻写成的作品《垦荒者的故事》《森林夜话》与《老兵新传》（剧本）等。在东北的经历让李准能够脱离原来熟悉的农村生活和工作经验，来体会另一个地方的社会与人的生活状态，这也使作家通过深入了解自己不熟悉的社会环境，了解自己本来不熟悉的人物，这些全新的体验充分激发了李准的创作热情，调动了李准多方面的创作状态。如之前一直都没有塑造出成功的新人形象的李准，在农场中就想通过剧本的形式来塑造他遇到的新厂长。而在《森林夜话》中，李准采用了民间传说故事的方式，来丰富自己小说的叙事。

最后也是最重要的是他这一阶段的小说创作，包括《灰色的帆篷》《芦花放白的时候》《信》《没有拉满的弓》《李四先生》《都都》《"三眼

---

[1] 张绍武、张舒主编：《李凖全集》第5卷，九洲图书出版社，1998年版，第150页。

铳"掉口记》等。

这些小说中,《"三眼铳"掉口记》从具有火爆性格的老农"三眼铳"的角度来写合作化运动,《都都》从小黑驹的角度来写合作化之后的牲口问题,《信》则讲的是从农村来的媳妇编着写信不让婆婆知道儿子在朝鲜战场上牺牲的故事。李准在这些作品中,都力图塑造各式各样的人物并尝试不同的叙述角度,可以说李准在作品形式方面的确进行了诸多探索。两年间最值得重视的小说或许是《没有拉满的弓》,无论在20世纪50年代还是80年代的评价体系中,这部小说都缺少重视。冯牧认为,小说没有塑造出成功的形象[1]。这里没有成功的形象指的是没有成功的正面的新人形象,这也是李准早期小说中普遍存在的,同时也被李准自觉意识到的问题。但小说也塑造了像陈进才这样的有能力但又有问题的农村干部形象,他所提出的尖锐的问题在于,如果在合作社推进的过程中这样的干部被摆在组织合作化的重要的位置上,可能会对普通的社员以及合作化运动本身造成何种影响。

与他的创作同步,李准对"双百方针"的态度,也存在前后的变化过程。在《百花齐放和艺术的特色》一文中,李准对"百花齐放"理解的重点在于如何确定每一朵花的主体,因此与很多人将重点放在"放"上不同。在李准看来,重要的是确立创作的主体性与特色,在这一基础上才谈得上吸取和消化其他的文学资源:"在今天提倡'百花齐放'的时候,我们要妥善保护发扬每一种艺术的独特风格,使真正的'花朵'怒放起来。"[2] 在这一视角下,李准尤其强调河南的地方艺术特色,而反对盲目模仿欧洲古典的文学经验。[3] 但到了1957年,他的理解就变成了强调"鸣"和"放",从这时期他的文章标题就能看到他的倾向——

---

[1] 冯牧:《在生活的激流中前进——谈李准的短篇小说》,载《文艺报》1960年第10期。
[2] 李准:《百花齐放和艺术的特色》,载《河南文艺》1956年第13期。
[3] 李准:《我对文艺界的殷切希望》,载《中国青年报》1956年第10期。

"大胆的放大胆的鸣"。这也和他对陈其通等四人文章理解的变化相关，在四人的文章刚发表时[1]，李准认同文中对重大题材的提倡，"在读后觉得他们在谈写重大题材方面，还是有道理的。联系到自己近两年来的创作，还觉得有些启发"[2]，正是因为四人文章中提到要以重大题材来克服写家务事、儿女情，也使李准想到自己创作的问题。但在3月间的全国第一次宣传会议以及其间毛泽东在怀仁堂的讲话，进一步推动了"双百方针"后，李准转而认为"陈其通等四同志最大错误，是他们把马列主义和'百花齐放、百家争鸣'对立起来看待"[3]，正在进行多方面文学探索的李准，从审慎的支持态度，转向了更支持暴露与干预生活。

从《灰色的帆篷》与《芦花放白的时候》来看，两篇小说都是在"鸣放"的氛围下出现的，前者针对地方戏改中的问题讽刺了地方文化官员，后者则揭露了干部在私人生活上的腐化变质问题。李准强调了题材放宽在创作中的正面影响，小说也揭露了当时确有其事的社会问题，但对比王蒙《组织部新来的青年人》塑造了复杂的刘世吾以及能够与官僚主义斗争的林震，李准对小说的处理则显得较为简单，对两个反面人物的处理也相当漫画化，更像同时期的《新局长到来之前》这一类的讽刺作品。李准在1960年回顾《灰色的帆篷》时谈到"当时写小说的动机，就是想让一些资产阶级文艺家们去看，觉得他们一定会喜欢"[4]。这表明李准这一时期的调整与探索虽然非常自觉，但调整和探索的方向仍

---

[1] "真正反映当前重大政治斗争的主题有些作家不敢写了，也很少有人再提倡了，大量的家务事、儿女情、惊险故事等等，代替了描写翻天覆地的社会变革、惊天动地的解放斗争、令人尊敬和效法的英雄人物的足以教育人民和鼓舞人心的小说、戏剧、诗歌。因此，使文学的艺术的战斗性减弱了，时代面貌模糊了，时代的声音低沉了，社会主义建设的光辉灿烂的这个主要方面的作品逐渐减少起来了，充满着不满和失望的讽刺文章多起来了。"参见洪子诚主编：《中国当代文学史·史料选（1945—1999）》上，长江文艺出版社，2002年版，第335页。
[2] 李准：《大胆的放大胆的鸣》，载《河南日报》1957年4月27日。
[3] 李准：《大胆的放大胆的鸣》，载《河南日报》1957年4月27日。
[4] 张绍武、张舒主编：《李準全集》第5卷，九洲图书出版社，1998年版，第94页。

然不确定，同时也由于受到了时代批评氛围的影响，尤其是"双百方针"时期暴露与干预现实的思潮的强烈影响下，他创作了这两部讽刺暴露型的小说。1957年年底，李准这两年的小说集《芦花放白的时候》出版，他自己认为"这二年来，我曾努力想写一批农村新的人物，想给读者拿点新鲜东西，不过现在看来，还是很不够的，这主要是由于还没有在农村踏踏实实生活下去，因此对新任务的思想品质还了解得不深不透"[1]。这是因为，他这两年具有争议的《灰色的帆篷》《芦花放白的时候》等小说，过于依赖"双百方针"时其他"干预生活"思潮中所设定的矛盾方向，反而没能塑造出令人印象深刻的新人物形象，他在这两年间的探索虽然在各种不同的体裁、题材中多方尝试，但实际上并没有达到他在1953年已经许下的对自己作品的期许。因此解决之道可能就在于他所期待的"在农村踏踏实实生活下去"，这也引出了李准如何面对"深入生活"这一话题。

深入生活：李准的创作转变

可见在"双百方针"期间，李准虽然对自己的创作进行了很多试验性的调整，也尝试了各种不同的体裁与写法，但种种写作都不能让他满意，这些尝试也大多没在之后的创作中延续下去，李准虽然同样内在于"双百方针"的语境，但他的创作更凸显出新中国成长起来的作家在走向成熟的过程中所需要面对的一般性的困境，并不是所有作家都能既与政策所引导的方向相契又能创作出高质量作品的。"百花文学"代表作家大部分对"双百方针"积极投入，把握住了时代列车，他们所看重的是具有苏联文艺背景的"干预生活"思潮，致力于创作能反映社会最深

---

[1]李准：《芦花放白的时候》，作家出版社，1957年版，第225—226页。

层的本质性的矛盾，以及对官僚主义、主观主义、教条主义的揭示和批判的作品。在这一语境中，在这些"本质矛盾"的认识背后，是当时对"真实"的理解与呈现方式的变化。因此在1956—1957年的语境中，对"社会主义现实主义"的讨论也有论者提出，改变"社会主义现实主义"的定义，只须突出现实主义。这也意味着原来赋予真实保证的国家的政策以及马克思主义理论所规定的历史的方向，在1956—1957年有了一定程度的松动。李准与他们的区别在于，他没有被"文学事件"所直接引导，也没有因为"社会主义现实主义"的理论前提的松动而放弃自己先前的主张。

　　李准在创作之初就有非常深厚的生活经验的积累，李准的父亲要求他能够和村里的各种人打成一片——"他（李准的父亲）说：人在社会生活，不能过得路断人稀。要会交际各种人，要随群，要放下架子。这都是练达人情的学问。在这种教育下，李准小时候就参加农村剧团，演戏、捶拍鼓、轰社火，所以李准比起其他兄弟，他在农村的朋友最多，而且遍及三教九流，连剃头的、吹响器的都有他的朋友。这在他们这个所谓'书香门第'中是很少见的"[1]，他认为"能够让农民听听，笑一笑，从笑声中来摆脱他们的落后，从笑声中认识什么是先进"[2]。生动的情节和故事性是李准前期小说的优点，也是他之前创作所积累的丰富土壤[3]，对李准来说，讲好故事本身并不是特别难的事，这也是李准很多小说轻松易读、受到很多农民欢迎的原因，但仅仅讲好故事或者讲好政策并不足够。

　　1956—1957年，李准发现除了思想与政策对他的创作具有特别的重要性外，小说如何具有更为具体的细节就成为真实性上更为迫切的要

---

[1] 董冰：《老家旧事——李準夫人自述》，学林出版社，2005年版，第92页。
[2] 李准：《我怎样学创作》，载《文艺学习》1956年总22期。
[3] 李准自己叙述小时候对古代小说故事的积累非常丰富，参见董冰：《老家旧事——李準夫人自述》，学林出版社，2005年版，第89页。

求了。李准并没有介入关于"社会主义现实主义"的争论,他对于真实性的论述也更多集中在他对创作与生活关系的问题的思索中。他关于文学作品的评论文章中,也特别强调了细节的真实,"文学作品反映生活,是依靠人物形象,而对人物的刻画,并不是只凭对人的面貌躯体的轮廓画像,它需要对人物性格做细致的刻画,它需要准确的笔触,来揭示人物的内心世界"[1]。就强调"细节真实"这一点而言,虽然贯穿了李准从1953年以来一直的理解,但在1956—1957年中,细节的真实就需要在其他的角度被重新结构。如果说在1953年,细节的真实还是一个创作论的范畴,强调细节的真实产生较好的文学的效果和影响,"有些农民听读报读了这篇小说(《不能走那条路》)后说'这宋老定怎么和我一样',这可能就是因为宋老定这个人物写得较为真实生动的缘故"[2],那么经过了1956—1957年,细节真实变成了作家深入生活后的副产品。

在李准眼中,对生活中的真实的发现并非自然主义式的理解,他对自然主义的批评顺承自中国作协第二次理事会(扩大)会议中周扬的发言。周扬着重批评了谷峪、李古北的小说,而在事后看来,在1956年的整体氛围是开放的状况下,强调批评自然主义显得不合时宜[3],但就反自然主义这一点对青年作家的创作历程来说却十分重要,因为反自然主义恰恰是要求作家在创作时的取材不能停留在未经整理的经验上,还要求作家深入生活后对感受的经验做更进一步的理解、总结和提升,是对青年作家对自身生活经验处理更加拔高的要求。

李准不信任没有生活的底子而只从书本上的观念进入生活的创作:"我很惋惜那些只想找捷径,而不老老实实走路的人。他们还分不清驴子和骡子,不知道组织生产合作社的起码知识,却要研究这样写一部反

---

[1]李准:《细致的刻划,准确的描写》,载《河南文艺》1956年第16期。
[2]李准:《我怎样写〈不能走那条路〉》,载《长江文艺》1954年第2期。
[3]黎之:《文坛风云录》,人民文学出版社,2015年版,第49页。

映社会主义农村改造的长篇小说。我觉得这是很不可靠的。"[1]在李准看来，赞成农村政策不足以创作出好作品，要对农村经验，以至牲畜、农具的细节具有准确与深入的认识。由此他既反对自然主义，又反对观念先行。他总结自己前一段时间的创作，认为自己最大的问题："创作上感到最大的困难是生活太贫乏。特别熟悉多种多样的人不够，对先进人物的理解和表现还缺乏能力。"[2]李准缺少的不是直观上的农村经验，而是通过这些农村经验从而塑造出先进人物的能力。塑造先进人物的无力不仅仅是李准一个人面对的问题，更是整个当代文学绕不过去的难题。李准从加入作协开始就已多次下乡，去荥阳下乡，就是在丁玲的倡导下"深入生活"的实践。"深入生活"这一理论与实践的命题同样是1949年后丁玲长期思考的问题，她认为"我们下去，是为了写作，但必须先有把工作做好的精神，不是单纯为写作；要以工作为重，结果也是为了写作"[3]。在丁玲这里，"深入生活"的观念是被组织在作家的创作论内的。但对李准而言，以创作论为中心的深入生活显然并不能解决他创作中的问题。

　　就这点而言，赵树理的道路就给了他很大的启发。李准在1954年荥阳下乡时结识了赵树理。当年赵树理去河南采访劳动模范高秀春，正好和李准一个区。李准慕名拜访赵树理后，"俩人谈到了当时的合作化运动，谈到了文学的社会功能和作用，谈到了文艺的大众化和作家的神圣使命等问题"[4]。当再次提到赵树理的时候，李准的关注点就不在一般化的文艺大众化的问题，他更具体地谈到赵树理的经验——"他可以为群众去把别人的诗改编为唱词，他可以费好大力气为群众写快板和小演

---

[1] 李准：《我怎样学创作》，载《文艺学习》1956年总22期。
[2] 李准：《我怎样学创作》，载《文艺学习》1956年总22期。
[3] 张炯主编：《丁玲全集》第7集，河北人民出版社，2001年版，第109页。
[4] 姜忠亚：《活力的奥秘：李准创作生涯启示录》，中原农民出版社，1989年版，第50页。

唱。下乡生活也是这样，比如有一次在乡下，他首先关心的是农民的生产；到处跑着打听制造肥料的经验，改良土壤的经验。有一次听说登封县制造了一种提水工具，他还要求在火热天跑十多里地去学习那种工具的做法。他在做这些工作时……从内心感到这种工作重要，是'直接能让粮食增产'那种忘我的奔波精神，使人感到他没有丝毫贬低这些工作的价值。"[1] "赵树理同志和群众'共事'，在生活中'不要抱不哭的孩子'等。"[2] 这些经验对李准的创作极有启发，在李准看来，深入生活并不是首先抱着创作论的范畴，而是在于与群众的共同生活、共同工作。在这一过程中，他认为需要锻炼的是"要有敏锐的观察能力，不是天生的，深厚的生活经验和辩证唯物主义的思考方法所锻炼的。在生活中要成为'有心人'，不要变成思想上的懒汉。踏踏实实地做工作，经常关心别人、帮助别人，会增加对人物的理解"。这些是对作家的主体的要求，也是对革命干部的一般性的要求，这些要求中并没有为作家的工作留出特别特殊的位置，在李准看来赵树理式的下乡的关键点在于"很少有为个人服务的东西，他们把创作并不看作什么'特殊'的了不起的工作，只是觉得这是全体人民工作中的一个部分"[3]。这固然是在批丁玲时所得出的判断，但结合李准前期创作的困境以及随后对困境的解决，亦是他对自己创作找到的阶段性出路。李准在这一深入生活的过程中，也参与非常具体的活动，"住在村子里，担任了具体工作，经过几次购粮、扩社和其他工作，我已和那里几个乡干部有了一种感到离别便有些痛苦的感情。我了解他们，他们了解我。通常我们说去体验生活，其实群众对于一个生人，不上三天，就'体验'了'你的生活'。不过这也没有什么坏处，彼此了解会对工作有所帮助。特别是群众知道你是为他们老

---

[1] 李准：《斥"写东西才是自己的"》，载《奔流》1957年第10期。
[2] 张绍武、张舒主编：《李凖全集》第5卷，九洲图书出版社，1998年版，第119页。
[3] 李准：《斥"写东西才是自己的"》，载《奔流》1957年第10期。

老实实服务的以后,他会把一颗心都扒给你"[1]。

经过"反右"后,李准重新思考自己以前下乡的经验,他认为:"就是在生活中,前几年也很少参加体力劳动,更谈不上和群众'同生死,共患难'了。相反的,飘在上边的时间却一天多一天。由于思想上没有彻底解决长期深入生活的问题,往往形成'两头急'。在农村中,看到同志们发表了不少短篇、长篇作品,就在乡里待不住,急着上来写,而回到机关,写了一点,把捡到的一点材料写完了,又觉得空虚,思想上也就急躁起来。这样来回跑,形成思想上不安定,创作上也受到损失,追根求源,还是没有'痛下决心'地到农村去,'长期地'到农村去。"[2] 此时李准已经对抱着文学创作的目的下乡产生了高度的怀疑,因此已经不再使用创作论的框架理解深入生活,他认为长期的意义在于:"主要是改造思想,改造自己的世界观和感情……看不到春种秋收的季节转换,听不到人喊马嘶的劳动声音,在这种环境里,气氛里写出来的作品,往往很少从为劳动群众服务着想,总是想要个'点子',玩弄点'技巧''才华'。因为在这是心目中既没有群众,也没有了党,没有了社会主义,慢慢地也就堕落了。"[3] 从抗战开始,"深入生活"就成为解放区作家创作的重要基点,并随着讲话经过了多方面变化。[4] 而当1949年后,"深入生活"也有了不同作家的不同尝试。[5] 从1956—1957年两年的变化来看,对"深入生活"的理解,亦随着时代政策的变化而变化着。从这点看,李准的创作经验也具有代表性,经过了1956—1957年,他的创作意识的确有了很大改变,自觉地将深入生活放在文

---

[1] 李准:《我怎样学创作》,载《文艺学习》1956年总22期。
[2] 李准:《到农村去!》,载《长江文艺》1957年第11期。
[3] 李准:《到农村去!》,载《长江文艺》1957年第11期。
[4] 秦林芳:《论解放区前期文学中的"深入生活"思潮》,载《中国现代文学丛刊》2019年第9期。
[5] 程凯:《"深入生活"的难题——以〈徐光耀日记〉为中心的考察》,载《中国现代文学丛刊》2020年第2期。

学创作的前面，他作为一位青年作者最终将思想性的落实放置在青年作者的根子能否扎下去这一问题上。[1]

李准在这时面临的问题是，他既认为不能按照之前的写作路子走了，只凭着他先前农村的经验来说，他所塑造的人物更生动的还是旧人物，这些旧人物也得到了当时批评界的肯定。他寄予希望，同时在东北下乡过程中亦特别有感的《老兵新传》也并不能达到他塑造新人物的预期，李准一直想要塑造新的具有社会主义精神的人物，他对老战的形象以及性格、细节上的塑造的确有很大的推进，加上剧本生动的对话都是这部作品成功的重要因素。但仔细去分析老战这个人物，由于历史背景是解放战争，他的品质几乎从未来自当下的社会主义建设，李准在塑造人物形象的时候无意绕开了更具时代性的当下难题，老战所要斗争的对象也有很大一部分都是北大荒自然环境，剧本中的其他的思想问题都是与自然斗争的衍生。他对剧本中老战性格的塑造方式，明显可以看到苏联电影《夏伯阳》的影响。[2]因此要诞生出社会主义建设当下的新人，仍需要面对各种困难和挑战。

经过了多种不同的创作尝试后，1957年后李准的创作中加大了对特写、唱词、地方戏曲改编的分量，这也说明在这之后，李准的创作道路有了很大的变化与调整，他知道要深入地方社会，对当地的生活风貌、人伦情理的了解与对政策的学习同样重要。作为学科的中国当代文学史一贯过于重视小说的创作，因此也忽视了李准在此阶段的转型及其意义，重新勾勒与赋形这一时间段的创作与文论，再次打开对当代文学史与当代史的理解方式，或许是下一阶段急迫的任务。

---

[1]李准：《感受和希望》，载《长江文艺》1957年第12期。
[2]李准在1954年北京举办的电影剧作讲习班上，曾经看过《夏伯阳》与《乡村女教师》这两部苏联的电影，并且认为自己也能写出《夏伯阳》这样的剧本。参见姜忠亚：《活力的奥秘：李准创作生涯启示录》，中原农民出版社，1989年版，第51页。

小　结

从 1956—1957 年这两年李准在创作以及深入生活等问题上的曲折探索，我们能够发现，这两年的文学状况在深受从"双百方针"到"反右"的"文学事件"的影响之外，很多作家依然需要面对常态性的文学创作问题，包括作品如何提高，如何塑造人物，如何深入生活等，这些问题构成了 20 世纪 50—70 年代秉持现实主义文学观念的作家们的"文学日常"。重新思考这两年的文学状况，既要更深入地理解"文学事件"对作家们的冲击性影响，也需要在"文学日常"的层面持续关注作家在创作与观念上所面对的具体困惑。

如果从这些具体的常规性困惑入手，或许我们将会获得一幅更为立体的"当代文学图景"。如果能够将"双百方针"影响下所涌现的形形色色的"现实主义"创作与李准、赵树理、柳青、丁玲、周立波等不同的在"深入生活"不同方面进行探索的作家的创作相互参照，或许我们能够发现不同路径以进入与处理现实的"当代文学"。从李准 1956—1957 年的遭遇反观其他现实主义作家的道路，可以重新理解像柳青和赵树理他们扎根农村的经验相似与相同之处。[1]"反右"对中国当代文学来说是一个严重的打击，而"反右"之后对共和国成长起来的作家而言，下乡既是国家政策的推动，同时也是使他们更具体地思考什么是"深入生活"的契机。如何重建"双百方针"与 20 世纪 60 年代之间的关系，勾勒出"深入生活"问题上的曲折的地形图，也仍然是值得思考的问题。

---

[1] 何浩：《从赵树理看李凖创作的观念前提和展开路径——论另一种当代文学》，载《文学评论》2020 年第 4 期。

辑 二

收入"工农通俗文库"的《不能走那条路》,作家出版社,1964年版。

根据李准的小说《不能走那条路》改编的话剧,中国青年出版社,1955年版。

李准早年传略补遗
——以豫西"地方史"为视点

◎李哲

对李准这类身经 20 世纪中国历史巨变的作家来说,讲述早年经历绝非易事,哪怕讲述者就是他本人。

李准成名于 1953 年,短篇小说《不能走那条路》使他从一位名不见经传的业余文艺创作者一跃成为新中国炙手可热的青年作家。成名后的李准获得了无数发言的机会,也多次应文艺界和群众的要求讲述着自己的"成长过程"和"创作经验"。但在这些讲述中,李准总是把自己成为作家的原因归之于"党的教育",而很少谈及自己早年的家世教育、读书趣味和生活经历。他告诫那些热情的文学青年们,写作者"必须是以生活中的某些事实和现象作基础,并且大多还是他最熟悉的生活"[1]。但是,李准自己"最熟悉的生活"究竟是什么,青年们始终无从知晓。"不说"的原因是复杂的,这不仅仅由于作家个人与历史之间交织、纠缠的复杂关系(下文会对此展开论述),也在于 20 世纪 50 年代并不是

---

[1] 李准:《从生活中提炼》,载《奔流》1959 年第 5 期。

一个提倡讲述"自己"的时代。

李准第一次讲述自己早年经历的文章可能出现在20世纪60年代。有文艺界的旧相识在洛阳西关花园附近的红卫旅社墙上看"大字报",发现其中有"大特务李准的自供状"[1]。"自供状"具体内容已经无从查考,但据这位旧相识说,李准"把自己说得狗屁不如,声称要向洛阳父老谢罪"[2]。

而在20世纪80年代以后,政治氛围和社会风气发生巨变,尤其对知识分子和作家来说,"讲述自己"不仅开始变得体面,甚至成为一时的潮流。也正是在这时,李准开始在各种自述、访谈和回忆性文章中频繁地讲述自己的"早年":关于恪守耕读传统的家教,关于短暂而坎坷的学生生涯,关于旧小说和民间戏曲的嗜好以及在政治运动中的种种遭际,等等。这些讲述有对压抑已久之情绪的释放,有对完整人生的种种反顾,自然也少不了对某些关系个人名节的旧事作激烈但是不无必要的辩白。

显然不能忽视李准的讲述,也必须对经受种种磨难的作家本人给予足够充分的同情之理解。但需要强调的是,这"同情之理解"的对象并不仅仅是指作家个人讲述自己的权利,也是指作家所讲述的历史本身,后者才是更为困难也更具挑战性的工作。近百年的中国历史是一个充满矛盾的剧变过程,这矛盾不是抽象的,它笼罩着并内在于历史中的人,也构成了他们的生存境遇、精神构造乃至肉身感觉。这种"历史"与"人"的纠缠决定着,那种过于执着于"自己"的讲述恰恰会遮蔽内在于"自己"的历史。从这个意义上来看,李准在"新时期"对自己早

---

[1]李冷文:《结识李准》,中国人民政治协商会议洛阳市西工区委员会学习文史资料委员会编:《西工文史资料》第19辑,2006年3月,第110页。
[2]李冷文:《结识李准》,中国人民政治协商会议洛阳市西工区委员会学习文史资料委员会编:《西工文史资料》第19辑,2006年3月,第110页。

年经历的讲述依然不够充分——他是如此努力地消解着那套宏大但空洞的历史叙述，以至于把历史本身也一并消解了。所以在他笔下，"我"显得太多、太小，这些"我"太容易被庸俗的时代捕获、框定和虚无化——像"敲开文学殿堂之门"和"我自学成才的文字生涯"这类标题，确实充斥着"个人奋斗"式的成功学气味。或许，这就是那些亲历者讲述历史时所面临的困境：仅仅执着于讲述"完整"的自己，恰恰无法完整地讲述自己，因为后者必须同时讲述历史，讲述自己如何介入历史的经历，以及历史激荡乃至塑造自己的过程。

抗战烽火中的读书活动与革命氛围

洪子诚先生讨论过 20 世纪五六十年代"中心作家"的"文化素养"问题——与"五四"及以后的现代作家不同，这一代作家"大多学历不高，在文学写作上的准备普遍不足"[1]。而作为"四五十年代之交开始写作的青年作家"的代表人物，李准对自己早年求学经历的叙述与此种判断形成饶有兴致的对照。在李准的叙述中，他的学生时代短暂且充满波折，甚至可以说是极不完整的，或许正因为此，李准把自己成为作家的原因归之于"我自学成才的文字生涯"[2]。"自学"的方式主要是"读书"，尤其是那些与课业无关的"闲书"，这些书题材之广泛、内容之丰富皆令人叹服。在这些如数家珍的陈述中，李准提供了一份内容丰富的"读书履历"，这既是在勾勒自己作为"作家"的"前史"，也是在暗示自己之所以成为著名作家的条件。在他的笔下，"读书"成为指向写作的积累和准备，这不同种类的书要么与他"后来能写那么一些不同

---

[1] 洪子诚：《中国当代文学史》，北京大学出版社，1999 年版，第 31 页。
[2] 李准：《我自学成才的文字生涯》，《〈纵横〉精品丛书》编委会编：《〈纵横〉精品丛书 名流成功之路》，中国文史出版社，2002 年版，第 234 页。

性格的人物有密切关系"[1]，要么给他的"文学事业打下了一个坚实的基础"[2]，又或者对他"走上文学道路起了决定作用"[3]。

在倡导"读书无禁区"的20世纪80年代，这种把"读书"重新书写为"文化素养"并呈现为文学写作必要"条件"的想法自然有充分的合理性。但将这种特定时期的反思视野投向更宏阔的历史，却又会产生新的遮蔽。即如在李准求学的20世纪30、40年代，读书人的身份、读书内容乃至读书活动本身都处在革命、政治的大氛围之中，从这个意义上说，径自将"读书"视为"文学写作"的"准备"，或者将"读书－写作"的封闭机制收束于"自学成才"这种后设的个人成长经历中，恰恰有可能把笼罩作家个人的"历史氛围"弃置为可有可无的"时代背景"。所以在对《敲开文学殿堂的大门》这类回忆文章的解读中，有必要把那些处在"背景"位置上的大历史重新呈现出来，并恢复其与作家个人之间的血肉关联。

根据李准自身的回忆文章，可将其"读书"活动大致分成如下四个时期：

第一，少年居家时期。

李准出身于书香门第，祖父李祖莲是洛阳宿儒，"曾在县考试中过榜首，到民国后就教书为生"，伯父和叔叔也都是教书先生，所以他在文中称"我们一门三教师，诗书味很浓"。[4] 少年李准承祖父庭训读"四书五经"，但他本人的阅读兴趣却集中于诗文、小说和历史，即被祖父

---

[1]李准：《我自学成才的文字生涯》，《〈纵横〉精品丛书》编委会编：《〈纵横〉精品丛书 名流成功之路》，中国文史出版社，2002年版，第234页。
[2]李准：《敲开文学殿堂的大门》，全国政协文史资料委员会编：《文坛档案：当代著名文学家自述》，中国文史出版社，2001年版，第123页。
[3]李准：《敲开文学殿堂的大门》，全国政协文史资料委员会编：《文坛档案：当代著名文学家自述》，中国文史出版社，2001年版，第131页。
[4]李准：《敲开文学殿堂的大门》，全国政协文史资料委员会编：《文坛档案：当代著名文学家自述》，中国文史出版社，2001年版，第122页。

指斥的"闲书":"他让我在家中读《论语》,读《左传》,我却偷偷地翻着家里的《唐诗合解》《赋学正鹄》以及《史记》来读。几次被爷爷发现,都把这些'闲书'搜走。可是我又读家里的《桃花扇》《西厢记》《随园诗话》,老先生对此非常讨厌。"[1]但是,祖父也曾为李准讲授了《资治通鉴》和"袁了凡纲鉴",因而李准也承认"祖父对我的文学知识影响是很大的"[2]。事实上,祖父本人并不能以旧式读书人笼统言之,他"毕业于河南省警官学堂,还会背一些英语","最崇拜的人物是孔子、孟子、诸葛亮、康有为、梁启超。最恨的是慈禧"[3]。而他在乡下闭门教授私塾,很大原因在于"对辛亥革命接受不了"[4]。与祖父不同,伯父李俊华"思想新一点,经常讲《饮冰室文集》和孙中山"[5]。而父亲李俊人则更为激进,他的"叛逆思想和新文化"深深影响到李准本人。近代中国剧变的历史过程为这个"诗书味很浓"的家族打上了鲜明的思想印记,父子之间交织着"革命"与"维新",兄弟之间也错杂着"新文化"与"旧传统"。从这个意义上看,李准早年的"读书"很难隔绝于大历史的风云,作为"读书人家"的子弟,他的身上既有文学潜质,也不会不蕴蓄着政治力量和革命势能。

第二,中小学时代。

1928年出生的李准求学于20世纪30、40年代,而他的"读书"

---

[1]李准:《敲开文学殿堂的大门》,全国政协文史资料委员会编:《文坛档案:当代著名文学家自述》,中国文史出版社,2001年版,第122页。

[2]李准:《敲开文学殿堂的大门》,全国政协文史资料委员会编:《文坛档案:当代著名文学家自述》,中国文史出版社,2001年版,第123页。

[3]李准:《敲开文学殿堂的大门》,全国政协文史资料委员会编:《文坛档案:当代著名文学家自述》,中国文史出版社,2001年版,第122页。

[4]李准:《敲开文学殿堂的大门》,全国政协文史资料委员会编:《文坛档案:当代著名文学家自述》,中国文史出版社,2001年版,第122页。

[5]李准:《敲开文学殿堂的大门》,全国政协文史资料委员会编:《文坛档案:当代著名文学家自述》,中国文史出版社,2001年版,第123页。

活动也始终贯穿着"全面抗战"的历史。1933年，年仅五岁的李准即到麻屯镇古沟路一所小学读书，1940年秋，他又考入设于洛阳县常袋镇的达德中学，在此期间，他"大量阅读旧小说和课外书籍"，据他自己讲述，"从《封神演义》《东西汉演义》到大、小'五义'、《彭公案》《施公案》，直至清朝的《镜花缘》《老残游记》等，我共读过三百多部旧小说……"[1] 尽管洛阳迟至1944年沦陷于日本侵略者，但"救亡""报国"的氛围早已弥散于中原大地，更深深浸透在青少年学生群体的成长过程里。

早在1938年6月，国民政府第一战区长官司令部即已经从郑州迁至洛阳，洛阳这时便已经成为战争前线，也成为中原地区抗战的中心城市，而以宣传抗战为主的种种文艺活动也感染到包括李准在内的青少年学生群体。据李准本人回忆："1937年抗日战争开始，洛阳各中小学开展起抗日救亡宣传运动来，我在学校里成了活跃学生。我是歌咏队，又是剧团的演员。在一出叫作《新刺虎》的戏里，我演老生。"[2] 李准所提到的"歌咏队"属于全面抗战爆发初期非常重要的救亡文艺活动，在洛阳地区各个学校中颇为盛行，而这一活动在洛阳的发端则与著名作曲家冼星海有很深的渊源。1937年"八一三"事变后，上海话剧界救亡协会战时移动演剧队第二队于8月20日出发，沿途经过武汉、徐州、开封等地组织音乐活动，宣传抗战，并于9月19日在洛阳举办了纪念"九一八"的救亡歌咏大会，向学生和官兵教唱歌曲。当时作为演剧队主导者的冼星海曾在《致开封救亡歌咏队函》中讲述了洛阳歌咏活动的盛况：

---

[1] 李准：《敲开文学殿堂的大门》，全国政协文史资料委员会编：《文坛档案：当代著名文学家自述》，中国文史出版社，2001年版，第127—128页。
[2] 李准：《敲开文学殿堂的大门》，全国政协文史资料委员会编：《文坛档案：当代著名文学家自述》，中国文史出版社，2001年版，第127页。

昨天下午我已到洛阳，现暂住复旦中学，从今天起我又领导他们歌唱。这里歌唱的技巧不如开封，但他们的热情是跟你们一样，我想他们在努力中也可以产生强有力的救亡歌声。他们每一个学校派十五个代表来学习，从这十多个学校当中，我们就有了基本的队员一百多位……[1]

同样，李准回忆中所提到的《新刺虎》也隐含着丰富的历史信息。《新刺虎》是老舍在1938年创作的新编京剧，曾发表在《抗到底》1938年第5期，后收入"抗战文艺丛书"《三四一》。据老舍本人的解释，所谓"三四一"是指"这本小书里有三篇大鼓词，四出二黄戏和一篇旧型的小说，故名之曰'三四一'"[2]。有研究者称，收录《新刺虎》的《三四一》在重庆三个月内连续出了五版，其中多部作品也被搬上舞台。李准称自己参演此剧时是十二岁，这说明老舍创作的以抗战为主题的"通俗文艺"作品在1940年已经传播到洛阳地区。李准在剧中扮演的老生角色是一位赴死女英雄的父亲，他在剧中有念白如下："那日本，数十年来与我为仇作对，抢我土地，杀我人民，中华儿女，都当有必死之心，与他拼命。唉，我好恨也！"[3]此外也有韵语的唱词："恨我年高气力衰，怒气难消空满怀，不能提刀把敌宰，眼看敌马过江来！"[4]由此可以想见李准在抗战新京剧中的神采，也能体味彼时青少年学生群体乃至中国人誓死抗争的意志和决心。

李准中学所就读的达德中学是"抗战后临时开办的，比较简陋，但

---

[1] 冼星海：《致开封救亡歌咏队函》，载《风雨》1937年11月第4期。
[2] 老舍：《三四一》，艺文研究会出版，独立出版社发行，1938年版，自序。
[3] 老舍：《新刺虎》，载《抗到底》1938年第5期。
[4] 老舍：《新刺虎》，载《抗到底》1938年第5期。

教师多是从华北流亡到内地的大学生"[1]。"流亡学生"一直是20世纪30、40年代中国备受瞩目的群体,他们中有不少人成长为国共两党抗日力量的中坚,也有很多参与到大后方的文化、教育和其他社会工作中。而在1941年,年仅十三岁的李准本人也加入"流亡学生"的行列中。1941年,河南旱灾导致达德中学停办,李准未能按时毕业。十三岁的李准在父亲逼迫下重新上了两个月小学,之后便与表兄杨灿文、表弟杨青元等五个学生流亡至西安,试图投考当时的国立第五中学。国立第五中学成立于1938年5月,是国民政府为了安置沦陷区流亡学生而创办,首任校长为查良钊,校址设在地处抗战后方的甘肃天水,其中,"校本部和高中部设在天水玉泉观,师范、职业部设在甘谷大象山,初一分部设在甘谷粮食集,初二分部设在秦安泰山庙"[2]。1941年,甘谷和秦安的两个分部迁往礼县,合并为"五中初中部"[3]。李准与表兄弟投考第五中学也正是在1941年夏,不排除是由于听到该校初中部成立的消息。国立第五中学登记处设在西安,但由于"只收沦陷区学生,不收河南灾区学生"[4],李准一行人未被录取。尽管学生生涯就此中辍,但"流亡"的经历却令李准刻骨铭心——"什么是战争,什么是饥荒,人是怎么饿死的,这一切一切,都给我留下深刻的印象"[5]。到20世纪80年代,这些经历转化为长篇小说《黄河东流去》的历史素材。

---

[1]李准:《敲开文学殿堂的大门》,全国政协文史资料委员会编:《文坛档案:当代著名文学家自述》,中国文史出版社,2001年版,第127页。

[2]王有为、王鸿雁:《六十年前的国立五中》,天水市政协文史资料委员会编:《天水文史资料》第11辑,2004年3月,第8页。

[3]王有为、王鸿雁:《六十年前的国立五中》,天水市政协文史资料委员会编:《天水文史资料》第11辑,2004年3月,第8页。

[4]李准:《敲开文学殿堂的大门》,全国政协文史资料委员会编:《文坛档案:当代著名文学家自述》,中国文史出版社,2001年版,第130页。

[5]李准:《敲开文学殿堂的大门》,全国政协文史资料委员会编:《文坛档案:当代著名文学家自述》,中国文史出版社,2001年版,第130页。

第三，学徒时期。

投考国立五中失败的李准，经过一番流浪生活后返回故乡洛阳，并于1943年去洛阳东站附近的恒源盐栈当学徒。在此期间，他在爱好文艺的师兄李宝才的影响下，"开始阅读新小说，也注意当时报纸的文艺副刊"[1]。这期间他反复出入于洛阳的聋子租书店，据他的陈述，书店老板"知道我当时已不看张恨水等人的小说了，就把当时'生活书店''文化生活出版社''平明书店'等出版的书租给我"[2]，这其中主要包括了屠格涅夫、狄更斯、左拉和福楼拜作品，其中也包括少量的俄罗斯文学作品。基于这些信息可以推断，李准在洛阳聋子租书店阅读的文艺作品多与中国现代文学出版史上著名的"译文丛书"有关。《译文》本为文学翻译期刊，最初由鲁迅、茅盾、黎烈文在1934年发起创办，由上海的生活书店出版，执行主编为黄源。而"译文丛书"本来也计划由生活书店出版，后因编者与出版社的纠纷，后转至文化生活出版社出版，最初仍由黄源主编，在黄源离开上海之后，巴金接手了主编的工作。平明书店于1938年创刊，出版了有关"西班牙内战"的图书和克鲁泡特金的作品，而文化生活出版社的"译文丛书"则以文学为主，包括李准所提及的几位作家的代表作品。如李准所读屠格涅夫的作品《父与子》《罗亭》《贵族之家》和《猎人日记》，就很有可能属于"译文丛书"中的"屠格涅夫选集"。这部选集包括了屠格涅夫的六部作品，由巴金与友人陆蠡、丽尼共同翻译："陆蠡翻译选集之一和之五：《罗亭》和《烟》；丽尼翻译之二和之三：《贵族之家》和《前夜》；

---
[1]李准：《敲开文学殿堂的大门》，全国政协文史资料委员会编：《文坛档案：当代著名文学家自述》，中国文史出版社，2001年版，第131页。
[2]李准：《敲开文学殿堂的大门》，全国政协文史资料委员会编：《文坛档案：当代著名文学家自述》，中国文史出版社，2001年版，第132页。

巴金翻译之四和之六:《父与子》和《处女地》。"[1]因此,李准在聋子租书店接触的"文艺"并不能仅仅从当下的"文艺"观念予以理解,在当时的历史情境中,"文艺"与激进革命的思潮密切相关。李准在回忆时提到,聋子租书店"专门出租给店员、中学生一些文艺书籍"[2],在那里"每读一部书,还能讨论讨论,帮助吸收。我觉得这也是一种文艺沙龙形式……"[3]在20世纪30、40年代,像聋子租书店这类空间已经成为青年知识分子群体集会、交流的场域——在这里,文学常常营造出革命的氛围,文学本身也成为革命的触媒和引信。

第四,返回麻屯镇时期。

1945年,李准返回麻屯,在父亲李俊人开办的敬信南货店帮忙。需要指出的是,这个规模并不算大的店铺固然偏居麻屯一隅,但却处在一个具有联通性的商业网络之中,尤其是由于代办邮政业务,更是获得了远超于地方社会的信息流通性。李准在回忆中提及自己的父亲,"由于他代办几十年邮政,每天能读到十几份报纸,所以他在镇上成了一个通晓时事,传播文化的人物"[4]。与父亲类似,返回麻屯镇的李准同样处于这个四通八达的信息、文化网络之中,他在店里主办邮政业务,"每天负责收信发信,分送杂志、报纸",这反倒为他提供了阅读报纸、接触副刊的机会。在业务之余,李准"每天能读到《大公报》《中央日报》《扫荡报》《华北新闻》等报纸和副刊,还能读到《观察》《书报菁华》

---

[1]李今著,杨义主编:《二十世纪中国翻译文学史 三四十年代·俄苏卷》,百花文艺出版社,2009年版,第256页。

[2]李准:《敲开文学殿堂的大门》,全国政协文史资料委员会编:《文坛档案:当代著名文学家自述》,中国文史出版社,2001年版,第132页。

[3]李准:《敲开文学殿堂的大门》,全国政协文史资料委员会编:《文坛档案:当代著名文学家自述》,中国文史出版社,2001年版,第132页。

[4]李准:《敲开文学殿堂的大门》,全国政协文史资料委员会编:《文坛档案:当代著名文学家自述》,中国文史出版社,2001年版,第124页。

等十几份刊物"[1]。

也正是在这个时候,李准开始尝试投稿,其处女作——历史小说《金牌》即发表于洛阳当地的《行都日报》。在回忆文章中,李准称《行都日报》是1945年以后"洛阳市办起的几家小报"之一,此说不确。《行都日报》创刊于1938年1月,最初是"由比较开明的具有抗日救亡思想的进步人士主办的一家民间报纸"[2],但在创办不久后,中共豫西特委和陆阳县委即派遣地下党员李续刚和周肇瑚等人潜入其中,担任总编辑和编辑的职务,这使得该报一度成为共产党人秘密掌握的进步报纸。但随着国共两党关系的日趋紧张,担任总编之职的周肇瑚等人离开,《行都日报》又"和当时河南三青团书记李名章挂上了钩"[3]。1944年洛阳沦陷后,发起人梁之超等人曾逃往陕西宝鸡,并于1945年在宝鸡复刊《行都日报》。而抗战胜利后,另一位发起人郭担宇又在洛阳将该报复刊,并登报声明"洛阳《行都日报》和宝鸡《行都日报》毫无关系,对宝鸡《行都日报》一切事宜概不负责"[4]。李准所提及的历史小说《金牌》是在1946年写作并投稿,按此一时间推断,发表刊物应为郭担宇在洛阳刚刚复刊的《行都日报》。

李准也提到鼓励自己向报社投稿的朋友为董孝享,他当时在洛阳明德中学任教。事实上,董孝享在当时系进步青年教师,他在1948年参与了洛阳地区的革命工作,也曾因参加"反内战"运动而遭到明德中学解聘。由此可见,李准最初的文学活动与洛阳地区的革命运动存在很

---

[1]李准:《敲开文学殿堂的大门》,全国政协文史资料委员会编:《文坛档案:当代著名文学家自述》,中国文史出版社,2001年版,第131页。
[2]赵文甫:《回忆我党在〈行都日报〉社的抗日救亡活动》,王俊伟主编:《薪火:新安革命五前辈诗文选》,河南人民出版社,2016年版,第101页。
[3]董纯熙:《回忆〈行都日报〉的创办与变迁》,中国人民政治协商会议河南省洛阳市委员会文史资料委员会编:《洛阳文史资料》第5辑,1988年9月,第108页。
[4]董纯熙:《回忆〈行都日报〉的创办与变迁》,中国人民政治协商会议河南省洛阳市委员会文史资料委员会编:《洛阳文史资料》第5辑,1988年9月,第109页。

大的交集。这恰恰表明,"读书"在近代中国的社会大变革中起到了至关重要的作用。正是借助于各种图书,身处地方社会内部的青年知识分子得以摆脱在地方社会内部沉溺乃至败坏的命运,从而获得了对全中国乃至整个世界的想象。对年轻的李准而言,"文艺"也绝不仅仅是成为作家的条件,也成为他接触革命、卷入革命并最终参与革命的中介和触媒。

表侄石黎明

对于20世纪50年代成名的一代作家而言,"革命资历"可能与"文化素养"同样重要。有关李准的传记常常把他"参加革命工作"的时间界定在1948年,如《李准小传》中述及"一九四八年底,洛阳解放。经表侄的介绍,李准参加了革命工作"[1]。这一说法是准确的,也符合李准本人后来的回忆,如他在《敲开文学殿堂的大门》中所说:"1948年底,洛阳解放,我在石黎明同志帮助下参加革命工作。"[2]

但是,李准得以"参加革命工作"并不是自然而然的事情。如果放在20世纪40年代末的历史语境中来看,李准晚年回忆中津津乐道的"耕读之家"实则意味着阶级意义上的"地主"出身,因此,卜仲康、陈一明的《李准小传》将之审慎地称之为"乡村教师兼小地主家庭"。这样一个家庭与"革命"之间的关系是紧张而微妙的。据李准夫人董冰回忆:

---

[1] 卜仲康、陈一明:《李准小传》,卜仲康编:《李准专集》,江苏人民出版社,1982年版,第3页。
[2] 李准:《敲开文学殿堂的大门》,全国政协文史资料委员会编:《文坛档案:当代著名文学家自述》,中国文史出版社,2001年版,第136页。

> 一九四八年，听说八路军快要来了，农民们不知道八路军是什么，都有些害怕。听说八路军不喜欢富家，人口多的都赶快分家，我们家也分开了。……分开家又赶着娶了两个弟媳妇儿，伯母家娶了他的三媳妇儿，我们家娶了二媳妇儿。[1]

在解放战争时期，农村中的大家族常常通过"分家异爨"的方式降低自己的阶级成分，规避"土地改革"的风险，这在李准家族体现得相当明显。

除了"耕读"之外，李准家族还兼营商业，其父亲李俊人即是麻屯镇小有名气的商人，李准称"他经营的'敬信'南货店，在洛阳西北乡非常有名"[2]。李俊人在儿子年幼时即教授他独立从事牲口交易的能力，并教育他"要会交际各种人，要'随群'，要放下架子。这都是练达人情的学问"[3]。而李准本人在恒源盐栈做学徒、在父亲的杂货店帮忙的经历，本也与商业贸易密切相关。因此，有早年的友人如此记述李准在1948年时的印象：

> 那时他又更换了一身衣着，一身小商人的打扮，头戴顶黑兰色粗毡礼帽，上身穿了件对襟斜纹的小袄袍子，袖子挽的老高，露着雪白的内衣。在南大街解元街的西口，守着一个铁丝网做的钱笼子，在那里高声叫卖"老袁头兑换中山币"。[4]

---

[1] 董冰：《老家旧事——李凖夫人自述》，学林出版社，2005年版，第130页。
[2] 李准：《敲开文学殿堂的大门》，全国政协文史资料委员会编：《文坛档案：当代著名文学家自述》，中国文史出版社，2001年版，第124页。
[3] 李准：《敲开文学殿堂的大门》，全国政协文史资料委员会编：《文坛档案：当代著名文学家自述》，中国文史出版社，2001年版，第124页。
[4] 李冷文：《结识李准》，中国人民政治协商会议洛阳市西工区委员会学习文史资料委员会：《西工文史资料》第19辑，2006年3月，第102页。

这里的问题在于，为什么出身于地主并从事商业活动的李准能参与到"革命"之中？而需要更进一步追问的是，在20世纪四五十年代之交这一特定的历史时刻，在洛阳地方社会复杂的情境中，"革命"究竟意味着什么，又关联着什么样的中国社会情境？

在回答这一问题时，还是需要从介绍李准"参加革命"的表侄石黎明谈起。按李准的回忆，石黎明大概是抗战胜利后不久"从解放区太岳五分区回到北邙山一带"，他"原是洛阳复旦中学的学生，1943年到解放区，这次回到洛阳是做地下工作"[1]。豫西地区党史和革命史的材料佐证了李准这一说法的真实性，也提供了石黎明此一时期革命工作的大量细节。1945年8月日本宣布投降后，国共两党之间的军事、政治冲突却愈演愈烈，并在豫西地区展开激烈角逐。在战争初期，共产党军队寡不敌众，撤出了豫西地区，这使得豫西根据地暂时丢失，共产党人的斗争活动转入地下。在这种不利的情势下，中共太岳区党委迅速成立了豫西工作委员会（简称"豫西工委"），其"办公地址在济源县西北勋掌村西北靠山，南临黄河，河对岸便是刚撤出的豫西抗日根据地"[2]。在党中央"针锋相对，寸土必争"的方针指导下，豫西工委迅速展开工作，并"决定在东起河南孟县，西到山西省平陆县200多公里长的黄河沿线建立6个地下交通渡口"。[3] 李准表侄石黎明即是在这样一种情形之下被豫西工委派回豫西北邙山一带，其所负责开辟的即为济源县的蓼坞村渡口。

除开辟渡口外，工委交给石黎明的任务还包括"在洛阳建立一个

---

[1] 李准：《敲开文学殿堂的大门》，全国政协文史资料委员会编：《文坛档案：当代著名文学家自述》，中国文史出版社，2001年版，第135页。

[2] 翟耀主编：《新安革命史》，河南人民出版社，1993年版，第148页。

[3] 张钦长：《洛阳地下交通站》，中国人民政治协商会议洛阳市委员会文史资料委员会编：《洛阳文史资料》第14辑，1993年12月，第231页。

秘密交通站"[1]。这个交通站就设在石黎明之父石卫臣在洛阳贴廓巷开设的义兴盐号。秘密交通站受豫西工委直接领导，其工作方针是"稳扎稳打，长期隐蔽，储备力量，了解掌握情况，迎接洛阳解放。不搞暴动，不准搞游行活动"[2]。基于这一方针，这个交通站一直处于隐蔽状态，甚至在第一次洛阳解放期间也没有暴露，直到洛阳第二次解放后才最终公开。

在两三年的隐蔽期间，石黎明父子主持的秘密交通站的具体任务是"搞政治、军事、经济情报，护送干部，为豫西地下党筹集经费"[3]。而在洛阳解放前夕，我党还通过交通站的社会关系开展了多种宣传和组织工作，其中也包括在洛阳进步学生和知识青年的群体中发展革命积极分子。事实上，李准在回忆中称石黎明与自己"经常聊天"的经历可以放在这种具体情境中理解。值得注意的是，石黎明与李准的接触依然有"文艺"作为媒介。李准称，石黎明"不断回到太岳区去，回来给我带些太岳新华书店出版的书，其中也有不少文学书，如《虹》《青年近卫军》等。也就是那个时候，我读到了赵树理同志的作品"[4]。张钦长有关石黎明的回忆印证了李准的说法："地下联络员石天明、石成瑜先后两次去地委汇报工作，核受任务，并带回许多文件和宣传资料，如《蒋党真相》《打倒窃国大盗袁世凯》《李有才板话》《中国土地法大纲》《打到南京去，活捉蒋介石》《打过长江去解放全中国》《解放军有严明的铁的

---

[1] 张钦长：《洛阳地下交通站》，中国人民政治协商会议洛阳市委员会文史资料委员会编：《洛阳文史资料》第14辑，1993年12月，第232页。
[2] 张钦长：《洛阳地下交通站》，中国人民政治协商会议洛阳市委员会文史资料委员会编：《洛阳文史资料》第14辑，1993年12月，第232页。
[3] 张钦长：《洛阳地下交通站》，中国人民政治协商会议洛阳市委员会文史资料委员会编：《洛阳文史资料》第14辑，1993年12月，第232页。
[4] 李准：《敲开文学殿堂的大门》，全国政协文史资料委员会编：《文坛档案：当代著名文学家自述》，中国文史出版社，2001年版，第136页。

纪律》等。"[1]

上述这些材料呈现出20世纪中期共产党人在洛阳地方社会中的种种具体"革命"活动，尽管没有证据表明李准在多大程度上被发展为"革命积极分子"，但至少可以根据这些材料推测出，李准已经相当接近革命组织的外围位置，更可以判定他已经笼罩在洛阳地方社会内部的"革命"氛围之中。

从豫兴银号到洛阳银行

与通过表侄石黎明卷入"革命"不同，李准在1948年"参加革命工作"的经历显得更为复杂。事实上，1948年李准经表侄石黎明所介绍参加的"革命工作"乃是在地方银行所从事的经济工作，他在传记中称："先在豫西分区，后转入洛阳银行。这时我开始做经济工作。我热衷于银行的信贷和货币计划管理工作。我在洛阳银行任股长。"[2]那么问题在于，在什么样的历史情境下，"经济工作"才能被称之为"革命工作"？或者说，"经济"与"革命"在20世纪之交的洛阳地方社会中又有怎样的关联性？从历史层面对这个问题的回应，有助于我们更清晰地看到共产党主导的"革命"如何在地方社会内部复杂的关系中展开，又具有怎样的宽幅、厚度和灵活性。

事实上，李准得以在洛阳银行任职的原因非常复杂，绝非表侄石黎明一人之力，这就必须把石黎明之父石卫臣乃至石、李两家在宗族、商业等方面的关系纳入考察范围。如前所述，石黎明受豫西工委派遣在洛

---

[1]张钦长:《洛阳地下交通站》，中国人民政治协商会议洛阳市委员会文史资料委员会编:《洛阳文史资料》第14辑，1993年12月，第243页。

[2]李准:《敲开文学殿堂的大门》，全国政协文史资料委员会编:《文坛档案：当代著名文学家自述》，中国文史出版社，2001年版，第136页。

阳建立的交通站即设在其父石卫臣的盐栈。石卫臣本人虽是商人，但与革命有极深的渊源，他"积极支持儿子的革命工作，对党忠诚，对革命全心全意，在抗日战争时期就曾为我党做过许多工作"[1]。而石卫臣对革命的态度固然离不开自身的操行和品质，但也与我党当时极具创造性的"统一战线"政策密切相关。在极端不利的情形之下，中国共产党人有可能通过对地方社会内部各种人事关系的把握打开工作局面。石黎明在回豫西之前，其领导人就特别交代："我们的交通站能否在洛阳存在，你和你的家庭搞好关系特别重要"，并要求其"一定要搞好家庭关系，一切以大局为重"。[2]

1948年，洛阳二次解放以后，石卫臣曾担任中国人民解放军陈赓部后勤部被服厂厂长，又受命组织豫兴银号。据他的侄子石崇厚回忆：

> 1948年秋，洛阳市人民政府为了稳定金融市场，市委书记李文甫和工商局长李凌霄曾找伯父商谈，着他以私人名义组织"豫兴银号"，调节市场金融，政府中州人民银行先投资5000元银币，伯父又动员进步人士李俊人、段绍文、贾荣生等集股5000元（银币），办起了银号。1949年银号转入银行，当时银号的员工都成为人民银行骨干。[3]

石崇厚文中提到的进步人士李俊人即李准之父，他在豫兴银号入股

---

[1] 张钦长：《洛阳地下交通站》，中国人民政治协商会议洛阳市委员会文史资料委员会编：《洛阳文史资料》第14辑，1993年12月，第232页。
[2] 张钦长：《洛阳地下交通站》，中国人民政治协商会议洛阳市委员会文史资料委员会编：《洛阳文史资料》第14辑，1993年12月，第232—233页。
[3] 石建厚：《忆伯父石维屏》，政协洛阳市老城区委员会文史资料委员会编：《老城文史资料》第2辑，1989年3月，第87页。

银币800元。[1]而石崇厚提供的豫兴银号的工作人员名单中,有"李俊人之子李竹溪",而李竹溪即为后来的作家李准。对于银号雇员的聘用,"依照中州农民银行洛阳市支行经理李凌霄同志的意见,聘用原地下联络站周围的骨干和入股各方派进的人员",而李准应该属于后者,即以"入股各方派进人员"的身份被聘用为豫兴银号雇员。[2]同样据石建厚回忆:"1949年3月22日,中州农民银行更名为中国人民银行,中南局电令银号停业,随即,洛阳市支行派王泉同志负责银号移交工作,除退还私房股金外,其余全部收归中国人民银行,银号人员转入市支行统一安排,至此洛阳'豫兴银号'完成了自己的历史使命。"[3]李准本人应该是在此之后转为了洛阳银行的正式职员,董冰的回忆佐证了这一点:"李准在他亲戚的银号里干了三个月。一九四九年二月份,国家把银号接收了,连人带单位接收过来。他就随着银号参加了工作。"[4]

但是,李准在洛阳银行的工作在1952年前后突然结束了,诸多传记只是语焉不详地交代他"调入洛阳干部文化学校"当语文教师。反倒是李准本人在自述中对此有非常明确的叙述:

> 1952年,"三反"运动开始。我被洛阳银行个别有极"左"思想的领导干部所诬陷。我当时是满怀一腔热情参加革命工作的,工作还做出成绩。但他们的分析是李某人是地主家庭出身,父亲还是商人,商人嘛,当然是唯利是图,因此就罗织罪名把我确定为"重

---

[1] 石建厚:《洛阳"豫兴银号"》,政协洛阳市老城区委员会文史资料委员会编:《老城文史资料》第5辑,1994年4月,第51页。
[2] 石建厚:《洛阳"豫兴银号"》,政协洛阳市老城区委员会文史资料委员会编:《老城文史资料》第5辑,1994年4月,第51页。
[3] 石建厚:《洛阳"豫兴银号"》,政协洛阳市老城区委员会文史资料委员会编:《老城文史资料》第5辑,1994年4月,第52—53页。
[4] 董冰:《老家旧事——李準夫人自述》,学林出版社,2005年版,第132页。

点",进行残酷斗争。我的工作是管理国营企业计划,根本不沾钱的边。可是他们不管这些,一直逼供,把我关了半年。我由于读了些古文和现代文学,比较注意个人名节。不管再受肉体摧残,我一文钱也没有乱承认!最后证明我是廉洁的,我没有贪污,受贿过1元钱。[1]

李准夫人董冰晚年所著的自述性作品《老家旧事》对此也有详细的记录:

> 一九五二年春天,银行里搞"三反"运动,开始是互相提意见。他参加工作时间短,没有搞运动的经验。有人说他有贪污嫌疑,他觉得受了莫大的污辱,就站起来了说:"我没有贪污,查出来贪污一分钱,你们枪毙我。"这一句话可闯了祸,人家说他态度恶劣,对抗运动。他当时怎么也想不通,也没有经过这种场面,他委屈地说:"你们冤枉我,我不干了。"没想到这句话又说错了,人家质问他:"你不干是什么意思?""你不干革命你想干什么?"
> 散会以后,不让回家。大会批,小会斗,说是不管贪污不贪污,先端正他的态度。[2]

作为"三反"运动的亲历者,洛阳的旧相识李冷文曾在回忆中描述了李准在批斗会现场的具体情形:

> 那天一大早,我和裴琪及通讯员李银昌等几个同事,提前到

---

[1] 李准:《敲开文学殿堂的大门》,全国政协文史资料委员会编:《文坛档案:当代著名文学家自述》,中国文史出版社,2001年版,第136页。
[2] 董冰:《老家旧事——李準夫人自述》,学林出版社,2005年版,第132页。

体育场，把阅兵台上的扩音器及会场下面广播喇叭都安装好，把台上的桌椅布置齐毕。上午八时，全市各系统各单位的群众带着本单位的批斗对象，陆续进场，并按指定的区域井然有序地站立听讲开会。九时许，市委书记齐文川讲话后，大会就正式开始了。会场内人声鼎沸："贪污分子必须老实交代！""坦白从宽抗拒从严！""贪污分子不投降绝没有好下场！"等等。在高呼的口号声中，从台下银行系统方向的人群圈子中传出了土喇叭的喊声："李竹溪必须坦白交代！李竹溪不坦白交代就是死路一条！"[1]

由此可见，李准之所以离开银行工作，其根本原因在于卷入了洛阳地区针对工商界的"三反"运动。如前所述，在20世纪四五十年代之交的中原地区，宗族、商业上的关系与革命彼此交织、缠绕，也呈现出"革命"在此一时期所具有的宽幅、厚度和灵活性。但在1949年后新中国经济秩序的建设过程中，这种宗族和商业上的复杂关系也衍生出众多盘根错节的利益关系和诸多严重的金融问题，这也正是中国共产党在1952年发动"三反"运动的大前提。洛阳地区的"三反"运动中，李准表亲经营的豫兴也卷入其中，据《洛阳工人运动史》记载："豫兴、文兴恒、同兴等五个行业的资本家，勾结贸易公司业务员，在收购牛皮中掺杂、提价，以次充好，牟取暴利数千元。"[2]其中也提到了李准所在的洛阳银行"一业务员"[3]与资本家勾结，进行非法贷款，同6家奸商联合办店，贪污公款7026元"[4]。

对于自己在"三反"运动中所涉及的问题，李准本人及夫人董冰的

---

[1] 李冷文：《结识李准》，中国人民政治协商会议洛阳市西工区委员会学习文史资料委员会编：《西工文史资料》第19辑，2006年3月，第104页。
[2] 洛阳市总工会著：《洛阳工人运动史》，河南人民出版社，1992年版，第182页。
[3] 此"一业务员"是否为李准存疑。
[4] 洛阳市总工会著：《洛阳工人运动史》，河南人民出版社，1992年版，第182页。

自述都有较为合情合理的辩护。当时组织洛阳地区"三反"运动的邵文杰曾在回忆中坦言:"'三反'运动,整个说来是健康的,但在运动高潮时,曾发生过'左'的现象,主要是在'打老虎'问题上扩大化了。"[1]事实上,洛阳地区的"三反"运动开始于1951年12月,至1952年6月以后就转入了落实材料阶段。对李准这类在基层从事经济工作的干部来说,"三反"运动的烈度和冲击力自然非常之大,但从整体上看,其中的"过火"行为大多得到了一定程度的平反和纠正。邵文杰也提到了洛阳某运动场召开的"打虎"大会,并称这场大会确有过火倾向,"经过后来落实政策,查实对证,原来这一次打的'虎'全是假'虎',都给他们去掉了'虎'的帽子,被开除党籍的都恢复了党籍"[2]。

"三反"运动后,李准实际上被洛阳银行开除了公职,生活随之陷入困顿的李准一度试图通过抽签决定自己未来的出路。董冰的《老家旧事》生动记下了这一颇为辛酸的细节:"他没有办法了,他自己抽个签,用两张纸写了条,一个写的'拉大粪';一个写的'再去找领导'。写好自己揉揉仍在桌上,拿起一个看,是'找领导',他就继续去找领导。"[3]这种"找领导"似乎产生了效果,董冰称"领导根据他的情况,安排他去干部学校教语文,当一个教师"[4]。这与李准本人提及自己1952年"调入洛阳干部文化学校做教书工作"的说法也是对应的。

但问题在于,这个"调入"的过程是如何展开的?他所找的"领导"具体指谁?对此,在李准和董冰的回忆中皆语焉不详,而其在洛阳文艺界的故交李冷文的《结识李准》一文却提供了一条颇为清晰的线

---

[1]邵文杰:《解放豫西和洛阳工作时的回忆》,中国人民政治协商会议洛阳市委员会文史资料委员会编:《洛阳文史资料》第14辑,1993年12月,第47页。
[2]邵文杰:《解放豫西和洛阳工作时的回忆》,中国人民政治协商会议洛阳市委员会文史资料委员会编:《洛阳文史资料》第14辑,1993年12月,第49页。
[3]董冰:《老家旧事——李凖夫人自述》,学林出版社,2005年版,第147页。
[4]董冰:《老家旧事——李凖夫人自述》,学林出版社,2005年版,第147页。

索。据《结识李准》一文的叙述，李准在1952年被开除公职后暂住在洛阳东车站的南新安街，其住处附近有一所夜校，于是他找到在洛阳文联工作的李冷文，并请他"到市教育局说说，看是否能帮他谋个教员位置，好糊口饭吃"[1]。李冷文答应了李准的请求，并找到了文教局局长张友仁和祝一清，并由局里开出派条，请北新安小学杨大千（当时代管车站附近的夜校）安排李准为代课老师，月工资只有八元。两个月后，李准又再次找到李冷文，请求调入干部文化补习学校。李冷文多方辗转，最终请文教局局长祝一清写信给干部文化学校的赵林甫，将李准借调到干部文化学校临时代课。需要指出的是，这个时期的李准依然是"戴罪之身"，直到《不能走那条路》引起巨大反响后才由共青团洛阳市委才为他办了平反撤销处分的决定。也正因为此，李准调入"干部文化学校"实际上只是"借调"，"临时代课"也意味着他在该学校很可能没有正式编制。

从李冷文的叙述来看，李准调入干部文化学校并非通过常规的行政途径，而更多是依托了自己的社会关系和熟人情面。这恰恰意味着，新中国初期激烈的"政治运动"并没有真正颠覆地方社会内部"革命工作"所具有的宽幅、厚度和灵活性，这实际上也为李准通过文艺创作重返"革命"中心提供了巨大的可能。

洛阳干部文化学校

从李准自身的经历来看，"调入洛阳干部文化学校"确实是他真正走向文学创作的关键所在。但无论是李准本人的回忆还是研究者的传记，都没有对这个学校的性质、功能及其在20世纪50年代初期洛阳地

---

[1] 李冷文：《结识李准》，中国人民政治协商会议洛阳市西工区委员会学习文史资料委员会编：《西工文史资料》第19辑，2006年3月，第105页。

区的意义予以充分叙述。所谓干部文化学校，是新中国为培养工农兵干部并提高他们的文化水平而在各地兴办的速成教育学校。1950年2月14日，中央发布了《政务院关于举办工农速成中学和工农干部文化补习学校的指示》，其中对这类学校的性质和功能有非常明确的描述：

> 工农干部是建设人民国家的重要骨干，但在过去长期斗争环境中，他们很少有受系统的文化教育的机会。为了认真提高他们的文化水平以适应建设事业的需要，人民政府必须给予他们以专门受教育的机会，培养他们成为新的知识分子。为此，特决定在全国范围内有计划有步骤地举办工农速成中学和工农干部文化补习学校，吸收不同程度的工农干部给以适当时间的文化教育，尽可能地使全国工农干部的文化程度能在若干年内提高到相当于中学的水平。[1]

在洛阳干部文化学校，李准"教初中语文，学生都是文化低的工农干部学员"，这种独特的教学工作使得他得以介入一种独特的写作机制之中：

> 因为我的学生都是有着丰富生活经历的成年人，我就试办了一种"速成写作法"。先让他们讲自己的身世经历，然后根据这些经历，找出重点段落，写成连续自传体小说。学员们对这个办法非常欢迎，写作热情也高。就在这年冬天，《河南日报》上发表了两篇自传体小说。一篇叫《割毛豆》，另一篇记不清了。当时在河南学

---

[1]中共中央文献研究室、中央档案馆编：《建国以来周恩来文稿》第3册，中央文献出版社，2008年版，第646页。

校中产生了影响,不少学校还来信要求介绍这种"速成写作法"。[1]

李准在1952年试办的这种"速成写作法"实际上发端于军队,并曾在20世纪50年代初期各地文化速成培训学校中广为采用。《中国写作学大辞典》对"速成写作法"的渊源有非常明确而扼要的介绍:

> 成人写作训练方法,又称"速成写作法",为中国人民解放军原某部文化教员常青在1953年总结的写作教学法。1952年全军开展向文化大进军的活动,广大指战员积极参加,如何在"速成识字"的基础上迅速掌握写作基本功,常青在实践中提出了"我写我""向外转"两步训练法。……速成写作教学法当时在全军推广,颇受欢迎,也出现了一些较成功的作品,最有代表性的是某部战士高玉宝的自传体小说《高玉宝》,其中"半夜鸡叫"为流传很广的片断。[2]

李准回忆中提及自己指导的两篇"自传体小说"曾在《河南日报》发表。笔者在1953年的《河南日报》上找到了这两篇作品,一篇即李准所说的《割毛豆》(作者为张德功),另一篇名为《从前当学徒》(作者为刘德良),两篇皆登载于《河南日报》1953年1月20日第3版,并被称之为"'我写我'两篇"。略有不同之处在于,两位作者单位是"洛阳市企业职工学校",而非"洛阳干部文化学校"。[3]文前附有编者按如下:

---

[1] 李准:《敲开文学殿堂的大门》,全国政协文史资料委员会编:《文坛档案:当代著名文学家自述》,中国文史出版社,2001年版,第137页。
[2] 尹均生主编:《中国写作学大辞典》第4卷,中国检察出版社,1998年版,第1944页。
[3] "洛阳市企业职工学校"与"洛阳干部文化学校"是否同校异名,有待进一步考证。

洛阳市企业职工学校，成立了一个速成写作实验班，采用"常青写作教学法"教学。这一班学员，大都是工人和农民出身的同志，有一定的斗争经验和生活经验。他们在机关和部队中刻苦学习，初步掌握了两千左右字和一部分词。他们原来只能写一两百字的短文，还写得不好。再加上平时补习学校中教学方法有毛病，使他们在写作上产生了很多顾虑。这回用新教学法，经过"消除顾虑"和"我写我"两个阶段，现在他们都能写一千字左右的记叙文，多的到两千字以上。

事实上，这种写作法与"速成识字法"共同隶属于当时方兴未艾的"学文化"热潮中，也与基层的"文艺运动"密切相关。1953年3月1日出版的河南地方文艺普及刊物《翻身文艺》即号召"大力开展'我写我'运动"：

现在，速成识字法的推行，能使工农兵迅速掌握文化；常青同志创造的"我写我"的方法，又能解决工农兵作者在写作上常常苦恼着的问题；再加上高玉宝、崔八娃等同志的写作精神和成就，鼓舞着工农兵写作的热情和信心；因此，在工农兵中间，首先是在部队里，自己写自己的生活经历，已经成为一种普遍的热潮。[1]

由此可见，20世纪50年代中国各地推广"速成写作法"形成了极其浩大的声势，李准所在的河南洛阳地区自然也不会例外。值得注意的是，"我写我"的"写作"虽然以针对"工农兵"的文化普及为宗旨，

---

[1]河南省文联筹委会：《大力开展"我写我"运动》，载《翻身文艺》1953年第5本。

但客观上却要求"运动"的发起者和组织者吸纳更多有文艺素养的文化人参与其中，正是基于这一点，《翻身文艺》指出：

> 开展"我写我"运动，是需要有关方面共同努力才能做好的。本刊今后应该加强组织工农兵作品并帮助工农兵作者写作，以后到广泛发动与重点培养相结合；此外，还希望全省工矿、农村、部队的文教工作者、工农速成教育工作者和本刊的广大读者，多多帮助我们组织稿件，整理工农兵作品，共同为开展群众性的创作运动而努力！[1]

这种号召暗示出 20 世纪 50 年代初期河南省地方文艺运动与文化教育之间并不存在泾渭分明的专业分工畛域，而是形成了某种"一体化"的"文教系统"。正是在这个系统内部，"文艺"承担着明确的"教育"功能，而像李准这类的"工农速成教育工作者"也获得了介入"文艺创作"的渠道和机会。由此，李准在共和国初期的写作生涯开始真正开启：

> 就在这时候，我自己也开始了创作。那时候在课堂上讲赵树理同志的小说，孙犁同志的小说。还有，当时读到秦兆阳、马烽、康濯等同志的小说，觉得实在有些技痒。凭我的文学素养和生活积累，我觉得我也可以写出这样的小说。[2]

而在 1953 年上半年，也就是李准所指导的两篇"自传体小说"发

---

[1] 河南省文联筹委会：《大力开展"我写我"运动》，载《翻身文艺》1953 年第 5 本。
[2] 李准：《敲开文学殿堂的大门》，全国政协文史资料委员会编：《文坛档案：当代著名文学家自述》，中国文史出版社，2001 年版，第 137—138 页。

表之后,他本人的作品也开始在《河南日报》连续发表,这包括《卖马》《送鞋》《送穷故事》等,它们"都是二三千字,也就是当时流行的'新人新事小故事'"。李准称"我写的每一篇都发表了。几乎没有过一篇退稿"[1],这自然体现出他在文学创作上的天赋和能力,但同时也折射出当时河南地方文艺界对优秀写作者和优秀作品存在强烈的刚性需求。

"无界"的"地方文艺"

如果说1953年《不能走那条路》使得李准成为闻名全国的青年作家,那么此前在《河南日报》发表的系列"小故事"则意味着他在被全国文艺界熟悉、认同之前,已经首先在河南尤其是洛阳的"地方文艺运动"中立定了脚跟。因此,对20世纪40、50年代之交"地方文艺运动"内在机制的考察,也就成为理解李准走上文艺创作之路的必要前提。在这一方面,李冷文的《结识李准》一文也提供了非常重要的线索。

李冷文早在20世纪40年代即与李准有了交往,也正是他本人介绍李准进入了洛阳文化干部学校。值得注意的是,在介绍李准调入干部文化学校的1952年,李冷文本人任职于洛阳民众教育馆。而对新中国成立初期的洛阳"地方文艺运动"而言,民众教育馆承担着极其重要的功能。事实上,民国时期洛阳的民众教育馆长期由地方知名绅士承办,是非常重要的民众文化普及机构,但在抗日战争和解放战争时期,馆务经常因为战争和资金问题中断。1948年4月解放军二次解放洛阳后,民众教育馆得以重建,最初主持重建工作的是解放军陈赓兵团的曹章和刘国鑫。同年8月,洛阳本地爱国民主人士王飞庭(曾在抗战初期担任过

---

[1]李准:《敲开文学殿堂的大门》,全国政协文史资料委员会编:《文坛档案:当代著名文学家自述》,中国文史出版社,2001年版,第138页。

民众教育馆馆长职务）被委任为馆长，9月党员干部巴南冈担任副馆长，后又由胡青坡接任。在王飞庭和胡青坡的携手努力下，民众教育馆的工作逐步展开，其中也包括筹建图书馆。[1] 新成立的图书馆尽管也在整理旧存的古籍，但在当时，"借阅古书的人很少，多数人爱借新书"[2]。李冷文自洛阳解放后即在民众教育馆工作，据他回忆，李准在此期间曾来馆内找他借阅图书，其中即包括赵树理的《李有才板话》。

但需要指出的是，民众教育馆不仅仅是一个普通的图书借阅机构。周南、萧端阳《解放初期的群众文化工作》一文提及，"洛阳市解放初期的群众文化工作，主要是民众教育馆组织开展的"[3]。也就是说，在新中国成立后的洛阳，民众教育馆成为群众文化工作开展的中心，这里的"群众文化"并不是单一的，而包含了宣传、教育、文艺等多个方面，甚至"在很长一段时间内，民众教育馆俨然成了市政府的'派驻机构'，代表市政府为市民排忧解难"[4]。而在教育馆任职的李冷文当时担任馆内的宣传股副股长（股长为宗树铮），其具体工作为：

> 政策时事宣传，形势教育，组织全市性大型会议，每日编印铅印小报《大众简讯》，报道前线战况及时事新闻，开展黑板报及有线广播工作，负责戏曲改革，传播老区的文艺成果，如将《白毛女》《胡孩翻身》《血泪仇》《三打祝家庄》《闯王迎亲》等改编为地方梆子和曲子戏上演。还推广秧歌、腰鼓等群众喜闻乐见的艺术形

---

[1] 陶善耕:《旧时河南县级图书馆寻踪 "五陋居"札记》，吉林文史出版社，2009年版，第229页。
[2] 陶善耕:《旧时河南县级图书馆寻踪 "五陋居"札记》，吉林文史出版社，2009年版，第230页。
[3] 周南、萧端阳:《解放初期的群众文化工作》，政协洛阳市老城区委员会文史资料委员会编:《老城文史资料》第3辑，1990年12月，第18页。
[4] 李冷文:《长忆胡青坡——胡青坡同志辞世三周年祭》，李冷文:《冷文赤语集》，河南人民出版社，2008年版，第118页。

式。[1]

也正是在民众教育馆宣传股的位置上，李冷文参与了洛阳市"文联"的创建工作。1949年10月19日，洛阳市第一次文化艺术界代表大会召开，民众教育馆副馆长胡青坡被选为第一届文联主席，李冷文本人则为常务驻会秘书，负责文联机构的日常工作。[2] 在此期间，洛阳市文联开始陆续创办文艺刊物，包括1950年出版的《习作》特刊，1951年创刊的《洛阳文艺》以及1952年创刊的《文艺小报》，与此同时，文联也参与组织了秧歌比赛、年画展览和工人文艺创作训练班。需要指出的是，文艺刊物和群众文化活动之间存在非常紧密的关联性，诸如工人文艺创作训练班学员的诸多作品就有不少发表在《文艺小报》上。[3]

在这些文艺刊物的创办和文艺活动的展开过程中，李冷文扮演着非常重要的角色，他在回忆中专门提及："这时期，洛阳市文联工作也有较大的发展。我们组织了二十多个工人创作小组，又编了一个刊物，名《文艺小报》。文联的文学部和编辑部合并，增添了编辑人员，刊物每月一期，为业余作者提供习作阵地。"[4] 由此可见，当时洛阳地方文艺并不存在"专业"壁垒，这也大大降低了文学创作的门槛，从而使得李准这类"学历不高，在文学写作上的准备普遍不足"的青年人能够以"业余作者"的身份开始自己的写作。按照李冷文的记述："李准颇善思索，一投入写作就不可收拾，每天写了毁，毁了又写，非常勤奋。开始的发

---

[1] 周南、周端阳：《解放初期的群众文化工作》，政协洛阳市老城区委员会文史资料委员会编：《老城文史资料》第3辑，1990年12月，第19页。

[2] 李冷文：《洛阳市文联创建的前前后后》，李冷文：《冷文赤语集》，河南人民出版社，2008年版，第243页。

[3] 李冷文：《洛阳市文联创建的前前后后》，李冷文：《冷文赤语集》，河南人民出版社，2008年版，第243—245页。

[4] 李冷文：《结识李准》，中国人民政治协商会议洛阳市西工区委员会学习文史资料委员会编：《西工文史资料》第19辑，2006年3月，第107页。

表阵地就是《河南日报》第四版的报屁股'生活小故事'专栏和市文联的刊物《文艺小报》。"[1]

"生活小故事"构成了李准在此一时期创作的主体部分,他曾在1954年发表的《我怎样学习创作》一文中提及:"在写《不能走那条路》之前,我曾经写过些小故事,这些故事都很短,有的只有一两千字。写一个人物,叙一件事情。"[2] 在当时的河南地方文艺界,采取"生活小故事"这种形式写作的原因是多方面的,既有当时文艺创作者专业性不够的权宜性,更有"迅速地反映生活,及时地感染和教育人民"的现实要求。

如果按照今天的"文艺"观来看,"小故事"很难称得上专业的文学创作,正如李准本人所说:"我写这些东西,并没有想当什么作家,只是在工作中碰到了听到了一些问题和事情,有些问题自己想把它说出来,让更多人知道,譬如说:谁家的婆婆待媳妇特别好,乡里城里有什么新人新事等等。"[3] 但结合20世纪50年代初期的历史语境来看,这种"新人新事小故事"的创作却关联着地方文艺运动中最具活力的部分。河南省文联筹备委员会曾在1950年1月同时创刊了两份刊物,即双月刊《河南文艺》和半月刊《翻身文艺》,创办者当初的设想是,前者以提高为主,而后者以普及为旨归,成为"贯彻普及第一生根第一方针的通俗文艺半月刊"[4]。但有趣的是,《河南文艺》在一年后就难以为继,宣布停刊。而《翻身文艺》则办得特别红火,甚至受到了中南局宣传部的表彰,局所属的《长江日报》还辟出专版介绍推广其经验。事实上,

---

[1] 李冷文:《结识李准》,中国人民政治协商会议洛阳市西工区委员会学习文史资料委员会编:《西工文史资料》第19辑,2006年3月,第108页。
[2] 李准:《我怎样学习创作》,载《长江文艺》1954年第2期。
[3] 李准:《我怎样学习创作》,载《长江文艺》1954年第2期。
[4] 南丁:《记忆中的河南文联》,王洪应主编:《南丁文选》下,大众文艺出版社,2004年版,第900页。

《翻身文艺》主要"发表生活小故事、民歌、快板、精短小说、演唱材料等，受到农民欢迎"[1]。由于是以"为群众所容易接受"为目的，这就意味着"文艺"的核心媒介并非印刷文字而是地方民间戏曲，从这个意义上说，《翻身文艺》和"新人新事小故事"之类的文艺作品并不直接对应具有一定文化水平和读写能力的知识分子"读者"，而是要为各地方文化馆、专业及业余剧团提供"新鲜的现实题材的剧本和演唱材料"。就这一点来说，河南地方的"文艺"充满了开放性和流动性，它内嵌于彼时地方社会轰轰烈烈的"政治运动"和"社会运动"之中。

基于上述情境，李准在1953年从事文艺创作的过程，也正是他步入一个有组织的地方文艺界的过程，更是一个介入地方文艺运动乃至地方社会运动的过程。考察李准早期作品在《河南日报》的发表情况，依然能够看到当时那种地方文艺生态的具体状况。《河南日报》实际上是河南省委直接主管的党政机关刊物，而早在1953年年初，它就发表了《中共河南省委关于〈河南日报〉贯彻通俗化改革加强报纸思想性群众性的决定》，开启了自身的"通俗化"改革过程。《河南日报》未设专门的"副刊"，李准此一时期撰写并发表的"小故事"等作品甚至没有固定的版面，也不存在连续性的"专栏"。这些都表明，"文艺"在河南地区并不存在独立自主的系统，它始终与政治运动形成紧密配合，甚至它本身就是政治运动的功能性环节。从这个意义上说，李准所步入的地方文艺界并非他在20世纪80年代所表述的"文学殿堂"，而是某种有组织性且充满了活力的地方文艺运作机制。这个文艺运作机制的特点在于，它使得"文艺"在不断"运动"中冲破了"文艺"自身的畛域，与当时当地的政治、经济、社会情形交织在一起。这是一种并不拘囿于"文艺界"内部的"文艺"，也可以说是一种"无界"的"文艺"。

---

[1] 南丁:《记忆中的河南文联》，王洪应主编:《南丁文选》下，大众文艺出版社，2004年版，第900页。

结　语

洪子诚曾对李准短篇小说的一贯特点作出如下描述："置身于生活的激流之中，自觉地把自己的创作活动同当前的革命斗争和政治运动结合起来，敏锐地提出现实生活中的问题。"[1]而通过本文对其早年传略的补遗，我们能够看到洪子诚先生这种描述在20世纪50年代初期历史语境中的具体情形。在20世纪40、50年代之交中国的剧烈过程中，"新中国"的巨大势能已经渗透到地方社会内部，由此引发的连锁效应使得李准这类文艺青年能够在介入文艺的同时介入地方的政治运动和社会运动中。更进一步说，这个充满活力的运动在突破了文艺、政治、社会之间畛域的同时，也突破了"地方"这一封闭的空间本身，它连带着"新中国"整体成立、巩固和发展的大历史潮流，由此可以说，身居"地方"的李准也加入了这一大历史潮流之中。这显然不是一个全然"被动卷入"的过程，其中既有历史时势的推动，又有作家自身的"主动"和"自觉"，"置身于生活的激流之中"正意味着"个人"与"历史"之间的相互呼应和彼此激荡。

但通过李准早年的具体经历也能看到，"置身于生活的激流"也并不是自然而然的事情，这其中充满了艰辛、危险、曲折乃至反复。正如本文所述的那样，李准在20世纪40年代即受到"革命"氛围的感召和激发，并与"革命"发生了实质性的接触，但此时的他尚无法从更内在的层面认知革命的意义；即使在1949年之后，李准依然与"革命"存在隔膜、疏离，而在"三反"运动中遭受冲击后，更被甩出了"革命"的序列。但"中国革命"经验的复杂性恰恰在于，像李准这样被甩出

---

[1]洪子诚：《李准的创作》，卜仲康编：《李准专集》，江苏人民出版社，1982年版，第171页。

"革命"序列的困顿者,依然可以借助"文艺"重新返回"革命"进程且"居于中心位置"。需要指出的是,李准的这种命运并不是孤立的,对这一点,作家王林的一则日记颇有参考价值:

> 上午和高树勋副省长谈话时,他的女儿也在场。他女儿说李准同志发表《不能走那条路》时,她正在《河南日报》当编辑,知道李准的情况。她说李准在"三五反"时,在洛阳当小会计,因贪污被打回老家,到农村当小学教员,后来写了《不能走那条路》而被《河南日报》采用,接着又被《长江日报》转载,后即被党一连培养、重视。这个情况,跟《林海雪原》的作者曲波同志几乎如同出于一辙。曲波同志如果不在"三五反"中被打成"老虎",而搁置在招待所里一两年定不了案,这部《林海雪原》还在中国产生不了。这就是坏事变成好事。[1]

王林所说的"坏事变好事"的现象背后蕴含着近代中国革命的深层机制,但也透露出作为中国革命之发生场域的中国社会的复杂性。正是这种复杂性决定了文艺青年李准与革命之间跌宕、往复的离合关系。李准以"文艺"为中介的东山再起的过程意味着地方社会存在"政治运动"无法全然覆盖的维度和空间,而从李准的角度来看,"新中国"的革命场域依然对他这类人群有着巨大的吸引力,这也是他在被甩出"革命"序列后依然试图再回返、再介入的重要原因。当然,这种再回返、再介入本身并不会是一劳永逸的。即使《不能走那条路》这篇成名之作也曾充满争议,甚至引发了《文艺报》这类权威刊物的严厉批评。李准后来在参加《文艺报》批判座谈时流露出自己作为地方文艺创作者的不

---

[1] 王林:《文艺十七年》,未刊稿。

满:"我的作品虽然在艺术技巧上还很幼稚,有些缺点,但我究竟是犯了什么样的错误呢?《文艺报》不了解下面一些初学写作的青年,想为我们的文艺服务,是多么不容易,需要排除多少困难。"[1] 所谓"不容易",所谓"困难",既是李准当时面对国家"文艺界"森严壁垒时的抱怨,也成为他与整个"革命史"之关系的写照。历史的"甩出"机制并没有停止,但这种无论"排除多少困难"也要"回返"的努力却也在持续,因为他所"回返"的并不是某个实体性的体制,而是那个始终在进行并对他产生持续感召的历史过程。

---

[1]《批评〈文艺报〉的错误和缺点——外地在京作家及文艺工作者座谈会、古典文学研究工作者座谈会上〈文艺报〉的意见》,载《文艺报》1954年第22期。

(1) 春天,村裏的人都忙着下地做活,只有张栓的地裏,冷清清的不见一個人。

《不能走那条路》（农村故事），杨文改编，姚有多、金奎绘画，新美术出版社，1954年版。

新中国成立初期农村中的"两极分化"与"中农化"问题[1]

——李准小说的社会史意涵

◎常利兵

引 言

新中国成立初期,互助合作成为我党致力于农业生产"逐渐集体化"和农村社会主义改造的重要实践。在新老区土改完成的基础上,获得土地的农民纷纷投入到了恢复与发展生产的历史进程中,但因各种主客观条件的限制和影响,土改后的农村又出现了"两极分化"与"中农

---

[1]本文为国家社科基金一般项目"百年中国乡土文学与农村建设运动关系研究"(项目编号:21&ZD262)的阶段性成果。

化"问题。[1] 这不仅反映出革命胜利后农村的平等化目标尚未完全实现，也凸显了农村社会主义改造面临着难题。针对农民在面对农村社会主义转型中表现出来的种种矛盾、张力以及合力等历史状况，以往史学界的研究虽有涉及，但对问题的产生、演进和解决，以及这些问题与农村社会中的家庭邻里、土地财产、人际关系、情感观念等因素的多元性关联缺乏应有的关注和讨论。相比之下，这一时期农业合作化小说的创作却对此有非常突出的反映和叙事，为我们理解农业合作化运动的历史图景提供了重要场域。李准的短篇小说《不能走那条路》和《白杨树》即是以文学的方式揭示了农村互助合作中的矛盾、张力、冲突及问题的最终化解。李准的小说创作，总体上体现了文学为政治服务的时代印记，但又不是被动地机械为之，而是对当时的社会历史状况和政策规定性有着足够的了解和把握，进而将其以文学形式诉诸笔端。由此，我们也可以看到作者在新中国成立初期历史脉动中的位置和思考。

正是基于以上问题意识的考虑，本文试图从社会史和文学史交叉的视角出发，以文本细读的方式对李准小说中反映的"两极分化"与"中农化"问题加以论述，并由此凸显新中国成立初期农民组织起来何以可能及其面临的历史限度，进而在历史、文本和社会之间重新打开新的思考空间。正如程凯所指出的："正因为20世纪40—70年代的当代文学是以经由革命路径'再嵌入'中国社会作为创作前提的，其文艺书写中不仅正面表现着从革命的主观立场所看到的社会可能，还蕴涵着从社会

---

[1] 新中国成立初期，随着国民经济渐趋恢复、土地改革的完成，农村中出现了"中农化"趋势和"两极分化"现象。"中农化"趋势是指在农村总户数中，中农户数所占比重越来越大，其特征是个体单干倾向突出；"两极分化"现象是指一小部分经济上升较快的农户开始买地、雇工，扩大经营，而另一小部分由于种种原因变得生活困难的农户则开始卖地、借债和受雇于他人，农村中的贫富差距逐步拉大。这两种问题的出现，成为1953年农业合作化运动展开的主要根据。参见陈吉元、陈家骥、杨勋主编：《中国农村社会经济变迁（1949—1989）》，山西经济出版社，1993年版，第86—88页。

的运行状态所折射出的革命的难题。因此，面对这些基于'内嵌'视角的文学书写和经验记录，不能只满足于文本表面提供的'内容'，更需深入它们所嵌入的那个社会过程和社会构成的内里，才能去理解、剖析文本对应、折射的历史经验，从而捕捉、体会在此现代的革命性转折中，国家、社会、民众所经历的变化轨迹与蕴蓄的能量。"[1]

1953年10月，李准创作了第一部短篇小说《不能走那条路》，两个多月后，又于1954年1月写出了另一部名为《白杨树》的短篇小说。[2]从小说创作的时间和内容来看，李准虽然是在以小说文本的形式展现他对新中国成立初期农村互助合作的历史书写，但是，他又是在一般的政治规定下，试图通过深入土改后农民社会的内在肌理去思量和构造互助合作在不断面临张力、矛盾和冲突的难题时如何变得可能。尽管我党努力以互助合作方式引领农村向社会主义转型，但农民在土改基础上却表现出两方面的生产积极性：一方面是个体经济的积极性，另一方面是互助合作的积极性。并且这两方面的生产积极性在新中国成立初期均被视为迅速恢复和发展国民经济和促进国家工业化的基本因素之一。[3]对于农民个体经济的积极性，我党认为是新中国成立后不可避免的现象，而且强调针对农民这种小私有者的特点不能忽视和粗暴地挫折，因此"党坚持了巩固地联合中农的政策"。不过，"党中央从来认为要克服很多农民在分散经营中所发生的困难，要使广大贫困的农民能够迅速地增加生产而走上丰衣足食的道路，要使国家得到比现在多得多的商品粮食及其他工业原料，就必须提倡'组织起来'，发展农民劳动互助的积极性。这种劳动互助是建立在个体经济基础上（农民私有财产的

---

[1]程凯：《社会史视野与当代文学经验的认识价值》，载《文艺理论与批评》2019年第5期。
[2]张绍武、张舒主编：《李准全集》第1卷，九洲图书出版社，1998年版，第1—32页。
[3]《中共中央关于农业生产互助合作的决议（草案）》（1951年12月），中华人民共和国国家农业委员会办公厅编：《农业集体化重要文件汇编（1949—1957）上》，中共中央党校出版社，1981年版，第37页。

基础上）的集体劳动，其发展前途就是农业集体化或社会主义化"[1]。

但是，这些有关互助合作的历史认知和政策规定在具体的历史实践展开中却不是一个线性地贯彻政策的简单过程，而是充满着不协调、张力、紧张感及其他可能性的动态化复杂过程。因各地条件不同，"群众时常同时存在着许多不同的互相交错的形式，而且各地发展是很不平衡的"，"一般说来，互助合作运动是在具体的曲折的道路上前进着的。不问群众的条件和经验如何，企图用一种抽象的公式去机械地硬套，当然是错误的，是会损害互助合作运动的发展的"。[2] 对此，我党也有着充分的认识和批判，如在推行农业互助合作问题上就存在着"两种不同的错误的倾向"。一种是采取消极的态度对待互助合作运动的"右倾的错误的思想"，不能积极地引导农民从小生产的个体经济逐渐走向大规模地使用机器耕种和收割的集体经济，否认已出现的各种农业生产合作社是走向农业社会主义化的过渡的形式，否认它们带有社会主义的因素。另一种是采取急躁的"左倾"的错误思想，不顾农民自愿和经济准备的各种必须的条件，过早地、不适宜地否定或限制参加合作社的农民私有财产，或者企图对于互助组和合作社的成员实行绝对平均主义，认为可以一蹴而就在农村实现社会主义。[3] 由此，希望"谨慎地又积极地在逐步发展的基础上，引导它们前进"，否则，就必然要表现为"落后在生活后面的尾巴主义"的右倾错误，或"超越生活条件可能性的冒险主

---

[1]《中共中央关于农业生产互助合作的决议（草案）》（1951年12月），中华人民共和国国家农业委员会办公厅编：《农业集体化重要文件汇编（1949—1957）上》，中共中央党校出版社，1981年版，第37—38页。

[2]《中共中央关于农业生产互助合作的决议（草案）》（1951年12月），中华人民共和国国家农业委员会办公厅编：《农业集体化重要文件汇编（1949—1957）上》，中共中央党校出版社，1981年版，第39页。

[3]《中共中央关于农业生产互助合作的决议（草案）》（1951年12月），中华人民共和国国家农业委员会办公厅编：《农业集体化重要文件汇编（1949—1957）上》，中共中央党校出版社，1981年版，第40页。

义"的"左倾"错误。[1]

不过，在理解批判互助合作运动中的错误倾向问题上，并不能直接将其视为当时农村进行的具体实践加以对待，更值得探讨和分析的是它们蕴藏和展现历史经验的复杂性与可能性。那么，在面对这些境况时，李准小说的创作该如何回应和表达新中国成立初期农村社会主义改造的复杂进程？我们又该如何去讨论他对互助合作实践展开方式的体认、理解、把握及在地化书写？或者说，他以小说的方式来呈现个体经济的积极性与劳动互助的积极性两者之间的张力时有着怎样的时代认知和历史感觉，从而为组织起来这一根本性议题的实践展开提供思考和路径。这些问题的提出，实际上也是笔者试图提醒历史研究者有必要通过解析农业合作化时期的小说文本，以重新思考在农村社会主义转型过程中的人事、制度、关系、结构等事项所呈现出来的历史境况。

"一杆旗"地的买卖：《不能走那条路》中的"两极分化"问题

在小说《不能走那条路》中，李准主要叙述了贫农张拴因"胡捣腾牲口"买卖，以图"飞利"，结果"翻拙弄巧，袍子捣个大夹袄"，反而背负欠账债务，生活陷入困境，最后不得已，"就心一横，'卖地'！卖'一杆旗'，看有人要没有！"[2]同样是贫农身份的宋老定在得知张拴要卖"一杆旗"地时，便琢磨着打算抓住机会将其买过来，以实现"早就吵着要置几亩业"的心愿。于是，小说情节就在此"卖－买"之间加以展开，并由此引发了村民们的议论。因为"一杆旗"地是村里一份头

---

[1]《中共中央关于农业生产互助合作的决议（草案）》(1951年12月)，中华人民共和国国家农业委员会办公厅编：《农业集体化重要文件汇编（1949—1957）上》，中共中央党校出版社，1981年版，第40—41页。

[2]李准：《不能走那条路》，张绍武、张舒主编：《李凖全集》第1卷，九洲图书出版社，1998年版，第1页。

等上好的土地，又紧靠着流水壕，"一年两茬起，谁见谁眼红，是村里有名的'粮食囤'"；再加上宋老定的大儿子东山是个共产党员，还是有人不相信这事情会发生在宋老定身上。

有意思的是，因张拴卖地的事情，实际上牵扯出的整个小说重点在于宋老定和儿子东山之间的反复争论、较量上。土改后，宋老定翻身得解放，二儿子东林又是一个木匠，"每月汇回来几十万"，虽说还是个贫农身份，但事实上生活已变得日渐富裕起来。这一点也是宋老定企图买地置业的关键所在。我们从他和儿子东山之间的谈话中即可看得一清二楚。

  老定说："土地改革时分给张拴，我就想咋没分给咱。不过咱是干部，当然不能跟他争这块地。现在要是他卖，咱可不能错过这机会！""我要钱弄啥？还不是给你弟兄们打算，我能跟你们一辈子？"

  东山则说："张拴那地不卖了，你别听王老三瞎扯。"

  父亲老定笑了笑说："他不卖！恐怕他那一屁股账没人给他还！"

  东山接着说："他没多少账。今后晌我和他商量了。卖地不是办法。张拴又不是有三十亩五十亩，就那十几亩，卖了咋办？咱和张拴家从前都是贫农，他现在遇住困难，咱要帮助他。咱咋能买他这地！"

  老定听得不耐烦，就气冲冲地说："咱咋不能买？就别人能买！买地卖地是周瑜打黄盖，一家愿打，一家愿挨，两情两愿，又不是凭党员讹他的，有啥不能买！"

  东山又回答说："张拴卖地是不错，可是他不卖地也行，只不过需要借几十万块钱，咱不能看着人家破产。我已经答应借给他五十万块钱……"[1]

由此可见，宋老定买地的想法体现了土改后农民个体经济积极性的一面，这是土改后农村中出现的不可避免的现象。在他和东山的谈话中发生言语冲突后，老定还是不死心，惦记着"一杆旗"地，试图抓住难得张拴卖地的机会，所以他又找富农王老三打探底细，也再次说明了他只想"发家致富"的心态和举动。

老定问王老三说："听说他不想卖了？"
王老三说："沤他两天也不要紧，反正有我哩。他想借几个钱，不卖地，我说：'你不憨吧，该卖就得卖，不受那洋症，借钱还是得还账呀！'"
接着王老三又对老定说："保险能买到你手里。这地便宜着哩，明年一季麦就把你一多半的本捞回来了。"
老定则说："他真不卖咱也不能强买。"
王老三又说道："老哥，这机会不多，可不能错过！咳，你呀，现在有二十来亩地，再买个十几亩，能养住个长工，就雇个长工。出一辈子力啦，该歇歇了。"[2]

王老三这一番话，明显是在以富农生活的方式企图稳住宋老定买地的念想和打算，但是，他也许没料到恰恰是言语中"雇个长工"这几个字眼警醒了老定的内心深处。刹那间老定开始联想到自己曾"扛了十八

---

[1]李准：《不能走那条路》，张绍武、张舒主编：《李準全集》第1卷，九洲图书出版社，1998年版，第3页。
[2]李准：《不能走那条路》，张绍武、张舒主编：《李準全集》第1卷，九洲图书出版社，1998年版，第6页。

年长工"的苦难经历,在走出王老三家大门后,便狠狠地吐了一口唾沫自言自语地说:"去你娘的吧王老三,你专会浮上水!"

在此特别值得分析的是,一方面老定试图从富农王老三那落实买地的机会,但另一方面,他对这王老三怂恿自己雇长工的主意则又表现出了明显的警惕心,这也充分说明李准对新中国成立初期互助合作运动中贫农与富农之间的阶级界限和紧张感有着清晰的认知和把握。所以,在小说中富农王老三这个角色实际上对于贫雇农、中农的团结互助产生的是一种不稳定的影响。而对于这一副作用的解读,很显然需要放置在当时的社会阶级结构中才能将彼此的历史关系和事件变化看得更为透彻。王老三给宋老定出主意的言论在根本上也暗示着富农阶级对推行互助合作运动的阻碍和破坏,由此使得"两极分化"的问题难以消解。所以,除了老定还具有的一定的阶级觉悟外,东山在"一杆旗"地买卖事情上的位置和作用就显得极为关键和重要。

作为共产党员的东山,在面对父亲买地置业这件事中,他的言行和反应事实上对张拴和老定之间的"两情两愿"买卖所表现出的一种自然状况提出了挑战。也即是说,东山主要考虑的是如何把土改后农民的个体经济的积极性引向互助合作的积极性中去。李准在小说中对东山这一核心人物的规定和安排,实际上是与新中国成立之初我党在组织起来的政策指向中高度一致。如既要承认个体农民的积极性,但互助合作积极性需要积极去引导,而不能够靠"强迫命令"的做法,也不能"放任自流"。所以,东山对于张拴和父亲老定两个人来说就特别富有社会史意涵。针对父亲执意要买"一杆旗"地的举动,他既没有表现出急躁冒进的姿态,也不是消极被动地静观其变,而是反复与父亲商议,于情于理地进行说服教育。如果可以把这看作内在于宋老定买地这件事情的话,那么,他还积极寻求互助组和其他农户对张拴伸出援助之手进行帮助和支持,以免其再次陷入贫困化境地。这显然是从张拴卖地行为的角度出发，努力在一个外在力量的关系构造下发挥出农民互助合作的优越性来。

于是，东山的说服教育工作就需要同时面对张拴和父亲两个人表现的"个体经济的积极性"。也由此使得我们在解读小说文本过程中须就东山如何处理这一问题的方式展开细致深入的讨论。首先在对张拴的把握上，东山就表现出了要努力帮扶其渡过难关的立场。对此，其妻秀兰说："你还不知道咱爹那心事，他早就把算盘打好了。他给老二买地就叫他买，你管他做啥哩！"

东山则回答说："你怎么也说这话！现在不是说咱买或者别家买，问题是不能看着张拴把地都卖了——他以后怎么过！遇住这种事就得想办法解决。共产党员不是挂个牌子呀！"他接着又说："我自己知道我没尽到责任。麦前我由张拴地边过，看见他地里麦长得像烧香一样，我就觉得难受，都是贫农，明知道他种庄稼没习惯，也没有去帮助他。赶集人每逢由他地边过，说：'看这块地的麦，赔不了籽种！'我脸上就像被打了一下一样。像你说的我只管自己就好了，亏你是个青年团员！"[1]

从东山的这些话语中可以看出，他一再指责自己没有及时地在张拴卖地一事之前帮助他解决困难，结果张拴才试图通过卖掉"一杆旗"地，以回本赢利。东山之所以有这样的强烈反应，并使得他和父亲老定之间产生了不小的张力和紧张感，关键还是他的党员身份和立场使然。即便张拴没有种庄稼的习惯，不会侍弄土地，但作为共产党员，东山有义务去帮助他，而不是弃之不顾，所以东山觉得自己的责任没尽到。这一点在秀兰的话中也有明确的说明："我也得批评批评你。平时你见他连句说也不说，亲父子爷们也没有坐到一块说过话。你饭一端，上街

---

[1]李准：《不能走那条路》，张绍武、张舒主编：《李準全集》第1卷，九洲图书出版社，1998年版，第4—5页。

了。衣裳一披，上乡政府了。你当你的党员，他当他的农民，遇住事你叫他照你的话办，他当然和你吵架！"妻子秀兰的一番话，不仅是对东山的批评、责怪，同时也提醒他作为一个共产党员，在日常性工作地开展中不能脱离开群众去搞，要加强与农民的密切联系，如此，才有利于工作的顺利推进。显然，李准对东山这个人物的刻画和塑造意在凸显党的组织力量对于农村社会改造的积极领导作用。

所以，东山对父亲宋老定的说服教育工作主要采取了"情"与"理"的双重层面。一方面，他积极去调动父亲的情感觉悟。如，与张拴都是贫农，也曾经与张拴父亲都有扛长工的苦难经历，但最终在土改后实现了"耕者有其田"的愿望，生活才逐渐变得好起来。由此，东山觉得理应帮助张拴，不能买他的"一杆旗"地，而是要主动地去帮助他再把生活过得好起来。这一点在小说中有丰富的叙述和体现，如在一次关于庄稼产量的对话中：

东山问父亲老定说："爹，咱东地那四亩谷子，你看今年能打多少？"

老定思摸地说："最少也能弄它一千三四百斤。"

东山就说："林旺家那谷子今年一亩地能打一大石。人家组里那十九亩谷子一块强似一块，和咱那比起来高一筷子。"

老定哼了一声说："只要舍得往地里上东西，谁的地也不是'斋公'。"

东山急忙说："不错，可咱就没有上。咱今年春天要用十万二十万买点细肥上到地里，何止多打三五百斤粮食。"

结果老定又说："光上粪也不中，那得看地里是啥土质。林旺那块谷地过去是咱的哩，我能不知道，一块地净是黑氯土，可养苗啦。"

东山趁机插嘴说:"咱咋会把那块地卖给何老大了?"

老定叹了口气说:"你也不用埋怨你爹,提起来这事,我浑身肉都直颤。民国三十二年,两季没收,偏偏你妈就害了月家疾。我那时候正被朱家开销了,回来只得见天推一车子煤买卖,弄几个钱给你妈拾服药。你那时还小。你那个小妹子咋糟蹋啦?你娘在床上躺着,我得见天抱着她挨家找奶吃。想叫你外婆来,咱家没粮食。我得做饭,侍候病人,起五更还得去拉煤,结果把你那个小妹子活活饿死了。……等你妈病好,蹋下一屁股账,麦口期吃地主五升粮食,到麦罢还一斗。四亩地卖给何老大,算下来也不知道找了多少钱,反正只够打发药账。"

东山反问道:"那时候也没人救济救济咱?"

"救济!乡公所只差没有把穷人骨头搓成扣,有钱人只怕你穷不到底!哪像现在……"老定说。

东山最后又说:"爹,张拴现在因为他胡捣腾也要卖地了,可是现在是新社会,咱那困难要是放在现在,就卖不了地了。现在共产党领导就是这样,只要你正干,下力,遇住事政府和大家都能帮助,是叫大家慢慢都提高,不能看叫哪一家破产。"[1]

由上可见,东山以说"情"讲"理"的方式来对父亲进行说服教育工作,试图转变他买地和不愿意在互助生产上借钱投资的做法。这样的工作方式不是一个简单的政策宣传和灌输的问题。东山处理这一问题的方式主要是从像宋老定、张拴这样的贫农的实际经验和需求出发,层层推进,进而在此基础上逐渐开启和提升他们所身处历史-社会境况的阶级觉悟和情感共鸣。也正是在对彼此人事关系反复体认和把握的基础

---

[1]李准:《不能走那条路》,张绍武、张舒主编:《李準全集》第1卷,九洲图书出版社,1998年版,第8—9页。

上，宋老定和张拴原来表现出的"个体经济的积极性"一面开始发生变化。这样一来，李准在小说创作中实际上通过构造东山党员身份所代表的组织力量与村民固有的社会结构和人情伦理的关系状态打开了农村组织起来、走互助合作道路的可能。

当然，所有这些还只是具有了"事情正在起变化"的可能性，而真正变化的节点则在于宋老定在亲自步量"一杆旗"地过程中突然看到张拴父亲的坟后所带动出来的情感触动与自我反省。这一细节实际上成为打开宋老定心结的一个关键。小说中这样写道：

>他想着想着，站了起来一直走到"一杆旗"地里。这块地张拴准备种小麦。眼看快该下种了，还没犁二遍。地里长满了狗尾草。老定对着这些荒草叹了口气。他从地里抓起把土，土黑油油地在吸引着他，"还是得买下这块地！"他说着看了看四下没人，就沿着地边走起来，想步步看这块地究竟有二亩四分没有。

至此，我们仍可看出，宋老定还在计划着买地，在他身上体现出来的发家置业的小农经济思想并不是轻易就可以被东山的一番说服教育之类的话所搅动的。李准在小说中对这一人物个性的把握和书写反映出农村社会主义转型发展中面临的复杂和艰难。另一方面，尽管小农身上存在私有性、保守性、落后性的特点，但这样的心理在社会主义改造的历史实践中也同样有着被改造和重构的可能性。就在宋老定步量"一杆旗"地的当中，"他由地角仔细地步着。刚转过身子，猛地看见了地中间一堆生满荆梢的黄土堆，那是张拴他爹的坟"。紧接着，老定"心里扑通扑通地跳起来"，"他本来不想看，可是眼睛却老是往那里瞅"。正是这样的心理交缠过程中，老定脑海中开始又"想起来张拴他爹那样子"的情景：

张拴他爹是解放前一年死的,耍了一辈子扁担,临死时还没有一份地能埋葬他自己。张拴把他爹的棺材在破窑洞里放了二年,一直到土地改革后,才算把他爹埋到这块地里。他对这事情是一清二楚。他想起来张拴他爹临死时对张拴说:"早晚咱有地,再埋我这老骨头,没有地就不埋,反正我不愿意占地主们的地圪垃头!"他想起了这话,又想起解放前那几年受的苦,鼻子一酸,眼泪直想往外涌。没步完地就赶快回村子去了。[1]

此时的宋老定内心出现了较大的波动,这种波动又是借助于他和张拴爹曾有过类似的苦难经历而产生了共鸣,即便事情至此,在老定而言,仍未有实质性的转变,还对"一杆旗"地心存挂念。但就在老定回村的途中,又遇到长山老头正推着自家的两半布袋麦子去借给张拴,以备他到供销社买苇子打席子用。虽然宋老定表面上貌似不以为然,甚至讥讽长山老头的帮助行为,但是,当长山老头对他说粮食"多不多吧,反正够吃了。这放在家里干啥,我又不预备买地!"的时候,老定的脸"刷地一下可红了"。即便宋老定反驳说:"你才有几个钱啦,烧哩!"可他还是"觉得自己有点理屈"。值得注意的是,宋老定在与长山老头的偶遇中表现出的"脸红"和"理屈",再一次凸显出他在买地事情上受到的刺激和触动。这种触动之所以可能,则是因他买地的自私行为与长山老头借粮给张拴的帮助行为之间所生发出来的一种乡村共同体伦理状况,使得宋老定的买地行为反倒可能导致村庄的"两极分化"。因此,李准小说中"不能走那条路"的社会史意涵,更在于他对乡村固有社会结构和人情往来的思考和重构,为新中国农村互助合作和社会主义改造

---

[1]李准:《不能走那条路》,张绍武、张舒主编:《李準全集》第1卷,九洲图书出版社,1998年版,第10页。

探寻出路。

在小说的后部分内容中，李准主要把视线放在东山与张拴的对话上，宋老定这一角色则相对放置于这一话语状态的边缘，这样的书写表达本质上凸显的是以党员东山为中心，对张拴和老定这两个由"一杆旗"地买卖关系所构造出的由张力、紧张感可能导致的"两极分化"问题的消解。在张拴主动找东山的谈话中说："人就怕一急没了主意，那几天我真没法子了。我想着'想治疮不能怕挖肉'，卖！就想起来卖地。心里想着'终究是不够一担挑了'，再去周口赶一趟，捞他一家伙，万一走点运气，就挣回来了。"

东山则耐心地说道："你看你这打算多怕人！光想吃飞利！不好好劳动生产哪会行？现在可不是旧社会那时候，你还是打几个月席，以后好好种住地，可不敢再胡捣腾牲口了！"

张拴在东山的帮助下发生了明显的转变。他对东山说："你那一天批评我以后，我就决定照住你说的办，决定不卖地。……一想出办法什么都有门路了。人就怕遇事没有人商量，你动员长山伯先借给我五斗麦子，他说：'张拴！谁能没点事，我借给你！'后晌就给我推来了。"

东山又以鼓励的口气对张拴说："你别着急！长山伯借给你点，信贷社贷给你点，我再找几个人，大家再给你凑点，你就可以搞点副业生产了。另外找人和你妻妹夫说说，等你生产中有了收入，再陆续还他的账，这就过得去了。"[1]

通过东山对张拴所做的帮扶工作，可以看出，他以党员身份和互助组的方式来团结张拴这一个体单干户，而不是任其自流，重新陷入生活的破产中去。而且，东山对张拴的帮扶并不是单向的外力作用，而是试图将其重新推进到劳动生产的状况中。一方面叮嘱张拴要"好好种

---

[1] 李准：《不能走那条路》，张绍武、张舒主编：《李準全集》第1卷，九洲图书出版社，1998年版，第11—12页。

地"好好劳动",另一方面还建议他在"大家"的帮助下"搞点副业生产"。这种对农副业生产相结合的强调既考虑到了张拴种地能力有限的情况,也是对当时我党提倡互助合作政策在地化的理解和书写。此外,这一做法也体现了组织起来、互助合作对于个体单干的优越性所在。正如东山所言:"不过你放心!有共产党领导,绝不能看着叫你弃业变产,大人孩子流落街头。我预备把俺这互助组的人召集起来说说,大家集合一下帮助你一把。"

还有一个细节就是宋老定在窗下偷听东山与张拴两个人的谈话内容,尤其是东山对父亲言行的理解和体谅,并将其与张拴父亲的共同经历结合起来说服教育张拴要努力种地,对老定态度的最终转变又起到了一次促进效果。张拴对东山说:"你是怕别人说闲话,你放心!我知道咱村老少爷们都知道你这人,你是共产党员,不论谁提起你都说好。谁的心公道,谁见天为群众打算,村里人都知道。""谁也知道你有个糊涂爹,不会怪你。"

东山笑着说:"我爹这二年也有转变。你知道前年我参加互助组时,和他生那气。现在在组里,一些小事也不怕吃亏了。他干得也很下劲,我就想着过去我和他硬别也不行。像这次他要买你地,经过我劝说,昨天口气就变了。他说:'张拴家那地咱不能买,过去我和他爹在一块推了几年煤,都是穷人,咱不能买他的地。'就是借钱这事他怕张风。"听东山这样一说,张拴接着又说:"我也知道老定叔,他这人是直心人。他过去也给地主划过十字,他知道那卖地啥滋味。我爹常说:'我和你老定叔将来死后都免不了给人家看地头!'谁想来了共产党,要是我爹活到现在……"

经过前后多次的说服教育和人心情感的激发、触动、共鸣,生发出了一种互助合作的乡村社会状态,最终使得宋老定不仅决定放弃花钱买"一杆旗"地的打算,还主动拿钱借给张拴还账,并叮嘱他"以后要好好地下劲种地，要不，连谁你都对不住！"而且也决定和东山商量着在"先在下凹地头打一眼井，秋后再安装一部水车"。[1]

就这样，不管是对张拴卖地，还是宋老定买地，他们各自所试图"走的那条路"——"一杆旗"地的买卖，在党员东山的积极引导和作用下走向了破产，从而在避免"两极分化"中获得了新生的可能。

"白杨树"村的单干户和互助组

在《不能走那条路》完成后不久，李准接着又写出了短篇小说《白杨树》，与前者关注如何避免"两极分化"不同的是，后者主要反映的是互助合作化过程中面临的"中农化"问题。在《白杨树》中，李准主要讲述的是单干户董守贵与其儿子董进明在参加村里互助组的事情上反复产生的矛盾、张力和交锋后，最终以互助组胜出，并一起走在"组织起来"的道路上的村庄故事。而且，小说就土改后生活恢复至"中农化"水平的单干户对互助合作表现出的摇摆、不信任，甚至轻视的复杂心态进行了比较深刻的揭示和描写。

董进明从部队复员回到村里后，就表现出对互助组极为重视和关心一事，首先在于此时他已经是一名共产党员了。可见李准对事件核心人物的处理仍体现在党员身份这一具有带领和组织能力的政治规定上。所以，一回来村里后，他和妻子秀荣的谈话即表现出不一样的关注点。他说自己一直关心的一个问题是："我在路上就想咱村一口人也合二三亩地，粮食咋会还是不够吃？"秀荣则说："你在家时，除了几家地主外，谁家粮食够吃？叫我看这几年好多了，神谷糠都没人吃了，做庄稼人还想整年吃细米白面！"进明接着说："就恐怕你打不下粮食，庄稼人咋

---

[1]李准：《不能走那条路》，张绍武、张舒主编：《李準全集》第1卷，九洲图书出版社，1998年版，第12—13页。

就不能吃细米白面！"并问秀荣说："咱村有几个互助组？""咱家是参加哪一个互助组？"[1]可他得到的答复是，父亲董守贵不同意加入互助组，一直在单干生产。

显然，进明对互助组已有了一定的认识和期待。在得知父亲未加入互助组时，他首先觉得通过自己"慢慢跟他说清楚就好了"，可实际上对于他父亲的打通思想工作却颇为曲折和困难。当凤英说出"还是不要戳他这马蜂窝"的时候，进明自信地说道："不是没办法，有办法的。咱不能光怕他们打不通思想就不做。你说晚几年，究竟要晚几年呢？咱村这几百口人种着这些地，好收成，也只够吃；一遇着天旱雨涝，几百张嘴等着政府救济，如果年年过这样的日子，啥时候才能到社会主义！"所以，当凤英说："去年咱们组里密植的玉蜀黍可把刘保叔气坏了，他种秋时说：'咱倒要看看人家"糊涂组"这庄稼啥收成！'秋后一打场地他再不吭气了。不管比他多打多少吧，总是比他多就是。"[2]这么一说，更是给了进明参加互助组以足够的信心和把握。

所以，进明很自信地说："就是这样！咱先硬硬扎扎组织个互助组，种两季叫他们看看，慢慢地他们就服气了。"并带点埋怨的口气对大发和凤英说："你们也别光顾虑咱村条件不好，其实我看蛮好哩！什么是好条件？无非是有人、有地、有毛主席领导，再加上你们这几个青年团员。另外这一条金水河咱不能光叫它浇现在一顷多地啊！将来要叫它浇三顷，浇五顷，说不定把咱村这些地都要变成水浇地。只要大家互助起来，我就不信咱们这地打不多粮食。可就是现在得攒攒劲，开步走。"[3]

---

[1]李准：《白杨树》，张绍武、张舒主编：《李準全集》第1卷，九洲图书出版社，1998年版，第15页。

[2]李准：《白杨树》，张绍武、张舒主编：《李準全集》第1卷，九洲图书出版社，1998年版，第16—17页。

[3]李准：《白杨树》，张绍武、张舒主编：《李準全集》第1卷，九洲图书出版社，1998年版，第17页。

即便是凤英一再提醒进明，其父亲的思想工作可能不大好做得通，但他还是坚信，只要互助起来，多打粮食，问题总会解决的。但是，出乎进明预料的是，他试图动员董守贵加入互助组一事，一开始就遭到了父亲的极力反对。如，守贵老头提醒儿子进明说："在部队上当排长，回来跟这些毛孩子挤在一块！""咱家有多少钱放不下，一定要存到人家那里去，咱乡里的事你现在还不摸底，要防着他们打你的主意！"进明接着就说："咱也存不了多长时间，'三月三'庙会上，我想咱再借几个钱，买一头口嫩一点的牛。"结果父亲带着责备的语气对他说："你咋恁憨哩！再买一头牛叫他们借着使唤支'官差'吗？叫他们拉去套磨碾连泡粪也不能攒！咳，我看现在有这一个牛就够了！"[1]

尽管进明一再解释，"参加互助组，慢慢地都买下牲口就没人拉扯了"，并以小虎子的外爷参加互助组多打了粮食一事想征得他爹的同意，打算"加入大发的互助组后，先串两辆车，给合作社'拉脚'，弄几个钱把麦子再洒洒青。麦天咱后街这七家都搁到一块做活"。可董守贵生气地说："我一辈子没跟人拉扯过也没饿死，哼！他们老早看着我的牛强实，就想沾我光哩。不中！"[2]而且反过来还给进明讲单干生产的道理："按我说咱俩种着这二十多亩地，慢慢地能发家。我扶了一辈子犁拐我清楚。尽想些'洋法'那不中。为啥要跟他们互助，咱吃迷药了？咱现在'人强马壮'，跟他们'糊涂'啥？种庄稼不是容易事。隔年下种，叫他们毛手毛脚，打不下粮食看吃啥？哼！"[3]可进明还是坚持说："咱参加互助组正是为了多打粮食，要不是为多打粮食咱跟他们互助啥。

---

[1] 李准：《白杨树》，张绍武、张舒主编：《李準全集》第1卷，九洲图书出版社，1998年版，第18页。

[2] 李准：《白杨树》，张绍武、张舒主编：《李準全集》第1卷，九洲图书出版社，1998年版，第19页。

[3] 李准：《白杨树》，张绍武、张舒主编：《李準全集》第1卷，九洲图书出版社，1998年版，第20页。

小虎子他外爷家和咱地差不多，可是去年秋就比咱收得多。人家去年种了七亩谷子，要不是互助组人手多，他光剜小谷苗就够呛了，也别说再锄二遍三遍。你说得不错，你种了一辈子庄稼，可是没有痛痛快快过一天舒坦日子。你一个人再下劲，地也耕不好，粮食也多打不了，可是参加互助组，将来再转到生产合作社就不一样了。上河人家那个合作社去年一亩麦打四百七十斤，咱这地现在能打二百斤就算不错。你想想这不是比单干强吗？"[1]

从进明与父亲的言语交谈中，可以发现守贵老头的"中农化"表现是非常突出和固执的。这对于一直关心互助生产、多打粮食的进明来说，无疑面临着不小的压力和挑战。最突出的表现就是董守贵提出要和进明分家一事。一天夜里，他对进明娘说："今年运气低，叫他回来要把咱这家业踢腾干哩！这互助好像是他命一样，看样子心里迷得深了。牛一互助，尽叫人家都使用啦；地一互助，三二年遛得稀薄。到那时候没吃没喝谁可怜你。叫我看，干脆把他舅叫来，趁早把他分出去。给他分九亩地，破住那点地叫他'糊涂'去，到将来他弄干净了，就是再回来，咱还给他保住这十几亩地哩！"[2]在得知父亲要分家的想法后，进明便说："你这样办没好处。互助组只是合在一块做活，又不是人家要你的地嘛……爹，你已是五六十岁的人了，我回来还能看着叫你整天出死力，你要儿子做啥？"

尽管进明还在试图打通父亲的思想工作，以改变他对互助劳动的看法，但守贵老头执意要分家，并在言辞上表现得激烈起来："他要是不

---

[1] 李准：《白杨树》，张绍武、张舒主编：《李準全集》第1卷，九洲图书出版社，1998年版，第21页。

[2] 李准：《白杨树》，张绍武、张舒主编：《李準全集》第1卷，九洲图书出版社，1998年版，第21—22页。

分家，我就找一条麻绳……啥他娘的互助！净都是些狗连蛋！"[1]进明本来是要说服教育父亲的，结果到最后反被父亲采取种种压力尤其是要以"寻死"方式来警告儿子，在这样的情况下，分家似乎已不可避免。不过，进明仍旧没采取"放任自流"的态度，对妻子秀荣说："分开吧，不过分开咱可不能把他放下不管。参加互助组先把地种好，打下粮食叫他看看。另外还得好生帮助他，我就不信有破不开的木头！"[2]可以说，直到分家，进明都没有放弃动员父亲守贵加入互助组的念头，但也正是最后的分家行为这一点说明了他之前的说服教育工作，并没有对董守贵的"中农化"立场起到根本的扭转作用。那么，在这样的情况下，进明又该如何来继续展开他对老父亲的组织动员工作呢？或者说，经过几番轮回的"情"与"理"的思想教育工作后，仍不能改变守贵老头的单干行为的话，他又会采取哪些新办法呢？

事实上，进明的动员工作中始终存在一个特点，就是"互助组可以多打粮食"，"谁也不会讨厌粮食多"。如果我们就此往深处继续思考的话，那其中实际暗含着另一层面的内容就是期望靠生产经验起作用。因此，在分家后，进明所在的劳动互助和守贵坚守的单干生产之间的张力、交锋、竞争就成为进一步理解和把握互助组优越于单干户，并最终由单干转向互助这一历史实践状态的重要节点。如在担粪积肥上，互助组"一天挖泥堆得像小山一样"，而守贵老头"还没挖够两车"；互助组"做着活有说有笑"，守贵老头"一个人孤零零地像哑巴一样"。但是，进明的互助组并没有孤立守贵老头这个单干户，相反，尽可能地以互助劳动的具体实践来对他造成影响。他以为互助组一起挖污泥后不会

---

[1] 李准：《白杨树》，张绍武、张舒主编：《李準全集》第1卷，九洲图书出版社，1998年版，第24页。

[2] 李准：《白杨树》，张绍武、张舒主编：《李準全集》第1卷，九洲图书出版社，1998年版，第25页。

再送到进明自己的地里,可他和进明娘眼见为实的是,一共有"二十七车"泥肥拉到了进明地里。而且,进明还把父亲自己挖的一堆泥以及互助组挖剩下的十几车都拉到守贵老头的地里去了。结果在进明把这些告诉他父亲守贵时,"他一听愣住了,嘴张了几张,也没说什么,扭头就走了"。

还有在进明借信贷社的钱买牛一事上,守贵老头对此也是表现出了一个单干户摇摆不定的心态。在得知儿子买牛后,守贵闷闷地回到家,在屋里转来转去,又不得已地"脸朝着天自言自语地喊着:'那几亩地弄不干净,你是不甘心,敢借钱买牛'"。可是,守贵老头最终还是"心里急抓抓地"趁没人的时候,跑到进明买的牛跟前:"他先看了看口,还没有牙,又比了比身板,足有四尺一二高,那牛前胸脯宽宽的,四条腿短短的,显出一身好力气。……真是条好牛呀。就是放在互助组里用坏太可惜了!"[1]很显然,守贵老头试图坚守单干户的心态使得他对于进明买牛一事上态度暧昧,摇摆不定。所以,在进明对他说计划将"两条牛套到一块去拉煤,最少能装一千四五百斤!"的时候,守贵也在想着"要真是两个牛套到一块,可真排场",顿时就"觉得心痒痒地";但猛然间他又想到"这牛是互助的,他们各家都能使唤"的时候,就瞬间冷冰冰地对进明说:"你走吧!你牛好是你的,你爹不眼气!"[2]实际上,守贵老头内心里充满着矛盾、纠结,不只是显示了在单干户与互助组之间存在着对立、冲突的紧张感,也有着由单干户向互助组转变的可能性。而进明对他父亲展开组织起来劳动互助的说服教育工作就值得我们细心把握和解析。

---

[1]李准:《白杨树》,张绍武、张舒主编:《李準全集》第1卷,九洲图书出版社,1998年版,第26页。
[2]李准:《白杨树》,张绍武、张舒主编:《李準全集》第1卷,九洲图书出版社,1998年版,第27页。

譬如，割麦和打场这两件农事在单干与互助之间显现出来的差别性，从生产实践的经验层面对守贵老头又起到了具体实在的体认和动员效果。互助组在割麦时，"人家一群人一字儿排开，'嚓、嚓、嚓'地割起来"很快，守贵以为自己单干也可以很快，就对进明娘说："快！快！他那五亩，咱这三亩，别叫他们跑到咱们前边！"但是，进明的麦子在互助组一起劳动下，没到晌午就割完了，而父亲守贵还剩一少半麦子没割完，"就掂着镰把翻着眼对进明娘说：'你是死人，你就不会快一些！'"此时进明娘也实在难以容忍，就把镰把一扔说："我不是牲口！累死累活跟着你起五更爬半夜，你就不怕把人使死了！"而且还对着进明互助组的人们说："他整天像吆喝牲口一样吆喝我，我也是五六十岁的人了。昨天在北地拉麦，他叫我踩车，有两杈没装好掉下来，他就拾个石头向我扔来……"[1] 在守贵老头老两口吵架的背后，事实上也是以生产劳动竞赛的方式凸显了互助组相对于单干户的优越性问题，而这一家庭内部人际关系的冲突则为进明进一步的思想动员工作产生了一定的促进作用。当进明带着互助组的人不仅很快将父亲地里的麦子割完，还干净利落地将麦子用车给他拉回时，尽管倔强的守贵老头没吭气，但此时他那"说不出是啥滋味"的内心感觉和"眼泪不自觉地簌簌地流了下来"的表情，已充分说明了他亲眼所见互助组的优势时在自己身心层面所受到的冲击和触动。

所以，当进明打麦场的时候，主动跑去叫他爹说"你也去吧，今天风大，恐怕俺们弄不干净，去招呼一下"的时候，虽然守贵老头不想去，可是又觉得儿子进明"一麦天给自己出力不小，也不好推辞就去了"。这一举动实际上使得董守贵直接地参与到互助合作的劳动生产过程中去了，这样更便于他对互助组生产成绩和优越性的体验、观察和认

---

[1] 李准：《白杨树》，张绍武、张舒主编：《李准全集》第 1 卷，九洲图书出版社，1998 年版，第 28—29 页。

同。当他亲眼看到进明五亩地的麦产量远远多于往年的"五布袋"时，守贵老头叹了口气地说："他娘的，地也会巴结人了！"

至此，董守贵从心底对互助组的认识发生了变化，由一开始的不信任、质疑和抵制，到最后的接纳和认可。这一转变首先体现在守贵老头开始参加互助组的农事生产了，如他和组员大发在进明去县城开会的时候，主动把进明的几亩地"犁了犁"。另外，更有意思的是，守贵老头的彻底改变还表现在他和进明之间的家庭关系的变化上。一方面是守贵老头整天说自己就像"一只孤雁一样孤单"，所以他觉得孙子小虎子"能在跟前闹闹也痛快些"；另一方面就是当进明提出要"合住"的时候，守贵老头表现出了迫不及待的举动，由外边跑着回到家中，喘着气和进明娘说："进明叫咱们跟他合住哩，今后响就合……"紧接着，进明娘关心地问："地咋种哩？"守贵老头又红着脸说："哼！人家咋着咱咋着呗！"由此看出，进明的互助组不仅有着相对于个体单干生产的产量优势，如"谁也不讨厌多打粮食，过好日子"，而且为家庭关系的进一步融合提供了可能。所以，当进明互助组去耙地，"一下子套了四犋牛"时，守贵老头"赶着自己和儿子的牛，心里痒痒地"，他看着"八只牛拉着四辆拖车，在黄土路上走着像赶会一样"，"第一次感觉到在一块做活的愉快"。

综上所述，进明通过互助组的方式，反复以人情、事理和互助合作生产的优越性打通了父亲董守贵执拗于"中农化"道路的思想堡垒，而这一工作的复杂展开又是以"家"为出发点，从而为农村社会主义改造的在地化实践提供了可能。

结　语

1953年11月，李准在谈到自己怎样写《不能走那条路》时强调：

还是在今年六月间，我们村里有我个叔伯哥（他是我们乡里党支部书记）买了二亩地。以后他对我说他爹还打算再买几亩，另外还想叫他在集上开个小成衣局，因为离区上近，生意好。当时我记得在一个整顿农村党的基层组织的报告文件中，曾批判过这些东西，因此就劝他不要买。后来我开始考虑起来这个问题了。我想：为什么会有这种现象？这种现象的发生说明了什么问题？因为总路线在那时还没有现在提得这样明确，所以我也没有充分认识这个问题的本质意义是什么，觉着写成文学作品普遍教育意义不会大。后来我和一个税局同志扯起来，他说："咱们土地交易税是经常超额完成任务。"我为这句话暗暗地吃了一惊：我想着农民起"分化"了。这时我又回到村里看看：去临汝贩卖芝麻的、倒卖牲口的和放账的现象都有；另外这时又有一家卖地，一亩地的地价由六十万元涨到八十万元。我觉得这真是个问题了。恰巧这时报纸上发表了《农村工作的基本任务和方针政策》的文件，里面讲到要防止农民两极分化必须引导农民走共同上升、互助合作的道路。这几段话，使我感到买卖地这个问题是个大问题，可是怎样解决这个问题……从研究中没有得到真正解决，我思想苦恼极了。最后我想：政策准自由买卖土地是不错，不过绝不是提倡，也绝不是坐视其分化。我们农村中党组织应该保证不使农民两极分化，而应该引导农民向共同上升的社会主义道路走。……我很兴奋，我准备从这个问题中写出工人阶级思想和农民的自发趋势的斗争，也就是社会主义道路和资本主义道路的斗争。[1]

---

[1]李准：《不能走那条路》，张绍武、张舒主编：《李凖全集》第5卷，九洲图书出版社，1998年版，第122—123页。

从上述这段李准关于如何获取写作题材和创作思考中，可以看出，他对于新中国成立初期农村再次出现的"两极分化""中农化"问题是有比较直观的历史感觉的，但是他对此经验现象的认知和把握能够从直观的层面进展到理性的分析和书写，又在于他对"农村工作的基本任务与方针政策的文件"的学习、理解和应用。此文件是邓子恢于1953年7月2日在中国新民主主义青年团第二次全国代表大会上的讲话内容，其中在强调如何对小农经济实行社会主义改造的问题时指出："我们不能在完成了土地改革以后让我们的农村经济长期停留在目前小生产小私有的个体经济上面，也不能让在小农经济基础上自发生长起来的资本主义的自发势力自由发展。因为这是使中国农民重复走上多数人贫穷困苦、少数人发财致富的两极分化的旧道路。这条旧道路是使农村破产、生产下降的道路，是极其痛苦的道路。但是农民在没有自觉地认清这条旧道路的时候，一旦他的生产有所发展，他就会不自觉地按着旧道路的足迹前进，希望自己成为少数的幸运儿，使自己富裕起来。这就是所谓小农经济自发的资本主义倾向。"[1] 很显然，邓子恢对土改后农民身上存在的"小农经济自发的资本主义倾向"的特点，以及由此可能导致农村出现两极分化现象的重视和强调，对李准反观自己所面临的经验性事实产生了政策性的规定和理解，这也是解读他创作短篇小说《不能走那条路》和《白杨树》的一个关键点所在。所以，党在农村开展小农经济的社会主义改造的必要性和重要性是显而易见的，但是在走向"组织起来"的历史实践中却因主客观条件的制约而遭遇了种种张力与限界。

针对这一点，邓子恢在其讲话中也明确地说："我们的责任就在于教育农民走组织起来大家富裕的新道路，指出旧道路是使生产下降，绝大多数农民贫穷困苦的道路；以农民在旧社会里所亲身体验过的实例来

---

[1] 邓子恢：《农村工作的基本任务和方针政策——一九五三年七月二日在中国新民主主义青年团第二次全国代表大会上的讲话》，载《人民日报》1953年7月22日，第1版。

教育农民，使他们明白走旧的资本主义道路只有极少数人可能在剥削别人的基础上单独富裕起来，而绝不能大家富裕共同发展。如果我们不这样做，而放任农村资本主义泛滥发展，从而使大多数农民陷于贫穷困苦，我们就会脱离广大农民群众，就会妨碍工农联盟的巩固，就要影响我们国家工业化的发展，就可能使我们的国家走上资本主义的道路。所以对小农经济实行社会主义改造的方针是绝对不可动摇的。"[1] 在此，邓子恢不仅突出了党的领导对于农民走组织起来的新道路的主体性地位，而且强调要用农民在旧社会里的"亲身体验过的实例"来达到"教育农民"的目的。李准小说中对宋老定、董守贵两个主要人物的描写，实际上就充分体现出他把这些政策话语作为自己对人物塑造和农村经验书写的内在肌理，从而他在以小说的方式反映农村互助合作中的矛盾、冲突的同时，也以"情"与"理"的交融方式为进行小农经济的社会主义改造提供了经验文本。

无疑，对其小说文本的社会史解读，为我们重新讨论新中国的农业合作化运动打开了新的可能。

---

[1] 邓子恢：《农村工作的基本任务和方针政策——一九五三年七月二日在中国新民主主义青年团第二次全国代表大会上的讲话》，载《人民日报》1953年7月22日，第1版。

《农忙五月天》,《河南文艺》编辑部编辑,通俗读物出版社,1956年版。

农忙托儿所与乡村再造
——李准《农忙五月天》里的制度与人心

◎ 梁苑茵

一、农忙托儿所的创办与"村－社"空间结构动态

《农忙五月天》完稿于 1955 年 7 月 15 日，是李准在河南省荥阳县司马村落户时期创作的短篇小说。小说在发表后影响平平，也并未受到历来评论者的格外关注。这篇小说以凤凰台村农业社青年社员周东英为中心人物，通过写她为组织农忙托儿所，与农业社社长张满喜、妇女社长王大凤、社委会委员、村子里有孩子的妇女们、保育员等不同人的联系、互动过程，呈现了作为新事物、新制度的"农忙托儿所"是如何在新人的努力下，从无到有、从看似不可能到可能地在地成形，实现了对妇女劳动力的解放，使五月麦子"抢收抢种"的紧迫生产任务得以顺利完成。

值得注意的是，小说的写作与完稿，正值中共中央对农村工作政策进行重要调整的历史时期。1955 年 4 月以前，中共中央的基本共识是农业合作化运动需有节制地稳步推进，而三个月后（也即《农忙五月

天》完稿半个月后），1955年7月31日，中央开始将合作化运动推向高速。与一般对李准小说的认知（即认为其过于配合政治）不太相符的是，李准写作于这一政策变动期的《农忙五月天》，其整体气氛却更类似惊涛骇浪中的宁静池塘。他既没有配合此前节制推动合作化运动的政策方向，以此来结构小说、塑造人物，也没有如《不能走那条路》中那样，积极推测政治方向，再次构造出农村社会运动的结构动态。[1]《农忙五月天》的状态似乎是：当政策调整携带着政治压力扑面而来时，李准通过某种叙述重心的腾挪来卸力，探索政治压力下农村社会拓展出的（或被挤压出来的）另一条路径。

更具体地说，如果从配合政治的角度看，这篇小说的叙述内容的确直接对应了"农忙托儿所"政策的落实与推行，也呼应了农业合作化运动背景下这一政策所配合的"发动妇女参加生产""解放妇女劳动力"的现实需要与政治方向。但如果因此而仅仅把"农忙托儿所"视为表现"发动妇女参加生产""解放妇女劳动力"这一政治主题的题材，反过来又仅仅从政治的视角来解读这篇小说的话，就很可能会忽略一个明显而重要的事实，即李准在《农忙五月天》中从起始至结尾始终着力表现农忙托儿所的创办过程，并写出了此过程在具体环节中的难题及难题被创造性解决的方式。他并未正面写"发动妇女参加生产"或"解放妇女劳动力"，也未以此为小说的叙述逻辑和人物塑造核心。在李准这里，"组织农忙托儿所"和"解放妇女劳动力"虽然是同一个社会生产逻辑中的两个环节，但李准似乎是将"组织农忙托儿所"从中剥离了出来，单独作为一个有着特殊内核的环节来观察和呈现的。由此，李准创造了不同于其时政策、宣传、工作指导、成绩报告等类型的文本的叙述所提供的

---

[1] 有关李准《不能走那条路》的叙述结构的分析，参见何浩：《与政治缠斗的当代文学——重读李准的〈不能走那条路〉》，载《文艺争鸣》2020年第1期。

视点。[1]这也是《农忙五月天》相较于同时期以"农忙托儿所"为题材的其他小说[2]的一个显著的特点。李准似乎在此嗅觉到了别人没有发现的、属于这个金色池塘特有的,同时也属于这个新社会的隐秘气息。小说的这一特点,吸引我们把更多的目光投注到李准对这一过程的展开呈现当中。

我们对小说的开头稍作分析,可以初步体会李准关注这一过程的问题视角。小说开头呈现了叙述者由远及近的全景视野:先是一顶移动的雪白草帽与金黄色麦田之间的颜色、动静对比。视线拉近,出现中景:麦穗是"肥大的",草帽的运动出现方向性——村子。但此时还看不到人。在离村子不远的一块麦地边,叙述者的视线随着草帽的运动暂停,并给出了一个人物特写镜头:年轻姑娘、乌黑的短发、黑色的眼睛,"显得格外聪明和沉静"。接下来,叙述者开始进一步呈现姑娘与村庄的关系。原本姑娘的运动轨迹与麦地平行,如今她停了下来,咬了一粒麦籽,以麦籽的硬度来判断它的饱满度。看起来她对村里人把粮食种得这么好颇感满意,于是笑着朝村子跑去。姑娘与整片金黄大麦田发生互动的整个过程,有形有声有色。在这一过程中,姑娘的具体运动方向逐渐清晰分明,不过她的存在空间仍颇为浑然。我们还不太清楚它的具体构成,至多能看到的是"村子"和姑娘此时所在的"离村子不远的一块大

---

[1] 20世纪50年代前期的相关政策与宣传文本侧重将"农忙托儿所"放置于农业生产、妇女工作、儿童保育的范畴当中论述。有关托儿所的工作经验总结或成绩报告也往往集中强调它们对妇女劳动与农业生产的贡献。至于随着妇女参加集体劳动生产而出现的妇女技术水平的提高、家庭收入的增加、男女同工同酬、妇女劳模的评选、妇女对干部职务的承担,以及由此带来的妇女家庭地位、社会地位、政治觉悟的提高等一系列变化,也往往沿着以"劳动"与"生产"为中心的逻辑进行说明。参见[美]贺萧:《记忆的性别:农村妇女和中国集体化历史》,张赟译,人民出版社,2017年版。其中论及"托儿"问题,也有对相关妇联档案、报刊报道、工作报告等不同类型的文献材料的特点的描述。

[2] 20世纪50年代以"农忙托儿所"为题材的小说有李文元的《农忙托儿所》(1951)、刘绍棠的《暑伏》(1951)、骆宾基的《王妈妈》(1952)、马烽的《沈大妈》(1958)等。

麦地"之间的区分。而当她从麦田"加快脚步,向着村子里跑来"后,便可以看到,她所身处的空间又分化出了两种空间层面,一个是"村",一个是"社"。尤其是由远及近地写过姑娘在麦地边的一系列动作之后,叙述者似乎也沿着另一条路逐渐与姑娘靠近,并在村口与之汇合。接着,叙述者转身面向读者,以报幕员的方式开始介绍:

> 这个姑娘叫周东英,十七八岁,是凤凰台村农业社的青年社员。现在刚由县里参加完妇女社长会议回来。[1]

这句介绍,让她迅速从"村"的自然空间进入"社"的政治社会空间。我们看不到她是谁家的女儿、谁家的亲戚。她的身份信息,直接从生物年龄跳到了"农业社的社员"——她的社会身份主要是在"社"的空间里被界定的。接下来她要办的农忙托儿所,也是"咱社里的托儿所"。似乎,人是农业社的人,庄稼是农业社的庄稼。人是直接归属于农业社的。农业社对东英的规定性在小说一开场就表现得非常确定。

不过,在《农忙五月天》里,"社"对东英的这种规定性并不是不断强化和扩展的,相反,它是松动的,不断被区隔、剥离。小说中,"社"的空间笼罩性有时被处理成人为构造的空间,它被由山川植被组成的更大的一层空间笼罩。比如第二节开头的表述:

> 在凤凰台村南边的空场上,有十几棵很粗的大银杏树。杏树下边,农业社在今年春天新盖起了一排红瓦房。[2]

---

[1] 李准:《农忙五月天》,张绍武、张舒主编:《李準全集》第1卷,九洲图书出版社,1998年版,第110页。
[2] 李准:《农忙五月天》,张绍武、张舒主编:《李準全集》第1卷,九洲图书出版社,1998年版,第112页。

在这里，农业社的红瓦房不是孤立存在的，而是被村子里巨大的银杏树庇护着。古老的银杏树不仅给新红瓦房留出空间，它的巨大和久远，似乎还与新盖的红瓦房之间形成一种"新－旧"对照的依存之感。新"社"被笼罩在古老"村落"之中。这里的"村"，更多还是一个自然地理空间。随后，"社"的空间存在还被放置在一个只通过"人声"来渲染的村落生活背景之中。比如第三节开头：

> 夜里，几片薄薄的白云，在天空上飘着。村子里的闹声静下来了。社里正在开社委会。[1]

在天穹之下，村落人声消息，此伏而彼起，在村的"静"之下，社委会的"动"被凸显了出来。此时，"社"的活动以"村"的人员为构成，他们被村落衬托。又如在第六节，李准写道：

> 这时候村子里的人声渐渐静下来，东英一个人躺在托儿所门口的空场上，看着天上的银河和星星，心里想着一天来的事情。[2]

这是社员东英为之忙碌着的托儿所终于有起色的间歇，李准让东英避开人群，躺在天地之间。似乎李准希望村社之外的天地星辰能再次给东英能量。这些无言的天地空场并不是东英选择的逃避所，而是东英心灵的补充，仿佛她对孩子们和托儿所的热情和爱意是从天地星辰中漫溢

---

[1]李准：《农忙五月天》，张绍武、张舒主编：《李凖全集》第1卷，九洲图书出版社，1998年版，第115页。
[2]李准：《农忙五月天》，张绍武、张舒主编：《李凖全集》第1卷，九洲图书出版社，1998年版，第128页。

而出的，并非来自某种观念和准则。东英可以在这里从容整理她的工作而与天地不违，也可以从这里再次出发进入托儿所的磨人事务之中。这种在村社与天地间构成心灵格局的方式，与上文所引第二节以及小说全篇把"农业社的社员"的行动空间更多规定在"社"之中，隐隐形成了对峙。

在这些描述中，"村"更多是一层社会生活氛围，包裹、萦绕着"社"，是从"自然"风景向"社"的组织过渡的一个空间。这个空间是以家庭和邻里关系为基本单位展开的乡村社会日常生活空间。而"社"是在"村"的基础上形成的以党团为领导的基层组织。在合作化时期，"社"的主要功能与特点，是以生产为中心的互助合作。随着"社"这一新的社会组织方式的介入，原来在"凤凰台村"这一基体空间当中形成的人们的生产、生活方式及人际关系感觉也会相应发生变化。"社"的组织方式也会因应不同阶段国家和地方的需要以及"社"所面对的现实情况的变化而变化。比如，东英将县妇女社长会议布置的内容带回村里，首先引起的是社长的反弹，是"社"这一层面对农村现实的认知与生产组织方式的重构。在小说中，这主要体现在东英与社长满喜以及社委会的碰撞上。这一碰撞过程，也主要在"社"这一空间当中展开。

因夏收夏种的任务所需，妇女劳动力被纳入以合作社为单位组织的生产活动的视野；而妇女能够投入集体生产的前提，是要从其原来所承担的私人家庭领域的劳动当中解放出来。组织托儿所，包括李准在其后来的作品《李双双》中写到的办公共食堂等，都是解放妇女劳动力的手段。这些手段是从"社"这一层面介入乡村，且是以集体化为方向和特征的新的社会组织方式，它们的介入必然会引发人们原来在乡村社会生活中形成、又在一定程度上呈现为村民某些个人化特点的感觉意识－行为逻辑－生活方式－人际关系形态等的反应。在小说中，这体现于东英在取得了"社"这一层面关于办农忙托儿所的同意，并在场地、物资上获得充分支持之后，联系保育员和各家妈妈并与之发生持续互动的过程之中。这些联系与互动，从发生的空间来看，涉及人物沿着一定的路线在"村"与"社"之间的进出，中间又缠绕着公共空间与私人家庭空间的交叠变换。

从小说来看，李准所构造出来的"凤凰台村"在劳动生产领域已实现了一定程度的集体化，也就是说，"村"与"社"这两层空间已在一定程度上发生了交叠与融合。农忙托儿所作为儿童教养领域的集体化组织形式的介入，实际上是要在劳动生产和日常生活领域进一步扩大和强化二者交叠、融合的范围和程度。而在小说中，这一任务又是由一个女青年来引领完成的，这将会打造出怎样的空间形态？又会开展出什么样的乡村社会状态？如果说，在1949年之后，中国共产党是作为外部的力量进入了乡村，到了李准写作《农忙五月天》的1955年，则是要以一定的制度从乡村内部再造一个空间，使这个空间既更加带动乡村，又能配合国家，那么这样的再造会对乡村空间造成什么效果？以什么样的方式进行内部再造，怎样理解作为基体的乡村空间的构成及其核心动力机制，就成为问题的关键。

二、绘写乡村"新路线"：以"对不起"的心情为起点

通过东英创办托儿所的实践过程，我们可以考察李准对乡村空间逐步再造的内在机制以及人心在其中进行互动、发生变化的轨迹的捕捉、观察与理解。

在小说前三节，东英为了传达县妇女社长会议布置的内容，走访了村中有孩子的妇女，并就办农忙托儿所一事争取到了社长满喜和社委会的支持。李准对东英这一走访、联系与争取的过程的描写，从不同的角度呈现了发动妇女劳动力与办农忙托儿所的背景和意义。从中已经可以

看到，在乡村空间的重组中，社里不同的人对托儿所的位置与功能的基本预期。

概言之，为了顺利完成夏收夏种这一紧迫的生产任务，社里需要比平时更多的劳动力。在原来的性别分工中主要承担家务劳动的妇女作为潜在的劳动力由此进入了合作社的生产视野，成为被需要的对象。在工分体系与集体化的分配制度下，社员参与集体劳动直接关系到家庭收入与生活水平，为此，村里已入社的大多数的妇女出于挣工分的需要，都有参与集体劳动的意愿。上级政治的考虑或许正在于此：办农忙托儿所的政策是符合合作社当前实际生产需要和村民需要的。现实的困难也使得这一政策对合作社和村民，尤其对合作社来说，显得更加必要和紧迫。他们对这种必要性和紧迫性的理解都落在"对生产有利"上。也就是说，办农忙托儿所的动力来自一种经济功利性的目的，这也正是当时政治的视角和目的。但仔细观察李准对创办托儿所的过程与效果的描述，就可以看到托儿所落成之后所发挥的功能远不止于此。

事实上，发动妇女参加生产以及与之相配合的创办农忙托儿所，意味着要对乡村劳动以及与之相连带的乡村日常生活做出新的安排，也意味着要对村民原来所在的空间进行新的切割、分配与整合。由于这些空间是一个既定的经济－道德－伦理－生活秩序空间，是人心运行的轨道所在，这样的重新切割、分配与整合，就相当于要重构这一乡村秩序，重新规划人心的活动路径。这是李准在政治之外的重要发现。

小说从第四节开始呈现托儿所空间的形成，不同的保育员、妈妈和孩子们各自被联系到了这个空间里。托儿所的内部运转随后逐渐步入正轨。在整个过程中，李准特别关注创办托儿所对东英和保育员的不同影响，这些影响又从托儿所反弹到了孩子们的家庭中以及田间，触动了处于农忙劳动中的妈妈们的身心。在小说第八节，李准集中勾勒了这一连通多个空间的人心活动路线图：

东英就是这样想出一切办法来教孩子们玩。她教会跑的孩子们学扫地、唱歌、洗脸、洗手；她教不会跑的孩子们学拍手、走路、说话。孩子们慢慢地就不那么闹了，衣服、身上也都干净起来；把雷桂花和有些妈妈们的老毛病也改正了过来。

村里妈妈们平常很少给孩子洗脸、洗衣服，现在觉得孩子这样干净，如果自己抱到家里弄脏了，给人家托儿所抱去反倒不好意思。再说，东英见着她们就说："应该注意孩子卫生，孩子们干净就少生病。"她们也就给孩子们洗得干干净净送到托儿所里。

"人心换人心"，有些妈妈们看着这两天自己的孩子不闹了，也不脏了，她们在地里干着活这样说："咱们要在地里一天割不了一亩麦，连人家保育员也对不住，人家在家里守门给咱看孩子。"因此干活就特别有劲，社里的麦子不到三天就割完了。[1]

以前的乡村空间有固定的路径，生产的、生活的、伦理的，或者经过田埂，或者经过水井，或者经过姑嫂家的院门。而"托儿所—家—田地"的空间轨迹，则是一段乡村社会从未有过的全新路程。在将这一路程沿着从托儿所到家再到田地的方向徐徐展开的同时，李准也不断引导我们将视线从家和田地返回托儿所。他特别写到村里妈妈们从托儿所把孩子抱回家之后，也开始在家里注意孩子的卫生，不然"给人家托儿所抱去反倒不好意思"，也写到了她们在田地里干着活时说到的"连人家保育员也对不住"。这里"不好意思""对不住"的心理与感情，让我们不禁想起东英在办托儿所的第一天，面对孩子们脏污的衣服和没完没了的哭闹时，心里"不对劲""对不起"妈妈们的担心与愧意。隔着时空，

---

[1]李准:《农忙五月天》，张绍武、张舒主编:《李準全集》第1卷，九洲图书出版社，1998年版，第132—133页。

妈妈们对东英和托儿所表示了认可并托付了信任，而东英为托儿所付出的心力也得到了回应。双方互相激发、彼此激荡，共同推动着夏收夏种生产任务的顺利完成。

乡村劳动－生活空间被重新划分之后，不同空间及不同空间之间的关系如何构建？它们以何种路径相互连通？人心沿着怎么样的轨迹在其间往返流动？为了更加立体化地认识这一被重构的乡村世界的清晰样貌，下文将以李准所勾画出的路线图为指引，观察并再现李准所描述的创办托儿所的过程，以及人心感受在具体情境中的生成与构造、波动与凝滞、转化与推展、连接与回响等等环节，并检测李准在政治之外的发现。

东英创办托儿所时"不对劲""对不起"的心情，是这一路线图的出发点。这种感觉主要来自她对妈妈们如何才能"愿意"、如何才能"安心"的体察。与其他保育员相比，东英的这一感受显得十分特别。在下引段落中，李准写到了办托儿所的第一天，不同保育员对于东英"洗衣服"的提议的反应，突出了东英的特殊：

> 东英累得满头大汗，一直收拾了半清早，才算告一段落。她看了看有十几个孩子的衣服已经脏得不像样子，就对大家说："咱们给人家洗洗吧，你看多脏！人家妈妈看见了一定不愿意。"
>
> 吴秀梅皱着眉头说："咱还管给她们洗衣服？"
>
> 雷桂花："不脏不净，穿着算了。"
>
> 华二奶搬出了去年的老规矩，说："一天七分，就不能再管洗衣服。"[1]

---

[1]李准:《农忙五月天》，张绍武、张舒主编：《李准全集》第1卷，九洲图书出版社，1998年版，第126页。

此前，在收拾孩子们身上和托儿所地上的屎尿的事情上，李准已经写出了包括东英在内的四位保育员在态度与行动上的差异。而李准在这里让我们看到的是，在面对"十几个孩子的衣服已经脏得不像样子"时，东英缺乏村庄既定生活规范里的"经验"，比如保育员不负责洗衣服、村里小孩的衣服脏一点没事、有多少工分干多少活，等等。这种缺乏反而使东英不受束缚，她因此能够突破既有经验习惯和工作方式，使托儿所的运作获得新的推进。不同于三位保育员从自己的角度对"洗衣服"一事各有推脱，东英的心里始终惦记着孩子们和他们的妈妈，妈妈们是否愿意、是否安心，始终主导着她对问题的考虑。结果是，东英带着三位保育员明确的表态回应询问自己的内心时，种种既定的经验、种种"老规矩"无法让东英说服自己，反而让她问心有愧。这愧意转化为她明确的自我要求和果决的行动力，让她从"老规矩"的规定性中突围——衣服即将经过东英的双手，从脏污到洁净。这既是对眼前现实的刷新，也拉开了接下来一系列现实重构的序幕：

> 东英没有说话，她知道她们都不愿意洗，要是自己也不洗吧，看见孩子们穿着那么脏的衣服，心里实在不对劲。她想："要叫妈妈们在地里安心干活，就得把孩子收拾干净。"想到这里，就在晌午孩子们睡的时候，自己挑了两担水，弄了个大盆子，又把自己从城里买的一块新肥皂拿了来，在杏树底下呼刷呼刷地洗起衣服来。
>
> 这时候，雷桂花看见她一个人累得出了一头汗，就把孩子暂时交给华二奶，也过来帮着洗，不到半晌工夫，一二十套小孩衣服都洗得干干净净。这些衣服有的几十天没有洗过，衣服的颜色也被泥糊得分不清了，现在一洗都露出鲜艳的颜色了。[1]

---

[1] 李准：《农忙五月天》，张绍武、张舒主编：《李準全集》第1卷，九洲图书出版社，1998年版，第126页。

"晌午孩子们睡的时候"是托儿所白天最安静的时分,也是保育员们可以歇息的时候,但东英劳动的身影却没有停下来。她挑水,找来大盆子,又拿来"自己从城里买的一块新肥皂",准备给孩子们洗衣服。李准描写东英这一系列动作的时候,特别突出这是她"自己"的行为。没有人帮东英,东英也不要求、不请求其他人的帮助,只是沉默着,独力承担她决定要做的事情。至于两担水有多重,一个十七八岁的姑娘搬一个大盆子是否费劲,李准没有说,似乎东英自己也并不在意。另外,那一块肥皂不仅是东英"自己"的,还是她"从城里买的",又是"新"的——李准描述肥皂的这三重定语,一层一层地递增着对肥皂的爱惜,然而东英却似乎并不因为把这样一块肥皂拿出来而有什么留恋、顾惜和犹豫。接下来,洗衣服的时候,东英依然沉静、坚定、专注、投入。新瓦房里是午睡的孩子们,瓦房外是东英"呼刷呼刷"洗衣服的声音,而房前的老杏树就这样静默地荫蔽着午间炙人的阳光,注视着瓦房内外的动与静。李准用"呼刷呼刷"的声响描写东英洗衣服的动作,通过听觉,我们也可以感受到东英的力量一下、一下地使出。伴随着这力量与声音,一种踏实感似乎也一点、一点地回填到了她的心里,渐渐弥补了她心里"实在不对劲"的感觉。比起华二奶以"工分"衡量、界定劳动,对于东英来说,对劳动过程本身的专注投入更能让她感到实在。而这渐渐变得平衡、稳定、安实的心情,又通过双手的力量一下、一下地外化、焕发为衣服洗干净后露出的"鲜艳的颜色"。

东英为何会有这么高的觉悟?由李准在小说前面的叙述中提供的信息可知,东英在照顾孩子方面的特殊的自我要求,主要是由她从县妇女社长会议听到的"两个生产社办托儿所的经验",以及从《妇婴常识》中获得的育儿常识、卫生习惯等知识形塑而成的。这些知识所倡导的,是一套新的母婴保育与儿童教养方式。对这些知识的贯彻与宣传、普及,也是当时制度上要求的托儿所的工作内容之一。如果说,出于以文学及时配合党和国家的方针政策的自觉追求,在观察、理解生活以及以小说呈现他的观察和理解时主动接受政治规划所提供的认知框架及知识资源,是李准20世纪50年代小说创作的特点,那么在这里,我们看到的却是李准笔下的青年团员东英,她的意识和行动实际上并不直接以政治所提供的资源为依据。

那么,李准是如何想象她的行动依据和逻辑的?李准捕捉到了东英的心。这颗心,是被县妇女社长会议上关于办托儿所的要求与经验介绍激动了的心,是被社里将要进行的紧迫的生产任务催促的心,是经由新的知识塑造的心,是努力记住妈妈们在把孩子们送到托儿所来时"七嘴八舌"的交代嘱咐的心,但从"洗衣服"的情节开始,我们可以看到,就其内核而言,这是一颗能与共同生活在乡村世界中的他人相感通的心。通过写东英对孩子们的关爱、对妈妈们的体察,尤其是由此产生的"不对劲"的心情,李准将托儿所制度以及与之相配合的有关知识,转写成了东英因内心的促动所派生出的具体想法和行为,以及由此开展出的新的儿童教养方式。接下来,在小说中作为政治要素的制度,便以"心"的方式在场。在从"心"出发的心理、行动路线上,东英作为新人的品质也在具体的情境中得到了具象化的表现。

在办农忙托儿所的问题上,东英无论在知识、意识、热情上还是在品质、能力上都显得高于众人,由此成为现实重构得以可能的一个认识上的高点。但可以想象,假如这一高点始终处在缺乏响应的状态,它便很难真正有效地在实践上落地。比如在给孩子们洗衣服的事情上,李准似乎就难以想象,作为东英,她具体该如何说、如何做才能够调动其他保育员在方式、节奏上与自己配合。但李准显然意识到,东英在心理与行动上总是陷于孤立非长久之计。对此,同样可以想象的是,一方面东英无法承受,即便在心理上可以,在体力上却未必。而且,试想东英在工作态度、工作方式上始终处在无所响应的孤立处境，她的热心难道不会因为不断被浇冷水而受挫受伤，最终被耗尽吗？另一方面，如果始终仅仅是东英凭一己之力支撑、维持着农忙托儿所相比去年更高、更好的状态，那么也很难想象这个状态的持续推进：假如下一次农忙时东英无法承担此项工作，托儿所是否又要办不成了呢？如果要解除东英独自、孤立的状态，使她的想法连带着农忙托儿所这一制度不仅要得到纵向上的落实，还要实现横向上的推展，而且要使这个过程变得可以持续，那么还需要什么，又应该怎么办呢？

三、农忙托儿所对乡村生活 – 伦理的依托与再造

从小说叙述来看，东英是通过自己主动、果决又独立的身体力行打破了托儿所一开始受到既有乡村经验限定的工作格局，以新的儿童教养方式和相应的习惯氛围影响了其他保育员，把她们的"老毛病也改正了过来"的。这样一来，其他保育员在工作方式上就更能与东英相配合。托儿所制度在有效落实的同时，也获得了继续运作下去的能力。

不过，仔细看李准对雷桂花加入"洗衣服"的叙述，就会发现，东英对保育员身体的带动和工作方式上的影响，并不直接倚赖于新的习惯氛围的形成。这一新的习惯氛围要能够形成，还需要其他因素的促进与支撑，比如人与人之间相互关心等朴素的情感反应与互动方式。雷桂花看见东英"一个人累得出了一头汗"，心里不忍，于是加入帮忙。李准对这一过程的叙述十分简短，也没有点明使雷桂花的动作从"看到"到"帮着洗"的不忍之情。看来，这是一种直接的、近乎本能的情感反应，意味着对他人的存在状态的同情。这种情感反应方式存在于雷桂花长期生活的乡村伦理世界当中，可以说是一种情感习惯。李准看到的是东英从心出发的行为，实际上要以乡村伦理氛围为基础，才能得到另一颗心

的呼应。在人心呼应发生的同时，这种情感方式也被带进了托儿所，成为这一新的劳动空间的构成要素。在雷桂花加入"洗衣服"这一细节里，李准展现了这样一个过程：从人对人最朴素的关心出发，到人与人在身体上的靠近与行动上的协作，一定的人际氛围与活动内容在一定的空间形成，而制度也在此间被落实、被展开，逐渐运转成型。

当然，事实上，这一新的劳动空间中人际氛围的构成因素和形成过程并没有这么单纯和理想，在写到雷桂花与吴秀梅的相互"不满意"时，李准呈现了这一点：

> 雷桂花一面收拾着说："这就叫擦屎刮尿。"不过她收拾得挺快，把孩子搭在大腿上，几下就擦干净一个。这时候只有吴秀梅抱着自己的孩子，用脚尖点着地下说："这里！那里！"指指点点的就是不动手，雷桂花看着她那样子，就不满意地说："吴秀梅，不是叫你当掌柜的哩，你也动动手吧！"吴秀梅脸红了，只得把自己孩子放在地上，来帮着大家收拾，不过她心里对雷桂花很不满意。[1]

雷桂花对吴秀梅站在一边指指点点却不帮忙收拾的行为看不过眼，心直口快地表达了不满意。看到大家都忙着收拾，又接收了雷桂花对自己的意见和情绪，吴秀梅意识到了自己"当掌柜"的样子确实是说不过去的。于是她脸红了，也帮着大家收拾。但一个"只得"却表明了她的为难与勉强。而从吴秀梅"对雷桂花很不满意"的心理状态中可以看到，即便吴秀梅承认雷桂花的话、为自己的不动手感到羞愧，但这"承认"和"羞愧"并没有让她心理平衡。她不能原谅雷桂花的态度。这

---

[1] 李准：《农忙五月天》，张绍武、张舒主编：《李準全集》第1卷，九洲图书出版社，1998年版，第126页。

里，相比起东英主动干活时的沉默和独立，雷桂花对吴秀梅的"不满意"以及"不满意"的直接表达，看起来似乎更加具有村庄里乡里乡亲之间日常打交道的方式的特点。他人的"不满意"和由此引发的自己的"愧疚"，推动了吴秀梅"动手"，但李准也让我们看到了雷桂花与吴秀梅的这种互动方式可能会带来的问题：尽管吴秀梅意识到自己的行为不恰当、为此"脸红"、加入收拾，但雷桂花的话依然使她感到难堪。这一不良情绪若得不到及时有效的化解，是否会在吴秀梅与雷桂花之间留下嫌隙，影响她们的相处和配合，甚至导致本来态度就不积极的吴秀梅退出托儿所的工作？那么又该怎么办呢？

虽然不直接针对吴秀梅与雷桂花的相互不满，但东英在托儿所第一天的工作结束之后对吴秀梅的主动关心和耐心开导，却在很大程度上理顺了吴秀梅由于种种因素造成的别扭。在托儿所劳动了一天，充耳的吵闹、体力的损耗、衣物的污染、身体的受伤，这些都是吴秀梅未曾有过的体验，对她原来不爱劳动、爱干净、娇气的个性与生活习惯无疑也是强烈的冲击。那么，如何让一天下来身心不适的她重获能量，让她能够在保育员的工作中坚持下来？李准让东英向吴秀梅靠近，再次呈现了一个人的真诚关心与怜惜给另一个人带来的安慰。同时东英的说理也使吴秀梅的意识发生了重构："劳动最光荣"对吴秀梅来说就不再是一个空洞的口号，参加托儿所的"劳动"也不再是一个受外力推动勉强为之的事情，她获得了体验"劳动"意义的新方式，也真正意识到自己"太娇气了"。

在农忙托儿所日常运转的层面上，李准对雷桂花与吴秀梅先后对彼此"不满意"的情绪的叙述，以及对农忙托儿所第一天工作结束之后东英关心、安慰与开导吴秀梅这一情节的设置与处理，指涉了乡村世界既有伦理的两面性。一方面，人们习惯中既有的一些情感、意识方式，有助于在托儿所的日常工作中打破同样由某些惯性方式造成的僵局。但另一方面，这些在特定情境下有效的方式可能又会引发新的问题，造成新的限制乃至损害，为此需要以新的方式进行处理和重构，使托儿所的运行所依托的人际氛围与工作氛围得到平衡与再造。就这一点来说，东英的确是"新人"。她带来了新的知识、意识和品质，但它们要依托乡村生活世界中那些显得不那么"新"的他人，也即要依托于这一基体中既存的一些情感、意识方式和逻辑才能获得响应和落实。"社"与"村"这两层空间，在农忙托儿所日常运转的层面结合在了一起。东英"新"的意涵更在于，这一依托并不意味着对这些既存方式和逻辑的直接接受和完全依赖，她还要敏锐感知并具体处理它们在新的空间当中运行时所带来的或可能带来的问题，也即从这一两层空间相交叠的空间层面具体地切入，并在新的逻辑中转化这些问题。在乡村世界特定历史结构的伦理之网中，这些问题可能正位于一些结构性的关节之上，与其他问题相扭结、相连带。比如吴秀梅的"劳动"感觉与习惯，就结构性地与她在家庭日常生活中的位置与表现，与她跟婆婆、妯娌、丈夫、邻里的关系状态相关联。从而，当这些具体问题在托儿所这一空间中被转化的同时，这一转化因其结构性位置而带有了一定的空间辐射力，它所可能引发的还有乡村世界的结构性翻新。而在李准笔下，东英的敏锐感知和处理的方式，依然不直接借助政治提供的认知资源，她对问题的捕捉和认识，也未见得就如以上分析所揭示的那样深刻、全面并有所自觉。她对这些问题的处理与转化，在很大程度上仍是以对他人的情感体察为起点，以由"心"所触发的情理互动的形式被呈现的。

从妈妈们对农忙托儿所的反响当中，还可以进一步看到制度的运行与推展对作为生活与伦理基体的乡村世界的依托与再造。在东英的主导、践行以及保育员们保育方式的改善下，托儿所对孩子们的照顾，超出了妈妈们日常照料孩子的程度，比妈妈们做得还要好。这"好"在孩子身上可视可感，直接构成了妈妈们对托儿所的好印象。她们由此形成的对托儿所制度的感知,很大程度上又集中在了对承担这一制度的人的感知上:"二林媳妇说:'哎,我觉得今年的托儿所太好了,特别是东英,对孩子们是一百成好,我下地可放心了。'"[1] 与"今年的托儿所太好了"构成参照的,是去年托儿所办了几天但没有办好的经验。与此同时,妈妈们自己过去在家中养育孩子的方式也被托儿所和东英的"好"所映照:"叫我看呀,孩子们在托儿所里比家里还好。"[2] 在这一对比中,托儿所与家,两种教养方式之间区分出了高低,妈妈们由此发现,原来在自己日复一日的习惯方式之外,还可以有更好的方式。不过,看到了更好的方式并不必然意味着要朝向这更好的方式努力并打破习惯重塑自身。比如,在卫生方面,如果按照木三媳妇等妈妈们过去的照料方式,孩子回家之后被弄脏是不难想象的,而要使孩子保持干净,则必然要使家的空间及在其中展开的日常生活方式发生一定的改变。那么这个改变如何发生?

在这里,李准特别点出了促动妈妈们不仅在心理上认同这点"好",并且能够接受这点"好"的引导,在行动上改变自己既有习惯的最首要也是最关键的心理感受,那就是:如果延续过去习惯的做法,就会对托儿所感到"不好意思";其次才是这点改变将会为孩子的健康带来的改善和保障:

> 村里妈妈们平常很少给孩子洗脸、洗衣服,现在觉得孩子这样干净,如果自己抱到家里弄脏了,给人家托儿所抱去反倒不好意思。再说,东英见着她们就说:"应该注意孩子卫生,孩子们干净

---

[1] 李准:《农忙五月天》,张绍武、张舒主编:《李準全集》第1卷,九洲图书出版社,1998年版,第133页。

[2] 李准:《农忙五月天》,张绍武、张舒主编:《李準全集》第1卷,九洲图书出版社,1998年版,第133页。

就少生病。"她们也就给孩子们洗得干干净净送到托儿所里。[1]

换句话说，孩子在妈妈们走出家门、参加田野生产的同时被带出了家门、带到了托儿所，成为后者运转主要围绕的对象，也由此——通过"抱"的动作——构成了使托儿所与家这两个空间形成连接、发生互动的主要中介。在托儿所与家的这一连接线上，可以看到，农忙托儿所并不仅仅是一个为着"解放妇女劳动力"而替妇女照看孩子的机构，在有效组织与良好运转的前提下，它首先引起的是孩子们的变化，是妈妈和孩子们对新的生活方式的体验。对此，李准的敏锐与洞察在于，他发现她们对新的生活方式的体验，并不是简单地在一个政治话语或既有的实践样本[2]及相关建议所直接提供的"新－旧""好－坏"对比、认同与选择的平面上展开的。这一新体验与乡村生活世界的伦理机制相互交织，同时唤起的还有人们的情感和道德体验。李准把握住了这一伦理机制、情感和道德体验方式的构成当中相当核心的部分，即人与人之间相互要对得住彼此，否则便会感到"不好意思"的心理。从东英和妈妈们的身上都能看到，这一"不好意思"不仅仅意味着于人有亏，还有反过来面对自己时的于心有愧。依托于这一层面的动线，农忙托儿所及运转于其中的新的生活方式，在被人们在情感、道德上接受为"好"的同时开始内在于人心的构成，并以此人心为支点，牵动妇女与孩子由一点一滴的习惯构筑起来的日常生活世界，发挥风俗移易的功能。

从这个角度来看，托儿所实际上是从"社"这一层面对乡村社会进行重组与改造的一个切入点，或者说一个环节。正是对这一点的把握，

---

[1] 李准：《农忙五月天》，张绍武、张舒主编：《李準全集》第1卷，九洲图书出版社，1998年版，第132页。
[2] 同时期以合作化运动为背景的短篇小说中，常见的一种情节构造方式是"用事实教育人"，或以外村外社的成功经验解决本村本社的问题。可参照短篇小说选集《农忙五月天》(《河南文艺》编辑部编辑，通俗读物出版社，1956年版)中的其他小说。

使李准得以将"组织农忙托儿所"从其一般被认为的在生产逻辑中从属于"发动妇女参加生产"和"解放妇女劳动力"的位置上剥离出来,使之可以在乡村生活、伦理的层面被单独聚焦、观察与呈现。

李准对农忙托儿所与乡村世界这一层关系的把握,也照亮了《农忙五月天》开头提到的诸如诊疗所、俱乐部等看似与生产无关或不那么直接相关,并因此常常遭到社长轻视的新制度、新事物、新空间从方方面面关乎乡村社会生活的意义。在小说中,东英时时刻刻想到要"对得住"妈妈们的感觉-意识,很大程度上主导了托儿所的工作方式的构型。托儿所被东英这样的既能结合现实需要理解政策要求、有责任心,又能与乡村社会当中的他人相感通、相体贴的"新人"带进乡村社会基体时,一方面在其运行过程中贯彻了制度上的要求、创造了新的生活样式,这些制度要求和新的生活样式本身就可以引发生活方式、生活面貌的更新。而另一方面,也是李准所把握到的更为关键的地方在于,托儿所可以被直观感知的制度运行方式、新的生活方式,对乡村生活世界既存伦理机制中能够使人心感激、焕发的部分的激活,由此,托儿所这一新制度才得以同时与乡村生活世界之间建立起了伦理层面的有机关联,并以此有机的方式内嵌于其中。而以这样一种方式,诊疗所、俱乐部,在特定的契机下也都有可能通过对乡村生活世界的再安排、再创造,从新的生活内部,从内在于此新生活的人心深处,释放出推动社会生活,包括配合经济、促进生产的活力因素。可谓以轻带重,以虚带实。

那么,在小说中,李准是如何具体呈现被农忙托儿所激活的因素在生产活动中所起到的作用的呢?

四、"人心换人心":"组织"的方式、效果与"解放"的主体性意涵

如众人所愿,农忙托儿所被顺利组织了起来,它对于解放妇女劳动力、使妈妈们在田地里能够安心生产,确实起到了关键的作用。对于这一点,李准首先在小说第六节的末尾,写到了满喜和其他参加麦收的社员对东英办托儿所的效果的称赞。作为全心投入合作社生产事务的社长,满喜的肯定当然也最有说服力。满喜等人在称赞中欣然预见了"小麦三天准能割完"、报告了"几十个劳动力"的数量,又感叹妇女在生产中展现出来的力量。有人说:"俺那一队妇女们割得可有劲,都赶上男人。"又有人说:"什么事情都是靠组织,要不是东英,二林家会下地?"[1]他们的视点聚焦于田间劳作,尤其是其中有形的、实体的、硬性的、可被估量计数的层面。并且,他们都把农忙托儿所的意义定位在了"完成生产任务"和"发动/解放妇女劳动力"上。这一观点正对应于小说第三节呈现的在社委会上被确认的关于农忙托儿所的认知逻辑。

但仅仅依靠这一认知逻辑,似乎很难进一步把握其中所涉及的一些事实之间可能的关联方式。比如,"什么事情都靠组织"跟"妇女们割得可有劲,都赶上男人"之间,除了动员、组织妇女,使潜在的劳动力得以发挥之外,还可能是什么关系?如果不把"有劲"仅仅看作妇女们身体上的力气使出的效果,而将之视为劳动中的妇女作为主体的状态的表现的话,那么"组织"与被组织起来的妇女的主体状态之间的关系是怎样的?若要考察"组织"和被组织起来的人的主体状态之间的关系,那么组织的方式及其起作用的环节,也就成为非常关键因而需要被仔细

---

[1] 李准:《农忙五月天》,张绍武、张舒主编:《李準全集》第1卷,九洲图书出版社,1998年版,第129页。

观察的部分。

正如上文所指出的，李准在一定程度上也以满喜们的认知方式作为把握现实的视野和小说叙述的构架，这对应的是当时关于农忙托儿所的政策及有关宣传所提供的框架。但李准并未受限于此，他并未使小说结束于满喜们的一片称赞声中，也并未完全循着这些称赞所提示的视角进一步聚焦和描绘其所指涉的现实。李准继续追踪农忙托儿所进入乡村之后引发的生活与人心动态。在这一层面，接下来，他透过妈妈们的声音，呈现了在田间劳作场景中未被满喜们的视线所捕捉到的"现实"的整全与深度。

在小说的第八节，李准再度展现了托儿所内部的活动，并接着将视线渐次过渡到了田地。再接着，时间变化，妈妈们的活动空间随之转移到了"老杏树下"。这一时空情境为她们再次谈起托儿所提供了十分自然的氛围和契机：

> "人心换人心"，有些妈妈们看着这两天自己的孩子不闹了，也不脏了，她们在地里干着活这样说："咱们要在地里一天割不了一亩麦，连人家保育员也对不住，人家在家里守门给咱们看孩子。"因此干活就特别有劲，社里的麦子不到三天就割完了。
>
> 这一天歇晌的时候，保育员都回家吃饭了，几个妈妈在老杏树下喂孩子吃奶，她们就说起话来。王大凤也在那里，她听着二林媳妇说："哎，我觉得今年的托儿所太好了，特别是东英，对孩子们是一百成好，我下地可放心了。"满喜媳妇也说："你们看，今年托儿所把孩子弄得干干净净，又会说，又会笑，我还不知道，俺那个孩子在这几天可就学会数指头了。叫我看呀，孩子们在托儿所里比在家里还好。"
>
> 小周妈妈补充了一句："就是呀，俺那个孩子回家也不闹人了，

到家里也跑着玩。"木三媳妇接着说:"还有哩,要不是这个托儿所,咱社里这麦子,光凭他们男人,只怕后天才能割完。你看,今天就起风了,麦子要是割不完,麦籽叫风磨掉可惜不可惜!另外咱也挣分了,我这几天就挣到了七八十分。我想叫咱们托儿所能多办些时候,最好一直办到锄地。"[1]

如果说农忙托儿所是发动、"组织"妇女的一个关键环节,那么"组织"到底起到了什么作用?在上引段落中,妈妈们愉悦的心情溢于言表,这直接与托儿所给孩子们带来的变化有关。这些变化不仅改善了孩子们的卫生,使他们学到了新的本领,还引起了家庭中儿童教养方式的更新,并进一步重构了家庭这一空间的整体氛围。比如,就在被送到农忙托儿所的短短两天时间里,孩子"不闹了,也不脏了";"又会说,又会笑";"回家也不闹人了,到家里也跑着玩";"在这几天可就学会数指头了"。这些密集涌现的变化,让妈妈们频频眼前一亮,甚至为之感到惊喜和兴奋,仿佛白日的辛劳从中得到了抚慰,洒落田间的汗水也因此变得更加值得。怀着欣喜、兴奋的心情,她们毫不吝惜地对托儿所回以赞扬。妈妈们赞扬的角度明显不同于社长满喜,其中所包含的心情也未被满喜所捕捉。满喜等人认为二林家愿意下地是因为"组织",到了这里,李准则让二林家亲自表达了自己之所以愿意"下地"的关键心情,即"放心"。显然,"放心"的前提不仅仅是"靠组织",更要靠"组织"得"好"。使妈妈们对托儿所对孩子的照顾感到"放心",对于她们稳定地投入农忙生产、从而使生产计划的完成得到保证来说,固然是很重要的因素,这是东英为托儿所所付出的种种主动努力的动力和目标,也是使妈妈们产生"想叫咱们托儿所能多办些时候"的意愿的重要

---

[1] 李准:《农忙五月天》,张绍武、张舒主编:《李凖全集》第1卷,九洲图书出版社,1998年版,第133页。

原因之一。

　　托儿所的这种"好",最初并未为妇女社长王大凤所预想和信任。由于不愿意把自己的孩子交给别人照顾,王大凤甚至巴望着托儿所办不起来才好。而当大凤因此为难东英、两人闹了气、关系出现疙瘩之后,王大凤对托儿所和东英是否真的能不计嫌隙好好照顾自己的女儿,又多了一分怀疑:"东英嘴说得那样好,谁知道她心里什么样!"大凤在第三天把小红送到了托儿所,但李准说她"人在地里,心在托儿所"。大凤对孩子的惦记中,既有母亲对孩子本能的关心和爱护,也有她对孩子"忍又忍不住"、难以抑制的情感依恋。也许这两者本来就是分不开的,而它们在王大凤身上融合而成的情感浓度,显然是小说里所有妈妈当中最高的。晌午时,王大凤偷偷到托儿所的窗前窥探,这一动作正是在她对孩子的关心和依恋、对托儿所和东英的不信任以及对情面的顾忌等几重心理因素的推动下发出的,显得既迫切,又小心。在看到托儿所对小红细心、周到的照顾,以及小红在新的环境中不同于在家里的表现之后,王大凤并不把同时听到的雷桂花骂她的话放在心上。也许,正是透过窗户纸小窟窿的亲眼所见,让王大凤不得不默认了雷桂花骂她"半吊子"的合理性;同时,保育员们说的大凤的闲话,某种程度上也流露着她们对大凤平日疼爱孩子、对孩子"娇"的看见和体恤。因此,这番嘲笑的话似贬含褒,不仅不带恶意,反而让大凤听着心服口服,又不禁感到温暖和欣慰。对此,王大凤虽在心里默默回骂,但这看似斗气的还击中并不真正带有与雷桂花对抗的情绪,反而是她"不知道为什么心里觉得很高兴",接着"轻轻地转身回到地里干活去了"。[1] 王大凤从地里"偷偷地"来,而后"轻轻地转身回到地里",同样是小心翼翼的动作,对应的却是王大凤前后截然不同的心情:来时是满心猜疑,为此还做好

---

[1] 李准:《农忙五月天》,张绍武、张舒主编:《李準全集》第1卷,九洲图书出版社,1998年版,第130页。

了跟保育员们"算账"的心理准备；离开时是放心、高兴，又略带一点难为情，她对自己此前工作不积极、不配合办托儿所、给东英穿小鞋等种种想法和行为的愧意，也伴随着感受的回旋进一步生成并累积着。作为村子里对孩子最"娇"、依恋也最深的妈妈，王大凤因农忙托儿所的介入而被搅起的不安、抵触、猜疑等内心活动比任何人都要曲折和动荡，而王大凤"轻轻地转身"背后的心理转变，则代表了小说中妈妈们给予农忙托儿所的"最高"认可。

透过妈妈们的视角，李准在"农忙托儿所"到"田地"的连接线上进一步加入了"家"的坐标。他对"家"的叙述，事实上也呈现了东英以她原来主要来回于"托儿所—田地"这两个空间之间的意识轨迹所可能没有预想到的、结果却在家庭生活内部真真切切地发生了的变化。如果说，家庭是妈妈们生活中的一个重要支点的话，那么这些变化使妈妈们心情快慰、精神舒畅，也就相当于从无形中被重构了的家庭生活中激发出使妈妈们在投入劳动时"有劲"的活力因素。

除此之外，李准还写到了妈妈们在天气将变的情况下因爱惜作物而感到的生产紧迫，写到了她们"挣工分"的需求，还写到了她们由于意识到自己的力量的重要性、意识到"光凭他们男人"不成而产生的自信心与尊严感……这些，都呈现了妈妈们"有劲"的主体状态在由"社"与"村"交叠而成的整体的劳动空间和生活空间中的多元构成性。

如果说，上述来源诸多因素的产生以及它们对妇女们的主体状态的构成，主要是沿着"托儿所—田地"或"托儿所—家—田地"这一轨迹实现的话，那么相对于此，李准在这里还特别突出地写到了与此轨迹方向相反、使二者之间的连接构成往返来回、使妈妈们"干活特别有劲"的另一因素，那便是在"田地—托儿所"的方向上，她们要"对得住"托儿所、保育员的自觉意识。这一意识所依托的是伦理、情感层面的逻辑，也即整篇小说推进至此时，经她们之口彻底点破的"人心换人心"。

由此，托儿所与田地，两个不同的空间和它们所分别对应的两种不同类型的劳动，便为流动于人与人之间的，彼此互相牵挂、互以为重、互相支撑的情义连带感所连接。这个时候，东英与妈妈们之间的关系已经超出了社员之间的劳动分工与配合意义上的规定性，而变得更加亲密、熟悉、充满信任。妈妈们甚至相当自然地把托儿所形容为"家"，保育员的工作则被感受为"在家里守门给咱们看孩子"。在这样一种关联性中，"对得起"别人的感觉－意识也构成了妈妈们在劳动中自我要求和自我激励的方式，她们在劳动中的身心状态由此被感发，也因此从劳动中获得了意义感的充实与精神状态的提升。对比西方，在"人－神"意义结构尚未受到现代瓦解之前，工匠怀揣着向上帝或一切分有神之崇高的人、事或物的诚挚献祭之心，在孤独的斧凿刻画中灌注自己的意念与感情，以此获得内在生命活力的丰盈与充沛的意义感；李准在此处所呈现的参与农忙的妈妈们在人间伦理的层面感受劳动意义的方式，则特别显示出了中国人精神性构成的特点。以这样一种感受方式，尽管当初对"社"而言，解放妇女劳动力为的是"生产"，对妈妈们来说，走出家门、参加生产为的是"工分"，着眼点多少有些功利，但此时，当妈妈们想到要"对得住"托儿所的保育员、为此决心要一天割下"一亩麦子"时，这"一亩麦子"的数量中所包含的感情，显然是无法被"工分"或"生产"的经济逻辑所衡量和回收的。也就是说，妈妈们此时的身心状态、她们对劳动的投入、对劳动过程的意义的感受，以及对与之连带一体的集体化生产、生活方式的认同，已经不完全受到经济功利性目的的规约了。

在这里，李准揭示了既未被满喜等人发现，甚至也未被东英所充分想见的，农忙托儿所在乡村日常生活、伦理、精神的层面，发挥"组织"功能、"发动妇女参加生产"的具体方式和效果。在这些层面中，"妇女"无法仅仅作为经济要素意义上的"劳动力"被简单界定。而当

"妇女"不被简单视为"劳动力",而是作为存在于整全生活世界中的主体被李准看待和呈现时,这一呈现也从上述乡村日常生活、伦理、精神层面,在生活样式的更新、在人与人相互连带、人的身心状态与劳动潜能获得调动与提升等意义上,拓展了我们对关于托儿所"解放妇女劳动力"的意义表述中"解放"意涵的具体感受与认知。

人心之间的相互感通、联结、凝聚与相互激发,是李准在这篇小说中着重表达的对于"互助合作"的生产、生活样式的内在构成方式的特别理解。这一点实际上并未为李准在这一时期的创作谈中关于"互助合作"的论述所充分涵盖。[1]在小说中,人与人之间互相要"对得住"彼此、"人心换人心"的感觉－意识方式,孕育于"村"这一伦理空间。这一伦理资源因"社"的要求被进一步激发、调动,沿着托儿所—家—田地的轨迹,从托儿所向更广阔的乡村空间弥散、荡漾,并获得了回响。在相互往复间,在一环又一环地细致展开中,人心与人心之间的互动与感受,也变得更加抒发、更有质感。一方面,人心的活力超出了"社"的规定性,另一方面,这被激活的人心对现实中其他层面的开展与运行也更有含摄、调动的能量。由此激荡而成的精神氛围,弥漫于"村",也萦绕着"社",构成了托儿所在"村""社"双重层面获得成功

---

[1]"共同上升"和"摆脱贫困"是李准在创作论中表达的对"互助合作"的理解要点。1953年11月,李准写了创作谈《我怎样写〈不能走那条路〉》,其中提到他对于"互助合作"的认知。这种认知主要来源于当时发布在报纸上的政策文件:"恰巧这时报纸上发表了《农村工作的基本任务和方针政策》的文件,里面讲到要防止农民两极分化必须引导农民走共同上升、互助合作的道路。这几段话,使我感到买卖地这个问题是个大问题,可是怎样解决这个问题,自己还是不大明确,于是和一些同志研究起来。"1954年,李准应《长江文艺》编辑部之邀,写了另一篇创作谈《我怎样学习创作》,谈到以小说推动"互助合作"是他创作的初心:"在写《不能走那条路》之前,我曾经翻过一些关于农村问题的党的理论和政策,使我深刻地认识了农民的两面性,同时也深信互助合作可以摆脱农民的贫困。因此,也想借用自己的笔帮助那些手扶犁耙赶着小牛耕种的人们迅速地走上互助合作的道路,看到他们驾驶新式的耕作机械。我写小说就是从这些信念开始的。"这两篇创作谈,参见李准、未央等:《我是怎样学习创作的》,长江文艺出版社,1956年版。

的核心因素，也构造出了在"村""社"交叠互动中形成的整体社会生活空间的新样貌。

李准在小说中所着力表现的这种"人心换人心"的感觉－意识方式，既来自李准对当时由政治所打造的新中国的社会氛围和人心状态的观察与感受，实际上也带有中国传统伦理精神的特点。

五、从"人心"重构看现代中国"共和"政治

如果说，在《农忙五月天》中作为一项新制度的"农忙托儿所"首先是以上级政策要求的面目出场，继而被带进合作社和乡村，从而在很大程度上具有政治性，那么，"人心"作为构成于乡村生活世界中的因素，则可以说主要是一种社会性的存在。由此，小说呈现了一个政治与具体社会互动的过程，以及这一过程所打造出的新的社会生活、生产、劳动面貌。在李准这一文学呈现过程中，不同观察和把握现实视角的叠加与转换，一方面使我们得以在"政治"和"社会"之间更具体地定位李准"文学"的位置和内涵，这将带来的是对既有的对李准形象的一般认知——即把李准简单视为一位自觉配合形势政策、及时反映现实、为党宣传的作家——的突破。另一方面，将李准以文学形式开显出来的有关认知，例如，制度与人心的关系，新中国的组织和社会构造与传统中国社会之间的关系，等等，置于思想史，尤其是"现代中国"建国史的视野当中看，也有助于深化对其内涵的理解。为此，以下将借助梁漱溟对新中国成立问题的讨论，引入此一视野。

中华人民共和国成立后不久，1950年4月初到9月半，梁漱溟接受毛泽东及中共中央的建议，自重庆北上，到山东、平原、河南三省及东北等老解放区参观访问。此行使梁漱溟看到了中国共产党的业绩，他开始在他所关切的"解决百年来的中国问题"的思考脉络中重新审视中

国共产党政权与近代中国各种革命之间的关系，并针对自己过去的种种认识与设想展开自我批评。这些思想成果见于梁漱溟于1950年10月至1951年5月撰写的《中国建国之路（论中国共产党并检讨我自己）》。这部著作原拟由上、中、下三部分构成，其中，中、下两篇并未完成。在已完成的上篇中，梁漱溟总结了我党的三大贡献：统一建国，树立国权；引进了团体生活；透出了人心。梁漱溟着重关注中国共产党政治所打造的新中国的国家、社会形态与中国传统伦理精神的关系，二者的联结点在于"人心"："照直说：建国问题，正是如何给中国人心理上改换道路走的那个问题。"[1] 由此，梁漱溟构建了一个基本的思想框架，以分析和理解20世纪近四十年来不同党派、政权的建国方案与实践的成败结局。

梁漱溟认为，传统中国社会以伦理为组织肌理，社会中人人彼此以情谊相联锁。此情谊由家人、父子、兄弟之情发挥而出，由近及远，使社会家庭化。但这种"社会家庭化"的组织方式，受制于"推情"的限度，事实上并不就能把中国人合成一家、联成一体，反而是，说分不分，说合不合。具体来说，便是人们彼此之间没有利害冲突因而和平，缺乏共同利益因而散漫。因此社会形态，以及"近则身家，远则天下"的观念，传统中国人对处在"身家"与"天下"之间的"集团（阶级）""国家"的感受亦十分模糊。这样一来，武力缺乏阶级主体，中国对内不能统一，对外亦难以应对近代世界以民族国家为单位的集团竞争。而近代中国的历史情势，也要求中国向一个稳定、统一、有能力的现代国家转化，这是20世纪以来中国的政治精英与知识精英的共识。对此，梁漱溟认为关键在于引进团体生活、增进社会关系，以此克服传统中国社会"不隔阂不团结"的散漫。

---

[1]梁漱溟：《中国建国之路（论中国共产党并检讨我自己）》，中国文化书院学术委员会编：《梁漱溟全集》第3卷，山东人民出版社，2005年版，第371页。

然而，就在传统中国社会的"散漫"构成当中，梁漱溟又看到，"不隔阂"实际上是中国人乃至人类的社会生活的基础：

> 人与人只是身隔而心不隔。这表见在彼此心情相喻上，表见在彼此相信相谅上，表见在彼此互相关切照顾（亦称同情心）上。要相喻，才相信；相信便更能相喻。要相喻而后才关切，才照顾；由于关切而更相喻。其中实以相喻为一切之本；而相喻则从人心有自觉来的。自觉与上边说的"不容自昧"，当然是一事，人心之特征在此；物类就缺乏这个。有自觉就有自知、自喻。必自知而后能知人；必自喻而后能相喻（自己吃过苦头，才懂得人家吃苦头是什么味道）。
>
> 由于相喻相关切，而后在自己心里才会有责任感之发生。一个人对一个人可以相喻、相关切，有责任感；对于多数人，对于群体亦一样。同时多数人对他，群体对他，亦是一样的。"责任感"就是寻常说的"不要对不起人"。责任感、正义感、信实、相信、相谅、相关切、相照顾……所有这一切都必以人之自觉而相喻——为基础。然而所有这一切，却正是人类社会生活的基础。人类社会看似在有意识地（其中有理智）无意识地（其中有本能）彼此互相利用而结合着；其实这至多是把人牵引到一起，或联锁不散而已。若要和好地共处，积极地协作，却必在此不隔之心。没有此不隔之心，任何社会生活都搞不好，乃至搞不下去。故此人类社会之所以能成功，所以能发展，其心理学的基础不是旁的，就是人心。[1]

引进团体组织的客观形式，"把人牵引到一起"，建立"联锁不散"

---

[1] 梁漱溟：《中国建国之路（论中国共产党并检讨我自己）》，中国文化书院学术委员会编：《梁漱溟全集》第3卷，山东人民出版社，2005年版，第368—369页。

的"团结"基础之后，如何激发人们参与公共事业和团体生活的内在动力和精神品质，把人们从内在更紧密地联结起来，使人们"和好地共处，积极地协作"，使团体生活"搞得好"又"搞得下去"，就成为问题。对此，梁漱溟认为，在中国现代国家的建构与社会转型中，要对"互以为重"这一深植于传统中国、使人心不隔的伦理精神加以护持，使之有效转化为中国现代社会的基础性构成。这不仅因为这是中国人"不隔阂"的基础，更进一步地说，这还是中国人人心活力构成的核心机制所在。

在这一层面，梁漱溟分辨了中西文化的殊异，以此为基点，他指出了中华民国建国路径的问题及其所引发的人心、社会后果，并肯定了中国共产党建国"透出人心"的贡献。在中华人民共和国成立初期，梁漱溟看到，中华民国与中华人民共和国，虽则都以"共和"为政体建设的方向，但"共和"的运作方式与社会人心效果却大相径庭。从"共和"政治的角度来看，如果说中国共产党引进团体生活的种种形式是为了增强"共"的属性，那么怎样才能在实现"共"的同时，使人"和好地相处，积极地协作"，达到"和"的状态，反过来又以"和"促进"共"的开展，巩固"共"的根基，提升"共"的质量？

在《农忙五月天》中，李准对东英办农忙托儿所的过程、这一过程所打造的"村-社"空间形态，以及在这一空间当中发生的乡村生产、生活方式、主体及人际关系感觉的结构性重塑等不同层面的观察与呈现，实际上也内在地包含了对这些问题的回应。从其最直观的目的或效果来看，农忙托儿所是配合农业合作化运动，促进家庭教养领域公共化、社会化的手段。但仅有上层的制度设计、政策要求、经验指导以及实际的物质支持，并不足以保证制度的有效落地与良好运转。在这个过程中，李准不仅看到了制度设计结合地方社会的实际条件进行转化的环节，他更深刻的观察在于，他看到了由"共"到"和"之间最核心的一环在于"人心换人心"。而"人心换人心"实际上是一个涉及生活的方方面面、需要人投入耐心持续进行的互动过程。把别人的事情看成自己的事情、把别人的孩子当成自己的孩子,这才能够让人与人之间产生"共"的感觉-意识。否则,即便是接纳了"共"的制度安排,人与人之间、人与集体之间仍有可能是彼此分隔甚至相互提防的关系。就像王大凤总担心托儿所亏待自己的孩子;就像东英在办托儿所的第一天,看到"还是孩子们和他妈妈亲",感受到了自己与孩子们之间亲昵的界限,"也不知道是高兴还是有点羡慕,只觉得心里有点别扭"。[1]如果把这一"亲昵"的界限视为以父子-兄弟-家人的关系为轴线、由近及远形成差序格局的传统伦理"推情"结构及其边界的某种表征,那么李准让我们看到的是,经过"人心换人心"的人心重构,这一传统伦理结构及其界限也被具体地突破和重构了。在小说的尾声,"孩子们见东英来,老远的都举着两只小手'啊!啊!'地叫她",不仅孩子们,就连除了王大凤之外"谁都不叫抱"的小红也都愿意让东英抱。身体的亲近,使东英先前以"羡慕"和"别扭"的方式表达的疑问——是否孩子们只能和他们的妈妈亲?——无形中被化解了。就连最舍不得孩子的王大凤,也从心底里愿意看小红跟东英亲,甚至还打趣地说:"把我们这些孩子都送给你吧,就叫他们跟着你,你当个总妈妈!"[2]从这里,我们可以看到梁漱溟所构想的现代国家在组织上"不隔阂而团结"的可能性及其实现路径。同样,《农忙五月天》中的许多微观情境也都让我们看到,以"人心换人心"的人心重构来与制度、物质重新搭配,农忙托儿所、合作化运动以及"共和"政治才能够真正地运转起来。

---

[1]李准:《农忙五月天》,张绍武、张舒主编:《李凖全集》第1卷,九洲图书出版社,1998年版,第127页。
[2]李准:《农忙五月天》,张绍武、张舒主编:《李凖全集》第1卷,九洲图书出版社,1998年版,第133页。

对于人与人之间的区隔感，以及区隔感被时间与真心化解的方式，李准在荥阳落户期间，在参与农村中购粮、扩社等工作的过程中深有体会。在1954年的创作自述《我怎样学习创作》中，李准说道："通常我们说去体验生活，其实群众对于一个生人，不上三天，就'体验'了'你的生活'。不过这也没有什么坏处，彼此了解会对工作有帮助。特别是群众知道你是为他们老老实实服务之后，他会把一颗心都扒给你。"[1]李准这一关于由"生人"主导开展的农村工作如何才能有效落实、扎根在村民心上的现实体验，连带着《农忙五月天》中的相关文学呈现，为我们展开了理解"共和"政治极富启发性也极为重要的视角。"共和"政治感里，必须纳入李准这一观察：所谓的中华人民共和国里的"共和"，如何才能在社会组织和个人心理、日常行为方式上扎根？如何才能真的流动于体量庞大的社会最内在的血脉里、内在于每个中国人的基本构成里？

而如果联系小说创作及完稿后不久的政策变动，尤其是从农业合作化运动的推进速度和方式来看，实际上《农忙五月天》中妇女劳动的组织和托儿所的创办，也是在合作化运动的背景下，在政治要求（县妇女社长会议的号召）、经济指标（"三天割完四百六十亩麦子"[2]）以及天气变化（"前几天"下了一场小雨，麦子提前熟了，而麦收的时候又起风了）几重因素的夹逼之下不得不迅速推进的工作。为此，"农忙五月天"的"忙"当中总免不了有几分"急"的色彩。但是李准的叙述却让我们看到，在这么"急"与"忙"的氛围之下展开的，却是特别讲究耐心的人心与人心之间的互动磨合。是这一过程所激发的人心能量，稳当地支

---

[1] 李准：《我怎样学习创作》，李准、未央等：《我是怎样学习创作的》，长江文艺出版社，1956年版，第6页。
[2] 李准：《农忙五月天》，张绍武、张舒主编：《李準全集》第1卷，九洲图书出版社，1998年版，第115页。

撑起了政策的落实与生产计划的完成。小说这一构造的启发性在于，在农业合作化运动推进的"快"与"慢"的问题上，应当将李准观察到的中国人此时的人心状态作为一个关键的结构性要素来考虑。而中央在1955年中期对合作化发展的核心构想中对此却缺乏注意。

在1955年农业合作化运动高潮之后，合作社进一步发展。1956年4月30日，《人民日报》宣告全国农村基本上实现了初级形式的农业合作化，同年又实现了从初级社向高级社的跨越。后经过短暂收缩，在"大跃进"的带动下迅速实现人民公社化。在此过程中，要求过急、工作过粗、改变过快、形式过于单一等问题随之产生，给集体经济的经营管理、基层组织、生产积极性等造成了不同程度的破坏。从重返历史的角度看，在《农忙五月天》中，李准对政治、经济与社会互动过程中人心动态的结构性捕捉与呈现让我们看到这些社会代价的非必然性，至少是在程度上使破坏性减轻的可能。而就观照当下、认识和想象"社会"而言，《农忙五月天》中的认知视野和思想内涵，也仍能为我们提供特别的启迪与能量。

辑 三

《李双双——从小说到电影》，中国电影出版社编辑、出版，1963年第1版，1979年第2版。

连环画《李双双》封面，贺友直绘，上海人民美术出版社，1964年版。

"再使风俗淳"

——从李双双们出发的"集体化"再认识[1]

◎ 程凯

一、"新义理"

十七年文学中，李准的创作素以能"及时反映现实"著称。其农村题材小说随 1953 年后的农业集体化进程同步展开，每部作品或多或少有一个清晰、可辨认的政策主题和宣导方向[2]，看上去带有较浓的"写政策""跟形势"意味。这使得同时期的评论会特别根据其配合形势的

---

[1]因篇幅所限，此文收入本论文集时做了较多删减，如有意查对完稿请参见《文艺理论与批评》2020 年第 5 期刊登的全文。
[2]像《不能走那条路》宣传阻止土地买卖、防止两极分化，《白杨树》讲克服单干，《冰化雪消》写合作社小集体之间的恶性竞争，《孟广泰老头》讲克服落户社员的占便宜思想，《野姑娘》赞扬办社积极性，《农忙五月天》围绕办托儿所，《三月里的春风》表彰复员军人办养老院，《冬天的故事》批评社干管理方式、推行民主办社，《"三眼铳"掉口记》表现"社会主义教育"中的"大辩论"，《小康人家》针对征购余粮，《一串钥匙》通过"权力下放"反映生产管理权从家庭转向生产队，《两匹瘦马》写"勤俭办社"，《李双双小传》借"大跃进""鸣放"、公共食堂、技术革新写社员如何参与集体管理，《耕云记》通过办气象站赞颂新一代的责任心，《两代人》写培养革命接班人，《李双双》（电影剧本）创作背景是以恢复按劳分配、评工计分来调整集体状态。

深浅判断其价值,称赞作品的"及时""有效"[1]。反过来,这又成为新时期后认为其创作图解政治、丧失文学独立性、流于政治宣传品的依据。特别是很多当年被大力赞颂的"新鲜事物"、政策导向以失败而告终时,李准当初为之鼓与呼的文字似乎就成为一种不光彩的记录。[2]

李准自己在"文化大革命"后对这种高度配合形势的写法亦有反思。然而,如果把李准十七年的文学创作仅视为政策图解则过于轻看它们了。其创作立意不仅要一般性地"反映"农村新人新事,更"善于在农村日常生活中敏锐地发掘"新人新事得以生成并巩固的社会基石,再进一步试图以文艺实践参与移风易俗式的社会改造。对李准这样的在20世纪50年代成长起来的作家而言,他们对于政治与文艺的关系有着与今天不一样的感知框架。首先,他们不单纯从支配性角度体认革命政治,而是将其视为改造现实的创造性力量,尤其在政策本身有说服力或体现高远的社会理想时,他们会内发地认同其方向。因此,在宣传形势、政策上他们具备相当的主动和积极——他们对"硬性"地服务政治运动或政治表态式的写作也会反感,但从而越发致力于"从根本上"服务政治。[3] 与之相关,文艺对他们而言不是如其所是地"反映"、呈现客观现实的媒介,而是改造现实的手段、塑造现实的力量。这意味着,

---

[1] 在较早一篇关于李准的评论中,冯牧就称赞其长处在于:"力争做到敏锐而迅速地把现实生活中的一些巨大的变革和斗争、一些新生事物的滋生和茁长,及时地通过艺术形象表达出来。"并且,由于其"从来都不回避、并且常常是十分主动地及时地以自己的创作来为实际斗争和革命任务服务",因此"在他的创作中,也从来没有产生过任何创作与'配合任务'的'矛盾'"。参见冯牧:《在生活的激流中前进——谈李准的短篇小说》,卜仲康编:《李准专集》,江苏人民出版社,1982年版,第192、194页。

[2] 李准曾举电影《小康人家》为例,认为其创作水平不亚于《李双双》,但因为宣传卖余粮、果园归社,不符合新时期之后的农村政策,不可能再拿出来放映。如果电影《李双双》像同名小说一样以公共食堂为题材,也势必遭此命运。参见李准:《文艺和政治的关系及其他》,张绍武、张舒主编:《李準全集》第5卷,九洲图书出版社,1998年版,第212页。

[3] 李准:《文艺和政治的关系及其他》,张绍武、张舒主编:《李準全集》第5卷,九洲图书出版社,1998年版,第212页。

他们不能囿于以"实有"的状态来认识、书写现实，而须努力于以现实可以被调动的可能性上去认识现实。[1]所谓对"生活"的不断深入体会、认识都指向挖掘这种可能性，而兼具洞察力和限度性的"现实把握"也尤为依存于对这种可能性是怎样蕴含于生活中及如何能被调动出来的体会、想象中。因此，李准这样的作家在消化政策、形势时，注重的不是条文、概念，而是政策、制度设定中包蕴的对人与社会的预设同期待，也就是在社会改造的方向上对于人应该具有哪些新的品质、品德、行为准则所提出的要求。其作品写新事、新形势，然而，更进一层是要写新人、"新理儿"。所谓"新理儿"是基于政策规定性和生活中的人可能具备、生成的状态、品质而磨合出来的。这样的"新理儿"能够落地，尚须特别依据现实中的人调动自己身上的道德根基、行为准则与之呼应、搭配，由此孕育出"新人"的胚胎。

恰如李准在其作品中不断尝试呈现的，所谓"新人"非单指那些最能响应号召的积极分子，绝大部分人，包括迟疑者、落后者、有负担者、保守者、观望者、有各种小毛病的人，都可以在一种新形势下，经由先进者的带动，经由家人、乡亲间的互动从"旧"走向"新"。毕竟，他们有着共享的、可转化的"老理儿"——像本分、良心、道义、急公好义、责任、羞愧心——而他们的生活又高度寄托于乡村共同体和以家庭为范型的伦理关系。他们虽然无法主动介入制度、体制的设计、创造，但他们有着基于自身"正信"的应对、转化方式。其间，那些更具

---

[1]新中国成立后，对作家提出的明确要求是参照苏联社会主义现实主义的创作原则实现从"旧现实主义"到"新现实主义"的转变。其要点在于：不满足于"把生活写成它原来的样子"，要"高升到日常的事变之上，并了解还隐藏在未来之中的这些事变的意义"，"从这样发展着的现实出发，越过现实去或越过事变的自然进程，去描写在将来可能实现和应当实现的人物和生活"，把"对于现实的深刻地理解和对于未来梦想的巨大的信心结合在一起"。参见竹可羽：《现实主义与浪漫主义结合》，竹可羽：《论文学与现实的关系》，作家出版社，1957年版，第11页。

价值追求或朴实淳厚者会在特定形势带动下首先激发出诸如大公无私、热心助人、敢说敢做、见义勇为等新品质。这些品质不仅是私德，在从小农经济转向集体经济、集体组织的过程中，在造成集体的行为准则、左右社会风气中更具有构成性作用。基层干部、群众工作者的职责端在于灵敏地捕捉到具有这种品质的人，将其置于结构性位置并发挥组织、带动作用，同时还要促使他们通过家庭、通过乡村社会关系网络来影响、转化其他人，调动各种类型的人由"旧"向"新"。这一过程其实才是李准绝大部分小说真正要书写的"内容"。

因此，李准的"写政策"不是记录政策如何落地，而是要写出民众在适应、回应新制度、新形势中，如何进行一种"义理"的再创造。这种新义理是"新理儿""旧理儿"的复合，既承续着民众自身的行为准则、生活逻辑，又经过了高度的提炼、融合与激发。打造这种新义理，对农民而言很大程度上是适应、调适性的，相当程度上意味着不够自觉、不够稳定。而对于李准这样曾受传统意识熏染，既对乡村社会负责又对革命负责的知识分子而言，创造一种新社会的新义理就潜存于他的意识中，甚至构成底色和主导。所以，李准书写乡村的基准不是反映论意义上的"真实"，而是"育化"意义上的"合情合理"。所谓"合情合理"中要合的那个"理"，未必是现实中已充分达成的，却是在新的乡村义理中应该具有，配合着新制度的行为、道德原理；要合的那个"情"则是对可促生向上转化的诸多情感因素的机能性把握。以这样的"合情合理"为前提，才可以实现一种有效的社会教育。

在此意义上，李准的作品一定要还原到乡村语境中去落地、检验。纸面上的小说文字不是李准理想的作品终点，它们尚须被活化为可在乡下演出，植根乡村生活语境的戏曲、电影。而老百姓对李准作品的认可、喜欢，意味着他们对其描绘出的生活世界的认同、喜爱。因此，我们可以看到一种耐人寻味的现象：李准的很多作品里宣传、描写的制度、政策后来都被证明不合理,构成对农民的剥夺与侵害——诸如统购统销、征收余粮、"大辩论"、公共食堂等——可李准写这些制度的作品仍深入人心,为农民所心喜。这意味着,李准刻意书写的不是制度的"合理",而是在接受、转化这些政策、制度过程中,那些新人行为原则、思想基础、情感方式的"合理"。

从这个角度看,极言之,无论自上而下的制度合理与否,民众都有一种构造其生活世界内在合理性的强韧意志。这是李准长期深入农民生活所体会出来的,甚至逐步变成他的一种信仰。他晚年的代表作《黄河东流去》就力图书写黄泛区底层民众身处历史最昏暗的旋涡中,在无所依托、流离失所的处境下怎样依靠内在的伦理秩序、道德信仰、行为准则一步步修复自己的生活、家庭和乡村共同体。而在 20 世纪 50 年代,当李准仍对革命政治抱有极大信任时,他更致力于把革命要求塑造为足以激发原有潜质的媒介,表现乡村和农民如何以自我肯定、自我提升的方式实现自我改造与更新。这与革命理论中所预设的对于小农生产、小农意识加以否定而推动的改造方式、提升方向蕴含着微妙而决定性的差异。就此而言,李准 20 世纪五六十年代的创作别有一种历史认识与理论认识上的挑战性。

二、"集体化"的症结

李准正式登上文坛是在 1953 年,从 1955 年开始以非常"高产"的方式进行创作,这一"高峰期"延续至 1962 年。这一时期,正值农村合作化运动和集体化的"激进期"。

在此过程中,社会主义道路、集体意识不能仅靠抽象说明来宣传,而要在诸如是否买地、是否出卖余粮、牲口是否合槽、果园是否归公、怎样对待公共财物等种种具体情境的挑战下辨析出"公""私"的新界限,并经由分辨、说服的日常化,创造一种在自家与大伙儿、自利与公心、短视与远景间不断界定和持续"争夺""争取"的语境,以此促成大家意识的转变。

李准的成名作《不能走那条路》就意在描摹、传达这样一种日常化、平常化的"思想争取"。小说既无轰轰烈烈的运动背景,也无突然而至的紧急任务,所处的村庄亦平淡无奇。[1]但久盼而至的买地机会对老农民宋老定却是天大的事。整个小说聚焦在宋老定的心思、纠结上,写出一个老农要放弃传统的发家理想、实现心理转变需要建立哪些必要的心理支撑,而围绕这一转变又着力写身边人应该针对性地做哪些思想工作,怎样做。从中不难体会出为什么说促成农民的意识转变是一个长期而艰巨的任务。

一方面,运行良好的制度固然可以塑造人;另一方面,对于制度的运行良好需要何种支撑——从制度本身的现实基础、配合条件、设计方式到需要什么样的人和主体状态——相当程度上更具决定性。换句话说,人的主观能动性、积极性常常不是在突破制度约束的意义上发挥作用,而是在其既被制度决定又左右制度运行状态的意义上发挥作用。人不仅在推动某种制度成立的意义上可以发挥积极性,更是在制度的日常运行过程中发挥着有意无意、或隐或显的"能动性",不断在左右、改写制度的方向与效能。

在1957年上半年,中央就在彼时大力提倡"社会主义民主"的背景下专门提出"民主办社"来解决合作社存在的弊端。[2]与之同步,李准迅速拿出了以"民主办社"为题材的小说《冬天的故事》(原名《没

---

[1]很多合作化小说刻意设置村庄的贫或富、小或大、落后或先进,都是为了方便表现某一特定阶段的政策导向。

[2]"民主办社"提出的背景、针对性与相关要求可参见程凯:《什么样的"社会主义民主"?——"民主办社"思路中的意识与问题》,贺照田、高士明主编:《人间思想·第十一辑:作为方法的五十年代》,人间出版社,2019年版。

有拉满的弓》)。小说主人公陈进才被设计为一个一心为公、善于经营的高级社副社长,单纯从组织集体生产和提高经营效能的角度衡量,这是一个精明强干的优秀干部,但其毛病在于"不相信群众",没有意识到社是大家的,办社的目的恰在于把每个社员培育成自觉、内发的主人翁;他把自己当合作社的管家,视社员为随时会占公家便宜的人,处处提防;他用和群众耍心眼、讨价还价的方式为合作社节省资金,用利益调动的方式组织副业生产,费尽心思,却因得不到群众拥护弄巧成拙。毋庸讳言,合作化过程中,社员基于私心占集体便宜的并不罕见,也尤为侵蚀集体的向心力。李准之前的小说《孟广泰老人》试图站在社员的角度向乡亲陈述应如何"正确"理解个人与集体的关系:旧社会占便宜基于受剥削后的无奈反抗,而当合作社是自己人组成时,占公家便宜就是占大家伙的便宜,一家得益,大伙儿吃亏,就对不起大伙儿。[1] 与之对反,《冬天的故事》则试图教育社干应怎样"正确"看待群众:即便存在社员占公家便宜的现象,也不能先认定社员不会把集体看成自己的。但凡存了这样的心思,就不会去努力做思想引导,而只想用"手段"、用制度去"管""治""卡"。此种硬性管理不但贬低了人,也势必造成管理成本不堪重负:"要都像你这样一个社员后边得跟一个干部,我们不相信群众,不依靠群众那什么工作也别干了。群众觉悟不一定比我们低,老拿着老眼光看人,这不是我们共产党的办法。"[2]

整个小说试图展示:任何制度、工作方法中都隐含着对人的理解和对人的态度。当陈进才说:"订个制度,谁偷一斤烟叶,罚两元钱。另外再做个牌子,挂到她的门上,什么时候她捉住贼了,再把她家门口的

---

[1] 李准:《孟广泰老头》,张绍武、张舒主编:《李準全集》第 1 卷,九洲图书出版社,1998 年版,第 100 页。
[2] 李准:《冬天的故事》,张绍武、张舒主编:《李準全集》第 1 卷,九洲图书出版社,1998 年版,第 185 页。

牌子去掉，挂到那一家门上！"另一位社干银柱的反应是："你这简直是对社员们的污辱！"这类罚款加羞辱的方法看似能通过震慑达到预防，实际上却将广大社员都置于潜在的被罚者位置上，预设了每个人均会见利忘义的品性，构成一种普遍的精神冒犯。同样，进才提醒妻子玉梅不能给烟叶上水以免别人误会其偷分量时，妻子立刻"羞得脸红了"："她脸红倒不是因为自己打算偷什么烟叶，而是进才这样想，她自己就觉得害羞。"[1]这害羞里显示着一种道德基准：自律的标准并非自我认定，更须达至使别人不起怀疑、防备，才是到位、安心的；瓜田李下，使别人起疑，甚至只是起疑的端倪都会令人羞愧。在这类标准的映衬下，陈进才设想的"管理方法"仿佛对整个村子的道德根基都构成了贬低。因此，村民们和其他干部一方面佩服他能干，另一方面反感的也是他的"能干"："我觉得你这'本事'太大了。吃亏也就吃亏你这个'本事'太大了。其实对待社员们倒毋需用这么大的'本事'。"[2]

小说中的这个人物看似很会揣摩人心，很会利用别人心理，但他能揣摩、能利用的都是一些逐利、算计的心理，他对人心中更深厚、更支持着道德根基的部分却反应迟钝，毫无体察。只从单一维度看待人的制约也令他对人的多样、差异缺乏认识，无法内在地调动人的认同感、积极性。因此，他的工作方式看似机灵，实则生硬，看似聪明，实则笨拙。而他又很自信、自得于自己的精明、掌控力，由此形成一种反差，构成了这个人物的喜剧性。

《冬天的故事》的立意是从一个社干的意识缺陷来展现要建立一个大家心里认可的集体需要建立何种对人的理解，尤其是对社员群众的体

---

[1]李准：《冬天的故事》，张绍武、张舒主编：《李凖全集》第1卷，九洲图书出版社，1998年版，第184页。
[2]李准：《冬天的故事》，张绍武、张舒主编：《李凖全集》第1卷，九洲图书出版社，1998年版，第191页。

察，只有有效地调整对集体中的"人"的感知方式，才能确立对待每个社员的态度，找到有针对、有带动、又有激发的工作方法，令社员真的把合作社看成"自己的"。这个问题的挑战性、迫切性贯穿着集体化历史的始终。

无论是1957年上半年推行的"民主办社"，还是下半年"反右"后农村社会主义教育中提倡的"大辩论""大字报"，本义都在克服权力垄断造成的干群疏离和对立，赋予群众以发言权、监督权，使群众有途径、有意愿、有能力参与集体管理，这样才能增强归属感和责任心。但这些制度设计终归有很大的外在性、赋予性，并不是农民从自身的生活经验、行为准则、社会关系中提炼出来的，却更多配合了政治形势，其形式、导向对民众来说都非常陌生，很难变成农民自己的武器。

李准的小说《"三眼铳"掉口记》就写一个好提意见的老农在"大鸣大放""大辩论"中的"迷途知返"。这篇写于1957年下半年的小说意在配合"反右"之后以"大辩论"方式展开的"两条道路"斗争。但透过表面主题，可以看到李准深层的关注点是基层农民如何能够发言，如何能公开、直率地表达自己的意见，以及所谓"群众意见"是怎样造成的。新中国成立后，一方面干群关系愈拉愈远，另一方面从意识上来说共产党特别强调走群众路线，于是"听取群众意见"成为制定政策过程中不可或缺的环节。问题是，如何听取群众意见，在什么场合、通过什么形式搜集群众意见，听取哪些群众意见，这里面大有操作空间。于是，"群众意见"很多时候成为一种可以根据上级风向制造、操纵出来的舆论。尤其"大跃进"后倡导的"大鸣大放""大字报""大辩论"，看似给群众提供公开发表意见的途径。但一则，经由"反右"运动的教训，谁都晓得公开发表言论的政治风险，再则，对于农民来说，"四大"是与其习惯的言论方式极为不同的表达方式。对绝大部分农民来说，既无写"大字报"的能力，也没有"大辩论"的口才，甚至没有形成自己意见的方式。树立"四大"当作民主的主要形式相当程度上是以现代的大众民主模式来构想社会主义民主。

传统乡村中，具威望、号召力的，常是一些实干而并不怎么能说会道的人——像柳青写的《创业史》中的梁生宝、李准写的《赵蓉》里的赵蓉。而《"三眼铳"掉口记》里这位敢说话、敢提意见的老汉在村庄中的角色是较为"各色"的："他这个人性子直，说话是管掰不管接，嗓门又粗又亮，还好顶撞人。"[1] 乡亲送他的绰号——"三眼铳"——包含着调侃意味。这不仅因为"放铳"势必常得罪人，还因为好"放铳"代表着头脑简单，容易被利用。小说的情节设计就是"三眼铳"被富裕中农利用，在会上"放铳"批评统购统销，又在社长、家人的教育下醒悟，掉转"铳口"反戈一击。李准刻意把"三眼铳"写得"愣"，写成可爱然而有缺陷的人物，是对应着在越来越激进的运动形势中，这种"性格"具有的潜在危险——因其"冲"而特别会引起关注，也容易被当作助推器。

然而，到了接下来写于"大跃进"高潮形势中的《李双双小传》里，主人公李双双虽然也醒目地表现出直率、"冲劲儿"和敢提意见，但这种品性设计已经超出在助推某种形势上发挥作用的局限，更进一步要在集体组织、集体经济的日常运行中显露其积极介入的正面意义。这一人物所要回应的问题是：如何从基层群众中召唤、调动出那些潜在有责任感、热情和公心的人，令他（她）们"跃"出来，积极介入、参与集体组织的维护、管理，扭转群众之于集体的"冷感"，使得集体变得富于凝聚力、向心力。如前所述，这一问题在新集体的生成、巩固中始终居于特别挑战性的位置上。所以，相较之前颇为单面、缺乏余地的典型人物，李双双这个"新人"形象一方面在生活中的根扎得很深，一方

---

[1] 李准：《"三眼铳"掉口记》，张绍武、张舒主编：《李準全集》第1卷，九洲图书出版社，1998年版。

面又随着人物在生活根基上的不断拓展、生长而更深地嵌入新集体生成、巩固的核心环节。因此，从小说《李双双小传》到电影、戏曲《李双双》，其间的政治形势已历经"大跃进"到"调整、巩固、充实、提高"的巨幅变化，可李双双这个人物、性格不但没有随时变而过时、坍塌，反而发展得越来越饱满、喜人、耐看，越来越有分量。

三、梁生宝与李双双：两种构成性

有研究者曾指出，1955年后的全面合作化所带来的是一种新的"体制性状态"，从试办合作社到全面合作化不只是规模上的加强、加速，与其说存在"初级社"阶段和"高级社"阶段的区别，不如划分为"部分初级化"与"全部集体化"两个阶段更准确。[1]这两阶段的合作社代表不同的体制状态：

> 早期的合作社带有一种近于"革命组织"的性质。它规模小，自愿性强，事业心高，有目标，干劲大，在这几点上与全面集体化后的"一村一社"是大为不同的。在早期合作社里，许多制度方面的问题，凭革命热情就可以解决，而在成为一种常规的经济组织之后，就不能不依赖各种的规章制度。[2]

换句话说，早期合作社和全面集体化后的集体构成方式有很大差异。早期合作社是一步步搭建出来的，社员从始至终参与建社过程，从

---

[1] 高王凌：《历史缩影——早期农业社的成败得失》，高王凌：《政府作用和角色问题的历史考察》，海洋出版社，2002年版，第186页。
[2] 高王凌：《历史缩影——早期农业社的成败得失》，高王凌：《政府作用和角色问题的历史考察》，海洋出版社，2002年版，第190页。

串联组合到评土地等级、合地合牲口、订社章，每一步都反复磨合。这个过程既是对带头人的锻炼、考验，也渗透于与每个社员的反复互动。只有经历这一繁难的过程，带头人才能从普通农民逐步成长为有觉悟、有能力的集体组织领导，社员也须经共同的摸爬滚打，才会慢慢把集体视为自己的，产生认同与维护意识。柳青的《创业史》就试图聚焦一个理想的集体组织萌芽发端的过程。整个小说第一部的推进很慢，意在充分写出合作化每一步微小进展所面临的巨大的思想、意识上的挑战，写出在中国农村推动内生的社会主义革命之艰巨。按照柳青的设想，整个《创业史》要写四部，从互助组一直写到人民公社。而真正完成的第一部仅写到互助组的初建。如果按照柳青通过小说所勾勒的合作化运动的理想展开方式，其进程一定比现实中的合作化要漫长得多。在柳青看来，只有不偷懒地走过每一步逐级而上的改造过程，才能使"集体化"于社会、人心上扎下根来。对于梁生宝这样的带头人，所谓"集体"不是先在、给定的，而是他通过艰苦耐心的工作、互动和斗争创造出来的，其个人品性、意识、思想的舒展、成熟，都与集体的成长伴随共生。表面看，柳青也严格遵循当年的政策来书写现实，可他更致力于把握政策所包蕴的现实感、针对性和政治原理，他力图站在可以同政策思考并行的政治理解原点上去构想社会主义革命在中国农村应有的展开方式。在此意义上，他笔下的合作化运动历史具备着堪与历史现实本身比肩的认识能量。

与柳青、赵树理这些抗日战争时期参加革命的老作家不同，李准作为新中国成立后脱颖而出的"青年作家"，革命政治对其更具权威性。他既无资源、眼光参与政策制定，其写作又特别依托对政策的配合。能够根据政策导向写出"及时反映现实"的作品是新中国成立后对青年一代作家的普遍要求。李准正因符合这种要求才崭露头角，也决定了他在书写政策、形势时的被动性，以至于几乎每篇小说中都可以找出直接对应彼时政策、形势的名词、概念。但李准特殊的才能在于：他对乡村社会的构成方式、人情物理，农民的行为准则、情感逻辑，有着敏锐的感知和深刻理解，因而，他能在不挑战甚至迎合特定政策、形势的情况下，从对乡村社会人情物理的体会出发找到"旧理儿"与"新理儿"的结合点，进而设想、勾勒出民众如何接受、转化形势而令生活更加"情通理顺"。

李准笔下一系列别具魅力的"新人"形象大多是女性，像《农忙五月天》里的东英、《小康人家》里的春妞、《赵蓉》里的赵蓉、《李双双小传》中的李双双、《耕云记》里的淑英等。这些女性原本并非处于新体制的核心构成性位置上——就传统而言，她们一定处于社会构成的边缘位置上，往往只限于在家庭范围内发挥作用，但这些女性在社会理解、社会构成能力上却具有超出男人作用的潜力。这从李准小说中着意刻画的一些辅助性女性角色身上特别能看出来。像《不能走那条路》里东山的媳妇秀兰、《冰化雪消》里魏虎头的闺女秀芝、《冬天的故事》中进才的媳妇玉梅等，她们共同的特征是"懂事"，能看透人心[1]，善解人意，同时又有笃定的是非观。她们不处于情节矛盾中心，但发挥着不可替代的说服、批评、调解作用。如果说存在一种"精雕细刻"的思想工作的话，那她们的体察、讲理、说服方式堪称范例。这些媳妇、闺女在乡村社会的实际构造和道德、伦理维系中发挥着潜在的结构作用。而李准笔下的那些女性主人公——李双双们——则是在此基础上，进一步被设计成：她们将不仅仅限于在家庭范围内发挥作用，更可以在新政治的要求下、新形势的引领下介入集体的公共事务，而她们一旦参与到公共事务的组织、构成时，会怎样发挥作用，又能给整个村庄、集体带来什么样的变化？

[1]《冰化雪消》里对秀芝的说明是："秀芝是个懂事姑娘，能看透她妈心里在想什么。"参见张绍武、张舒主编：《李準全集》第1卷，九洲图书出版社，1998年版，第62页。

其实，这些新女性在新集体中占据的位置并不显眼：《农忙五月天》里的东英是托儿所所长，《耕云记》里的淑英是气象站站长，《赵蓉》里的赵蓉是农技员，《李双双小传》中的李双双是食堂管理员（直到电影、戏曲中李双双才"升"为了妇女队长）。而李准试图呈现的是，这些处于边边角角位置上的人如何通过自己尽心、诚挚、投入的工作，使这些"边缘的"、不受重视的工作能发挥出整体性的效应，而其工作作风的示范性也无形中感染、教育着别人，从而改变了整个集体的风气，决定着大家对集体的态度。

这种从边缘出发的构造方式一定程度上依托着集体化的顶层设计中对服务性职能的重视——将那些原本隐而不显的家务劳动、社会服务"社会化"，作为新集体的重要特征而赋予其醒目的政治意义。典型之一是人民公社化运动中将公共食堂看成培育"共产主义"的试验田。当时的《人民日报》社论《办好公共食堂》将这种思路表达得非常透彻：

> 公共食堂不是一般的生活问题，而是五亿农民的生活问题，不久还会变成全国人民的生活问题。这不是小事情，而是很大很大的事情，是全民的大事情。特别是实行了吃饭不要钱的粮食供给制或伙食供给制以后，公共食堂问题，实际上已经成了全体社员劳动果实的分配问题的一个方面，办不好就会影响社员的劳动积极性和公社的整个生产。公共食堂之所以不是"生活小事"，还在于它在解放生产力和建设社会主义、共产主义的伟大事业中起着十分巨大的作用。列宁曾经说过：只有开始把琐碎的家务普遍改造成为社会主义大经济的地方，才有真正的妇女解放，才有真正的共产主义。

通过公共食堂，也通过细致的政治思想工作，改变群众的生活

习惯，培养群众的集体主义的思想……[1]

一个本应因地制宜、量力而行办起来的食堂，由此被赋予过量的意义，晋升成一种超级制度实验，却忽略了这类民生组织、生活组织有时比生产组织更加众口难调，更须细腻、耐心地维护。因此，单靠原则上要求领导食堂的人有责任心、对群众负责或者搞技术革新并不能有针对性地解决生活组织的日常管理问题。李准笔下的东英、双双，并不具备一下子领导生产队的能力，可她们的责任心、公心、耐心、细腻却正适合在小规模的生活组织中发挥作用。只有把一个托儿所、一个食堂、一个识字班、一个气象站卓有成效地组织好、巩固住，才能发挥这些新制度在集体中应有的作用。否则，仅凭运动、政策压力一哄而起地组织起来，很快也会因为缺乏内在支撑而维系不下去。在后来检讨"五风"时，群众反映强烈的就是仓促组织起来的食堂、学校、托儿所、老人院多流于形式，占房占人，非但不能发挥正面作用，反而破坏了原有的生活秩序，造成极大混乱。这很大程度上影响了老百姓对新集体的观感。

而李准在写这些"新生事物"时，不是纯粹突出它们的"社会主义性质"，而是关注它们怎样为乡村中那些有责任感、有能力的女性提供一个发挥的空间，使她们能将自己特有的团结能力、组织方式带入集体构造中。有了这样的空间，女性进步、解放的能量才能释放出来，同时也给合作化、集体化提供别样的构造途径。在前期写作中，无论是东英办托儿所、赵蓉推广农技，还是马小翠办识字班，李准都刻意突出她们的工作最初不被领导看重，她们是在领导忽视、群众怀疑的处境下，凭着一股"倔劲儿"和"认真劲儿"，主动争取条件、摸索办法，把不被看好的工作做得格外出色，赢得干部和群众的认可、赞扬。而稍后写的

---

[1]《办好公共食堂（1958年10月25日）》，中共中央文献研究室编：《建国以来重要文献选编》第11册，中央文献出版社，1995年版，第517—522页。

李双双办食堂、淑英办气象站则设计成得到干部的大力支持，这与"大跃进"后要求干部充分鼓励"新生事物"有关。即便如此，她们的具体工作态度、工作方法也多受一种"本能""本心"的支配。《李双双小传》的手稿里专门写了老支书批准双双入党的段落[1]，刊本中也保留了老支书向双双讲解"政治挂帅"的段落。然而，李双双自己的行为准则、道德原则依然很难讲是"政治性"的，尤其是没有上升为一种清晰的政治意识，它们始终是植根于人与人的具体关系性和情感逻辑中的反应、表达。对双双们而言，其工作的意义固然是政策所赋予的，但究其根本仍是源于自己的"无愧于心"。因而，一旦确定某项工作该做、值得做，她们马上以一种无暇多想，亦无暇多虑的态度投入进去。同时，她们理解自己的工作更多的是要对乡亲们负责，她们总是更在乎乡亲们的认可与肯定。《赵蓉》结尾处，社员们非要推选赵蓉这个下派干部当社员劳模——"小赵应该算是咱们社里的人，应该选她做模范"[2]——显示着乡亲对她完全的接纳。《李双双小传》的结尾则这样写："她一面推着水车，看着清清的泉水，顺着渠道往地里奔腾的流着，一面听着大家呼噜呼噜的吃饭声音，吃得那样香，那样甜，那样有味。就在这时候，她忽然感到他们在食堂里滴下的汗珠，好像也随着清清的泉水，流到这

---

[1]手稿中在李双双揭露孙有藏水车之后，特意写了一段老支书与双双谈话，发展其入党："散会后，老支书把双双叫到办公室里说：'双双，咱们为什么要和孙有辩论？'双双说：'就因为他要走老路。老路是少吃没穿痛苦路，大伙要走社会主义幸福路。因此就得和他辩论这个路。'老支书说：'说得对。可是要走社会主义路，必须跟着共产党。'接着他向双双谈了一阵（党员的标准），最后给了她一张表说：'前些时候你不要求入党吗？支部已经研究了。今后只要好好工作，能为党为群众斗争就能入党。现在（你把这张表）回去填上吧，填好以后交给你进大娘，晚几天支部讨论。'双双接住表以后，走出了办公室，也不知道是刚参加辩论会后的兴奋，还是刚才老支书和她谈话使她激动。她只觉得脸上热烘烘的，身上轻飘飘的，连天上的满天星斗，都像在对着她笑。她头一次感到，一个人活在世上是这么有意思，这么重要。"这段话在初刊本和后来的印行本中都被删除。手稿藏中国现代文学馆。
[2]李准：《赵蓉》，李准：《夜走骆驼岭》，作家出版社，1959年版，第120页。

苗壮茂盛的丰产田里，变成了米粮。"[1]

正因为李双双们在政治生活中不处于醒目的构成性位置上，因此，政治意义、政治意识对她们来说很大程度上是个"壳"，她们的"核"则来自乡村社会的立身义理与道德。就此而言，李双双们和梁生宝这样的"社会主义新人"颇有差异。梁生宝是互助合作的带头人，上级瞩目的培养对象，未来的合作社主任、公社主任。他在新集体中必将占据核心的构造位置。因此，除了品性、道义，他的政策理解、政治成熟构成其人物成长必不可少的层面。《创业史》中置专章写他同县级领导的交流，写他的政治学习，写他对错误倾向的敏感和批判意识，就意在表现这个面向。从此角度讲，梁生宝所承担的社会构成方式显然富于政治性，他的意识塑形中掺入了不同阶段的政治意识因素。因此，评论者常认为这个人物有超出其身份水平的政治、斗争意识，是作者的一种主观"拔高"。殊不知，这个人物的意识构造当然不是按实有状态去写的，作者意图写出一个占据这样核心构造位置的人将不可避免地承受政治构造力的影响。同时，这种反自然状态的构成性，也令这样的"新人"有可能摆脱传统意识的先在制约，具备一种朝向未来政治的可能。毕竟，革命政治理想的社会主义新人须是达到自觉的社会主义意识层次的新人。在社会主义革命的设定中，道路不会一帆风顺，也并非所有的指令、政策都正确，革命政治本身充满矛盾、斗争，乃至陷阱、旋涡。仅仅服从命令听指挥并不足以判断、把好方向。这意味着，那些占据核心构造位置的人不能纯粹是"驯服工具"，更须是一个判断者、创造者和战斗者。这就要求他们对革命、对社会主义的认识不是照本宣科的，而力争取得能与政策水平、政策认识相比肩，甚至相抗衡的理论修养；以此，才能保证社会主义集体这条大船不会偏离航向。同时，他们的理解还要时刻

[1] 李准：《李双双小传》，张绍武、张舒主编：《李準全集》第1卷，九洲图书出版社，1998年版，第328页。

在现实中受到行动与认识的双重挑战。他们要在集体的发展、构造中不断检验自己的立场、方法，再去创造性地打造集体的新阶段。

而对于李双双们，她们一般不介入政治性的思考，所有政策、组织、条件都是毋庸置疑的。如果说梁生宝式的构造偏于政治性，那么她们的构造则更偏于社会性。培养了她们的品质、原则、行为方式的是社会土壤，同样，她们也依托于乡村的社会肌理，在自己的品性充分舒展、发挥的延长线上去生成构成作用。因此，李准小说里这些新女性形象的标志是她们的性格特征。

李准笔下的主人公往往性格鲜明，很多情节、设计、"戏"都围绕其性格展开，这与李准所受的戏曲熏陶不无关系。这些人物很像戏台上的"角"，具有辨识度很高的形象与行为特征。这些人物性格不只是类型意义上的性格，每种性格的设定总与人物在特定形势、处境中要发挥的作用和发挥作用的方式相关。东英的灵、双双的泼辣、巧凤的直率、淑英的稳——性格背后往往隐含着特定的针对性。而一旦性格确定，作者又特别注意让人物循着自身的性格逻辑在环境中充分发挥。因此，这些性格的有用武之地、舒展、张扬同时就为一种义理、情理的充分打开和充分发挥作用创造空间。

李准创作的一个要义端在于以确立性格特征为中心，一旦一个人物性格成立了，围绕它的事、情节可以变形、重组。这尤其体现在他作品改编的变异上。像《李双双小传》写办公共食堂，《李双双》电影改为记工分，对应的形势、政治导向几乎相反——前者的目标是以粮食供给制打破"资产阶级法权"式的"按劳分配"；后者则意在恢复"按劳分配"来纠正"大跃进"的偏差——但由于李双双、喜旺这两个人物没有变，大家并不觉得这两个版本有剧烈反差或自相矛盾，似乎都言之成理，还都有教育意义。

四、"杨排风"式的"新人"

正因为性格在李准的创作中具核心作用，其生成、把握一个值得书写的性格的意识中就包含了丰富的生活积累和现实认识。以李双双为例，李准后来曾多次在创作谈中总结他如何发现、感知、构思出这个形象，而每次概括的侧重点又不尽相同。加以对比，正好可以追踪他在这个形象上叠加的政治认识、社会认识、生活认识和创作认识。

在1978年所写的《从生活出发》一文中，他将《李双双》主题的形成概括为对集体化弊端的批判：

> 一九五八年，在我们的农村，基层的人民民主生活不够，产生了"五风"。要不要对基层干部监督？要不要敢说敢斗争？这是当时农村生活中一个严重问题。就在这时候，我遇到了李双双式的新人物。从当时我的感情上说，我就认为她是英雄！所以我就把她写进作品。电影中还有一个副主题，就是农村要不要按劳取酬？这一点我把它作为人物斗争主线之一。电影回答了这个问题，歌颂了敢想敢说的风格。[1]

这一概括强调了作品的政治针对性，而之所以能将批判矛头直接指向"基层的人民民主生活不够"，显然配合了"文化大革命"后对政治生活予以全面反思的时代氛围。相形之下，在作品写作的20世纪60年代，李双双式人物的社会作用不仅在于监督基层干部，同时也约束集体经济运转中种种小偷小摸、占公家便宜的行为。有研究者将其概括

---

[1]李准：《从生活出发》，张绍武、张舒主编：《李凖全集》第5卷，九洲图书出版社，1998年版，第196页。

为农民的"反行为",意即通过瞒产私分、小偷小摸、怠工、偷懒来对不合理的集体生产、分配制度进行一种消极抵抗与瓦解。[1]按之历史实际,这些现象曾普遍存在。李准自己也提及,"文化大革命"下放劳动时,当地老农出于好意曾亲授他十几种磨洋工的方法。[2]可假如从当时集体组织的内部视角看,从社会道德的维系看,不得已的偷摸和出于私利、损人利己的偷摸在社会道德的后果上差异非常大。即便是不得已的偷摸如果被公开接受,甚至蔚然成风,也在很大程度上会构成对社会道德的腐蚀。所以,即便到"文化大革命"时期,社会风气已然很败坏的情况下,农村的偷摸仍是私下进行,并用各种说法加以掩盖。高王凌在其调查中曾记录这样的例子:"吾村一个平时名誉甚好的老汉,一次背柴回来时夹带了一些粮食,恰好被站在高处打墙的社员看见(并无人指责他),回去就自杀了。"[3]使老汉走上绝路的压力恐怕除了政治担心外,还有道德上的羞愧。而李准记录的另一个例子则显示出新集体运转不良的情况下,乡村旧势力如何在"反行为"的蔓延中发展出残酷的排挤、打击行为:

> 有一次,我们到一个县里的大队去,在那里遇到这样一件事:一个老贫农,他有一个女儿。他女儿是共青团员,他们在这个村里是单姓独户。秋天,这个村里有几个富裕农民家的妇女,结伙偷了生产队的庄稼。这个共青团员发现了这件事,那几个妇女害怕了。

---

[1]高王凌:《人民公社时期中国农民"反行为"调查》,中共党史出版社,2006年版。
[2]"'文化大革命'中,我在西华当了四年农民。在农村干活时,一个老农民对我讲:'老李呀,你这样干活太费力,太吃亏了。'我问:'咋干才能不费力?'他就给我讲了十几种磨洋工的办法。……这是我们政策不对头,调动不了农民的生产积极性,所以他就积累了一套对付我们的办法。"参见李准:《农村中的新变化和新人物》,张绍武、张舒主编:《李準全集》第5卷,九洲图书出版社,1998年版,第227页。
[3]高王凌:《人民公社时期中国农民"反行为"调查》,中共党史出版社,2006年版,第23页。

因为她们知道这个共青团员平素嫉恶如仇,心直口快又不徇私情。她们想利用她,没有成功,结果这个团员把这件事向公社里揭发了。处理以后,那几个妇女怀恨在心。又一次去地里干活的时候,她们先骂她,又打她,撕她的头发,但是,这个农村小姑娘,为了维护集体利益始终没有屈服。[1]

因此,李双双式的"大公无私,主持公道,敢于向落后事物作斗争"与其说起了政治监督或树立人民民主作风之类的作用,不如说首先立足于防止一个新集体、一个共同体不至于在放纵自私自利的行为中败坏下去。新道德的败坏不会如一些乐观者所期待的,将导致传统道德的回归、复兴,恐怕难免是新旧道德准则的一同瓦解。因此,彼时的维护新集体,也就是在更深的意义上维护乡村共同体的伦理道德根基。

李准在20世纪60年代的创作谈中讲到,《李双双》的情节素材之一是见一个妇女小组长与队里绰号"母老虎"的社员为评工记分吵架:

我问菜园老汉,刚才吵架时你们为什么不去劝劝,他说:"那个娘们太不讲理,只有这个小组长敢顶她,好容易出来个杨排风,杀她一次威风,何必去劝。"接着他又感叹地说:"我们队这个妇女队长啊,一个月给她发一百块薪金也值得!村里有些人说她缺个心眼,其实人家是觉悟高。我就担心她生气不干了,这么几十户人家在一块干活,没有个唱黑脸的人还行!"

由于这些年在农村跟着搞一点工作,我知道"大公无私"这几个字对集体生产所起的作用有多么大!农村广大群众对大公无私的

---

[1] 李准:《向新人物精神世界学习探索——〈李双双〉创作上的一些感想》,张绍武、张舒主编:《李準全集》第5卷,九洲图书出版社,1998年版,第145页。

干部是极其喜爱的,甚至于老一代的农民也都交口称赞。从这个人物身上我获得李双双这类人物性格的基础,那就是大公无私。[1]

这个事例可清晰呈现李双双式人物在集体生产中的救弊作用。只是这种救弊很大程度上基于集体生产本身的管理缺陷。很多农民不乐意参加集体劳动的核心原因不是效率考量,而是对集体生产会滋生人与人之间矛盾的畏惧。李准的小说《白杨树》写一个老农不愿意入社就因为"一辈子不好跟人拉扯"。事实也证明,集体生产规模越大,生产分配中的不公平和侵害农民利益的状况就越严重。到人民公社化高潮时,这种侵占、不公也达到顶峰。即便在20世纪60年代初的调整期,集体组织缩小,经济核算单位落在小队,恢复评工记分、按劳分配之后,在评工记分等问题上的矛盾仍层出不穷。后来的历史反思认为,"农业六十条"的修改草案只解决了社与社、队与队之间的"平均主义"、相互侵占问题,未解决户与户之间的"平均主义"。为保证劳动质量所建立的劳动定额制度留下很大空档:"农活负责多样,轻重不一,制定定额是一件相当麻烦的工作。实际上,相当多的农活是无法制定定额的,而且即使是同样的定额等级,劳动质量和效果也会因人而异。"[2]而评工记分制度更容易引发纠纷:"评工工作既繁琐费时,又很难处理好社员间的关系,常常是早早收工开始评工记分,评到半夜也评不清楚,社员之间为工分争论不休成为常事。"[3]正因为评工记分是个难缠的事,很多生产队采用"基本工分"的算法,虽然省了事,但无形中造成"干多干少差不多"的倾向。并且,恰好因为容易起争议,那些偷奸耍滑、刁泼顽劣的人就

---

[1] 李准:《我喜爱农村新人——关于写〈李双双〉的几点感受》,张绍武、张舒主编:《李準全集》第5卷,九洲图书出版社,1998年版,第153页。
[2] 罗平汉:《农村人民公社史》,福建人民出版社,2006年版,第257页。
[3] 罗平汉:《农村人民公社史》,福建人民出版社,2006年版,第258页。

能钻空子，利用大家怕麻烦、怕吵架的心理，干活偷懒还要拿一样的工分。由此形成对其他社员劳动的侵夺，长此以往令社员的劳动积极性大大降低。因此，如这位妇女小组长的看不过去、仗义执言，主观上或仅出于义愤，但客观上是为大伙儿说话，并且对维系集体的基本公平起到至关重要的作用。

但是，从这段记录中也会发现，虽然老汉私下对这位妇女组长称赞有加，但吵架时，围观社员却没有人上前帮小组长说话。不难见出，此时社会风气中，"新理儿"所具的带动性已在衰减。如果在合作化上升、高潮的形势中，无论出于政治压力、斗争要求或新制度刚建立时的感召，可能都会有群众站出来表示支持，理亏者也不敢那么嚣张。但随着"大跃进"失败，集体氛围中弥漫着疲倦感，"息事宁人"的"老理儿"就会慢慢抬头，占据上风。这就使得大家对敢于挺身而出者、敢于"斗争"者，一方面心里叫好，一方面又持保留、旁观态度。"村里有些人说她缺个心眼"反映的正是保守风气占上风后的舆论态度。

而老农自己的说法——视小组长为"杨排风""唱黑脸的"，透着喜爱、赞赏。可"杨排风"是个丫头角色，在戏中起陪衬作用，与"穆桂英"等主角相去甚远。也就是说，在老百姓看来，"杨排风"式的"冲"能为大家出气，但如果只是"冲"则显得头脑简单，不足以成事，不足以改变大局。换句话说，对老百姓而言，要成为一个带头人不仅要让大家"喜"，还得让大家"敬"与"服"。这是李准后来在发展李双双这个人物时特别留意的层面。

在最初设计这个人物时，李准尤为着意处是如何使这个人物不显得太"凶"，而能可喜、可亲、可爱。因为，在现实中，很多"冲"的人会偏于"凶"，得理不让人，这种人在村里一定令人敬而远之，而缺乏号召力。再者，许多人的敢提意见常是为自家争，或者容易让人以为她之所以提意见只因自己利益受损，是为自己争。如此一来，虽然也能阻吓不正之风，但其道德、义理上的示范性会大大衰减。如何从为"私"的争变成为"公"的争？这就需要在"冲"之外，另寻人物搭配性的品格。

李准在记录那个素材原型时除了表彰其敢斗争，印象更深的是其"不记仇"：

> 下工时候，我和一个老头在菜园里，看见这个小组长扛着两张锄走了过来。那个老汉就故意问："怎么扛着两张锄啊？"
> "当小组长的优待嘛！"她笑了。
> "我还准备给你敲敲脸盆子助威呢，怎么可就不吵了？"
> "别说了，大爷！情理不顺，气死别人！我也不是老想和她吵嘴。这如今回去不还得给人家说好话！"她说着笑着，那么轻松，那么愉快，好像刚才没有发生吵架的事情。[1]

这成为他在写《李双双》时着意刻画的主人公的品性。只有"不记仇"的"争"，乃至"吵"完后又去帮忙，才能显出"吵"是为公的"吵"，"助"也是为公的"助"。李准在创作谈中视之为新时代产生新道德的标志之一：

> 就拿李双双这类人物的"不记仇"这样一个小特点来说，它也反映出新的时代特色。难道她天生不记仇吗？据我小时所见，豫西盛行"打孽"的仇杀坏风习。农民一句话不投机，夜里可以把对方一家人杀死。就连妇女们，由于翻嘴串门说闲话，可以半辈子见面不说话。可是李双双为什么不记仇呢？照她在生活中的说法是：

---

[1]李准：《我喜爱农村新人——关于写〈李双双〉的几点感受》，张绍武、张舒主编：《李準全集》第5卷，九洲图书出版社，1998年版，第153页。

"我哪有工夫和她记仇哟！"这个话讲得好："没工夫！"工夫到哪里去了？用到集体生产，改变"一穷二白"的斗争上去了。[1]

这体现李准的社会改造理想。即理想的社会改造应该是"移风易俗"式的，制度固然重要，但究其根本，制度的作用需落实于人的塑造、人的改变——不仅是人的思想的变化、行为方式的变化，还是心性、脾气、性格的变化。也只有渗入后一层面，前者才不是表面、虚浮的。有了后面这层改变才真能达到"育化"的效果[2]，才能使得新体制的运行情通理顺。反之，制度设计哪怕看上去进步、崇高，如果反令风俗恶化，那就证明制度的失败。

因此，李准一直留心、留意，并将之转化为创作动机的都是革命、解放带来的性格式变化。尤其是妇女的变化，像从扭扭捏捏变得开朗大方，从呆呆傻傻变成聪明活泼，从不敢说话变成举贤不避亲，从斤斤计较变成"不记仇"等。[3] 他的创作论中曾讲：

> 大公无私，主持公道，敢于向落后事物作斗争，对新的生活充

---

[1] 李准：《我喜爱农村新人——关于写〈李双双〉的几点感受》，张绍武、张舒主编：《李準全集》第5卷，九洲图书出版社，1998年版，第154页。

[2] 李准在"文化大革命"后所写的《谈文艺的社会作用》中检讨把文艺作为阶级斗争"工具"的文艺观，提出文艺起作用的方式是"化"："'化'也就是'教化'，也就是'潜移默化'。……'化'作为一个动词、一种手段，就说明在这一项工作中最要不得行政命令，而是必须靠文艺自身的特征和规律来'育化'群众。"参见张绍武、张舒主编：《李準全集》第5卷，九洲图书出版社，1998年版，第202页。

[3] "《李双双小传》是'大跃进'时写的，但在搞合作化运动时我就想写这样一个妇女形象。那时看到很多妇女翻身后当了组长、队长，很能干。在土改时，她们都是一见生人捂上脸就跑的，带一股傻呆呆的劲儿呢。现在当了干部，人也聪明、机智了，模样也漂亮了，这是我们中国妇女性格的大解放，所以我想写她们。"参见李准：《情节、性格和语言——在旅大市业余作者座谈会上的讲话》，张绍武、张舒主编：《李準全集》第5卷，九洲图书出版社，1998年版，第112页。

满着信心和理想，虽然这些都是这种新人物的基调，但要构成一个多面而丰富多彩的性格，则仍嫌不足。

>我又发现了一些和这类人物性格相通的性格特征，比如直率、乐观、聪明、浑厚、泼辣锋利、心地善良、心直口快却不记仇以及见义勇为、不计较个人得失等。[1]

实际上，性格的把握对他而言并非补充性或证明式的。新性格的发现和书写正是他把握新时代的核心，也是他寻找革命说服力的核心。

五、"傻"的构造：新人如何能既"新"又"美"

《李双双》（包括小说、电影、戏曲）作为李准成熟期的代表作，集中体现了他独特的感知、认识与构思。其中许多层面他在前后几次创作谈中进行过阐发，然而还有一些层面作者虽未言明，却是其创作经验、作品构造的"核儿"。

李准几次讲到现实生活中李双双、李麦的原型与作品中相距甚远，以至于拍电影时，导演、演员去采访原型时都吓一跳：

>像我写的李双双、李麦的形象，我们谈几天几夜谈不完；可是电影导演、演员来一看，吓了他们一跳：啊！李双双原来就这样？他们觉得生活中的李双双和电影中的差远了。[2]

---

[1] 李准：《我喜爱农村新人——关于写〈李双双〉的几点感受》，张绍武、张舒主编：《李準全集》第5卷，九洲图书出版社，1998年版，第154页。
[2] 李准：《农村中的新变化和新人物》，张绍武、张舒主编：《李準全集》第5卷，九洲图书出版社，1998年版，第230页。

> 李双双这个典型，在原来的生活中没有多少东西，哪来现成的喜旺，很多东西全是创造的，但又是真实的，比那真实的更真实。在生活中我看到的"李双双"只是一点点，稍不注意，就会被当作耳边风忽略掉。[1]

李准这里提到的原型与人物的反差，有助于我们理解从生活到人物，作者进行了哪些提炼、点化、改写和新的搭配，其点化、搭配的方向、方式是什么，要达到什么样的效果与目的。

我们看李准创作谈中的记录就会发现，他对几个原型的第一印象都提到她们带些"傻"气。

> 临走那天，忽然来一个青年妇女，穿戴挺干净，很开通的样子。见面就说："听说你们是找炊事员来的，我来谈谈。"……她抬起头看看天棚，便说："你们这顶棚裱得不好，只糊些白纸，连个梅红纸剪的云字钩也没有。"听她突然冒出这么一句，我不免想笑，觉得这个人有点傻气。[2]

> 有个妇女社长，为了帮助人家打离婚官司（因为那个丈夫对老婆的虐待实在叫人气愤，可是在旧社会，这叫拆人姻缘），自己跑腿、听闲话、上区上县，还得叫那个受气妇女在自己家里住，管吃饭，贴盘缠。她自己谈起这件事也哈哈大笑。难道这真的是她傻

---

[1]李准：《谈谈塑造人物》，张绍武、张舒主编：《李準全集》第5卷，九洲图书出版社，1998年版，第256页。

[2]李准：《情节、性格和语言》，张绍武、张舒主编：《李準全集》第5卷，九洲图书出版社，1998年版，第112页。

吗？这不是傻，而是一种见义勇为的崭新品质的表露。中国农村几千年小农经济生产的因袭相承，养成一种"自扫门前雪"的习惯势力，就是太缺乏这种人了！[1]

前者的"傻"显出性格上的直愣劲儿，后者的"傻"则透着股侠气。与其说李准碰到的新人物都有股傻劲儿，不如说是李准对"傻"气在人物构造上的留意、用心，使他在观察生活时特别注意不同人物身上不同的傻劲儿，以及这些"傻"结合着哪些品质、性格、举止而显出说服力、新意和魅力。由此他才能写出"傻"给春妞、李双双等人物带来的光彩，写出有层次、有变化、有色调的傻。张瑞芳在《扮演李双双的几点体会》中说道：

> 影片上映之后，作者曾写信给我说："如果能在某些地方，再表现她'疯'一些、'傻'一些、'嫩'一些、毛手毛脚一些，就能更好地体现出李双双在典型环境中的典型性格，就能更好地体现李双双纯真的本色和浑朴的美！"[2]

可见李准非常重视"傻"在人物色彩上所起的作用。而"傻"之有典型性和认识价值恰如之前所说——很多新人、新品性置于新旧交织、争夺的乡村舆论空间中都会被认为有"傻气"。"傻"的对立面是"精明"或"世故"，而后两者恰是李准着力批判的。因为在时代的大变动中，所谓"精明"常常意味着"见风使舵"的适应力，且由于适应力强

---

[1]李准：《向新人物精神世界学习探索——〈李双双〉创作上的一些感想》，张绍武、张舒主编：《李準全集》第5卷，九洲图书出版社，1998年版，第146页。
[2]张瑞芳：《扮演李双双的几点体会》，中国电影出版社编：《李双双——从小说到电影》，中国电影出版社，1979年版，第246页。

不只能趋利避害，还能捞取额外的好处。

李准的电影剧本《小康人家》里就塑造了一个异常精明的婆婆"全知道"。她在家里独掌大权，守财贪利，不过一点不保守，很能与时俱进。她听说新媳妇是个积极分子，丝毫不担心，反而很高兴，立刻开始谋划布局：

> 听说在娘家还是个社干部哩，到俺这个社里，我还要叫她当个干部，朝里有人好做官，平常小安他爹是个大铜圆，没有一个心窟窿；孩子哩，是个软面叶，要不是我，他们在社里吃亏能吃死！现在，俺家也有个顶门面的人了。[1]

"大家理，小家起"，把公事"私化"在她眼里顺理成章。她不像那些保守老农一味抵触合作化，在她眼中任何制度总有机可乘，总能见缝插针、逢凶化吉。但正因她太会算计、太逞强，所以在家里一方面大家听她摆布，另一方面心里并不舒服。剧本中有一段，她和亲家母议论新媳妇"缺个心眼"，一向"软面叶"的丈夫忍不住呛了几句：

> 王象在洗着脸愤愤地说："我说你这个人啊，整天叨叨，她就是和咱有点不一心，怎么会缺个心眼？"
>
> 全知道威风十足地说："没有你说的话，你那心眼也不够数！"
> 王象嘟囔着说："就你的心眼够数！"[2]

"精明"常伴随着自负、强硬，自持精明、以算计心持家时，难免磨损亲人间必要的尊重、体贴。反之，媳妇春妞虽是个"大公无私"的

---
[1]李准:《小康人家》，李准:《走乡集》，中国电影出版社，1964年版，第116页。
[2]李准:《小康人家》，李准:《走乡集》，中国电影出版社，1964年版，第127页。

新人，还颇具斗争意识，但面对家人时却有种必要的"傻"。婆婆拿话呲道她，她不但未生气、未顶撞，反而笑起来，"叽叽咯咯就那样憨笑了"。在婆婆看来这纯属缺心眼。但这种无芥蒂的天真是很重要的人物底色，只有写出这层"傻"才能中和、冲淡人物"斗争性"的"硬"。平常日子里，媳妇给婆婆提意见、定制度，让她去参加集体劳动，其实颇不近情理。但引起婆婆反弹后，她的不生气、不介意、"憨笑"却令分歧不致变成争吵。

《小康人家》表面写统购统销卖余粮、写公私矛盾，但潜在立意指向对"算计心"的批判。里面把一心为家、费尽心机的婆婆设计得众叛亲离，就是要让大家看到即便在家庭范围内，算计心的滥用亦会破坏家庭和美——"不能因为那点粮食，孩子、媳妇都不要了"。在之前讨论过的《冬天的故事》里，这一结构被移植到集体中。陈进才的一心为合作社看似为"公"，细审则是"大私"。他看待社的方式就类似"全知道"看待家的方式：他把自己看成掌控者，自负于自己的精明，而将其他社员看成家里不争气的孩子，社的"好"是显示了他自己的能力。他的经营社务和管理社员的方式都基于"算计心"，所以他虽有手段，却无法团结人、调动人，不能使集体产生似家一般的归属感、凝聚力。银柱批评陈进才太有"本事"了和王象抱怨"全知道""就你的心眼够数"如出一辙。陈进才的结局也像"全知道"一样，聪明反被聪明误。以此看来，在集体中树立民主制度、民主作风的要害还不全系于知情权、发言权、监督权，更在于对人的尊重、平等意识和平等习惯。

"傻"的另一对立面是"世故"。"世故"看上去比"精明"消极，但其实也来自对传统经验、"智慧"的信任而带着某种自负。恰由于"世故"中内含自负、自信，令它日趋封闭，变成一种保守力量。然而，重要的是，相对于"精明"，"世故"更容易被传统伦理所认可，甚至鼓励。在世事的剧烈变化中，对新价值、"新理儿"持怀疑、观望态度的人不免会到"老理儿"中去寻找保护和自我确认。一旦"新理儿"遭遇挫折,"世故"就会成为一种自保手段,构成对新原则的瓦解。于是,"世故"与助长歪风邪气之间会形成一种恶性循环。

李双双的故事里,喜旺的"老好人"性格中就有"世故"的影子。《李双双小传》(小说)中写他对孙有的姑息,《李双双》(电影)中写他告诫双双不要得罪干部,都基于"世故"。可就传统道德、伦理而言,"世故"固然情有可原,但并不可爱,更不可敬。因为,传统道德是以"大义"为最高标准——"舍生取义""急公好义""大义灭亲"都是强调克服人性中天然的自保、自利倾向,为一个更高目标而牺牲自我。这样衡量,"世故"在义理层面是被否定的,反之,"不世故"就是可爱的,被鼓励的。李双双的性格之所以可爱,很大一部分原因是"不世故"。和春妞一样,这种带点"傻气""天真气"的"不世故"相当程度上中和、冲淡了李双双身上的"斗争性"可能带来的"凶气",由此构筑了观众喜爱、接受这个人物的心理基础。

之所以不能把新人写得"凶",而要写得可爱、可亲,写出美感,是因为在李准看来,对人物的接受和认同就是一种社会教育,也是一种争夺。如之前辨析的,现实语境中,之所以很多新人物的行为举止被认为"傻",是因为在现实场域中,"新理儿"与"旧理儿"、新道德与旧道德、"新好人"与"老好人"是处于一种交织、混杂、争夺、拉锯的状态中。哪方能占上风并不是取决于道理上的自圆其说,而是一定程度上取决于其所依托的制度、体制的运转状态[1],同时,也受制于舆论环境。这个舆论环境不只是台面上的舆论,还有口耳之间的风议、说道。尤其在制度本身出问题的情况下,如何能让大家意识到新制度、新体制中包含着更值得遵循的"新理儿",大家值得为实现更合情合理的生活

---

[1] 像公共食堂就是典型的制度设计、运转不良造成事与愿违和风气败坏的例子。参见罗平汉:《大锅饭——公共食堂始末》,广西人民出版社,2001年版,第260页。

一起努力去建设、维护、纠正这个制度,而不只是因为制度运行不良而否定其存在价值,或虚与委蛇地与之周旋。还有就是向大家展示应该以什么样的态度、以什么样的方式参与到对新制度、新社会、新生活的创造中,如何分辨、批判、转化不良因素而鼓励、建设新的品质,且这种新品质是与传统价值等更高等级的标准、取向一致的。

李准从创作之初设定自己写作的目的就是进行社会教育,用传统的说法是"劝人"[1],用他后来的概括是"育化"。他力图站在中国乡村社会自己的逻辑、需求上去考虑创造一个好的、合理的社会需要什么样的文艺。因此,如前所说,他写作的路径不是以"反映论"、真实性为前提来书写现实,而是要"合情合理"。所谓"合情合理"并非仅仅是作品的自洽,而是人物怎样说、怎样做、怎样想、怎样反应才符合老百姓心目中的"情"和"理",进而符合老百姓理想中的"情"与"理"。他的人物很理想化,但并非高高在上的理想化,而是试图贴近老百姓心喜的理想。这是一种特别站在接受者立场考虑的合情合理。目的首先是让观众接受、喜爱这个人物,进而接受、认可她代表的道理,愿意按她所传达的道理去想、去做。

为此,光合情合理尚显不够,还得把"新人"写得美,写得有魅力,才能增加观众的喜爱、认可。在李准看来,审美教育之于思想教育、政治教育别具一种优势。他奉之为师的赵树理,其创作信条就是"老百姓喜欢看,政治上起作用"——这意味着要"政治上起作用",先要"老百姓喜欢看",如果老百姓不爱看,看不进去,甚至反感,那道理本身再宏阔也入不了耳,入不了心。而宣传性的作品的通病、痼疾是一厢情愿地把"理"讲全就以为完成了任务,所以写"新人"时只能写

---

[1] 李准的妻子董冰在其回忆录《老家旧事》中曾提及李准的父亲看了《不能走那条路》后认为儿子写的是"劝善书"。参见董冰:《老家旧事——李凖夫人自述》,学林出版社,2005年版,第94页。

出"标准"、标签意义上的"新",却写不出"合情合理"的"新",更写不出让人喜爱的、有美感的"新"。

就比如春妞、双双一类人物,在现实中或许会被认为"傻""愣",未必招人喜欢。但如果只说明性的、定义式地讲她们的行为不是傻而是大公无私、见义勇为,在论文中尚可,在作品中则完全不够。重要的是如何通过艺术表达赋予"傻气"以丰富的语境、环境,配合复杂的层次和色彩,使得大家看到所谓"傻"的背后是天真、质朴、无私,意识到"傻"对精明、世故能起到制衡,认识到健康的集体离不开这样的"傻"人,而由衷地认为她们可亲、可爱,甚至可敬。于是,在对进步的"傻"认可的同时也就澄清了落后意识中的糊涂认识。因此,作为一个创作者,李准给自己划定的"专守范围"就是作家必须能通过艺术表达让大家心甘情愿、潜移默化地认同,要没这个本事就别当作家了。所谓艺术的独立性、自主性,是在这个达成效用的方式上才成立的。

笔者买到的旧版《走乡集》上有一位当年读者在《小康人家》剧本前的批注:

> 我很爱春妞这样的姑娘,更要这样的姑娘作为我的爱人与我一同改造我这样的阶级家庭。她既倔强又温柔,同时还懂情意,希望我之后这本书的第二位读者深思矣!请问你是否能这样?[1]

这位读者堪称李准的"理想读者"。因为在春妞这个人物身上,由于要树立其"斗争性"是颇加了些过火言行的。但这位读者并未把目光停留在刺眼的部分,而完全被其"倔强又温柔,同时还懂情意"所吸引,把春妞看成自己心目中的理想对象。不难看出,他也有着剧本中一

---

[1] 李准:《小康人家》,李准:《走乡集》,中国电影出版社,1964年版,第103页。

样的"落后"家庭,《小康人家》令他产生强烈的代入感,认为被一位像春妞这样美而有魅力的姑娘带领着去"改造"自己的家庭是件美好的事情,是对自己、对家庭的解放,是使自己、小家和大家都向上、和美。如此一来,家庭改造、阶级改造不再是"人在屋檐下不得不低头"式的屈服,而是蓬勃向上的大路。这大概就是李准期待的接受方式和试图达至的效果。

另一种"理想"的接受方式则是自我肯定式的。《李双双》电影上映后组织过一系列观众座谈。很多人谈到身边就有"李双双式的人物",甚至自己就如同李双双一样:

> 李双双就像我的亲姊妹一样。我有许多遭遇就和她差不多。从1954年建社到如今,我一直当妇女队长,也爱管个"闲事",社员们有问题也爱找我解决。管的事多了,自然有些人不满意我,背地里骂我,有人还当面说我:"看把你积极的。"连我的兄弟媳妇都劝我说:"好嫂子哩,你少管点闲事吧,看把人都得罪了!"我不怕!党支持我,说我管得对,做得正确。[1]

这也是作者期盼的一种接受效果,就是通过塑造有感召力的"新人"而令新原则在舆论争夺场中获取更多的支持、鼓励,如同给"李双双式的人物"撑腰。事实上,对理想人物的评价也是一种潜在于生活中的思想斗争、思想争夺,甚至对美的感受、判断也可以是一种争夺。通过培养一种对刚健质朴的风格的欣赏,就会使人越发有能力发现蕴涵在日常劳动、朴素生活中的美,也就越发能认同新社会的价值观。

---

[1]汪岁寒:《来自公社的反映》,中国电影出版社编:《李双双——从小说到电影》,中国电影出版社,1979年版,第391页。

六、探索新的构成方式

在怎样写出既"新"又可爱、又美的"新人"上，李准经过了很多尝试、摸索，到写李双双时找到了较为得心应手的方式。

《李双双》里试验的构造方式是将双双、喜旺搭配着写。本来，写家庭，特别是写小夫妻，一直是李准的长项。早期作品里，主角基本是男性，媳妇起辅助作用，但媳妇往往更通情理，看事更通透，常对丈夫起纠正作用。到《小康人家》颠倒成妇强夫弱，媳妇是积极分子、出头出马，丈夫是个"软面叶"，这样有新鲜感，增强了喜剧性。但问题在于，媳妇太强，丈夫太弱，变成"一头沉"，主要矛盾集中在媳妇和婆婆的"斗争"上，媳妇和丈夫之间形不成戏，也不真实，其较为"现代"的设定——把他们安排成新式婚姻，一见面就很融洽，感情亲密，只因婆婆阻碍而生隔阂——并不符合大部分农村家庭的状况。所以戏最后落脚在婆婆的转变上，这使得整个戏的重心仍是旧人物的转变，与李准这时想突破写旧人物转变的惯性，探索如何写好新人的初衷有所背离。

就写新人而言，李准后来的一个体会是不能只注意新人能达到的状态、水平，以其"完成"的状态来看新人，如果一个人物缺乏成长、变化的空间，会显得单调、概念，亦不符合现实逻辑。毕竟，现实中的"新人"都是从"旧人"发展来的。所以，李准在李双双身上设定的基调是"人变了"[1]。从李准创作谈中的记述看，他切身感觉到这种"变"

---

[1] "人'变'了！一个'变'字给了我很大启发。它使我想到一个原来那样的农村妇女，为什么会变得聪明、能干、漂亮和品格高尚。这些启发促使我进一步去研究分析这个人物形成的社会环境。"参见李准：《我喜爱农村新人——关于写〈李双双〉的几点感受》，张绍武、张舒主编：《李準全集》第5卷，九洲图书出版社，1998年版，第157页。

的新意、难得和伟大，实际上基于对妇女在旧社会普遍处境的了解、体会。因此，为了使这个"变"更具普遍性、典型性，李准把李双双的起始位置大幅下调，将她放置在一个农村常见的、普通妇女的经历水平上：

> 双双娘家在解放前是个赤贫户，她在十七岁那年，就嫁给了喜旺。才过门那几年，双双是个黄毛丫头，什么事也不懂，可没断挨喜旺的打。[1]

而她在家庭中的"翻身"是随着新中国成立后接二连三的社会改造一步步积累起来的：

> 到土改时候，政府又贯彻婚姻法，喜旺才不敢老打了。一则是日子也像样了，害怕双双和他离婚；二则是双双也有了小孩，脾气也大起来。有时候喜旺打她，她就拼着还手打喜旺。喜旺认真地惹了她两次，可是到底也没惹下。村里干部又评他个没理，后来也就干脆把拳头收了起来。可是家里里里外外的事情，还是他一个人当着家。合作化以后，实行男女同工同酬，双双虽然做活少，可也有人家一份。喜旺这时候办个什么事，也得和她商量商量。[2]

这使得双双在"大跃进"形势下的一"跃"有较为坚实的基础，也显示"大跃进"与之前的运动不同——不只带动了积极分子，更给一般

---

[1]李准：《李双双小传》，张绍武、张舒主编：《李準全集》第1卷，九洲图书出版社，1998年版，第303页。
[2]李准：《李双双小传》，张绍武、张舒主编：《李準全集》第1卷，九洲图书出版社，1998年版，第303页。

家庭妇女提供了参与集体、公共事务的机会。按小说中的呈现，双双有两段"成长"空间，一段是通过倒叙所介绍的"前史"，一段是小说叙述正面展开的部分。其实前一段对造成这个人物具有根基性，但只能流于交代，无法充分展开。而在主体部分，双双的起点还是有些高，能随着情节展开"成长"的幅度、空间并不大（小说原手稿中，对双双入党、进京参加劳模会的设计拔得更高，但属于政治上的拔高。手稿中双双出场前就曾交代其政治表现上的积极，也使其政治起点高。这些后来在发表时都删去了[1]）。电影去掉了"前史"，这个问题就愈发突出。不少观众感觉这个角色一开始觉悟就很高"有些突然"[2]。在作品中对此起到补充作用的是喜旺的变化、成长。正是因为有了喜旺这个更真实、更接地气的人物一层层的变化，才使得整个作品所要表现的"变化""成长"真正丰富、饱满、生动起来。

李准曾概括喜旺这个人物的特点：

> 喜旺很和善、很憨厚，又有小缺点，自高自大，还有男权思想。他的性格是复杂的，有鲜明的阶级特色，又有旧习惯势力的烙印。所谓表现人物的复杂性，就是从多方面挖掘，挖掘得越深，人物的立体感也越强。[3]

相对双双，喜旺的性格色彩更复合、更"立体"，也更具喜感。从人物设定上来说，其"落后"一面占主。但一则，他的落后富于层

---

[1] 参见中国现代文学馆藏《李双双小传》手稿。
[2] 汪岁寒：《来自公社的反映》，中国电影出版社编：《李双双——从小说到电影》，中国电影出版社，1979年版，第396页。
[3] 李准：《情节、性格和语言》，张绍武、张舒主编：《李準全集》第5卷，九洲图书出版社，1998年版，第113页。

次——有原则性的"缺点",还有不那么带原则性的"毛病"[1];再则,他又有很多品质——"憨厚、善良和天真"——使其底色"正"。同时,作者还给他加了一些讨喜的因素,比如多才多艺:小说里写他有手艺,电影里更进一步讲他会开方子、会算账、会吹唢呐。这构成双双喜欢他、欣赏他、举荐他的基础。电影里的喜旺(仲星火扮演)在表演上尤为突出人物"自得其乐"的一面。他的唱戏、哼曲配合着其性格中容易小得意的特点,又显得有生活情趣。电影里有一个场面是全村人看夜戏,导演专门用特写表现喜旺看戏看得非常投入、很美气。这并非闲笔,或者说是"必要的闲笔"——正因为喜旺有生活情趣、有艺术情趣,所以他有自我调剂的空间,不那么较真,也懂生活,不逼仄,这令他与双双争吵时不会急赤白脸、形成难解的矛盾。他的生气、发火总是虚张声势。他对双双带着满意和欣赏,不仅因为双双能干,也因为他喜欢双双的性格。小夫妻俩都很能干,又能在性格上彼此包容,甚至欣赏,这在农村来说并不容易:

> 喜旺确实也喜欢双双。他喜欢双双那个火辣辣的性子,喜欢她这些年变化得敢说敢笑的爽快劲儿。双双人长得漂亮,又做得一手好针线,干起活来快当利落。前几年纺棉花,粗拉拉的线一天能纺半斤,织起布来一天能织一丈三四。就是这几年孩子多了,喜旺也没断过新鞋穿。[2]

---

[1]"他有落后自私的一面,却也有憨厚、善良和天真的另一面。胆小怕事,有时却爱充人物头,在家中要摆大男人气派,在群众中又要恪守'好人'。"参见李准:《我喜爱农村新人——关于写〈李双双〉的几点感受》,张绍武、张舒主编:《李準全集》第5卷,九洲图书出版社,1998年版,第157页。
[2]李准:《李双双小传》,张绍武、张舒主编:《李準全集》第1卷,九洲图书出版社,1998年版,第303页。

因此，从作品构造上讲，喜旺和双双两个人物之间的关系比较"平等"，彼此有反差又有呼应，有冲突又有映衬。描写方式上也是互以对方为视角，通过喜旺写双双，又通过双双写喜旺。相比之下，《小康人家》里春妞与小安的关系就不太平衡。《小康人家》某种程度上可以看成《李双双小传》的一个前文本，许多构造因素一致：比如女积极男落后的矛盾，女泼辣男窝囊的反差，两人共同进步、更加恩爱的结局。但《小康人家》在写夫妻关系上不成功的原因就在于女太强、男太弱，春妞有一种政治意识、斗争意识过于直露而形成的"新人气"，小安则太显懦弱而令人生厌。[1] 可作品又设定了两人一见投缘式的恩爱，难免显得刻意。为了给小安增加色彩，剧本里也写他好拉二胡，但并未足以使这个角色可爱、丰满起来。正因为这对夫妻之间缺乏真正的互动基础，就让小安的转变变得非常仓促——别人拿春妞会和他离婚刺激他，就促成他一下转变过来。而《李双双小传》中双双和喜旺的转变则是经过了几轮有来有往、起起伏伏的互动，每次矛盾、冲突、打趣、交流的互动方式都不一样，有波折，又有层次，层层递进。他们是从比较接近的位置上起步，其家庭关系带着传统过日子的逻辑（即便喜旺离家也未走到闹离婚的一步），这就使得双双对喜旺的带动是一种距离不远的帮衬，以夫妻间的不断磨合为衬托。因为双双和喜旺共享着品质、底色上的淳厚，意味着双双的进步不是高不可攀的"跃"，喜旺也一定可以跟上。且共同的进步将促使他们更加恩爱，使这个家"日日新，又日新"。所以李准一直强调，喜旺不是落后人物，同样是他心目中的"新人物"。[2] 李准是通过《李双双小传》突破了自己以及同时代作家写新人的一些固

---

[1] 李准：《写〈小康人家〉的几点体会》，卜仲康编：《李准专集》，江苏人民出版社，1982年版，第109—112页。
[2] 李准：《我喜爱农村新人——关于写〈李双双〉的几点感受》，张绍武、张舒主编：《李準全集》第5卷，九洲图书出版社，1998年版，第151页。

有套路、预设，打开新的理解、书写新人的途径。

《李双双》给当时观众深刻的印象来自："李双双这个家庭过得有原则，过得新！"[1]这当然是李准核心的出发点，即通过家庭矛盾写带原则性的争夺、"斗争"："我写李双双和喜旺这两个人物，是写两种道德观的斗争，即什么是'老好人'，什么是'新好人'。"[2]但《小康人家》里的小家也很有原则性、很新，可并没那么有说服力、感染力。从《小康人家》发展到《李双双小传》，李准注入了更多对家庭自身脉络的理解。他在创作谈中曾提道：

> 以后在一个村子，又遇上一个很能干的妇女。她丈夫不爱劳动，好玩鸟笼子，还好唱戏，这妇女却是个党员队长。按理说两口子是不相配的，可是人家两口子很好，丈夫在台上演戏，她在台下看，还很得意。他们平常有斗争，但又是那么相爱、信任。这就产生了喜旺这个人物。我写双双和喜旺有矛盾，但两人又相处得很好。喜旺很信服她，他很天真、憨厚，又有点自私，好浮夸。譬如他问："人什么时候没私心？"这不很天真吗？常有人说：从前多半是先结婚后恋爱，相处得也很好嘛！这是有其内在原因的。[3]

这种有悖一般格套、认识的现实观察成为他把握双双和喜旺关系的一个基点：

> 喜旺这个人物也是比较复杂的。……像这种思想和李双双的大

---

[1]李准：《向新人物精神世界学习探索——〈李双双〉创作上的一些感想》，张绍武、张舒主编：《李準全集》第5卷，九洲图书出版社，1998年版，第142页。
[2]李准：《李准小说选》，四川人民出版社，1981年版，第4页。
[3]李准：《情节、性格和语言》，张绍武、张舒主编：《李準全集》第5卷，九洲图书出版社，1998年版，第113页。

公无私、心直口快本来是不能相容的。但由于他有接受新的思想教育的基础，他们两个又可以在新的关系中和睦团结。在生活中我研究过一些这类家庭，我发现他们有斗争，但还是非常相爱。在小说和剧本中也这样处理了，在情节发展中还增加了轻喜剧因素。[1]

这使得家庭不只是为写新人、新事而设置的一个容器——写"家"只为写"事"服务——而是把人物、事件放在家庭可能存在的现实逻辑中来构思。家的特殊关系、行为方式成为情节设计、推动的重要因素。《不能走那条路》中宋老定和儿子东山吵完架还要一起搭伙干活，《白杨树》中闹分家是为了给孩子留后路——这些情节都显示李准对农村家庭实情的体认。而在《李双双小传》中既写出双双与喜旺的矛盾，又写出他们的恩爱，既写出他们的斗争，又写出他们的包容，就使得在所谓"原则性"之上又多了一层"理想"色彩，使这个"新家庭"新得亲切。

《李双双小传》写在"大跃进"时期，正处于宣传"家庭社会化"的高潮阶段。因此，《李双双小传》里的家庭也不免带有一种激进性。这突出体现在其"小家庭"形态中。小说里，双双和喜旺都没有父母出现，也就是没有公公婆婆、没有娘家，这种没有上代人、独门独户的小家庭在农村恐怕很稀见。小说开头交代他们有三个孩子，但这三个孩子在情节展开中几乎没出场，也不起任何作用。如果想到双双是个三个孩子的母亲，家务劳动必然不轻，她之前很少参加集体劳动也是因为家里负担重。但这个分量不轻的负担仅随着一声人民公社办起托儿所的交代就完全解决了，之后三个孩子再没露面，这个家似乎简化成了仅小两口组成的小家庭。这显然有些超出现实。如果对比《小康人家》，落差就更强烈。那里的小两口不但要和公公婆婆一起生活，春妞还有自己的娘

---

[1] 李准：《我喜爱农村新人》，张绍武、张舒主编：《李準全集》第5卷，九洲图书出版社，1998年版，第157页。

家，小安则有出嫁的妹妹以及她的公婆家，外加舅舅，所有这些圈套圈的家庭关系都在情节推进中发挥了重要作用。婆婆最后的转变就是因为在自己家里陷于孤立，转头想去闺女家找温暖，发现亲家母用自己一样的说法在呲道自己的闺女，于是，护女心切的婆婆转而用一套刚听来的新理儿来给亲家母"打通思想"。《小康人家》虽然在小家庭的塑造上不成功，但在大家庭关系的构思上却颇巧妙，而《李双双小传》在小家庭的书写上很有魅力，但在家庭构成上比较脱离现实，这使得新人的作用从李双双身上延伸到集体、村落环境时缺乏符合乡村社会关系的路径。

电影《李双双》对此进行了调整。一是小家从三个孩子变成了一个孩子，使得双双的摆脱后顾之忧显得合理一些。更重要的是，将桂英从小媳妇变成了孙有的闺女，另设了一个青年二春与她构成恋爱关系，她们的恋爱波折构成了电影的一条辅线。而在撮合他们的过程中，李双双发挥了核心作用——她出头劝回了桂英家为她寻摸的城里对象，为此大大得罪了孙有一家，也造成了喜旺的出走。但这个情节使得李双双的"一心为公"多出了一个很重要的面向：她为撮合桂英与二春不惜得罪人不是直接为集体生产、集体事业负责，而是为乡村社会、为邻里乡亲的情通理顺负责。电影剧本最初名叫《喜旺嫂子》——从"李双双"到"喜旺嫂子"是颇有意味的变化。小说《李双双小传》中，"李双双"从无名变到有名，从"喜旺家的"变成"李双双"对应着妇女突破家庭依附身份，走向公共空间、参与公共事务的解放过程；而电影剧本的主人公从"李双双"又变回"喜旺嫂子"则意味着调整新人身上的激进色彩，尤其那种脱离村庄社会脉络的倾向，重新将其回置到村庄的社会脉络中发挥作用——乡里传统中"嫂子"有着特定的社会角色和社会功能，像撮合年轻人的姻缘就是"嫂子"有义务，也乐意承担的角色。这类撮合包含着长辈对年轻人的喜爱、负责，也对维系村里良好的家庭传承负责，是立功德的事。这种立功德在促成"新人"结合的前提下又带上了鼓励先进、对抗落后的政治色彩，变成对新的集体原则负责。这双重的负责意味着双双为之努力的集体既是一个社会主义新集体，又是一个根基深厚的乡村共同体。

在改编的豫剧中，李双双这层"嫂子"的角色进一步得到加强。李双双也就从一个毛手毛脚的小媳妇，从一个入党、进京的劳模"新人"，变成在乡里空间中发挥着不可或缺的组织、构成作用的"老嫂子"。因此，豫剧中的李双双显得越发稳重、老成。她也没有再经历从不知其名到被"发现"的过程，而是一上场就已经是妇女队长、基层干部。这时的李双双既以队长身份在集体生产、管理中发挥引领作用，又以"嫂子"的身份在村落的社会生活中发挥调解作用，同时，也变得越发能干了。电影中写李双双被提拔为干部就开始表现她带领生产改变全村面貌的"本事"，这种能干与《李双双小传》中在食堂搞技术革新的能干有着不同的社会含义。在电影和豫剧中，喜旺最后的转变不是通过与双双的交心、交流来达成，而是写其出走归来后对双双带领妇女们生产的刮目相看，通过一种"敬服"来达成的。这样一来，最后的双双不单是可爱的，再进一步变成了可敬的。

前面提到过，李准搜集素材时碰到的李双双原型常被视为"杨排风"式的人物，《李双双小传》中干脆、泼辣，但过于直来直去，需要被干部引领的李双双也还带着"杨排风"的身姿。而通过电影、戏曲的几度改写，李双双的形象愈发成熟，向着群众带头人的方向发展，已经带有"穆桂英"的影子。到了李准撰写电影剧本《大河奔流》时（"文化大革命"前已开始构思），其笔下的女主人公李麦则彻底是作为一个扎根乡土社会的女英雄来塑造的。她能组织大家逃难，能带领灾民请愿，背井离乡时惦记、照顾着每个乡亲。1977年版的《大河奔流》下半部，安排新中国成立后已经就职县委的李麦回到乡村带领大伙儿抗洪抢险，令其在革命带动下可以成长为"群众领袖"的一面愈发凸显。而

20世纪80年代完成的长篇小说《黄河东流去》中,去除了过于拔高的革命色彩,一个更朴实、更植根乡亲、乡里生活的李麦则成为维系、重建乡村共同体的灵魂人物。

李准在新时期之后总结、反思自己的创作立场时一再强调,自己的写作理想是挖掘、歌颂劳动人民自身蕴涵的力量、能量。[1]即便在规定文艺为政治服务的年代,作为最能"及时反映现实"的作家,李准仍认为自己的写作有着一以贯之的宗旨:这个宗旨的核心就是寻找能将中国乡村社会重新组织起来,革故鼎新、移风易俗而又返本复原、焕发活力的力量与源泉。这个宗旨与革命的立意、宗旨有相当的吻合,因此尤能在革命理想的指引下去摸索、试验;但这个宗旨也有不足以为革命涵盖的层面、要素,尤其在革命政治走上歧路时,两者不免貌合神离,甚至彼此龃龉。李准一方面是革命作家,一方面又是特别要对乡里社会、对劳动人民负责的作家。他一直在这两者的张力中努力探求,苦苦思索,也始终试图以自己的写作介入对社会的教化,用塑造理想人物——从李双双到李麦——来培养当代的杨排风、当代的穆桂英。

"致君尧舜上,再使风俗淳"——这样的抱负,这样的理想还会延续下去吗?又将以怎样的方式延续?社会、时代或许在等待、在倾听。

---

[1]见李准为《黄河东流去》所写《开头的话》:"她是想在时代的天平上,重新估量一下我们这个民族赖以生存和延续的生命力量。……这些故事告诉我,我们这个社会的细胞——最基层的广大劳动人民,他们身上的道德、品质、伦理、爱情、智慧和创造力,是如此光辉灿烂。"参见张绍武、张舒主编:《李準全集》第2卷,九洲图书出版社,1998年版,第2页。

《老家旧事——李準夫人自述》，董冰著，学林出版社，2005年版。

李准与夫人董冰，摄于1978年北京西四住所。

《李双双》（豫剧），河南人民出版社，1963年版。

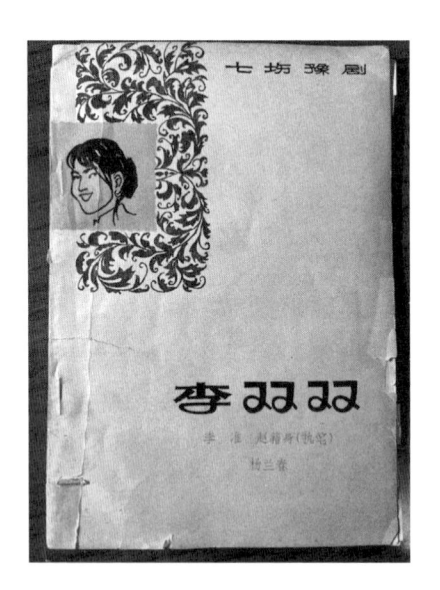

《李双双》（七场豫剧），河南人民出版社，1979年版。

李双双：从更深的土里"泼辣"出来
——试探20世纪五六十年代"新型妇女"的一种生成史[1]

◎李娜

一、"做人要做李双双"

李双双，最初酝酿于河南作家李准在"大跃进"背景下塑造妇女"新人"的自觉和激情。小说《李双双小传》发表于1960年3月的《人民文学》，开头就说，是"大跃进"把李双双这个名字，把这个曾经只被叫作"喜旺家""小菊她妈"的乡村媳妇，给"跃"了出来。公共食堂和托儿所，使得这个"年纪轻轻就拉巴了两三个孩子"的媳妇，走出了家庭，走入社会性劳动，变得更聪明、漂亮，带动丈夫一起成为人民公社这个新集体的"新人"。小说中喜旺、双双的"先结婚后恋爱"，之

---

[1] 本文的写作缘于"北京·当代史读书会"师友们对李准的共同研读，感谢贺照田、程凯、莫艾、刘卓、张炼红等师友的日常讨论和批评；感谢宋少鹏、宓瑞新老师鼓励笔者尝试从妇女角度出发进行观察和思考。题目中的"新型妇女"，出自李准1961年出版的小说集《李双双小传》的后记，"我在农村工作劳动中，遇到过不少这样的新型妇女，她们的风格是那样高……"参见李准：《李双双小传》，作家出版社，1961年版。当时提倡写"社会主义新人""新人"，本文除题目采用李准这一"新型妇女"指称，行文中使用"妇女'新人'"。

后更随着电影的传播，成为一代人表达时代变迁中的婚姻理想的亲昵语言。

"大跃进"紧接着的"三年困难时期"中，也是国民经济、人民公社以及相关文艺创作都进入"调整"期的1961年，小说经改编拍成了电影，去掉了办公共食堂的主线，改以"评工计分"为主线——李双双提议生产队认真"评工记分"后与干部多占工分、干活不讲质量等现象"斗争"的一连串故事；并增加了一个副线，被叫作"喜旺嫂子"的双双，帮助返乡姑娘桂英退掉父母想要包办的城里的婚姻，呵护她和二春"互相帮助"的恋爱；而这两条线的内核、推动着情节走向的，是丈夫喜旺为双双这些有悖乡村"老理儿"、不断得罪人的行为而发生的争吵、离家和归来的"轻喜剧"。由李准编剧，鲁韧导演，张瑞芳、仲星火主演，1962年春天上映的《李双双》，没有因"大跃进"失败而过时，而是红遍大江南北。转年，《李双双》获得《大众电影》举办的、有十八万观众投票的第二届"百花奖"的四项大奖，郭沫若为最佳女主角张瑞芳题诗："天衣无缝气轩昂，集体精神赖发扬。三亿神州新姊妹，人人竞学李双双。"[1]

"学李双双"，学什么？从时代强音、最方便表达的层面，自然是题诗所说的"集体精神"：大公无私、敢想敢说。电影不仅在电影院公映，也被送往全国各地的农村，在《大众电影》《人民日报》与十几家地方报纸刊登的公社社员的座谈、热议中，人们纷纷举着身边或自己的例子来对照、赞美李双双维护集体利益的无私和"坚决"。在各种报道、评论和几十年后的回忆口述中，可知当时有了诸如"革命要学郭大

---

[1]张瑞芳口述，金以枫执笔：《岁月有情——张瑞芳回忆录》，中央文献出版社，2005年版，第328页。

娘，做人要学李双双"[1] "做人要做李双双，看戏要看孙喜旺"[2] 等流行语。社员们的"观后感"和在不同语境中分合使用的流行语，所对应的现实与现实感受都有待进一步辨析，不过还是可以触摸、拎出一些具有共通性的历史心情：第一，人们喜爱李双双的心情里、要跟李双双"学"的，可能更是李双双的"大公无私"、敢想敢说是怎么做到、做好的？（座谈记录中不少人提及，身边有社员或自己也如此坚持原则，维护集体利益，却落得个招人恨，或"收不到好效果"……[3]）第二，"做人要做李双双，看戏要看孙喜旺"，两句话对照，有着有意味的缝隙。除了张瑞芳、仲星火等一众演员表演上的魅力，如果没有了与"落后的好人"喜旺在吵闹中更趋厚实、新鲜的恩爱，没有了作为"嫂子"对年轻人婚恋的呵护、对不会做农活的年轻媳妇的"不记仇"的帮助，在"大跃进"和人民公社激进化的惨痛后果犹在的1962、1963年，很难想象，为公社的几块木板、十几个工分、几十块钱而与乡亲、丈夫"坚决斗争"的李双双，会得到人们这样由衷的喜爱。

也就是说，与当时政府树立的女劳模的作用方式不同，李双双的感染力更来自与"大公无私"思想品格相映衬、相成就，让人们既熟悉又新鲜的一种"泼辣"性格；或者说，使得"大公无私"这一高标的"思想品格"获得一种可亲、可"学"的赋形的，是李双双和她的"泼辣"

---

[1] 本刊记者：《衷心的祝贺》，载《电影艺术》1963年第3期。"郭大娘"为同时期上映的电影《槐树庄》中的人物。

[2] "做人要做李双双，看戏要看孙喜旺"流传、引用更广，也可见于导演鲁韧和演员仲星火的回忆文章中。有时分开引用，如当年电影评论以《看戏要看孙喜旺》为题（见倪平：《文汇报》1962年12月15日）；苏州评弹《补苗》中则用了"大家不要学孙有婆，做人要学李双双"（见张如君、刘韵若改编：短篇评弹《补苗》，上海文化出版社，1964年版，第39页）。

[3] 可见于汪岁寒：《来自公社的反映》（原载《电影文学》1963年第3期）、《社员齐夸双双好 热爱集体品德高——山西省孝义县城关人民公社和白壁人民公社临水生产大队社员座谈影片〈李双双〉》（原载《山西日报》1962年12月15日）等文，收录于中国电影出版社编：《李双双——从小说到电影》，中国电影出版社，1979年版。

闯出的有情有义、新旧不隔的生活世界。这使得在集体化挫折、人心疲惫的此刻，颂扬大公无私的《李双双》，却意外地具有了某种抚慰、护持并提振人心的作用；李双双式的"泼辣"，也庶几成了新中国妇女生命状态、妇女"主体"的一个理想性的凝聚和焕发，一颗"亮闪闪地照得人眼里多明快"的"黑夜的星星"。[1]

这样的"泼辣"，自然来得不易。

张瑞芳在《扮演李双双的几点体会》开头说：

> 一九五八年，当我和李准同志还不熟识的时候，有人转告我，他想写一个农村的喜剧，其中有我可以演的角色，只是担心我能否"泼辣"得出来。[2]

由此可知，从最初的酝酿阶段，李准就将"泼辣"作为李双双最具基调性、整体性的性格。张瑞芳接受挑战，出色地"泼辣"出来了；电影中李双双的"泼辣"，融入张瑞芳（以及与他配戏的演喜旺的仲星火和电影拍摄团队）的经验、心性、艺术创造与时代感受。虽然此时来自上海的这些电影工作者对文艺如何表现劳动人民颇多顾忌，张瑞芳在表演上也很受束缚，但愈束缚愈用心，戴着镣铐跳舞的李双双的"泼辣"，鲜亮好看；同时，电影是在巩固人民公社、集体化架构的社会氛围的支持下拍出来的，这"泼辣"也有着相对单纯而明朗的形态。1963年，

---

[1]《社员齐夸双双好 热爱集体品德高——山西省孝义县城关人民公社和白壁人民公社临水生产大队社员座谈影片〈李双双〉》，中国电影出版社编：《李双双——从小说到电影》，中国电影出版社，1979年版，第406页。报道中说出这句话的城关公社女社员任巧英特别提出，李双双的好管闲事、泼辣大胆"和那种专门'在鸡蛋里挑骨头'的人大不一样。我看她主要是因为她有一副为大伙办事的热心肠。有了这副热心肠，才使得她对集体的事情十分关心。她那种脾气、性格，就像黑夜的星星一样，亮闪闪地照得人眼里多明快啊！"

[2]张瑞芳：《扮演李双双的几点体会》，载《人民日报》1963年4月21日，第5版。

河南豫剧三团的编导杨兰春、赵籍身与李准合作，依据电影剧本，改编、排演了豫剧《李双双》，故事时间被延后设定在1962年春，李双双也被更加放回到河南乡土的民风、民俗和语言中。这里，李双双的"泼辣"和所以"泼辣"有了更厚实、更可能被理解但也更为复杂的形态，这一厚实、复杂，既与豫剧特有的艺术形式、豫剧与民间生活更密切的关系有关，也与以《朝阳沟》闻名的导演、编剧杨兰春在现代戏探索中逐渐形成的、非常具启发性地把握文艺与政治的方式有关，也隐然与1958年之后的"三年困难时期"在乡土人心中的记忆和反应有关。

经由小说、电影、戏曲的持续打磨，李双双和她的"泼辣"日益饱满，而"大跃进"以来对"表现社会主义建设的现代戏"的大力提倡，更使得李双双经由地方戏曲深入到广泛的社会基层和乡村家庭中去（豫剧《李双双》被相当多——李准回忆是不下"五百个"——地方剧团搬演，也被改编成话剧乃至评弹等曲艺形式[1]）。至此，李双双的"泼辣"，蕴含着爽朗、能干、敢说敢为、不计利害、既灵透又"傻"的性格，蕴含着对平等、恩爱、既现代又传统的夫妻之情的要求，更蕴含着将"集体精神"与传统中国人有关"义""理""公道"等价值的有效连接，在此一亦新亦旧的义理的践行中细腻感通他人、以承担为乐的生命状态——由此生成的一种新中国妇女的精神风貌与价值形态，不会随着时代转换、"革命"被告别而消失，某种意义上，可说进入或沉淀在了中国妇女的身心乃至具有基底性的情意结构中。或因此，作为"文化

---

[1]李准：《晚年自述》，向继东编：《李準文学回忆录》，广东人民出版社，2021年版，第59页。

大革命"后最早获得平反、公映的电影之一[1]，在"大公无私"已随着"革命理想主义"黯淡退场之时，《李双双》和她的"泼辣"，依然动人心弦。即便在年轻人多已不曾听闻"李双双"的当下，直接或间接拥有李双双时代的记忆，也拥有更开阔的国际交往、比照视野的中国女性，或更能知觉几代人身心中葆有的这一度被历史伤痕和新的理论话语所淹埋的遗产：20世纪五六十年代的中国妇女的生命、精神状态及那时"男女平等"所具有生活、生命、社会、文化意涵，并不能以窄化了的"铁姑娘""雄化"给简单打包了事。

二、李双双的户口：时代现实中最被需要的人

上节说到，电影《李双双》红遍全国之际，从各地报刊上公社社员的"观后感"，可以感受到对电影由衷地喜爱之情，也可以感受到，这些"观后感"对应的现实和现实感受是复杂的、有待辨析的。1957年"反右"、1958年"大跃进"以来不断激进化的政策和人民公社"一大二公"的制度试验、道德要求，在乡村实际运作中造成的不只是诸多生产、管理问题，还有一种有压力的氛围，让普通农民也知道，什么是"进步话"，什么是"落后话"。就发表而言，这些座谈记录当时也是经过择取的。我们保留如上意识，将这些"观后感"置于相应的社会历史脉络中，或可进一步探讨：李双双和她的"泼辣"，是基于怎样的历史实际和作家的文学/政治自觉而"跃"出的。参加座谈的社员们，多举

---

[1] "文化大革命"中《李双双小传》被批判为"中间人物论的创作标本"，参见武汉大学中文系62级《延河公社》编：《十七年百部小说批判》，湖北省文联红色造反团印，1968年版，第35页；电影《李双双》被指宣扬了"阶级斗争熄灭论"，成了"毒草"；1973年3月，周恩来看望张瑞芳所在"中日友协访日代表团"的代表，在座谈中以一种严肃而动情的方式给《李双双》平反，参见张瑞芳口述，金以枫执笔：《岁月有情——张瑞芳回忆录》，中央文献出版社，2005年版，第382—383页。

例自己身边也有李双双这样的人,"只是不那么全面","李双双这个人物确实很好,但是有点使人感觉她的性格是天生如此","还可以加强妇女队长在队委会中的领导作用"之类的问题和建议[1],这些话,隐约透露着对李双双的现实可能性的"疑问"。事实上,这样的疑问,不仅来自普通农民,也来自赵树理这样对集体化进程中农村、农民的境遇抱持忧虑的作家。据说赵树理曾问李准:《李双双》红遍全国,你真见过李双双这样的人吗?[2]

作为一个20世纪30年代即投身中国共产革命的作家,赵树理不同于与他有着相近读书、写作、革命轨迹的柳青、周立波等革命作家的地方,是他对中国乡土社会和农民有很深理解。新中国成立后,同样致力于写合作化中的乡村与人,赵树理没有像周立波写《山乡巨变》那样一种放松的乐观,相信历史潮流会自然带动人的变化,也没有像柳青写《创业史》那样一种用文学主动构想政治、给出(而不只是反映)社会和人的进步路径的严肃的激情——赵树理坚持的"老百姓喜欢看,政治上起作用",是一种特别立基于"现实"、立基于他对乡土社会的理解来检验政治政策的写作。这是他会对李准问出"你真见过李双双这样的人吗?"的原因之一。他苦恼于"大跃进""人民公社"引发的重重问题,也看不到现实中李双双这样将泼辣、德行和斗争贯彻到底且带领社员实现了丰收的人。

但无论对于李准,还是对于有了后见之明的我们来说,李双双的出现显然并不只是"真实不真实"的问题。李准在新中国开始写作,相较于赵树理、柳青、周立波,同样写合作化、同样在文艺为政治服务的意识下写作,他的生活资源和文学养成、他与革命/政治的关系,是

---

[1]汪岁寒:《来自公社的反映》,中国电影出版社编:《李双双——从小说到电影》,中国电影出版社,1979年版,第396页。
[2]孙荪:《风中之树——对一个杰出作家的探访》,人民文学出版社,2002年版,第253页。

很不同的。1928年生于河南省洛阳县（现改属孟津县）下屯村的李准，出身于乡村教师兼小地主家庭。在乡上的初中只读了半年就不得不因饥荒、战乱等原因辍学的他，做过盐店的学徒，掌管过自家在镇上兼办邮政的杂货店，他在从村庄到麻屯镇的乡土生活、人情世态中历练，在新旧文学和戏曲中领略文艺之于人的意味。1953年开始在《河南日报》上发表描摹新社会的新的婆媳关系（《婆婆与媳妇》）、新的社会风气（《卖西瓜的故事》）、旧人物的新状态（《我没有耽误选举》）等"生活小故事"之后，他以一篇有着精练、耐读情节且敏锐抓住了时代脉搏的小说《不能走那条路》跃上文坛。《不能走那条路》写的是"新社会的新问题"，即农村土改后重新出现的土地买卖、贫富分化问题。从这篇起手就相当成熟的小说，我们可以看到李准的特别超卓之处，就是对乡土社会与人在历史变动中的心情、心思变化的把握如此敏锐，而又对于如何调动乡土上既有伦理、情感资源，配合政治理想来应对、解决这样的新状态、新问题，是如此富有灵感。可以说，李准20世纪五六十年代的小说，基本沿着政治政策或说集体化进程带来的乡村变动中的"问题"和"新人新事"来展开，但也具有阶段性的特点。1953—1955年，即合作化运动高潮前，如研究者莫艾所说，时代政治相对"平缓"，李准"对乡村社会的感受、观察和相关意识，在某些方面更为从容、更为展开"[1]。此一阶段，李准写得相对篇幅较长的小说，特别展现了他内在于乡村和农民来回应时代要求的能力，某种意义上还是一种新时代的"问题小说"，比如如何才能将"不好与人拉扯"的老农吸引加入合作社的《白杨树》（1954），如何在既严厉又充分体谅中改造老婆婆偷社里饲料行为背后的"旧意识"的《孟广泰老头》（1954），模范社如何处理

---

[1] 莫艾：《"新与旧、公与私、理与时、情与势"中的人：试探李准1954—1955年（合作化高潮前）的小说创作》，载《妇女研究论丛》2022年第1期。该文对此一时期李准小说创作有充分展开的分析。

与后进社的关系的《冰化雪消》(1955)，等等。此一阶段，写"新人"新状态也常有动人的笔触，不过此时多数"新人"，比如《不能走那条路》中的村干部东山、《白杨树》中退伍返乡推动合作社的带头人进明等，往往有点生硬、概念化，倒是这两篇小说中作为配角出现的东山媳妇秀兰、小姑娘凤英等，笔墨不多，却很灵动。及至《农忙五月天》(1955)，有了一个形象立体、层次丰富，让人有"解渴"之感的妇女"新人"：办农忙托儿所的姑娘东英。1956年、1957年，在合作化进入"高潮"，而文艺创作领域经历"百花齐放"到"反右"的波折之间，李准写了一篇特别的小说《拉不满的弓》(1957年，后收入文集时改名为《冬天的故事》)，讲五里台高级社的副社长进才精明、能干，却总是以不信任、防范之心"管"社员而使工作推行不下去……这篇小说透露了李准对于合作化运动应有的价值朝向的理解并不简单：如果从有文化、聪明、有经济管理才能的角度看，进才也是合作化所需的一个"新人"，但显然李准不满他过度从利益角度揣想人、"把人看小了"，结果导致人心的背离、集体的损害。

这些"问题"小说和"新人"小说的写作，为李双双的跃出提供了重要的演练。

"大跃进"开始的1958年、1959年，李准写了不少宣传小戏、曲艺、报告文学和人物特写，多为不及细致构思的简单宣教之作，但也写出了《小康人家》(1958年，电影剧本)、《一串钥匙》(1959年，小说)、《两代人》(1959年，小说)这类有着鲜亮色彩的妇女"新人"的作品。一方面，"大跃进"运动得以发动的一个背景和逻辑，是对人的思想觉悟、主观意志的力量的过度想象，因此，要求文艺反映"轰轰烈烈的社会主义建设"，也特别突出了写"新人"；另一方面，其时大量男性劳动力去修渠、修水库、大炼钢铁，妇女开始被动员有组织地从事地里的生产劳动，也推动这一时期相当多的文学作品写参加甚至领导了生产劳动的、风风火火的女劳模、女队长、女拖拉机手、铁姑娘……

这些"大跃进"中的妇女"新人"形象,能在文学史上"立住"的不多。相比,《李双双小传》的"立住"就尤为值得探究。1961年,李准将两年间几篇小说结集为《李双双小传》出版时,在"后记"中说:

> "三面红旗"正以史无前例的速度大大地改造和提高着人的思想,使人变得聪明智慧、成为高尚美丽的人。我在农村工作劳动中,遇到过不少这样的新型妇女,她们的风格是那样高,精神又是那样昂扬舒畅。比比从前,有时真使我感动得整夜睡不着觉;可是却总不能很好地在稿纸上将它们反映出来,在写这几篇小说时,我总觉得我倾倒感情的瓶口,是太小了。[1]

1998年的《晚年自述》中,李准则(显然回应着其时从研究界到一般社会舆论对"前三十年"的"妇女解放"实则让妇女承担了家务与生产的双重任务,以及像男人一样干重体力活造成的身体伤害等问题的批评)说,"什么都是一分为二,'大跃进'时期妇女在精神上解放是真的,不是假的""妇女们想出去,在地里干活,千里风刮着,说着笑着骂着,谁都不想在家,所以写李双双不是凭空"。[2]

"大跃进"时期许多妇女因为从家庭中走出到热闹的集体中而获得相当的精神解放感是切实存在的,而此时国家为鼓励妇女从事社会性生产劳动,对家务劳动有意无意地贬抑(与此同时又默认妇女从事家务劳动的性别分工),以及对托儿所、公共食堂、养老院等"家务劳动社会

---

[1] 李准:《李双双小传》后记,李准:《李双双小传》,作家出版社,1961年版,第168—169页。

[2] 李准:《晚年自述》,向继东编:《李準文学回忆录》,广东人民出版社,2021年版,第58—59页。

化"的愿景过于乐观,也是切实存在的,这造成了"大跃进"时期诸多妇女实则不得不兼顾生产和家务、生养职责的生活的高强度负载,但也不能由此就完全否定李准所看到的许多妇女有过的精神解放感的存在。就是,一方面"写李双双不是凭空",另一方面李准笔下的李双双,其实也内涵对"大跃进"时期妇女承受生产和家庭双重压力的隐蔽回应,即双双和喜旺被设置为核心小家庭,不见双方父母、亲戚关系。小说里双双还更像那个时代的通常状况,是三个孩子的母亲,但已经是除了在双双修渠耽误了做饭时"孩子饿得哭",以及托儿所的大娘早上来接孩子时孩子露了一下名儿,差不多是隐形了。到了电影里,双双就只有一个孩子小菊了。小说的开端,李双双的"大字报",便是为了参加修渠而提议办公共食堂——"只要能把食堂办,妇女能顶半个天"。李准共享了政治政策对"家务劳动社会化"的乐观想象,但对双双、喜旺的家庭状态这种悄悄默默的"环境设置",又透露他实则并不能无视这一现实中需要多方面条件配合才能解决的、要求妇女参加生产时的家务难题。这一矛盾在小说中姑且埋于文本内部,这悄悄默默的"埋",是因为相对于此,小说有更重要的任务,在李准写李双双带动喜旺所反映的或许不够自觉的意识里,此时妇女精神上的解放不仅是妇女个人的"精神解放"问题,不仅是以参加生产、领导生产让妇女成了对社会主义事业有用的"人力资源",也是能改善乃至重塑夫妻、邻里、集体化时代的村庄中人与人的关系的重要力量。

《李双双小传》开头,喜旺和双双为做饭一事吵架,是展现两人性格、关系的经典情节。在电影和豫剧的改编里,也都作为重头戏。双双去参加修渠,在门上留了言让先回来的喜旺"把火打开,添上锅,面和和"。结果中午回到家,小孩子饿得哭,喜旺却"直杠杠地躺在床上吸烟"。双双一边和面,一边念叨喜旺。不承想:

喜旺这时却伸着两个指头说:"哎!我就不能给你起这个头。做饭就是屋里人的事。我现在给你做饭,将来还得叫我给你洗尿布哩!"

双双一听这话,心里就窝着火。她说:"那你也得看忙闲,我忙成这样了,你就没有长眼!"

喜旺说:"那是你自找,我可养活不起你啦!谁叫你去劳动?"

双双正在切面,她把刀往案板上一拍说:"将来社里旱田变水田,打的粮食你不用吃!"喜旺说:"你说不叫我吃就行了?将来还得你给我做着吃。"

双双听他这样说,气得眼里直冒火星。她把切面刀哗地一撂说:"吃!你吃不成!"说罢气得坐在门槛上哭起来。

双双在一边哭着,喜旺却装得像个没事人一样。他躺了一会儿,觍着个脸爬起来到案板前看了看切好的那些面条说:"这就够我吃了,我自己也会下。"说着就往锅里下起面条来。面条下到锅里,他又找了两瓣蒜捣了捣,还加了点醋,打算吃捞面条。

双双在屋里越哭得痛,喜旺把蒜白越捣得咣咣当当直响。双双看他准备得那样自在,气得直咬牙。她想着:"我在这里哭,你在那里吃,你吃不成!"

……

故事接下来是双双捶了喜旺两拳,喜旺想还手,却猝不及防被双双推倒在院子里,眼泪还没干的双双忍不住大笑,又拖着喜旺找老支书"说理去",自知理亏的喜旺不敢去:

他急忙挣脱两只手,站在大门跟前故意气昂昂地说:
"你去吧!你前边走,我后边跟着!"

他话虽然这么说，自己却先溜了。出去把门反扣上。[1]

　　这场架的描写着实精彩，不但两个人的心理、性格、"思想水平"，以及喜旺刻意挑起双双率性回应的吵闹中透露的亲密（不但平等，甚至开始往女强男弱的方向发展）的情感，都活灵活现，双双对"集体精神"的表达方式"将来社里旱田变水田，打的粮食你不用吃"，也自然、朴素而有力。当然，这场架还有更丰富的意涵。当喜旺说"我就不能给你起这个头。做饭就是屋里人的事"，他是悠然的，因为他认为理所当然。而双双对此的反应也不激烈，并不否认"做饭就是屋里人的事"，只是说："那你也得看忙闲……"这反映出在此时有关妇女解放的意识中，确实还在默认家务劳动的性别属性，而当双双接着说"我忙成这样了，你就没有长眼！"所诉诸的主要也是夫妻共同生活，应当互相扶持的理。这个"理"，在小说里发展出来的回应是，后来喜旺被选为食堂炊事员，双双在人群里挑着碗里的面条给喜旺示意，意谓"我也吃上你做的饭了"，从而通过做饭这一家务劳动的社会化，"化解"了问题。而在电影《李双双》里，后续发展则是，有天双双替大凤收拾毛芽没打干净的花秸，回来晚了，喜旺已经做好了面条，正逗着闺女说爸爸做的面条好吃，又喜滋滋地要双双尝尝，端起饭碗就吃的双双虽然眉头一皱，嘴里却说："嗯，好吃！"

　　这是对前面双双不反对女人做饭、但诉诸夫妻"互相帮助"的理，做出的回应。看似非常平常的生活画面——也的确非常平常，在20世纪60年代、70年代出生的一代人的家庭生活里，父母应该很多都是

---

[1] 这里的两段引用，依据1961年作家出版社《李双双小传》小说集中的初版本，比起1960年第3期《人民文学》上的初刊本，多了"气得眼里直冒火星"；第二段引用最后一句"出去把门反扣上"，则是1977年人民文学出版社《李双双小传》小说集中增加的，当是因为电影中这一神来之笔的表演而增加的。

"看忙闲"或一起做家务了，尤其是城市里的双职工家庭——这平常却是包含着一个风俗的重新育化过程的。这个平常的改变，还提示着我们理解20世纪五六十年代男女平等问题，一个应有的却没有被很好理论化的维度：政策、理论上没有正面处理家务的生理属性，但通过人的观念、情感、意识变化，还是可以打造出男人也做家务（男人做家务是进步的）的观念氛围，乃至风俗（当然，这样的转变和如上的平常画面，也主要发生在城市）。

某种意义上，这也是刚才所说，李准通过李双双寄予的——妇女精神上的解放，也是能改善乃至重塑夫妻、邻里、集体化时代的村庄中人与人的关系的重要力量，进而，也是让公社能够更合情理地运转，成为劳动和伦理关系都更密切的乡村共同体的重要力量。说《李双双小传》中意涵这些，却又说李准并不见得对这一切足够自觉，是因为从《李双双小传》到最初的电影文学剧本《喜旺嫂子》，到拍成电影的《李双双》，再到豫剧《李双双》，我们可以看到一种实则在慢慢伸展——也是慢慢生长着的，对李双双这样一个妇女"新人"之于乡土社会、之于时代的多方面意义的理解。

正如李准《李双双小传·后记》和相关创作谈所说，他感于时代和妇女精神的新变，从1958年春即开始酝酿一个"泼辣"的李双双形象。这年他被安排到登封县马寺庄深入生活，同时也在河南各地乡村参观访问，"泼辣"的女性自然而然、越来越多地进入他的视野：一方面，不管是从传统文学中，还是在日常生活中，他非常喜欢、"简直是入迷"这样一种人物[1]；另一方面，这样一种天真、不计利害，过去在乡村社会里可能被认为缺心眼、"疯"的女性，在新中国成立后越来越多了，自在了，这是乡村妇女精神面貌的大变化；再一方面，这样的妇女，不

---

[1]李准：《晚年自述》，向继东编：《李凖文学回忆录》，广东人民出版社，2021年版，第59页。

是最适合于新形势、新工作的需要吗？

他积极感受、捕捉、积累自己所接触到的此类妇女的风貌、细节与思想情感。终于到 1959 年 3 月，他选择了办公共食堂作为让李双双从小家庭中"跃出"的背景与故事主线，但随着人民公社"共产风""饥荒"等问题逐渐显现，公共食堂没有运行很久就难以为继。细读《李双双小传》，对公共食堂的描写并非尽是脱离现实的颂扬。小说的前四节，围绕双双贴出的倡议建公共食堂的大字报，把双双和喜旺这对夫妻的身世变化交代出来，也把两个人的"性格"生动而鲜明地立住之后，开始着力写的是"李双双如何带动大家（从自己的丈夫喜旺开始）办好公共食堂"，涉及从食堂管理员的人选、卫生、口味、灶具改革，到管理员会出现的徇私、浪费等问题。某种意义上，《李双双小传》既是"新人"小说，也是"问题"小说，是延续着他自 1953 年以来写"问题"、写"新人"的方式，而办食堂这一实则具有挑战性的新事物给了他将之进一步结合的契机。只不过，"大跃进"和人民公社的背后，是对现实的认识把握出了很大问题，反映在《李双双小传》中，就是当李准按照其时通行理解展开情节的部分，对焦不能不是含糊甚至失焦的。比如写公共食堂的"问题"，很多笔墨依据的是其时的阶级理解，写富裕中农孙有对公共食堂运行的破坏和对公社的"二心"；而对 1959 年秋天已经开始出现的粮食歉收不得不吃红薯的现实，是以因为大家不爱吃红薯导致浪费、双双发动妇女们"粗粮细作"这样的情节来曲折回避的。

《李双双小传》发表后，得到的评论和关注并不算多，尤其是和几个月后发表的《耕云记》获得的评论和关注比较来说，这一现象就更有意味。究其原因，或许是受了"公共食堂"的连累，不管读者是不是了解公共食堂此时在农村已弊端尽显，小说按照其时的阶级分析对公共食堂的有关描写的牵强，是不难看到的。茅盾在《一九六〇年短篇小说漫评》中评《李双双小传》，特别称赞小说的前四节，尤其第二、三节对双双提议办食堂的"大字报"的"回叙"——喜旺不愿意双双去参加修渠、故意不帮她做饭而引发夫妻俩那场经典的吵架，以及第四节选食堂管理员、双双"举贤不避亲"的描写，而"此后"就没什么好说了：

> 这两节（约五千字）和下一节（第四节，只有千把字），仅占整个篇幅的三分之一强，但是起的作用却不小，这六千来字，笔墨简练而又精神饱满地表现了解放后李双双在家庭中和在社会上地位的变化（这是千百万妇女们相同的），并从此变化中刻画了双双的形象和性格（在这里却有李双双的个人遭遇），而且，同时也刻画了喜旺的形象和性格。我以为这两个人物的描写到此已达高峰，两个活人，已经赫然站在读者面前，此后关于他们的描写只是补充润色而已，在本质上已经不再增加什么。
>
> 他们（双双和喜旺）比作者过去所创造的人物更加鲜明而有个性。[1]

"两个活人"，确实，人物是这样"赫然"地立住了，放在别的环境里就可以按照他们的性格来继续生活，转年李准将小说改编成电影剧本时，"公共食堂"取消了，但李准在极短时间内[2]，将故事主线改成了同样涉及新伦理建立的新事物"评工计分"：仍然是和喜旺为修水渠耽误做饭吵架后，双双和彦方嫂、桂英等商议，为了让妇女们都能参加修

---

[1]茅盾：《一九六〇年短篇小说漫评（节录）》，卜仲康编：《李准专集》，江苏人民出版社，1982年版，第289—290页。
[2]1961年5月21日至6月12日，在北京召开的中共中央工作会议对草案进行修改，形成《农村人民公社工作条例（修正草案）》（简称《农业六十条》），规定取消分配上的供给制部分，停办公共食堂。李准改编的电影剧本最初名为《喜旺嫂子》，自1961年7月开始在《奔流》杂志上连载。

水渠，写"大字报"建议认真评工计分（有工分，家人就不会反对妇女出工了）。同时在工分"问题"线上，李准写出了诸如干活图快不讲质量、干部多占工分等伤害集体利益也伤害共同体伦理的问题。

由此，我们可以再推敲一下《李双双小传》写公共食堂的问题。"文化大革命"过后李准自选了一些小说以《李双双小传》为名出版，从一些有关《李双双小传》评论中，可看到一种带着历史伤痛的复杂情绪：人们仍然喜欢、肯定双双和喜旺，同时以"人物典型、环境不典型"来或委婉，或直接地批评小说对公共食堂及其背后"大跃进"和人民公社激进化的讴歌[1]；也有的以赵树理当时写的《套不住的手》《实干家潘永福》等人物报道做比对，提出写《李双双小传》《耕云记》的李准虽然深入、熟悉了"生活"，却缺乏更熟悉农村的赵树理的冷静、清醒和责任感[2]。"文化大革命"后李准面对这些批评，对于20世纪五六十年代的写作，既有自省、自责，当也有难言的委屈，委屈之中，也还有一些难以讲述但仍保有的自信。而他的自省、自责在真诚之外，特别受20世纪80年代文学批评思潮的影响，使得他的写作与他在历史中的感受、思考很有挖掘必要的关联，以及他以"速朽"的题材镌刻的人在曲折历史中的探索是不是仍然可以有意义等等，变得难以讲述。

李准晚年自述，1960年全家到郑州市东郊祭城公社插队，他担任副社长。当时看到农村"五风"严重，"地里粮食没人收，也没人种，都吃大锅饭"，不久之后情况更严重，吃食堂把人"饿坏了。想起来，我在小说里还写食堂，真是活该！饿死也活该"[3]。李准自己得了浮肿和肝炎，也见过饿死的人。李准回忆，村干部领着一个老人来见李

---

[1] 吕萍：《重评〈李双双小传〉》，载《丽水师专学报》1984年第1期。
[2] 鲁非、会文：《写真与失真：谈〈李双双小传〉及〈耕云记〉的得失及教训》，载《教学与进修》1982第1期。
[3] 李准：《晚年自述》，向继东编：《李凖文学回忆录》，广东人民出版社，2021年版，第61页。

准,说他"吃着食堂还去挖地藜子,给共产党脸上抹黑",没收了他挖草根的篮子。李准说:"大爷,以后不要挖了。"老人说:"我要有啥我还挖?"[1]转天,这个自己生活的老人就死了。

老人说的话("我要有啥我还挖?"),李准说,一辈子都不忘了,"一个快死的人,跟我的一次对话,把人的灵魂都折叠起来了"[2]。

这里缺乏更多材料对李准在20世纪50年代末60年代初历史的急骤变化中的经历、感受、认识做更细致的把握,但从如上回忆以及李准对《李双双小传》写作时间的标注,仍可以连缀出一个对我们理解有用的基本脉络。《李双双小传》酝酿于"大跃进"发起之初,发表于1960年3月的《人民文学》,文末注"1960年2月7日深夜,郑州"。也就是说,在写完《李双双小传》之后,李准全家到祭城公社插队,亲历了饥荒。[3]他晚年对此的回忆不多,也只讲了这一惨痛历史中的人特别是老人、小孩带给自己的灵魂洗礼。虽然李准回忆时没有追问悲剧的责任,但这简短的回忆已经透露了一些与李双双故事演变相关的一些重要信息层面,其中就包括与灾难紧密相关的基层干部问题。

这一时期人民公社的"高指标""瞎指挥""共产风""浮夸风""大队与小队、社员与社员之间的平均主义"引发的各种问题与自然灾害交加为害,这种状况下,集体和人能否应对困难、让情况不致更恶化,特别取决于基层干部的状况。尤其随着饥荒出现,基层干部的行事,直接攸关人的生死。没收了老人篮子的村干部说,"吃着食堂还去挖地藜

---

[1]李准:《晚年自述》,向继东编:《李凖文学回忆录》,广东人民出版社,2021年版,第62页。
[2]李准:《晚年自述》,向继东编:《李凖文学回忆录》,广东人民出版社,2021年版,第62页。
[3]《李双双小传》发表后,经过多次修改,收入四篇小说合集的初版本,文后写"1960年8月23日四次修改"(见《李双双小传》,作家出版社,1961年版,第50页)。而收入"文化大革命"后编选的小说集的版本,却特别注明了当是小说最初动笔的"1959年3月"(见《李双双小传》,人民文学出版社,1977年版,第366页)。此后出版的《李凖全集》版本,也都写"1959年3月"(见《李凖全集》第1卷,九洲图书出版社,1998年版,第328页)。这一特别标出的"1959年3月",似也包含着作者某种委婉的声明。

子，给共产党脸上抹黑"。可以想见，在这样逻辑下行事的村干部，也会造成乡村伦理、道德、人性的极大伤害。对此，身在其中且担任副社长职务的李准当有深刻的经验：乡村集体化的过程中，当大的政策方面出现严重问题，村社内部又没有一种自下而上站出来的力量在公共事务中发挥监督作用，那么干部体系一旦出问题，会导致"集体化"中的村庄出现怎样一种严重的状况。转年，李准改编电影《李双双》，以"评工计分"展开故事和冲突，比起小说，多了小队长金樵和老支书的线，应该不是偶然的。虽然金樵被设计成不怎么正也不怎么坏的干部，和李准曾经看到的实际比，电影对干部问题的展现还是避重就轻的，但这个"轻"仍然提示了：像金樵这样的干部，看起来只是贪个轻巧、不干活就能靠职权多拿工分，但长期缺少制约就可能成为村社严重败坏性的力量，而如果在集体中形成一种既制约又帮助、关切的氛围，他又是可以被拉回正道来的。由这样的视野，更可见李双双的公正、"泼辣"对村社的意义是多么重要。

据此来看，面对小说，电影《李双双》中显然有悖1959年、1960年更普遍实际年景的"大丰收"，可以追究这个"假"，从而对当时的历史和文艺再度做出批判，但也不能讳言，假如我们今天的目的还包括认识历史中还没被我们之前的认识充分意识到的层面，那急着对《李双双》电影打假，显然又不如追究李双双的"情理不顺，我就要管"，她"敢给干部提意见"、能带动落后的人、让"小家"和"大家"在传统与现代、公与私之间捋顺关系，为什么会让当时的观众那么兴奋，更能帮助我们进入之前我们认识不够的那些历史层次。就是说，电影红了，是以回避了现实中很多尖锐问题为代价的，但"李双双"这个人——即便在现实的中国还没有户口，却是时代现实中最被需要的人。

由此我们似乎可以回应本节开头，赵树理对李准提出的问题：你真见过李双双这样的人吗？

赵树理对乡土社会和农民的理解是深厚的，他把他对乡土社会的理解，用来看国家推出的农村政策对不对，是不是损害了农民的生存。而对于新中国成立后才开始努力学习党的政策和理论且衷心服膺之的李准来说，党的政治设计应该是对的，他写作要做的，是看这样的政治政策要想在乡土社会很好地落下来，要面对什么样的问题，又有什么样的乡土文化、伦理资源可以调动——而此中尤为重要的，是对政治带来的历史变动中的人心起伏的敏感。在这个意义上，李准最好的小说，也是扎根乡土很深的小说，是能帮助政治政策做自我检验的，就是政治可以借李准的小说思考：如果李准努力从乡土社会寻找资源仍然不能支持政策在当时农村社会的可行性，那这个政治政策是不是应该认真修正乃至放弃；若李准认为经过特别努力才能为这政策运行提供一个人心、情志的基础，那政治若不细心注意有关问题，是不是一定会出现政策落到现实达不成其预期目标的后果。

"哪有现成的李双双"——李准曾回忆当年电影在河南林县的村子里拍摄时，在村中找"李双双"式的人物接触、学习，大家就嘀咕这些人和李双双差很远啊。[1]也就是说，李准从眼见耳闻的乡村妇女的新风貌中捏合构思、从对时代的观察和思考中跃出的李双双，现实中不见得直接能找到这样的人，但这只是问题的一面，另一面则是李准对乡土内蕴资源、乡土女性的长期体察让他相信，不仅仅是当时的时代现实需要李双双这样的人物，而且政治若足够耐心、敏锐，通过便宜的制度、氛围涉及，李双双这样的女性是可以成批从时代的乡土中长出来的。

---

[1]李准：《农村中的新变化和新人物》，张绍武、张舒主编：《李準全集》第5卷，九洲图书出版社，1998年版，第230页。

三、《老家旧事》：两个"双双"与新旧不隔的妇女生命史

上节提到，从 1953 年在《河南日报》上发表的几篇"生活小故事"开始，李准的写作一直以新社会的"新人新事"和"新问题"为贯穿性的视角，而在这样的李准视角中，女性的形象无论是否为主角，无论笔墨多少，总是灵动的，有着自然的生活气息的。他的第一篇生活小故事《婆婆与媳妇》，写一个模范家庭，男主人公去区上当了干部，婆婆和媳妇如何相互疼惜：媳妇把地里、家里的重活全包了，婆婆只有抢着洗衣服；夜校开了识字班，婆婆为媳妇报了名，下雨的夜晚，去给媳妇送胶鞋。在这样的小故事中，李准显示了对乡村妇女"人心换人心""两好搁一好"的相处情理的特别兴味。他的成名作《不能走那条路》里，当村干部东山因为父亲宋老定执意买地而和父亲吵翻时，东山的媳妇秀兰两头劝慰，她做东山思想工作的一幕，有抑有扬，有退有进，有声有色。她先是故意逗东山："……他给老二买地就叫他买，你管他做啥哩！"这引出了东山对她的一番教育，从张拴的处境说到自己的愧疚、共产党员的责任，越说越动情，"亏你还是个青年团员！"

> 这倒引起秀兰的话来了。秀兰说："我问你，你在我跟前耍枪哩，在咱爹跟前你咋不说哩！你既然能说这些，为啥不在咱爹跟前说？"东山勉强地笑着说："我没说完他就走了，我有啥办法！"秀兰故意绷着脸说："我也得批评批评你。平时你见他连句话也不说，亲父子爷们没有坐到一块说过话。你饭一端，上街了。衣裳一披，上乡政府了。你当你的党员，他当他的农民，遇住事你叫他照你的话办，他当然和你吵架了！"东山笑着说："你倒给我上起课

了。"不过他心里可挺服气。[1]

秀兰在整个故事里出场不多，集中说话也就这一段，却是点醒了东山解决父亲"问题"的关键：从一般的共产党员干部的工作方法说，是要密切联系群众；从一个村庄的共产党员干部来说，因为共产党要推动的新的"理"（不能让穷人过不下去卖地；有了钱的人也不应该买地），对宋老定这样传统价值上的好农民的"理"（勤谨、善良，以为儿孙留下土地、过好日子为生活的意义），既是挑战，也并非没有相通的路径（穷人、乡亲相互扶助的共情），而这就要求东山要充分体谅、把握宋老定的"理"和"情"，并认识到新的"理"经由"情"的浸润和引导，可以结实地抵达父亲的心。此后，在李准的"问题"小说中，心眼灵透的媳妇、姑娘即便身处故事的边缘，总是具有这样四两拨千斤的能耐。[2]在上节所举《拉不满的弓》这篇小说中，进才的媳妇玉梅，在公开的会上从具体事务给进才提意见，回到家里则提醒进才不要总是从防着社员占公家便宜来管理社，"不要把人看得太小了"[3]——问题更关键，意思更严厉，说话的空间、方式却让进才更有回旋、反思的余地。到了《农忙五月天》，年轻的东英成了主角，独立承担工作，办农忙托儿所，一方面她具有聪明的年轻姑娘特有的"气性儿"，敏感于所接触的各色人等的冷热态度、大小心思，一方面这敏感和"气性儿"为做成事的责任感所约束、引导，让她的敏感用于发现、护持他人向好、向有

---

[1]李准：《不能走那条路》，张绍武、张舒主编：《李準全集》第5卷，九洲图书出版社，1998年版，第5页。

[2]关于李准笔下的妇女"新人"与集体化"新义理"的建构的关系，程凯在《再使风俗淳——从李双双们出发的"集体化"再认识》（《文艺理论与批评》2020年第5期）中有展开的精彩阐述。

[3]李准：《冬天的故事》，张绍武、张舒主编：《李準全集》第1卷，九洲图书出版社，1998年版，第184页。

利于工作的那一面,其结果是工作打开局面的同时,每个卷进来的人也都有新体验和成就感,从而让开始不重视,或不情愿甚至故意冷待的人们自然地改变,并实际预示着之后人们在面对新事物时,只要找到合宜的方法,人们总是能开放心灵接纳的。这些具有"新人"风貌的媳妇、姑娘的共通性,除了积极接受当时国家在乡村推动的新事物外,就是"灵透":对乡土社会中的人心、人情变化既敏感又体谅。李准像是在通过这些小说告诉我们,在农村合作化带来的新工作、新问题中,这种灵透既有助于她们发现问题的关键所在,又能以细致、耐心、灵活和多样的情感互动方式(或秀兰式的贤明与慧黠,或玉梅式照顾男人自尊心地嗔怪,或东英式的"姑娘气"和成长——从开始对人对事直接反应的生气、伤心到有能力体察、劝慰嫂子们的心事),也就是在物质资源等条件有限的情况下,更从人的改变解决问题。

从李准小说中多姿多彩的妇女角色可以看到,从土改、合作化到公社化的变迁中,有众多乡村妇女,尤其是中青年,被召唤、改变,被委以责任,与同时期的乡村"男子汉"相比,她们更善于用一种有原则也有容让的、知心的方式来推动工作,这无疑对追求既有明确的政治、经济、社会、文化理念和要求,又努力让个人在这样的要求中不被压抑生机,而能得到生活、生命的滋养的集体的形成,是非常重要的。李双双便是这样一个理想集体中的富有魅力的理想个人。难怪当年日本的评论家、妇女活动家松冈洋子看了电影《李双双》很激动,说通过李双双能看到中国妇女和中国社会解放的程度。

那么,这些妇女"新人"、这样的李双双,到底是怎么生长出来的?对20世纪五六十年代中国农村妇女的研究,从新中国的政治制度、观念推动、土改、合作化运动中经济地位、劳动空间的变化,以及婚姻法的实施、识字、接受教育等方面,都有许多积累。而就合作化运动中涌现出的相当数量的女干部、女劳模现象,有研究讲到,由于过去妇女在乡村公共空间中缺少位置,相应利益牵连、思想顾虑少,这是党在乡村推动妇女工作时,妇女干部、"新人"得到特别发掘和培养的原因之一。李准笔下的妇女"新人",则为我们提示了另一些值得探究的维度:一方面,他自己在创作谈中强调的是,妇女走出家庭参加社会性生产劳动和政治生活,"接触人多了工作多了就变聪明"——这无疑是重要的;另一方面,他笔下的这些既平凡也不平凡的乡村媳妇、姑娘透露着,她们的"聪明"也有着深厚的心性基础,是从她们"过去"的生活中长出来的。

就是说,新中国的政治政策、妇女解放的观念、识字、生活、生产劳动空间的打开——这些力量如何作用于乡土女性的身心、生活日常?这些妇女"新人"是在情况不同的"旧社会"(李准最为熟悉的河南乡土,洛阳邙山脚下的村庄,是1948年解放的新区)度过她们的童年到青年时光的,塑造了她们的身心、行为和意识的"过去的生活",与她们的"新"究竟是怎样的关系呢?李准20世纪五六十年代写合作化的小说都是短篇,笔下的妇女"新人",往往上来就是"新"的,看不到她是如何"新"的。《两代人》中写母女两代女干部,比较像人物速写,对母亲的婚姻过往有所交代,也是简单的。《李双双小传》看起来好些,既然名"传",就特别要交代李双双的身世:

> 双双娘家在解放前是个赤贫农户,她在十七岁那年,就嫁给了喜旺。才过门那几年,双双是个黄毛丫头,什么事也不懂,可没断挨喜旺的打。到土改时候,政府又贯彻婚姻法,喜旺才不敢老打了。一则是日子也像样了,害怕双双和他离婚;二则是双双也有了小孩,脾气也大起来。有时候喜旺打她,她就拼着还手打喜旺。喜旺认真地惹了她两次,可是到底也没惹下。村里干部又评他个没理,后来也就干脆把拳头收了起来。可是家里里里外外的事情,还

是他一个人当着家。合作化以后，实行男女同工同酬，双双虽然做活少，可也有人家一份。喜旺这时候办个什么事，也得和她商量商量。不过双双孩子多，很少开会，也很少下地。喜旺也乐意自己多做一点。照他自己看法是，这也少找许多麻烦，（少生闲气）[1]。

但稍稍推究，就可知，李准的这段双双身世交代，基本是按照党的有关妇女解放的经典叙事来写的，土改、婚姻法是重要的制度背景，同时交织了一点李双双"个人的"性格因素，"双双也有了小孩，脾气也大起来。有时候喜旺打她，她就拼着还手打喜旺"，是这样的双双，才让喜旺在"村里干部又评他个没理"的外力约束下，收起了拳头。此后的叙述，则循着"大跃进"时期动员妇女"下地"的逻辑，强调有"酬劳"的劳动对于妇女地位的重要性。至于双双"很少下地"、妇女在家的劳作意味着什么，则是略过的。但小说的下一段落，其实提到了双双"做得一手好针线，干起活来快当利落。前几年纺棉花，粗拉拉的线一天能纺半斤，织起布来一天能织一丈三四。就是这几年孩子多了，喜旺也没断过新鞋穿。秋风凉的时候，孩子们总是能换上干干净净的棉衣服"[2]。这样的劳动，这样的能力，对于一个农村家庭的意义，对于双双在喜旺感觉中、在村庄里的风评、地位，以及对于双双自身的生活感觉来说，究竟意味着什么呢？这些，显然在《李双双小传》所循的妇女解放叙述逻辑里，是很难被正面讲述的。不过，当小说改编成剧本、拍成电影时，在农村的日常生活图景里，女人纺织劳动的多重意味，就自然地出来了：电影开头，下工的喜旺边走边和村人闲聊，抬脚炫耀着自己"就没有穿过旧鞋"；当他和双双生气、第二次出门赶车回来，看到

---

[1] 李准：《李双双小传》，载《人民文学》1960年第3期。初刊本上没有"少生闲气"一句，之后修改的版本都有。
[2] 李准：《李双双小传》，载《人民文学》1960年第3期。

做了妇女队长的双双带着妇女们挑丰收粮、人人昂扬舒畅的样子，又惊讶又惭愧，卸车后坐地下默默吸烟、不知怎么回家时，给了他的脚一个醒目的镜头："鞋破了、鞋底穿了……"这新鞋子、破鞋子的呼应既巧思又生活化，同时让人感受到妇女的这一家务劳动中绵密交织着的生活、尊严和情感的分量。电影里、豫剧里晚上出镜（或出场）的双双，不论是和喜旺说话，还是守着睡着了的女儿，手里总是拿着等着上领子的衣服、等着上鞋帮的鞋。小队长金樵被双双挡下了救济工分，负气和喜旺出门赶车，双双去看正在独自抹泪的金樵妻子大凤，发现她桌上一双小小虎头鞋，欣喜地赞赏"手多巧啊"。由此不但自然推出了双双知道大凤怀孕、要大凤别担心、有她这个嫂子照顾她、大凤感动和解的情节，而且，这虎头鞋还说明了，之前大凤不下地，并不就是懒，下地了的大凤花杈打不干净，是这项农活她还没掌握，这些又铺垫了后面双双教大凤打花杈、妇女们在田间的协作建立了更亲密关系的情节（实践证明，照顾棉田，妇女们的绣花手和缜密心思，比男人厉害得多；当时的女劳模和文学中的妇女"新人"，不少都是"种棉英雄"）。总之，多打粮食、种棉花的任务和压力，使得号召妇女走出家庭参加生产劳动的政策忽略，甚至贬低了家务活，电影里，李准也让双双的"大字报"上写"地里劳力不够用，家里妇女享清闲"，但电影里捕捉、表现的这些乡村生活自然而然的细节，又亲切地呼应了人们真实的生活感觉。由此或也可以理解，电影《李双双》虽然在大的政策架构、逻辑上与农民的生活感觉有裂隙，却并不妨碍人们对这些人物和她们的生活故事的喜爱。

也就是说，李准按照妇女解放的一般叙事写双双的"身世"，实不方便正面呈现妇女生活"旧"与"新"的关系，反而是电影中增加的金樵这条线连着的大凤的形象里，透露了一些妇女从"家里"走到"地里"，新旧生活之间的牵系以及对妇女精神面貌改变的细腻过程。与此同时，虽然说李准写妇女"新人"的故事，通常见"新"不见"旧"，但这些与乡村社会中的生机、变化有着浑然一体感的女性形象——特别是在与柳青、周立波这些很早就离开乡村、参加革命的作家如何写合作化中的女性（如《创业史》中的改霞、素芳、淑良，《山乡巨变》中的盛淑君、盛佳秀等）的比照下，可以看到，李准对乡村女性过去和当下的生命状态，确乎有种不同寻常的感受和把握，使得他更能敏感知觉，一个女性置身于一个事件、一个空间中，会在什么样的条件、什么样的触动和契机下生长开花。

在李准的有关创作论中，洋溢着"我喜爱农村新人"的情感，对于女性生命状态和精神面貌的变化，更是"比比从前，有时真使我感动得整夜睡不着觉"[1]。但"从前"如何？时代氛围让他使用一种通行的阶级的、反封建的叙述模式讲双双的身世，这种模式与语言其实让他无法正面、展开地整理自己对"从前"乡村妇女生活、情感和精神的把握。好在李准没能讲出来的，却在多年后，在他的妻子董冰写的《老家旧事》中，有了诸多可以领悟、追踪的线索。

董冰（1928—）与李准是邻村，本来叫董双，李准说，因为写李双双用了她的名字，她只好改名叫董冰了。[2]十七岁嫁给李准之前不识字、为他生养了六个孩子的董冰，始终是个围着灶台和丈夫孩子转的家庭主妇，这么看，好像双双仅是借用她的名字而已。但《老家旧事》——这原本是家庭围炉夜话时，讲给儿子儿媳、孙女们听的"老家的事"，终在儿孙的鼓励下写成的书，记叙她从一个记事的小闺女开始、在洛阳县邙山脚下的小村庄的生活，实则也是一个北方普通乡村妇女从20世纪30年代到80年代的生命史，尤其是时间最远却记忆最鲜明、细腻的20世纪三四十年代的生命史——这本书让我们具体地感受到，董冰和她身

---

[1] 李准：《李双双小传》后记，李准：《李双双小传》，作家出版社，1961年版，第169页。
[2] 李准：《糟糠之妻不下堂》，向继东编：《李凖文学回忆录》，广东人民出版社，2021年版，第135页。

体里的乡土妇女的生命经验，对于李准能够在20世纪五六十年代写下那样多姿多彩、充满生命力的妇女"新人"，无疑有重要的意义。

在中国现代文学作品和革命叙述中讲述妇女的"苦"，通常集于婚姻不幸和阶级压迫，为这本书写序的舒乙说，"但中国农村妇女生活本身的苦却不曾被细致地描绘过，这和中国现代作家的出身、经历和生活环境不无关系"[1]。确实，乡村妇女的劳作、忧欢、精神创痛，在董冰"我手写我心"的记述中，有一种平实而入微的生命质感，这种质感，不只是在柳青、周立波那里没有，在新文学出身的女作家包括努力走向乡村寻找人民的丁玲那里也看不到。舒乙说，"知者不会，会者不知"（知道的人没有写的能力，能写的人不知道）。董冰嫁给李准后的一些生活际遇，包括她在纺花织布、喂孩子的同时学会的识字、读课本到读文学书，成就了《老家旧事》这本书，但更成就这本书的其实是她从乡土生活中生成的"灵透"。

一个乡村姑娘对生活、生命本身的苦的感悟可以是怎么发生的呢？董冰的母亲是勤劳的乡村妇女中尤为勤劳的一个，她不断生育，终年忙碌，照顾老小，纺花织布，难得带着活计跟邻里聊天时也"一针都不肯少纳"。正月十五大家都去场上看社火，母亲嫌耽误干活，舍不得去。因年龄太小也不让去的董冰，站在旁边看母亲干活：

> 看她缝缝这儿，缭缭那儿，又挖个领弯儿，上了条领子。我看着做件衣服千针万线那么难，那我将来怎么能学会？越看越发愁，最后我眼泪滚下来哭了起来。我妈说：哎，你哭啥？妈去里屋拿了两个柿饼哄哄我，我仍在掉泪，我开始感到人生真难。[2]

---

[1]舒乙：《序》，董冰：《老家旧事——李准夫人自述》，学林出版社，2005年版，第4页。
[2]董冰：《老家旧事——李准夫人自述》，学林出版社，2005年版，第8页。

董冰记下了从一个乡下小女孩到长大出嫁，数不清的多样家务劳作。家贫，董冰从四岁就开始在收了麦子的场上赶鸡、赶猪，稍大些就抱弟妹、磨面纺花。冬日放羊的时候母亲给带上一堆布让她缝草包，地里有人扫墓吹响器（唢呐），别的放羊孩子跑去看，她像母亲一样"舍不得去"，"因那个包快缝完了。想着赶快做完，再去看心里踏实。就坐在地上，越是急着做，越是手冻做不成。等做成了，人家也祭完了。吹唢呐的也走了"[1]。董冰字里行间都透露着，这是一个"死心眼干活"的姑娘。但这死心眼的姑娘，小小年纪便从缝衣的母亲的手，感到了"人生真难"；对做过的每一种劳作的技艺、细节、伙伴和从中生出的忧欢苦乐，都如斯鲜活地记取在心里。

　　董冰记述了乡村妇女生育与养育之苦。写出那时的生育究竟是怎样的鬼门关，不仅是缺乏现代卫生、医疗问题，还有少年夫妻在家庭、风俗、迷信搭成的结构中的蒙昧之苦。养育之苦的层次同样多：生下的孩子不容易活；好容易养到十几岁，送出门去读书、学手艺，死于盗匪、肺结核也是防不胜防的。1936—1937年的八个月里，董冰家里死了四个孩子：靠着母亲纺花织布供着读了书、送出门做学徒的大哥、二哥，先后得了肺结核返家，在父母家人无力回天的看护下，眼睁睁看着他们过世；两个小的，一弟一妹，不过一两岁，是更普遍常见的"养不大"。董冰说"母亲一下子傻了，成了仰着脸儿坐着不做活了"[2]。一家人在艰难通过搬家、重挖窑院等方式振作的日子里，得到邻舍亲友的帮助，也受到歧视（认为他们遭灾带有不祥之气），其中，来自房东老太太的无端的骂尤为惊心："她还骂我母亲说：'整天仰着脸不做活，笔挺样的小儿子都死了，怀里还抱个血儿子（小闺女），还不掂住腿摔死了，要她

---
[1]董冰：《老家旧事——李凖夫人自述》，学林出版社，2005年版，第49页。
[2]董冰：《老家旧事——李凖夫人自述》，学林出版社，2005年版，第22页。

干啥！'其他的事,母亲都能忍受,这几句话,母亲太伤心了。"[1] 书中多处提到,在生养之苦中挣扎的女性,最懂女人的伤痛,但有心性被扭曲的,却可能最会以此来刺激、攻击别的女性,以此"娱乐""宣泄",甚至"创作"……也有许多妇女因此"迷信",寻求安慰,但迷信也带来更多物质、精神上的困窘、扰攘和伤害。

20世纪三四十年代的河南北方的乡土上,疾病与意外太多,家人、儿女动辄死亡,不断地出殡埋人,带给人极端无告的精神苦痛。对此,董冰不只写出了乡土生活的这些"苦"如何伤害甚至扭曲了一些妇女的心性与精神,也写出了和这些苦相反相成,妇女的灵性和韧性的生成。她的讲述慢慢呈现了一个女孩子如何感通生命的蕴藏和苦乐——不管是父母兄弟姊妹,还是家里养了三十年、去大部分亲戚家的路都熟悉的大灰驴,还是那在哥哥结婚的日子里预感到自己的命运而惶惶不安的小猪。她在日复一日、常常是重复性的劳作中,在至爱亲人连绵不断地生老病死的承受中,在"闺女最没理了(不能往人前站、不能像男孩子一样自由地去镇上、去邻村看戏)"的委屈中,会从父亲带着去赶会买的一盘水煎包子,从病中兄长喜爱惦念的一双时新的牛皮底黑棉鞋,从一场意外看到的好戏,领会生死的无常和劳作的恒常、领会人心的相互承担和依恋。

"黄油焦皮"的水煎包子真好看,但董冰吃完却不知滋味,因为父亲不肯吃,"他的意思是,孩子们长这么大没赶过会,今天来赶会不叫我们吃点什么,他心里非常过不去。可他钱又不多,只能买这一盘,他直嫌水煎包子少,嫌我们不够吃"[2]。终于偷偷买下了那双鞋,"试完就赶紧脱下来,用绳子捆住挂在门头下边——放到地下怕潮"的大哥[3],

---

[1] 董冰:《老家旧事——李準夫人自述》,学林出版社,2005年版,第25页。
[2] 董冰:《老家旧事——李準夫人自述》,学林出版社,2005年版,第12页。
[3] 董冰:《老家旧事——李準夫人自述》,学林出版社,2005年版,第17页。

还是死了,妈妈把他心爱的棉鞋拿下来,烧给了他。而那台由村子里的国民党驻兵请的"六蓝儿的曲子戏",有父亲耐心讲解、小心带领(因为有兵)终于看上了的《曹保山中状元》《牛郎织女》,第三天晚上不唱了,董冰难得表达了强烈的不舍,"听到这个消息,我的心里真难受,真想坐着哭两天。这么好的戏,不叫我再看一次"[1]。这个瘦小的乡村姑娘常常默不作声,但她的眼睛里一直有别人哪怕细小微澜的苦乐;她的生活世界是小的,却因对生命的感通而有无尽的蕴藏;也因此,董冰的讲述让人在共生的语境,而不是对立的语境中,同时更深理解乡村男性和乡村家庭。

《老家旧事》平实而具极深感受力的记述,内涵着或能够引动这样的思考:在一个变动的社会历史结构中,如何真正地看见别人,如何通达人的心性,如何作为可能救赎的苦——反之,会让苦成十倍百倍千倍。显然,李准从妻子、母亲和婶子们身上感受和理解到的,对他在新中国成立后的乡村变迁中体察女性的变化,为什么能变化,什么样的女性可以怎么变化及妇女"新人"的行事作为之于一个家庭、一个集体的意义,都极为重要。

也正是对包括母亲、妻子在内的诸多女性的体察给李准的底气,让李准从容写出了女性在不断展开的劳动、社会交往空间中,如何"聪明"起来,并且比男性更少旧意识的负担,更能在时代创造的新的空间中生发新的面貌。与之相应,对"落后"的乡村女性,他则有特别的包容。董冰笔下的乡村生活,一个家庭里,妻子(媳妇)会不会持家,并不比一个丈夫会不会赚钱不重要:没有一个好女人,"这家就过不下去"。无衣无褐,日子没法过;不知道俭省调摆,也没法过。一些中老年妇女的克己、小气,乃至某些状况下的偷窃行为,都和这种生存处境

---

[1] 董冰:《老家旧事——李準夫人自述》,学林出版社,2005年版,第69页。

有关。有这样的乡村生活理解，才有李准在写《孟广泰老头》一家时，让无论是进步的孟广泰老头还是儿子天祥，对于老伴的偷饲料等落后行为和意识，可以以那样的包容、照顾她的自尊的方式，一点点贴着心地去改变她。李准的笔致，在这些地方别有一种耐心，这种耐心，对于其时想穿透旧乡村生活的新政治，无疑特别重要。

应当说，《老家旧事》不仅对于理解李准小说中的妇女，对于探访新中国妇女的精神史——当然，更对理解"李双双"的生成，都有特别的认识价值。李准在多处访谈、回忆中提到李双双的写作和爱人董冰的关系。李准说，双双和喜旺的"先结婚后恋爱"，也是他们夫妇真实的体会。董冰识字的时候，也曾像李双双一样写下许多小字条，"我真想学文化，就是没时间""裤子的裤，左边是衣字，右边是水库的库"[1]。"不但李双双有我爱人的影子，而且连名字也是她的啊！我起了好多个名字，评论家冯牧都说不好，最后写上了我爱人双双的名字，冯牧说好，打那以后，她只好改为现在的名字董冰。"[2]

但显然，这两个"双双"之间，还有一些没有讲出的关联。是身边的双双，让李准对"大跃进"时期妇女的生命状态的把握不简单。

作为一个家庭妇女，董冰的《老家旧事》难得出现参加家庭外劳动的场景，1952年随李准进城之后的回忆，几乎都是围绕孩子在展开，这之间，有一段不起眼的"参加劳动"的记述。1959年春天，街道上组织人去挖河，趁着李准母亲来了，董冰把孩子留给母亲，跟一个邻居阿姨一起去挖河。

> 到了工地我高兴极了，俗话说的好像得了荆州。总算能为国家出点力了。我专拣重活干，先是抬泥，一条麻袋绑住两个角，装

---

[1]李准：《晚年自述》，向继东编：《李凖文学回忆录》，广东人民出版社，2021年版，第69页。
[2]《李准和他的"双双"》，载《新闻爱好者》1988年第2期。

一兜泥，两个人用大杠子抬上大坡。直抬到中午休息，吃罢午饭还抬，到下午三四点钟时才觉得有点累了，还是坚持抬到下工。第二天才觉得浑身疼得很。后来想想我那时也不知是怎么想的。[1]

是怎么想的呢？这段时间，李准主要在登封县马寺庄工作、体验生活，在那里开始写作《李双双小传》。有次回到郑州，他跟董冰说：

"现在都提倡大集体，反对小自由了。"
我说："我早就反对小自由了，你让我也出去找个工作吧。"说到这里他就不答应了。他怕我出去工作，这一大家子没人管是不行的。

虽然六个孩子的压力让她最后只能"闷在家里"，但《老家旧事》写到的这些已经让我们知道：她提供的的确不只是"双双"这个名字，也是这一"新人"生成的心性、精神的底色。

董冰和李准刚结婚的时候，这个十七岁的不爱作声的小媳妇，为了"读书人家"的规矩大，为了做二十几口人的饭——那大铁锅，她一个人都端不下来，也为了妯娌之间的心思麻缠，总是不免"发愁"，李准就会劝慰她。

有时候，我在他们家很发愁，他经常劝我，记得有一次，他跟我说："你发什么愁，将来妇女是会解放的，外国都有三八妇女节，再过几年中国也实行了妇女解放，也有你们的节日，到那时候你们都自由了。"

---

[1] 董冰：《老家旧事——李準夫人自述》，学林出版社，2005年版，第184页。

> 我听了觉着是笑话,什么时候还会有我们的节日,不敢相信……[1]

十几年后,李准拿了董冰的名字写出了《李双双》,或许也可以看作对当年画的饼的"还愿"吧。虽然,时代对"解放"和"自由"的认识已经远远超过他们当年的想象。而1959年春天,要"为国家出点力"的董冰,因孩子等家事不能不很快回到家庭,拉拔六个孩子的生活既甘甜,又不甘。这些当能帮助理解李准写李双双"昂扬舒畅"的同时,悄悄默默在小说、电影中为双双"去家务"的心情。这个意义上,李双双,或许真是李准献给——为家庭、为集体、为社会护持一个有情有义、新旧不隔的生活世界的中国妇女们的"节日"。

四、"货郎翻箱":"泼辣"的顺承与改造

上节说到,李准笔下的妇女"新人"都"灵透",李双双的出场,同样强调她的"灵透",但是和"嘴太快,爱在街上管闲事、说闲话"的性格联系着的:这是双双"前年冬天"上民校之前的事,那时候为了她管闲事跟人吵嘴,喜旺总"出面给人赔不是",就会恨恨地想:"哎,这女人心眼太灵透了,她少个心眼倒安分了!"后来双双上了民校一心一意学文化,和人吵架事情少了。但学了文化以后,"又听广播,又看报纸,倒是越发要闹起'事儿'来了"[2]。

就是,"大跃进"来了,学了文化看了报纸,对社会主义、对"大家伙的日子"满怀热情的双双,不但要参加修渠,还为此,闹了本文第二节分析过的"家务改革",贴出办公共食堂的"大字报"了。

---

[1]董冰:《老家旧事——李準夫人自述》,学林出版社,2005年版,第86页。
[2]李准:《李双双小传》,载《人民文学》1960年第3期。

小说中这些有李双双生活小史意味的叙述，也透露了她的"泼辣"的前史，虽然李准没有具体说她那时爱管的是什么"闲事"，但可以想象，当不脱电影里她管桂英父母包办婚姻时说的"情理不顺我就要管"。

但是，什么才是情理顺，变得不那么好说了。"大跃进"和人民公社对人的精神状态、道德状态、集体认同都提出了新要求，灵透又泼辣的双双围绕"评工计分"，与丈夫、与金樵夫妇、孙有夫妇等乡亲发生了一连串既是"大吵大嚷"也是春风化雨的故事，这个过程，含有对乡村社会的公与私、情与理的内涵与边界的重新厘定，而这对于乡村既有的公私意识、人情义理，有重要的对接、转承，也有很大的挑战。而双双的"泼辣"，正是在这一将"集体精神"与传统中国人有关"义""理""公道"价值连接的过程中，生出了新的意涵和光彩。

电影《李双双》有个村里演戏的场景，演的是二夹弦小戏《货郎翻箱》[1]：货郎调戏来买银坠子和布的姑娘，问她是不是买嫁妆。"你那新郎长得怎样，跟俺比谁体面？"姑娘又羞又气，这时姑娘的嫂子来了，两手一叉腰地教训货郎：不好好做生意，把你的货箱折翻！货郎送官粉道歉，嫂子把粉摔了他一脸，意谓还是不正经。货郎担起箱来想开溜，姑娘和嫂子一起，揪住货郎，掀翻了货箱。

在一场座谈会里，北京南苑红星人民公社的一位社员说："电影里看河南戏的段落太长，如果把这一段少拍一点，而增加一些李双双是怎样成长起来的场面就更好了。"[2]

其实这位观众不知，这个看戏的段落是很有功能性的，和"双双是怎样成长起来的"也不无关系。镜头在舞台上的姑娘、货郎、嫂子，和

---

[1] 二夹弦是个历史悠久的地方剧种，如今已成"非物质文化遗产"，在20世纪五六十年代的河南乡村很受欢迎。
[2]《〈李双双〉给我们带来了什么？——北京南苑红星人民公社社员谈〈李双双〉》，载《人民日报》1962年11月29日。

台下的桂英、二春、双双、喜旺、桂英父母、小王、金樵之间很细腻很有耐心地切换。台下是：之前，因为二春鲁莽地责怪桂英作为团员却没能批评帮助她多占工分的爹，桂英生了气，说"我落后你别沾我好了"，所以这晚二春无心看戏，在人群里东张西望找桂英，找到了又不敢过去；双双夫妻看戏，喜旺看得入迷，双双则忍不住笑意地关切着二春和桂英的闹别扭。接下来，二春看到桂英父母在人群后面，正相女婿——城里的司机小王。台上戏与台下戏相映成趣，铺垫了后来的情节：双双帮助桂英，挡下了来相亲的小王，也因此惹得孙有夫妇吵上门来，刚刚带着一肚子惦念心酸回到家的喜旺迫于乡亲目光的压力（孙有婆说：你这个媳妇也太厉害了），再次出走……

这里还有一种巧妙的双关。小戏透露了河南乡村有这样一种女性的"泼辣"的传统，嫂子的泼辣有一种呵护姑娘、带动姑娘的示范性，与台下的双双和桂英构成了一组对照。而双双的"嘴快"、好管闲事，未尝不是对乡村里"泼辣的嫂子"的一种顺承。

但是，戏中嫂子所内含的传统形态是这样的：一是她的泼辣指向的是不属于村庄的货郎，如果是对村庄里的人，恐怕不好这么翻箱；二是教训调戏姑娘的货郎，这一泼辣是符合乡村的伦理和价值观的，不构成对它的挑战。而双双的"泼辣"面对的是本村人，且是为了"公社"这一尚未在村庄形成一种共同意识的新事物，要与一位偷了公社几块木板的年长妇女当街吵架，要到公社去"告"干活图轻快多拿工分的小队长，还有自己的丈夫……这样的"泼辣"，承载了新中国社会生活的变化、承载了集体化要求的新的公私情理，对乡村原有的情理乃至长幼、夫妇伦理，都是极大挑战。所以，在《李双双小传》里没有，在电影剧本里增加了的这条"桂英二春"的副线，将双双的"泼辣"中的时代政治和日常生活结合了起来，帮助观众理解、接受她。就是，一方面将李双双更加置于乡村里热心的嫂子角色中，另一方面，在这日常生活、传统角色里，李双双越过了多重的传统规则（管了"人家父母管的事"，以及孙有婆眼里的"拆人婚姻"），如此她的"泼辣"既旧又新，扩展到评工分这些集体的新事物上，就好理解了——她的"热心肠"，对人、对集体，是统一的。

电影公映后，张瑞芳（双双的扮演者）和李准在通信中讨论得失，李准特别赞叹张瑞芳在表演上的一些创造：

> 喜旺头次回家，孙有夫妇吵上门来，双双说："情理不顺我就要管，你们桂英也亲自找我，要我管。她跟二春好，你们真的不知道？！"那一节，那股理直气壮的劲，从心里吐出来的话那股劲（在旧社会这叫拆人婚姻呀）完全把所有的人征服了。从这里我又看到你性格和人物性格水乳交融之处。[1]

在这个故事里，双双的"泼辣"对观众的征服，应该说，既来自李准如上所分析的张瑞芳的表演，也来自新的婚姻法、婚恋观的加持：年轻人的自由恋爱不再是父母的私事。在另一些有关公私情理的故事里，双双的"泼辣"是更难掌握分寸的。那就是和孙有婆为偷拿公社的桶板（豫剧里改为孙有婆的猪拱了公社地里的红薯苗）吵架。

电影《李双双》和豫剧《李双双》有相似结构的开场：喜旺跟二春正夸着双双从不让自己断了新鞋穿，"当个男子汉降不住老婆还成"，就要为双双与孙有婆的吵架闹心了。电影里，是双双和孙有婆站在街上对着吵，中间是几块木板。两人吵时，双双的帮腔是彦方嫂，孙有婆那边是大凤。电影里的这场吵架，要突出双双的"泼辣又天真"，当孙有婆否认偷东西：

---
[1] 张瑞芳口述，金以枫执笔：《岁月有情——张瑞芳回忆录》，中央文献出版社，2005年版，第334页。

"一街两巷打听打听,看我是那一号人不是!他谁敢说我一个不字。"

双双:"嗯!你人缘老好!就是见公家东西手长一点,见劳动手短一点!"她因为说得开心,说得爽快,忍不住咯咯地笑起来。[1]

孙有婆带出了乡村妇女的另一种"泼辣",往往是跟生存资源的争夺有关,为个人、为小家,用敢嚷嚷、不讲理、豁出去的方式达到目的。这种妇女的泼辣一般人是不敢惹或不愿惹的,如孙有婆说的"他谁敢说我一个不字"。双双和孙有婆的吵架,具有把这一在乡村生活中为个体、家庭争夺资源、损害集体利益的"泼辣"予以揭示、破除的功能。但孙有婆这种"泼辣"在乡村生活里会遭到的评价不一定都是负面的。1952年冬,李准在洛阳市企业职工学校带"速成写作实验班",辅导班上一个警卫员出身的学员写作、发表了一篇小文章《割毛豆》,里面讲到家乡一个外号"母老虎"的女人,"好跑个腿、说个事、嘴又能上得来"。这样的女人,不管是在"旧社会"还是"新社会",都会被认为有其可佩服、可同情之处。《割毛豆》里的"母老虎",就被写成是村中地主不敢惹的人。[2]

回到电影中的孙有婆,她的形象则除了吵架嚷嚷,集中了小偷小摸、不愿劳动的负面品质,比较概念化,好像只是为了做双双斗争的对立面,是比较单薄的。这也使得电影最后她忽然就笑呵呵地出现在收秋大劳动的场面中,有点莫名其妙。到了杨兰春与李准共同改编的豫剧《李双双》里,在孙有婆的形象上花了功夫,让她在乡土生活里的脉络

---

[1]李准:电影剧本《李双双》,李准:《春笋集》,河南人民出版社,1962年版,第464页。
[2]张德功:《割毛豆》,载《河南日报》1953年1月20日。

更实在了。

豫剧里双双和孙有婆吵架，起于双双和彦方嫂、桂英来红薯地补苗，看到孙有家的猪把地拱得乱七八糟，双双抽出扁担打猪，孙有婆就在猪的号叫声中上场了。她的形象是，"左手掂个草垫子，右手拿着针线、鞋底，腋下夹着个放羊鞭子"[1]。

于是开始了一场很有层次也很好看的吵架，也是两种"泼辣"的较量，孙有婆主攻、双双迎战、彦方嫂助阵、桂英介入劝妈妈，每个人物的唱词都见风貌特点，孙有婆气势凶、嘴巴利，还会借着劝她"说话要讲理"的女儿桂英来"指桑骂槐"。

> 谁叫你丫头管闲事，
> 多嘴多舌找是非！
> 黄蒿叶你算哪盘菜？
> 狗肉也想上筵席。
> 就你长着一张嘴，
> 摆来摆去你啥东西！
> 也怨我平日惯坏了你，
> 你今天敢把老娘欺！[2]

双双的吵则节制得多，上来先劝"大婶子你别着急，咱是隔壁老邻居。有事咱都讲当面，何必这样动脾气！"然后耐心讲道理，直到孙有婆撒泼到让她拿刀把猪肚子剥开，看看有没有红薯苗，没有怎么说，才

---

[1] 李准、赵籍身（执笔）、杨兰春：《李双双》（七场豫剧），河南人民出版社，1979年版，第10页。
[2] 李准、赵籍身（执笔）、杨兰春：《李双双》（七场豫剧），河南人民出版社，1979年版，第11页。

激起了她的气性:"剥开就剥开,要是没有,把我那口猪赔你!"喜旺赶来劝架,孙有婆语锋一转:"孙喜旺你真算是个好命,你媳妇本事大谁不闻名。又拿里又拿外积极出众,到明年带上你进进北京。"[1]

从本文开头所引各地社员对电影《李双双》的回应里,其实可以体会,这"积极出众"的嘲讽在当时的村社氛围中,具有怎样的压力。在普遍的"不积极"的情况下,对此一时期基层干部常常以强迫方式推动政策、工作又反感又怕的氛围下,双双为集体的事情与人吵架,更可能是"光荣孤立"的。

转机在哪里呢?这样的孙有婆,戏中给了她另一个特质:她非常勤谨,能劳动,会劳动。从她上场的形象就看到了。她不愿意出队里的工,到自留地干活,她习惯性地为自家抢占生存资源(放猪去拱社里的地),但她不再是电影里偷木板偷扫帚、一劳动就肚子疼的富农家属。这样的孙有婆的"泼辣",是不是可以改变?可以转化、引导到"大家好小家才好"?戏里正是沿着这场架,双双提出了"记工分",因为记工分,而且是要"公道地评出等级"地记工分,让好好干的、能干的人的劳动价值有体现,所以这样的孙有婆,有可能被改变;这样的"泼辣",有可能改造。在历史实际中,此时要求生产队认真"评工计分"意图面对的,确是《农业六十条》出来了、贯彻了,依然普遍存在的"出工不积极"问题。[2] 豫剧《李双双》对孙有婆的形象的再塑造,一方面,使得李双双的"泼辣"与乡村社会代表着"私"的意识的"泼

---

[1] 李准、赵籍身(执笔)、杨兰春:《李双双》(七场豫剧),河南人民出版社,1979年版,第13页。

[2] 可参照邓子恢《关于农业问题的报告(节录)》(1962年7月11日):"贯彻了'六十条',以小队为基本核算单位以后,还有积极性不高是什么道理呢?原因在于:(1)所有制不固定……今年这样,谁知道明年怎么样——五八年房子也给拆了,随便让人家搬家,鸡、猪也都调走了,这还有什么积极性呢?……所以农民打小算盘,不做长期打算。(2)口粮分配上的平均主义……因此大家出工不积极,马马虎虎。"参见中华人民共和国国家农业委员会办公厅编:《农业集体化重要文件汇编(1958—1981)下》,中共中央党校出版社,1981年版,第579页。

辣"之间，有了更贴着落后者的处境和她身上的好（孙有婆也是勤劳妇女）的对话，从而使其有了改变的可能性（即使不能具有像双双那样的公心，也会因自己被肯定的劳动和增强了的集体感，而小心不做损害集体的事）；另一方面，孙有婆的这一形象再塑造，比电影《李双双》更顾及现实情况和普遍人心地回应着现实，也提示着，要让双双的"泼辣"对集体的运行更好地发挥作用，政治上需要给予她怎样的支持。

五、从春花到双双：从更深的土里"泼辣"出来

与乡村社会中"旧"的、不同形态的"泼辣"之间的顺承或对照，可以帮助我们理解李双双能"泼辣"出来的一种生活土壤；如果把李双双的"泼辣"与20世纪五六十年代其他作家笔下类似性格的乡村妇女比照，当能帮助我们进一步认识，李双双的"泼辣"作为一种与集体化理想相关的价值形态，要在当时政治想要建构的世道人心中扎根，文学（文艺）需要怎样翻动政治、社会、文化的土壤。

20世纪50年代初，河南文联的《河南文艺》杂志（后改为《奔流》）的编辑郭力，在当时报刊倡导的"通讯员"制度下，曾以手把手教查字典、亲自到乡村帮助观察对象、分析素材的方式，培养出来一位生活在"黄泛区"的农民作家——河南省周口市扶沟县的冯金堂。[1]冯金堂和李准在1954年的河南青年作家会议上相识，两人都是当时被看重的善写农村人物的新作家。冯金堂也写了不少乡村妇女，和李准一样，他感受到、也非常喜欢土改以来农村妇女在精神、情感乃至性格上的变化。有意思的是，冯金堂作为一个只上过四年小学的农民，是在三十多岁时、在新中国培养工农作家的文艺制度的帮助下，差不多是从

---

[1]许桂云:《冯金堂与郭力的一段交往》，政协扶沟县学习和文史资料委员会:《扶沟县文史资料》第5辑，2002年版。

"识字不够"的状态进入创作的。他确乎有一种被激发、引导的天分，对乡村语言的使用、对人的情态的传达、对身边应写、可写之人与事的捕捉，异常生动和灵敏。这是一种更"土"、更接近"原生态"的语言；而他笔下的妇女，也往往更是现实中的妇女，他笔下的"问题"，也往往更是"问题"最难解决的样子——当他努力想从政治政策的角度，往理想的方向推动人物、解决问题时，其努力往往是简单的。但也因此，他的创作在今天具有一种特别的认识价值。

约在1955、1956年，冯金堂写了一篇小说《春花》，心直口快、劳动好、维护合作社的利益而与周遭村民形成冲突的春花，与李双双的故事正可形成有意味的对照。

"她各样都好，就是性子有点暴躁，遇见不合理的事情，一时也不能容忍，不管你能不能接受，她要批评个痛快，可是说过去了，也不和人记仇。因她自己勤谨，见有人做的活不够恰当了，不由得就要说说。"但其他人"认为她又不是干部，真是多管闲事"。别人收拾庄稼不干净，她去收拾，也不落好。"反正她积极"。春花的丈夫张和，别人叫他"老好好"，春花叫他"两面光"，总是为春花得罪人担心、替她偷偷去赔不是。结果，选组长，选不上她；评工分，她这个劳动好的反被组长玉桂和几个妇女给评了个三等。小说就围绕这个不公平的评工展开。"少数服从多数"，说起来是民主制度，但心眼不那么正的妇女们抱团一轰隆，就把"正直能干"的春花选下去了。

春花的被孤立，怎么才能打破呢？小说最后写到，一次割麦，很会干活的春花教玉桂她们怎么用镰刀，又在别人发懒时自己收拾麦场，结果她们生产队因为割得快又干净，被检查委员会奖励了500分。大家都信服了春花。[1]

---

[1]冯金堂：《春花》，河南省文联编：《河南省青年文学创作选集·小说、散文选辑》，河南人民出版社，1956年版，第22页。

冯金堂在一次创作谈里讲，这篇小说是观察着自己对门的妇女谢爱花写的，实际上，那次检查割麦，谢爱花所在的队因为割麦割的不好被扣了500分。[1]

把李准的李双双和冯金堂的春花放在一起看，他们在乡村合作化运动中看到不少这样泼辣能干又有公心的妇女，觉察到这样的妇女对集体化中的乡村的意义，但这样的女性，却不必然能成为李双双这样的"新人"。春花和她的"光荣孤立"被冯金堂看到了，"少数服从多数"在某种形势下反而成为压制好人的"民主"，也被他看到了，他还看到了春花自己身上阻碍她的"公心"发挥作用的东西：春花嘴巴很厉害，甚至是不太干净，批评起女人的缺点又准又狠，让人更加不喜她的"爱说"。也就是说，冯金堂的描写过程中发展出各种各样的紧张，但最终没能真正实现对这种紧张的突破，只能寄予美好期望地用多得500分的文字简单翻转了一个事实（被扣500分）。把《春花》和《李双双》对照来看，或许，其一，1955、1956年的春花，虽然开始因其和乡村秩序的冲突，而成为村庄人意识的焦点，但还没有像1958年的"大跃进"、人民公社的发展这样，政治运动的更强"需求"，让这一种"性格"成为现实和文艺都瞩目的焦点。其二，冯金堂感受到这样的妇女和乡村之间的紧张关系，但找不到日常政治的路向突破这个紧张关系，就此而言，这也正是李准不同于冯金堂的地方，也是李双双的形象成功的原因。如果做更细的区分的话，《李双双小传》其实并没有真的面对这个紧张，而是依托"大跃进"的激情和逻辑（包括阶级斗争）绕过了，但成功地塑造了双双和喜旺这一对夫妻的性格和形象，比春花和张和夫妇的关系更鲜明，更有戏。电影《李双双》的应对，则调用了李准熟悉的多方面的文学与乡土资源。如前面所分析，不管是渲染双双的"泼辣"内含天真，

---

[1]冯金堂：《创作道路上的一些体会》，河南文学艺术界联合会编：《工农作者谈写作》，河南人民出版社，1959年版，第9—10页。

有"水晶一样的心",还是增加表现她作为"嫂子"的戏,把她的"泼辣"与乡村传统的"热心肠"、急公好义的价值连接起来。但是就双双在乡村实际上可能遇到的像春花那样的一种难度,电影整体上是依靠一个大的政治氛围(认定多数农民都真心热爱公社)来解决的。就是说,冯金堂写春花依她的本性,不计较、不往心里去,出于看不下去教玉桂割麦,结果感化了她,而在现实中,这么做却不一定有效。电影里的双双为了大凤打不干净花杈不同意给她记四分工分,吵完架,自己留下来帮她"再收拾一遍",这个细节,因为张瑞芳表演得浑朴天真,透出了双双的泼辣性格里的纯真色彩,特别有感染力,但同样很难说这一做法一定有效。

由此回看公社社员观看《李双双》的反应里,要求多些"党支部书记对她的教育""还可以加强妇女队长在队委会中的领导作用"[1],就很有意味了。李双双是集体化农村需要的人,但她若要真的发挥作用,除了双双自身的性格和品格,是需要她有职有权的,或被有职有权者支持。

不知是否回应着社员们的这些关切,豫剧《李双双》的改编,把春花(双双)的这一"光荣孤立"难题,重新提了出来。戏开头,双双和孙有婆吵架时,孙有婆嘲讽她"积极出众",之后社员开会时,面对双双"满面春风"打招呼,孙有婆的反应不冷不热,还话里有话地说,"老年人常说,能盼邻家买个驴,不盼邻家中个举"[2](邻居买个驴还能借来使使,做了官却可能欺负人)。

豫剧《李双双》在突破这一难题上所做的探寻,特别可以从两个维

---

[1] 汪岁寒:《来自公社的反映》,中国电影出版社编:《李双双——从小说到电影》,中国电影出版社,1979年版,第396页。
[2] 李准、赵籍身(执笔)、杨兰春:《李双双》(七场豫剧),河南人民出版社,1979年版,第32页。

度观察：一是丰富了"支书"的形象和作为，提示政治上可以也应该给予双双什么样的支持；二是双双自己在妇女队长的职责上成长。

当年茅盾评论小说《李双双小传》时，曾特别提及"老支书"没有写好：

> 很可惜，作者没有把这篇小说的第三个人物写好。这就是每逢故事发展的关键性场面必然出现的老支书。这位老年持重的支部书记的性格有一般化的毛病，小说中安排这样一个人物出现好像只是为了让故事发展的方便，也为了不能不写党的领导。支书或党委写不好（所谓写不好，主要是把应当是个有个性的支书或党委写成一般化），是相当普遍的现象，其原因之一恐怕是作家们下笔不免矜持太过，而又一原因大概是作家们总以为不能不把支书或党委放在解决问题的关口，因而支书或党委出场时，除了讲一番道理或打通思想或做决定，此外就没有行动了。[1]

确实，如何写老支书是个普遍的难题，除了茅盾说的原因，20世纪50年代末60年代初经历"大跃进"、人民公社的激进化、挫折、调整的剧烈变动中，村干部问题本身过于难把握，当也是老支书难写的原因。电影《李双双》依托巩固集体化的政治、社会氛围，不强调现实中双双更可能"光荣孤立"难题，老支书以有智慧的大家长、蔼蔼长者的老农形象，在喜旺负气离家的时候来做亲切的指点，似乎就可以了。而1963年改编，把故事内容从1958年春改为1962年春的豫剧《李双双》，则特别要借老支书的作为，来回应农村的现实和李双双的处境，就不能不正面面对"支书"——这一代表国家政治意识在村庄的存

---

[1] 茅盾：《一九六〇年短篇小说漫评》（节录），卜仲康编：《李准专集》，江苏人民出版社，1982年版，第290—291页。

在——问题。

戏中，在双双贴了提议"评工计分"的"大字报"后，在老支书主持下，社员们在田间开"选记分员"的会，在电影里这是很欢乐的一场戏，焦点在于大家选能写字、能给牲口开药方的喜旺，喜旺"拿糖"，说"不读哪家书不识哪家字。现在兴的这号洋码字，我就不会写"，结果被双双爽朗地揭发他会，"我会写还是他教我的""我就见不得这号牵着不走，打着倒退的人"，众人大笑。豫剧里，这个情节和喜剧性都在，但喜剧之前，加了让人鼻酸眼热的一场戏。

开会了，陆续来的人，手里不是纳着鞋底、做着小孩衣裳，就是拧着蒿绳。孙有婆也低头纳着鞋底。队长金樵唱：

咱孙庄五四年就把社办，
社员们劳动好干劲冲天。
从前咱也曾把工记，
记来记去很麻缠。
今天有人又提意见，
说劳力不够用，
说妇女真清闲，
说记工太马虎，
说干部怕麻烦。
这意见可真不简单。
今天请大家来讨论，
（咳嗽）咳，咳！
都要按原则来发言。
（大家有的沉默不言，有的悄悄私议。）
（双双很恼火，她欠欠身子，想站起来，喜旺瞪了瞪她。她咽了口气又坐下了。）

老支书：咋都不吭气？我说两句。

（唱）金樵讲的都听见没听见？

众人（高低不一）听见啦！

老支书：（唱）

大家确实是好社员。

只因为咱搞的是集体生产，

没有个规矩难成方圆。

锅里有米，碗里就有饭，

大河里没水小河里干。

有的人干队里活赤心忠胆，

把太阳从东山背到西山。

个别人私心重耍嘴片，

说的是干一天不顶半天。

不讲质不讲量挑拣耍懒，

锄一行秋秋要吸三袋烟。

不分好，不分坏，不分长短，

到时候还一样领粮领钱。

想一想为什么这样混乱，

评工记分太不严。

从今后还按制度办，

咱选个公公道道的记工员。

老头（站起来跑到老支书跟前）：

（唱）老兄弟还是你有眼，

句句话说到我心窝里边。

中年：（唱）

到底还是庄稼汉,

来龙去脉摸得全。

孙有婆(把线绳往鞋底上一缠):

(唱)老进哥你要真能这样办,

谁还能躺在家里不动弹。[1]

这段"加戏"里的信息是丰富的。第一,1962年国家对"评工记分"的强调,主要还是从集体经济管理、如何调动社员积极性的角度讲的;老支书对大家劳动情况的描述,知根知底,是"有眼"的,话里透露的是:记工分制度的恢复,除了管理上的意义,更是还人心一个"公道",把冷了的心焐热。第二,这还人心一个"公道",又不只在恢复"记工分"。金樵开场的唱词,都用简短语句,谱的曲应该是一种冷腔冷调,因为里面暗含了一种威胁:"咳,咳!都要按原则来发言。"这样的氛围想必由来已久,所以老支书要先把这个压抑打开:干部不民主、特权的问题,怕比评工记分的混乱更伤了人心,或者说,二者是紧密交织、共同作用的。还人心公道,也要从这里还。第三,金樵的话,让众人"沉默不言",连双双都"泼辣"不起来,被喜旺一瞪,"咽了口气又坐下"。也就是说,双双要"泼辣"得出来,老支书的支持何等重要!

老支书是编导们对"纠偏的党"的形象化。他不但纠正政治上的激进、制度上的错误,还纠正对人心的伤害。在戏的第二幕,老支书读"大字报"时,孙有来和他招呼:"嘿,嘿!支书,你回来啦?"他说:"算啦,算啦,支书、支书的这也不是个啥官,老挂在嘴上。老兄老弟不好?"他还有点像自言自语(喟叹)地说:"我这几年在县上,好像

---

[1]李准、赵籍身(执笔)、杨兰春:《李双双》(七场豫剧),河南人民出版社,1979年版,第33—35页。

情况都不摸底了。"[1] 像是编导杨兰春在按捺不住地说：亲人一样的党回来了。[2]

这是豫剧中的老支书"老进叔"比电影里的"老进叔"多出来的东西，也是双双蕴含集体化理想的"泼辣"要成为一种为人心信赖、敢信赖的价值形态，必须有的支持。集体需要的"政治"的内涵，通过双双和老进叔，被赋予了更多与现实人心相关的内容。

突破双双的"泼辣"的"光荣孤立"的另一个方向，是双双自己在妇女队长职责上的成长。

双双是一种直杠子的干部，心直口快，与农村的旧情理的很多层次都形成矛盾，政治力量必须给这个直杠子以支撑、护持，因为这个时候需要这样的直杠子。但要在村庄转成的集体中发挥更大的作用，仅仅"直杠子""热心肠"是不够的。就是，在老支书强力支持下的双双，自己要发挥更大的作用，就必须在妇女队长职责的要求上成长。对此，豫剧《李双双》也给出了比电影更具体的展现。双双没当妇女干部前，对孙有婆的猪拱红薯苗的应对方式是，你不去补苗，我替你补；双双刚当了妇女队长，对大凤打不干净花权的解决方式，也还是和电影里一样，记四分可以，你再去收拾一遍，你不去，我替你去。就是说，这里的双双和春花一样，是顺着自己的本性去做的。等到双双当了妇女队长，就领导生产这一工作来说，光队长自己好不行，必须得能推动人、组织

---

[1] 李准、赵籍身（执笔）、杨兰春：《李双双》（七场豫剧），河南人民出版社，1979年版，第27页。

[2] 从豫剧《李双双》更正面回应双双的"光荣孤立"、回应时代现实的如上改编细节，可以看到这个戏的导演、应当也是改编核心的杨兰春的心情和目光。这个武安落子戏班出身、1937年参加八路军、新中国成立后培养出来的文艺工作者，在现代戏变革中，成功摸索出一种以"老百姓喜欢看的戏"来沟通政治和人心的道路。即便"反右""大跃进"以后，现代戏直接回应现实问题有种种顾忌，杨兰春的耿介性格和一种革命干部的内在感（与党荣辱共担）、责任心，仍然让他不能不在回应现实问题（特别是涉及党和人民的关系）方面特别努力。

人，只顺着自己"你不干，我替你去干"的心性，就不够了。

豫剧的第六场，金樵和孙有、喜旺外出跑副业，老支书和双双领导生产队，秋后迎来了丰收。双双屋里大囤满小囤流，在夜里赶着给喜旺做鞋，这时来了两个人：

双双：恁俩呀？

彦方嫂：会计叫俺顺路问问你，那几亩芝麻秆咋办？

双双：是呀，大家啥意见？叫大家说吧。

大凤：有的人说，谁家也不等着烧锅，那一点东西，撂那儿算了。

双双：看看，这有吃有烧啦，就拿着东西不当东西！跟会计说，明个大伙儿开个会，商量一下吧！[1]

这个小细节，从"配合政治"最直接的层面看，反映了1962年人民公社"整社整风"中强调的"民主"和"勤俭"问题；从舞台上双双性格的发展来说，它表现的是双双从春到秋成长为一个成熟的妇女队长，经过怎样的共同劳动团结住了妇女们。

经过了一个季节的劳动，彦方嫂和大凤一起来找双双商量生产队的事——这意味着，双双建立了不只是跟自己的闺蜜彦方嫂、进步的团员桂英的联盟。再看双双怎么处理"芝麻秆"的事，虽然舞台表现得简单，还是透露了双双这几个月在领导生产中的成长：芝麻秆怎么处理？她心里有决定，但先不说，大家的东西，大家的事，大家说吧！也正是因为这样的"心回肠转"，双双才能让"集体思想"不再是自己一个人的"积极"，才能让大凤、孙有婆这些妇女们，在生活、劳动能力、"思

---

[1] 李准、赵籍身（执笔）、杨兰春：《李双双》（七场豫剧），河南人民出版社，1979年版，第66页。

想"上都得到充分尊重的共同劳动中重构情谊。

"恁俩呀？"这句话想着就是笑眯眯讲出来的话，背后当有着极为不易的历程。

妇女们重构基于共同劳动的情谊，这可能带来对男人们基于哥们（金樵和喜旺），基于利益（孙有和金樵）的结合的制约。孙有婆因为自己劳动价值得到了体现和集体的承认，敢于说孙有"办的丢人事！"大凤也不再"让干啥干啥"，反过来教育金樵。这两部分的戏都显得生硬，一方面对这两对夫妻关系塑造得不够，一方面在现实中，这样的夫妻关系显然是很难如此突转的。不管怎样，从意识上，做了妇女队长的双双需要更讲究工作方法，心回肠转，建立更广泛的女性情谊，打破现实中常见的因性格、利益同异的抱团、对立，甚或孤立"积极分子"，这对于集体的氛围、风气的转变，无疑是重要的。而一种富有解放意涵的女性情谊的构造，蕴含着产生更多李双双的可能。

如上，豫剧里的李双双，提供了如何从更深的土里"泼辣"出来的重要思考。我们通常的认识，李准的小说是扎根乡土的，但他使用的文学形式，包括他自觉进行的一些文体、结构探索，有多方面的新文学的资源和影响，这使得他笔下的乡土具有一种普遍性，与真实的更地方的乡土之间，常有着微妙的距离。这点，当《李双双》被改编成豫剧时，就能够看到。豫剧更方便展现和乡土、地域文化的关系，从而使得人物更立体。豫剧把故事还原到乡土民俗中，随着政治政策的调整而产生的新问题中，帮助我们再度观察、处理他小说中提出的问题：李双双内含着新的公私意识、新的情理的"泼辣"，要从更深的土里"泼辣"出来，还需要哪些政治、文化意识上的配合？

也就是，从乡土民俗、文化传统看乡村妇女的"泼辣"，是可以往几个方向发展的：《货郎翻箱》中的姑嫂、更鲜明也更戏曲化了的孙有婆，还有冯金堂笔下的春花，在不同历史时期、不同社会条件、文化意识下可以有不同的意义走向。一个泼辣能干、心性纯朴的妇女，是扎根乡土的，但并不必然往"新人"的方向发展。扎根乡土的春花、双双也告诉我们，集体在中国是有很深基础的，但不必然往新中国政治想要构造的集体的方向发展。而这就涉及集体要成为饱含理想性的"经济组织也是社会、文化组织"，政治、文化到底要如何引导、开展的问题？双双们要成为承担责任、发挥作用的"新人"，就要从更深的土里"泼辣"出来，才有可能有助于村庄通往更好的世道人心。这提示着我们，怎么去扶持、转化我们土地上的资源，也提示着，日常政治在这一过程中承担什么样的责任？从这里看，从小说，到电影、戏曲，李双双和她的"泼辣"不断演进，其间所提供的文学和政治之间的对话，所提示的社会、文化资源是丰厚的。对此，我们要面对的认知挑战就是，如何把对象掌握住，把对象所包含的热和力量释放出来，并以之为能量、契机、构型力量，思考与想象我们可以怎么更好、更扎根于我们现实基础地构造我们今天的社会。

六、结语

本文以《李双双小传》、电影《李双双》、豫剧《李双双》和社会对李双双的接受为文本基础，将李双双放回1958—1963年社会历史变动的土壤和李准写"新人新事""问题"小说的脉络中，从李准对时代现实中的问题的敏感，调动乡土文化、伦理资源来回应政治政策的能力，以及对乡村妇女的生活、生命史的理解等层面，探讨李双双和她的"泼辣"的生成史及其历史、政治、文化、思想意涵。经由这些探访，我们看到，经过新中国文艺工作者的接力、努力，没有户口的李双双，最终在中国人的身心与情意结构中有了户口。小说、电影、豫剧对李双双的"泼辣"塑造，蕴含着爽朗、能干、敢说敢为、不计利害、既灵透又"傻"的性格，蕴含着对平等、恩爱、既现代又传统的夫妻之情的要求，更蕴含着——将时代要求的"集体精神"与传统中国人有关"义""理""公道"等价值进行有效连接，然后在此一亦新亦旧的义理的践行中通过细腻感通他人、以承担为乐的生命状态，以生成一种新中国妇女的精神风貌与价值形态——这些具有重要思想、实践意义的有高度洞察的思考，并没有随着时代转换消失其意义，而有待关心中国妇女现实与未来的人们认真重访。

某种意义上，李双双和"自己找婆家"的乡村姑娘刘巧儿（评剧《刘巧儿》，同名电影1956年上映）、"扎根农村"的女学生银环（豫剧《朝阳沟》，同名电影1963年上映）一样，都是深刻烙印了20世纪五六十年代妇女生命状态变迁、在时代中产生过重要影响的艺术形象。这些形象的生成、演变与接受的历史，既正面彰显着新中国意图建构的政治、文化意识与相关价值形态，也因妇女维度的特别性和艺术家们的责任心、敏感、才能而格外富有张力地内蕴着——新的政治、文化意识与相关价值形态，需经由怎样的努力才能扎根于时代的世道和人心——其间有诸多于今日思考何为更贴合中国人生命、身心需求的现代社会依然有意义的经验和资源。就此而言，本文对李双双和她的"泼辣"的"生成史"的探索，也还只是一个刚起步的工作。

电影《李双双》(1962) 宣传海报

银幕新人的生成
——电影《李双双》再解读

◎ 张冰

在文学史家后来的记述中,电影剧本《李双双》的诞生颇有几分戏剧色彩:上影厂拿到李准由小说《李双双小传》(以下简称《小传》)改编的剧本后,决定投拍。但当摄制组人员于1961年夏天到达河南林县时,形势突然发生了变化,中心事件"吃食堂"过时了。气馁的人们准备打道回府,李准却请大家安心休养几天,没过多久便又变戏法似的送来了修改好的剧本。他把"吃食堂"改成了"评工记分",来了个"偷梁换柱"。大家赞叹李准"不愧是神笔快手,有起死回生的笔力!"[1]

不过,李准自己谈到这次"偷梁换柱",却坦言工作"相当艰巨"。他不得不在记忆中一次次返回汲取素材的现场,重新研究双双和喜旺这两种性格冲突的本质,最终,"发现了使我自己吃惊的东西……(一对普通农民夫妻)中间的斗争,反映了两种思想、两条道路的斗争"。由此他摸索出了一套方法,从写人物、写性格冲突出发,具体事件可以成

---

[1] 姜忠亚:《活力的奥秘:李准创作生涯启示录》,中原农民出版社,1989年版,第149页。

为表现人物品质、性格的材料，从而一定程度上突破写作中追赶政策的问题。[1]

或许是受了贯彻"双百方针"之后文艺界对典型问题讨论的影响，李准塑造社会主义新人的方法是阶级特质与个性特色的叠加："她的性格基调是大公无私、敢于斗争、见义勇为。"个性特色是"心直口快、大胆泼辣、纯洁乐观、天真善良等"。[2]这个设计方案受到了观众尤其是农村社员的热烈欢迎。影片上映后，坊间有"做人要做李双双"的说法，李双双一跃成为农村新人的代表。在以往的解读中，喜旺被认为是表现了乡村熟人社会里"私"的观念，而双双则表现出了对"政治挂帅"、大公无私的自觉追求。这一观点包含了新与旧、公与私、国家政治与乡土伦理的二元对立，双双和喜旺在某种程度上也被"对立"起来。倘若对银幕新人的精神构造进行抽丝剥茧的分析，对其生成过程进行较为细致的还原，就会发现上述一系列二元关系并非能如此斩截地分开。新人的"新"面貌中，有"旧"的底色，乡村传统的道德伦理、情感结构和生活经验，在新人的主体生成中起着不可小觑的作用。影片中亦能够看到编剧、导演与演员之间，上海电影传统与延安电影传统之间的对话与冲突。在下文中，我们试图把李双双放置在个体与国家（集体）、个体与乡村共同体、个体与家庭三重关系中进行再讨论，以此揭示新人的生成过程中，社会主义政治理念以什么方式在头脑与生活中落地生根，而对接、涵容已有的乡土伦理、思想感情、性别身份和审美趣味也是不容忽视的问题。

---

[1]李准：《向新人物精神世界学习探索——〈李双双〉创作上的一些感想》，中国电影出版社编：《李双双——从小说到电影》，中国电影出版社，1979年版，第210—211页。
[2]李准：《向新人物精神世界学习探索——〈李双双〉创作上的一些感想》，中国电影出版社编：《李双双——从小说到电影》，中国电影出版社，1979年版，第214页。

一、从小说到电影:"政治挂帅"与"大公无私"的影像表达

1961年到1963年是农村题材电影拍摄的高潮,这几年出现的比较优秀的农村片有七八部,如《槐树庄》《枯木逢春》等。将《李双双》放置在这一时期的农村片中来看,其优长之处在于大致摆脱了图解政治的倾向。新人政治意识的表达是《李双双》里至为重要的一点,在这里能看到编剧李准、导演鲁韧和演员张瑞芳等人的别具匠心。

《小传》里的李双双,从一个普通农村妇女成长为大公无私的公社社员的过程里,老支书关于"政治挂帅"的一席话起到了重要作用。如果说之前双双对喜旺的斗争更多的是按照乡村的道德逻辑,要求他"公公道道当个正派人",而经过老支书的点拨之后,便有了更明晰的政治追求。[1]老支书所说的"政治挂帅"对双双的追求是一番升华,正如研究者所指出的,在双双的理解里,"政治挂帅"就是听党的话,这里的"党"是超越个体的"实在",不是有形的东西,它更多指向了对人与人之间新型关系的重塑,组织着个体,也为个体所依赖。[2]那么,怎么样把来自乡土世界外部的无形的"党",向农民显影?

在电影里,"政治挂帅"四个字被隐去了,小说里老支书口中"为咱们集体干""过幸福日子"这样有些抽象的话语也被更具体的"社员的吃喝穿戴"和"副队长"的职责感所替代。从李准1960年2月交给《人民文学》的手稿到3月的正式发表稿,再到1961年电影文学剧本、1962年电影成片,李准与鲁韧的层层修改,弱化了党不断教育双双的层面,而逐渐加强了日常生活与伦理情感的因素。这并不意味着影片降

---

[1] 李准:《李双双小传》,李准:《李准小说选》,四川人民出版社,1981年版,第300页。
[2] 郭丽君:《"集体"场域中的"个体"与性别——以〈李双双小传〉为个案》,载《文艺争鸣》2014年第6期。

低了"政治挂帅"的重要性，而是将双双的政治意识试图以一种更为浑融自然的方式表达出来。

影片通过一系列行动、语言、神态和情景交融的空间来表现李双双政治意识的获得。双双主动要求到工地上去修渠，因为水渠若从村里流过，不但可以减轻妇女洗衣服的重负，还能使"队东一川地都变成水浇地"。但这一要求受到了乡村固有伦理与习俗的打压。在传统乡村社会，妇女是"屋里人"，"再好的女人也要围着锅台转"，即便在灾荒年月，妇女在外颠沛流离，不再束缚于家庭空间，可出现在公共空间也是不被提倡的。[1] 这套旧的道理为二春和喜旺所操持，只有出现一套新的道理与制度，才能使双双走出家门变得合情合理。双双要使得妇女修渠"合理化"，必须寻求来自革命政治的援助。两口子为上工耽误做饭的事情吵架后，影片迎来了第一个抒情段落：

> 河水在月光下闪着波光，一个男声唱着："月亮明光光，山歌到处唱……"画面中是唱歌的二春，镜头横移，渐次出现了随意坐卧的农民，最后停在拉胡琴的喜旺身上。随着其他乐器的加入，音乐愈加悠扬，全景中出现了男人们怡然自得的群像，更多的男声汇入了合唱："是谁绣出花世界，劳动人民手一双！"树影婆娑，明月高悬，镜头缓缓摇下，歌声启发了坐在窗前写字的双双，彦方嫂和桂英先后到来，三人一起讨论工分记得马虎导致妇女很少参加劳动的问题，最终决定"提个意见"，"把字儿写得大大的，贴到村口上去！"

"工地夜歌"和"双双写'大字报'"两场戏由歌声衔接，对照出

---

[1] [美]贺萧：《记忆的性别——农村妇女与中国集体化历史》，张赟译，人民出版社，2017年版，第48—49页。

两个世界。夜歌的镜头犹如一张徐徐展开的长卷，向观众展现出一个独属于（男性）农民的美妙世界。修水渠是被社会所尊重、认可的劳动，与双双尚没有资格（名不正言不顺）加入这个世界的处境相对比，男人们劳动后的休息也带上了一种淡淡的自豪。这里的空间分配富有意味，属于男性的空间是广阔的，而女性独坐室内。这个充满古典诗意与文人气息的段落与影片后来妇女主体在集体劳动中绽放出耀眼光彩的时刻恰好形成对比。男人们的歌声提醒了双双，令她恍然意识到妇女目前的处境，她要提个意见，让妇女汇入"劳动人民"的合唱里。

这场经过精心设计的"觉醒"戏里，饶有兴味的是政治引导作用的缺席。政治以"大字报"的形式出现，仅仅作为工具，帮助双双说出内心的诉求。在这里，革命政治之于双双，是她主动寻求的对象。她自发地将自己的命运和乡村正在发生着的巨大变化联系起来。由于国家的号召与自己的需求不谋而合，双双意识到工分制的实行与完善将给妇女带来巨大的解放。个体的诉求与国家的政策在此是合而为一的，或者不如说，正是因为新制度回应了妇女（民众）内在的对于平等、尊严的要求，才变得有吸引力与正当性。李双双比有私心的农民更"进步"的地方或许不在于她天然地拥有了国家与集体立场，而在于她可以更清楚地看到自身命运与集体化之间密不可分的联系。

和《小传》中抽象的"政治挂帅"不同，我们在影片里看到了人格化的、极为亲切的"党"的形象：当双双贴"大字报"被喜旺批评时，她正站在案板前，手中麻利地揉着面，眼露遐想，略带憨态地说："心里有话就说嘛。党就是咱们的亲人，从土改到现在，哪件事不是为咱好？"影片没有在提到"党"的时候赋予李双双特别激动的时刻和面部特写镜头，而是以中景呈现出双双一边揉面一边和喜旺聊天的日常状态。将人物安放于日常生活中呈现，为演员的表演定下自然、朴素、诙谐的基调，是导演鲁韧特别擅长的手法，从此前大获成功的影片《今天我休息》中就可以感受到他的这种导演风格。《李双双》中的人物大多是半身像,特写很少,摄影师考虑到"恐怕拍得太近了产生过分强烈的感觉,会影响影片朴素、柔和的格调"[1]。如果说在十七年电影中,面部特写通过把人物表情与周围环境的截断,赋予人的面容以高度浓缩的意识形态含义,那么《李双双》在提到"党"时对双双的镜头表达,则把日常生活中的动作与环境带入政治之中。新人的政治意识不以对农民而言陌生、突兀的话语呈现为与日常生活相分离的状态,而是融入农民日常生活的肌理中。

值得注意的是,这种政治意识同时又是以涵容民间公义、情理的方式来发挥作用的。饰演李双双的演员张瑞芳对这一新人的精神构造有独到的体会:"双双大公无私和敢想敢说,是我们给她总结的评语,她自己却不是以这样明确的思想指导行动的,更多的是凭直感。她嫉恶如仇,不是理智上觉得应当如此,而是感情上受不了。"[2] 双双让人感到亲切,因为她对政治的理解没有停留在抽象的概念层面,而是从"理智"下沉到"直感"与"感情"之中,是"情"与"理"的融合。影片里,取代"政治挂帅"的是双双的名言:"情理不顺的事我就要管!"可见她的政治觉悟,更多诉诸的是公义、情理而非某种抽象的政治理念——自然,这一新的情理(社员不能占公家的便宜、父母不能包办年轻人的婚姻)和喜旺、孙有婆的情理(乡里乡亲要讲情面,不能揭短)有很大

---

[1] 朱静:《从想到做——〈李双双〉摄影工作杂记》,中国电影出版社编:《李双双——从小说到电影》,中国电影出版社,1979年版,第282—292页。
[2] 张瑞芳:《扮演李双双的几点体会》,中国电影出版社编:《李双双——从小说到电影》,中国电影出版社,1979年版,第242页。张瑞芳本人的成长与李双双有"同构性",作为一名从1929年就活跃在话剧舞台上的"老"演员,她自言原本是"悲旦",性格内敛,但在塑造了两位工农形象之后,自身精神气质发生了变化,"言行举止多少带出点新中国主人翁的泼辣劲儿来"。张瑞芳出身于革命家庭,现实中她的性格单纯、直爽,这些都使得她在扮演李双双时具备一种自信的状态。参见张瑞芳口述,金以枫执笔:《岁月有情——张瑞芳回忆录》,中央文献出版社,2005年版,第262、335页。

差别，影片中同时出现在双双和孙有婆口中的"情理"，亦是社会主义革命正在争夺的场域。

　　电影改编最为成功之处在于对"评工记分"这一典型事件的选择。人民公社时期，评工记分一事集中体现了个体与集体的矛盾，是新思想与旧意识激烈交锋的场所。从激进的性别理论来看，工分制无法涵盖妇女所有的劳动（如家务劳动）付出，但它确实调动起农村妇女参加集体劳动的积极性，打破了家庭内传统的男女分工格局，改变了妇女在家庭中的地位、责任和角色。另一方面，以理性、抽象的数字来计量劳动的方式，也使农民和劳动之间的关系发生了深刻的变化。工分制使劳动过程和结果之间的关系变得抽象，改变了农民的"公""私"观念，使一些农民发展出一套精明的算计，比如磨洋工，出工不出力，只挑分值高、活轻松的工作等等。[1] 影片中，孙有等人在地里撒肥偷工减料，让老耿伯十分气愤："工分工分，就知道赚工分了，叫别人还怎么接着干哪！"千百年来农民以家庭为单位从事农业劳动，每个生产环节都由一家一户持续完成，自给自足，如果干不好也只影响到自家的生产，但集体化之后，农活的每个阶段都由集体统筹安排，撒肥环节的浮皮潦草会直接影响到整个生产队后面的工作。老耿伯的反应，既出自一个勤恳的老农看到土地被糟蹋时的痛惜，也出自"叫别人怎么接着干"的义愤。双双挺身而出，就不仅仅代表了国家和集体，更代表了民众的"公道"。喜旺在记工分时处处给金樵便宜，也不光是出自老好人要维系礼俗社会中熟人关系的"旧"情理，还包含了在新的政治秩序中意图讨好金樵这个生产队长的"新"实惠。如果记分员不能保持公道，干部不能严于律己，那么农村的社会主义革命就没办法取得公平的结果，工分制也将沦为干部中饱私囊的工具，最终损害的是群众的利益。这也不难解释，为

---

[1] 吴淼:《工分制下农民与干部的行为选择》，载《中共党史研究》2010 年第 2 期。

什么李准在多年跑农村的经验中,认为做一个农村基层干部,大公无私是最为重要的品质。[1]在这里,我们能看到李双双背后,除去国家和集体立场之外,隐约浮现出民众立场。"政治挂帅"和大公无私,展现出几个层面和几种含义的交织。所谓一心为"公",为的不仅仅是村社集体与国家,还包含了民众的公平与正义。

不过,也正是因为影片将三者都统摄在"公"的范畴之下,所以在处理个体与集体的关系时,便将集体放在了一个毋庸置疑的位置上,这主要体现在剧本对副队长金樵的人物处理上。按照生产队的规模来看,金樵应当是一位生产小队长。在现实中,作为生产小队主要经营管理的首要负责人,小队长面临着不少挑战。在工分制下,农业经营需要熟悉农业的基本知识,还要考虑本生产小队的特殊情况,遵循农业科学、因人用工、公平公正的原则,这就要求管理者有高超的统筹能力。但小队长是土生土长的农民,并不比其他农民具备更高的专业知识,只能靠多花时间、精力,用强劳动负荷来完成。因之经常无暇顾及自己地里的劳动,作为补偿,在评工记分时会给予干部一定的补贴工分。但即便如此,小队长的付出和收获在很多人看来是得不偿失的。加之小队长和记分员负责评工记分,容易得罪人,农民往往不愿意当小队长。[2]影片中金樵多占救济工分的现实根源即来自这里。李准把这个问题归结于金樵的干部作风问题,将他不愿意摸锄把子解释为当了干部之后人便懒惰、不劳动,可以说回避了现实给予的更有难题性的矛盾。很多社员看了之后,对金樵这个生产队长的形象不满意,说把生产队长拍得这样糟,没有发挥出应有的作用,恐怕就来自剧作在把握现实时出现了偏差。金樵的问题,体现了个体与集体之间更为复杂的关系,一个负责任的小队

---

[1] 汪岁寒:《来自公社的反映》,中国电影出版社编:《李双双——从小说到电影》,中国电影出版社,1979年版,第389—397页。

[2] 吴淼:《工分制下农民与干部的行为选择》,载《中共党史研究》2010年第2期。

长,如果只能体现在为集体牺牲个体的利益,诉诸忘我的高尚品质,而没有更为有效的制度设计支持,恐怕是不能持久的。这也是影片留给我们今天的挑战吧。

二、敢于斗争和"不记仇"

电影上映后,李双双成为群众学习的典型。北京东郊将台公社生产队团支委唐会兰将自己和双双对比后,进行了自我反思:"我初中毕业回乡参加农业生产那阵子,受了党的教育,自己又是个团员,懂得些道理,看见坏事就想斗,斗了就不管,大伙对我都有意见,我也闹不清为什么人家这么恨我。……看了电影《李双双》,得到很多启发。"[1] 这段观影体验传递了这样一个讯息,为了维护集体利益而勇于斗争的团员没有收到好的成效,反而导致了自我被孤立。所以,作为一个对社员的工作和生活有实际指导意义的理想人物,与其说是双双敢于斗争的品质吸引了观众,不如说,她敢于斗争却不遭人恨的境况更加引人瞩目,其中隐现出一种柔韧性极高的工作方式和斗争策略。

如唐会兰的处境所显示的那样,双双敢说敢干的性格原本是十分得罪人的。在十七年文学与电影中,那些坚持原则、敢于斗争的主人公就常常面临着失败的境地,不得不借助外部行政力量的干预来收场,但双双却是在爽朗大笑的氛围中解决问题的。鲁韧为影片设计的喜剧形式诚然起到了作用,除此以外,也和李准赋予李双双这位银幕新人独特的精神构造有关。

有意思的是,处于孤立处境的唐会兰是村里的初中毕业生,而双双则是彻底的农村妇女,从未离开过乡间,对乡村原有的道德伦理与风

---

[1] 李准:《我喜爱农村新人——关于写〈李双双〉的几点感受》,中国电影出版社编:《李双双——从小说到电影》,中国电影出版社,1979年版,第198—206页。

俗人情，可谓浸淫已久，不需要像返乡知识青年一般重新学习并嵌入其中。尽管到处树"敌"，李双双在乡村共同体中的拥趸也并不少，如彦方嫂、桂英、二春、老耿伯等。将双双能团结人的原因仅仅归于"大公无私、敢说敢干"的性格自然是不够的，否则，也就无法解释具备同样品质的唐会兰的失败。对她"水晶似的"赤子之心的强调，也更多地诉诸先天禀赋，不具有普遍性和阐释力。我想进一步追问的是，看似张扬、对固有的乡土世界形成巨大冲击的双双，是怎么在政治原则与乡土伦理之间寻求到一种平衡，赢得大家的喜爱的？具体而言，她如何与她得罪的人共处，如何团结社员、组织妇女？

李准在不同的文章中谈到过双双的几个原型，其中的一位原型，一个女共青团员曾向公社揭发几个农民偷生产队的庄稼，结果遭到报复被打。[1]这让李准起愿要以文学来歌颂这种大公无私的品质，但这个沉重的情节并没有进入到《小传》和剧本中。在寻访河南林县的妇女劳模刘凤仙不遇后，他碰到另一位原型，一个当小组长的直性子姑娘。她和一个外号"母老虎"的妇女因为工分争吵，"母老虎"扔掉锄头就走，小组长用漂亮而辛辣的语言把对方的气焰打掉之后，"因为这句话说得对仗精巧，又过瘾"，自己忍不住格格地大笑起来。下工时候，李准和看菜园的老汉看到她扛着两张锄，其中一张锄是"母老虎"的。老汉打趣她，她回答："当小组长的优待嘛！……我也不是老想和她吵嘴。这如今回去不还得给人家说好话。"李准写道："她说着笑着，那么轻松，那么愉快，好像刚才没有发生吵架的事情。"[2]

李准把这次遭遇稍作修改，写进了小说和剧本，小组长和"母老

---

[1]李准：《向新人物精神世界学习探索——〈李双双〉创作上的一些感想》，中国电影出版社编：《李双双——从小说到电影》，中国电影出版社，1979年版，第211页。
[2]汪岁寒：《来自公社的反映》，中国电影出版社编：《李双双——从小说到电影》，中国电影出版社，1979年版，第201页。

虎"的某些语言则搬进了双双和孙有婆、大凤的对话当中。让李准惊讶的不仅是她们鲜活生动的语言，还有小组长在吵架之后主动去给人家说好话的行为以及她轻松愉快的精神状态。这种状态后来加入双双的性格当中，发展为"不记仇"。豫西过去盛行"打孽"仇杀的风习，农民一言不合可以把对方一家人杀死，妇女也会由于拉扯闲话而半辈子见面不说话。在集体化时期的豫西农村，妇女身上却发展出不记仇的新性格。在解释这一原因时，李准引用小组长的原话："我哪有工夫和她记仇哟！"并说，因为她的工夫都用到实现集体生产的理想上去了，自然不夹私怨。[1]

李准将"不记仇"和社会主义理想联系在一起，强调这个性格并非先天禀赋，而是社会主义事业对妇女干部的内在要求。这里的"不记仇"有两层含义：首先，小组长的玩笑中包含了强烈的责任意识，因为是小组长，对团结妇女社员负有责任，不能任性而为。所谓不记仇，就是不把人与人之间的关系简单地导向对自我的认同或批评，而是导向一个更大的目标，在这个过程里，自我是面向社会敞开的。在新的历史环境之下，农村妇女不仅不再被局限在锅台上，也不再被捆绑在家长里短的小事和自怨自艾的得失之上，从而获得了更多自我发展的可能。其次，不记仇也是一种独特的心理调节机制。小组长并不像许多现实生活和文学作品中心怀理想、坚持原则的人那么严肃、孤高，而是善于自我调侃、自我解嘲，爽朗的笑声、和老汉开的玩笑话都犹如抖落尘土一般摆脱了吵架可能带来的负面情绪，从而以清爽无负担的精神状态投入下一项"革命工作"中去——给"母老虎"说好话，把妇女们动员起来。

在影片中，观众看到了一个和孙有婆吵架之后"左耳朵进、右耳朵出"的双双。二人当街吵架是一场重头戏，最开始，张瑞芳怎么也把握

---

[1] 汪岁寒：《来自公社的反映》，中国电影出版社编：《李双双——从小说到电影》，中国电影出版社，1979年版，第203页。

不住表演的火候，和演孙有婆的演员反复磨戏，最终准确拿捏到情感的分寸："过去我们比较笼统地分析，怕把孙有婆演得太坏，好像拿公家东西也不以为过，所以演来理直气壮，现在她虽舞手拍膝，却觉得她更单纯些。我呢，光强调双双斗争性强和性格泼辣，于是两人就都显着凶了。……双双是不肯妥协的人，但孙有婆是邻居大婶，不是地主婆。"[1]这场戏包含着"社会主义思想"对"小农思想"的斗争，但影片没有将之等同于对孙有婆的阶级斗争。尽管双双意识到，孙有家"不是无产阶级"，但她却并没有把偷木板一事上升到阶级对立上去。这里与其说是在"淡化阶级矛盾"，不如说，在李准（张瑞芳）创造的人物李双双的眼中，她就是如此来看待孙有婆的：是邻居大婶，不是地主婆。集体化给中国乡村带来了彻底的改变，不但体现在社会制度和生产关系上，还包括对人的心理、观念、人与人之间关系的巨大冲击。人民公社制度的建立，就是要将孙有婆和双双的关系，从乡里乡亲变成公社社员。但另一方面，孙有婆之于双双，仍是知根知底的邻居和乡亲，社会主义革命的宏大事业就是建立在这样具体而微的乡亲关系之上，靠一个个有待转化的孙有婆去推动。

大公无私和敢于斗争的品性使双双被群众选了出来，成为妇女队长。如果说这是当好一个农村基层干部最重要、也最难达到的品质，那么"不记仇"则是保证了他（她）能否使这项事业在乡村的微观层面持续下去的关键。在如何团结思想落后的妇女上，影片特别花费了心思。大凤是金樵老婆，评工记分时双双反对给她评四分，从此赌气不再下地干活。但大凤也不当真是一个彻头彻尾的落后妇女，分发工折时，影片给了她一个镜头，是渴盼又迟疑的神情。喜旺和金樵赌气出走后，双双泪刚擦干就来到大凤家，不管大凤怀着多少敌意，双双的态度始终同情

---

[1] 张瑞芳：《扮演李双双的几点体会》，中国电影出版社编：《李双双——从小说到电影》，中国电影出版社，1979年版，第241页。

而耐心，就是要唤起大凤当初走出家门的那一点"向上之心"。在这里，我们看到双双有一种能推己及人的能力，喜旺的出走没有让她沉浸在痛苦之中，而是由自己的痛苦联想到大凤的痛苦，以女性深厚的同情心，彻底打动了对方。

如果说，双双通过贴"大字报"、在公社写小纸条等途径把基层的问题反馈到上级，从刘书记和老支书那里获得来自国家和集体的政策指示与工作指引，那么她要将这些政策和理念落实于农民的生活当中，还需要很多中间环节的转化。而这时，不记仇、开朗、浑厚、豁达等性格因素就发挥出了作用。喜旺约法三章，告诫双双"做事要放点人情"，其实双双做事有她潜在的人情尺度，只是这一人情尺度是导向更好地把妇女组织起来，而不是对喜旺式"老好人"的认同。

有意思的是，在李准的作品里，豁达的品性和不怕挫折的工作方式，是农村妇女干部尤其擅长，却需要下乡的城市知识青年特别学习的。比如《清明雨》里的技术员程敏，虽然对支援农民抱有极大的热情，却因敏感脆弱，经不起批评和打击，是个手虽然磨厚了，但"脸皮"有待"磨厚"的知识分子。当然，现实生活中可能和电影恰恰相反，就如我们在李准的创作谈和观众的观后感中得知的那样，一个大公无私的农村基层干部，可能经常面临农民的不理解、抱怨甚至更为严峻的打击报复，李准为李双双所打造的方案，更多的是一种理想化的主体状态。在新人的精神构造中，李双双并不像她表露出来的那么直性子，在挑战乡土伦理的同时，也有不少遵从乡村原有的情感、关系的地方。不记仇、豁达、浑厚是她得以在斗争之后迅速回归到乡土社会关系网当中的最为有效的心理机制。她有一套柔韧的斗争策略，用以维系邻里、乡亲之间的关系，促使其发生从旧到新的转化，却并不会导致原有的关系破裂。更重要的是，双双凭借这样一种机制与策略，从妇女群体中脱颖而出之后，又得以还原到妇女群体之中。无论是爱占便宜的孙有婆，还是不爱劳动的大凤，都有待在双双的反复动员中，凝聚起微弱却不容忽视的力量。所以，双双的确以其张扬的主体形象从乡村社会中一跃而出，但她仍然融汇于群体之中。因为李准在意的，并不是这一个银幕新人凸显的独特的自我价值，而是她所带动的整体的农村妇女给乡村带来的能量与活力。这或许是他打造"阶级本质加个性特征"的新人方案的意义所在。

三、"先结婚后恋爱"——转变的逻辑

相比大凤的转变，影片把主要的笔墨集中在喜旺的转变上。从小说到电影，喜旺的形象被突出了出来。鲁韧一开始把电影取名为《喜旺嫂子》，似乎可以见出，在导演心中，喜旺的位置是不亚于双双的。[1] 日本电影评论家佐藤忠男甚至认为：喜旺"只是无目的地跟着妻子往前走，绝没有打算居人之上，悠闲的生活节奏也尚未被打破，这同样也代表着中国普通民众的真实现状"。而中国之所以能在革命中"稳定地坚持下来，或许就是因为人民大众具有的这种基本性格"。[2] 这一观点提醒我们，要注意到喜旺的重要性。和双双的英气、坚毅相比，喜旺在镜头中的表情更灵活、生动，富有变化，扮演喜旺的仲星火深得海派喜剧精髓，眉毛、眼睛皆可成戏[3]，故而当时有"看戏要看孙喜旺"一说。

---

[1] 一般认为，电影题目从《喜旺嫂子》改成《李双双》，更具性别政治的眼光。不过，这一解读也容易遮蔽喜旺在影片中的位置。

[2] [日] 佐藤忠男：《中国电影百年》，钱杭译，杨晓芬校，上海书店出版社，2005年版，第114页。

[3] 仲星火说："这次扮演喜旺，我在一些近景拍摄中，在眼睛的运用上作了一些尝试。"如喜旺似喜似嗔地瞪了双双一眼，用上海话来形容，这一眼有点"嗲不叽儿"的样子，既可以表现出人物的夫妻关系，又完全道出了他在刚发生的事情中的尴尬处境。参见仲星火：《我怎样演孙喜旺》，中国电影出版社编：《李双双——从小说到电影》，中国电影出版社，1979年版，第278页。

而农民观众则主动把喜旺和自己联系在一起，有人说，大家笑喜旺的时候，"我的脸上也觉得热乎乎的，好像是在笑我哩！"[1] 喜旺和双双都是农民观众在大银幕上投射自我认同的对象，如果说双双是农民将要成为的"新我"，喜旺则是正在转化当中的"旧我"。对于农业合作化运动而言，喜旺是大多数农民的现状，是淳朴、善良、聪明却有私心、讲情面的农民亟须转化的状态。影片把两条路线的斗争放置在夫妻之间，体现出对"新"与"旧"之间关系的独特认识和对现实的准确把握。不过，历来对这一点的强调，重在把双双和喜旺的家庭生活看作合作化路线斗争的缩影，家庭关系与情感生活的"写实"层面却没有引起重视。在下文中，我试图把双双放回和喜旺的关系中，来重新审视这一问题。

影片的一个主题是"先结婚后恋爱"。与小说相比，电影多了桂英和二春的恋爱副线，但这条原本可以产生丰富性的线索却被表现得较为单薄。影片似乎并不想着力描绘二人所代表的"五四"以来基于自由恋爱的"先恋爱后结婚"模式，而是将重心放在如何创造出一种看似有些保守，但在这一时期的农村更有代表性和引导性，较为理想化的婚姻－恋爱模式。

有研究者指出，在集体化时期的农村，尽管1953年颁布的《婚姻法》得到了国家大力宣传，妇女境况也有了根本改善，但在很多地方，婚姻习俗的改革仍很缓慢。1953年之后，妇联干部动员妇女把注意力集中到倡导家庭和睦上。夫妻感情破裂之后，妇联干部以调节为主，而不是鼓励离婚。一方面，家庭和睦对农业生产和社会稳定能起到基石作用。另一方面，从个体处境出发，离婚牵扯到错综复杂的金钱状况、社会关系和乡村习俗，妇女一旦离婚可能面临着比离婚前更不堪的处境，

---

[1]《社员齐夸双双好 热爱集体品德高——山西省孝义县城关人民公社和白壁人民公社临水生产大队社员座谈影片〈李双双〉》，中国电影出版社编：《李双双——从小说到电影》，中国电影出版社，1979年版，第401—406页。

因此即便是妇女积极分子和劳模在这件事上也很谨慎。甚至,由于劳模们被期望成维持家庭稳定的榜样,加之性别身份使她们在村子里工作容易受人非议,所以更要维系一个符合传统道德标准的妇女形象。尽管国家政治和法律向她们敞开了改变的可能性,但她们依然滞留在"封建"的婚姻里。她们认为自己虽然思想"封建",但无论从政治还是伦理上都是正确的,作为忠诚的妻子和尽职的儿媳,她们为了妇女的集体解放牺牲了自己,这种牺牲本身是一种"美德"。[1]

从五四新文化运动所倡导的婚恋观出发,这些不是基于自由恋爱和共同志趣的婚姻理应被破除,忍受不幸婚姻的妇女应当走出家庭,与父权社会决裂。但实际上,在20世纪50年代的农村,妇女们在感情、伦理、工作和政治号召之间做出了权衡与妥协,并没有选择现代女性主义理论所期待的革命性决裂。这一状况到"大跃进"时,由于妇女广泛地参与到社会劳动当中,有了较为明显的改善,敢于离婚的妇女变多了,但农村妇女对待两性问题仍然要比城市中产阶级女性"封建""保守",需要时时考虑来自乡土的眼光。这或许可以从《李双双》拍摄时的一件小事得到印证。摄制组在妇女劳模刘凤仙所在的村庄体验生活,张瑞芳与刘拍了一张合影,仲星火也要求与刘合影一张。刘凤仙想:"两口子才单独照合影,单独同一个外地男人照相会不会招人闲话?"犹豫后她还是同意了。等剧组走后,她把合影从中间剪开,把"仲星火"的部分扔掉了。[2] 刘凤仙剪照片,意在保持自己对丈夫忠贞不贰的形象。她十六岁成为妇女队长,二十岁入党,在50年代以当时在农村颇为离经叛道的自由恋爱方式结婚,即便是这位性格泼辣的妇女先锋,仍然十分在意自己在乡土社会当中是不是一位"贤妻良母"。

---

[1][美]贺萧:《记忆的性别——农村妇女与中国集体化历史》,张赟译,人民出版社,2017年版,第175页。
[2]殷晓章:《两个"李双双"的46年姐妹情》,载《劳动保障世界》2007年第12期。

▶ 张瑞芳和刘凤仙

把《李双双》放置在这样的历史语境中来看,"先结婚后恋爱"的模式和李双双既泼辣又贤惠的形象就多了一层与现实相互参照的关系。[1] 据说很多农民看过影片后非常喜欢"我们这是先结婚后恋爱"这句话,当时有评论指出:"在旧社会里……很多人名为夫妻,实际上却是冤家对头。只有到了我们这个幸福的时代,青年才取得了婚姻自主的权利,才有了真正爱情的生活。而且连那些一向龃龉反目、不可终日的'老夫老妻',也因为有了共同的理想,共同的语言,而开始了'恋爱'的生活……'先结婚后恋爱'这一句话,是喜旺对生活的深切体会,也

---

[1] "双双很多时候的行为举止都伴随着家务劳动,从来没有宣称'我不干了',最激烈的反抗也不过是'我让你吃不成'。"参见饶曙光:《〈李双双〉与民间文化及其喜剧精神》,载《当代电影》2005 年第 5 期。也有研究者指出,李双双的名字与形象来自李准的妻子董冰(原名董双),与李双双成为农村新女性不同,董冰一生都是支持李准创作的贤妻良母,在家抚育孩子,没有参与社会生产。参见董冰:《老家旧事——李準夫人自述》,学林出版社,2005 年版;陈欣瑶:《重读"李双双"——历史语境中的"农村新女性"及其主体叙述》,载《中国现代文学研究丛刊》2014 年第 1 期。

是今天很多农民对夫妻关系的总结。"[1]评论注意到"先结婚后恋爱"的现实基础。在新社会，恋爱仿佛是未婚青年的特权，银幕上活跃的是年轻人谈情说爱的身影。对于缺乏精神沟通又限于种种现实原因无法分开的农村夫妇而言，他们的精神世界既不被乡村传统和主流恋爱观念所理解，也不被城市中产色彩的女性主义思想所观照。李准从现实中一位女炊事员和丈夫的事迹当中发现了新型的夫妻关系，创造出了"先结婚后恋爱"的故事。这给"老夫老妻"被遗忘的精神世界照进了一丝亮光，亦不失为一条理想化的婚姻拯救与"转变"路径。

《小传》的第二章交代了双双的成长史，她十七岁嫁给喜旺，没少挨打。土改时政府贯彻了婚姻法，双双有了孩子，身体强壮了，喜旺也怕离婚，才不敢再打老婆。"合作化"以后，实行男女同工同酬，双双开始参与社会劳动，但由于孩子多而掣肘，后在"大跃进"中一跃而出。按照故事发生时（1958年）双双有二十六七岁来推算，她是在1949年前后嫁给喜旺的，婚后十年时间，正是农村妇女地位不断提高的时期。电影折叠了这段成长史，从正在变化中的夫妻关系开始讲起。

电影片头是几幅水墨画，淡入为一片太行山区的田野风景，伴随着欢快的笛子声，双双带着四五个妇女荷锄出场，紧跟着是喜旺等一群散工归来的男人。这个出场顺序预示着这是一个妇唱夫随的故事。双双走到小桥下洗毛巾，喜旺在桥上过，顺手把脏衣服扔下，双双含嗔带笑地看了一眼喜旺，接过衣服洗濯。这个颇有生活气息的细节暗示着双方此时在家务事分担上隐蔽的不平等。但一抛一接的默契、一嗔一笑的注视，表明二人的感情并非不恩爱。及至为修渠而争吵，喜旺脱鞋要打双双，双双顺手推喜旺，喜旺摔倒在地，双双手扶门框破涕为笑，二人的位置发生了互换。此时的喜旺外强中干，总是在与老婆的争执中认尿，

---

[1] 许南明：《谈〈李双双〉剧作的语言》，中国电影出版社编：《李双双——从小说到电影》，中国电影出版社，1979年版，第341—351页。

更不时加以宠溺的眼光,哪里还有一丁点小说中打老婆男人的影子?电影结尾,双双与喜旺并肩而行,喜旺真诚地望着双双:"双双,说真的,你是越变越好看了。"双双深情回应:"你不也在变嘛?!"喜旺拿过双双手中的布包,向前走去。接包动作的自然而然,说明喜旺已经完全抛却大男子主义思想,以为双双"服务"而感到"美气",与开头吹嘘自己"驯妻"有术相比,喜旺得意于向二春展示自己和妻子新式的恋爱关系。二人并肩出现在画面中,喻示着一种平等的夫妻关系正在形成。

"先结婚后恋爱"是情感、伦理、风俗与政治几重因素之间彼此妥协的结果,但并不意味着这个过程肤浅粗糙。所谓恋爱,不仅造成了二人在地位上的变化,还包含着触动心灵的主体成长,这首先表现为两个人都经历了一番重新认识对方的过程。虽然喜旺一开始就十分喜爱双双,但他并不了解妻子。双双写"大字报"要求妇女参加劳动,喜旺则以为双双在意的是妇女劳动可以为小家多赚工分。双双尽管在电影开头深情凝望喜旺,却也并不真的了解丈夫,她不免带着一厢情愿的期许,常常把喜旺想的和自己一样"大公无私",责怪他"我当队长,多想让你帮助我,可你呢?"这显示着二人十年来恩爱的关系,更多地基于自然本性,表面的和谐遮蔽了许多真实的面向,包含着许多"误读"。这是"恋爱"的第一个阶段。不过,如果没有新形势对于农民的要求,喜旺的有私心、讲情面也不会成为二人感情生活的障碍。在人民公社时期,历史对农民主体提出了新的要求,需要喜旺成长为和双双一样大公无私的主体。这样就把两个人思想上的不对等、不匹配给暴露出来。经历了几个回合的"斗争",双双认清喜旺"你还是一盆糨糊",而喜旺也看到了双双早晚会把人得罪光的"真相"。可以说,在第二个阶段,两个人把对方在自己心里"最糟糕"的一面看得极为透彻,于是便有喜旺出走。双双对喜旺的离开感到痛苦,在老支书的鼓励下,带着妇女们种庄稼,自强自立。喜旺等人赶大车回来,正看到双双打头的妇女挑着谷子在小路上走过。这个妇女集体劳动的场景中,双双的主体形象被赋予了前所未有的光彩,妇女们高唱"小扁担三尺三"的山歌,气宇轩昂地从镜头前依次走过,喜旺、金樵和孙有在路边看着,露出惊讶—激动—感慨—愧疚的表情。在三人旁观的镜头中,喜旺等人位于画面右下方,落魄的形貌与妇女们昂首的姿态形成鲜明对比。这个时刻成为喜旺"觉悟"的瞬间,妇女们的独立、能干令喜旺跳出惯性状态重新审视自己,但他此时仍抹不开面子回家,直到老耿伯劝说后喜旺才彻底服软。这是恋爱的最后一个阶段:转变与回归。促使喜旺转变的机制,一是内疚与羞愧的心理,二是家庭的吸引力。如研究者所指出的,内疚和羞愧都属于更古老的道德习俗,二者共同构成了社会主义新人的道德谱系,在中间状态人物到新人的转变逻辑中,起到了关键的作用。[1]而我们也不应忽视家庭伦理在喜旺的转变中所扮演的角色,在20世纪60年代,批评家就注意到喜旺的鞋子。无论双双多忙,喜旺总能穿新鞋。他离家出走再回到家中,镜头特意给了他破烂的鞋子一个特写,场景转换,双双一边聊天,一边递给喜旺一双刚做好的新鞋。这意味着,失去了贤惠的妻子,喜旺没法体面地在村子里生活。家庭伦理在喜旺的转变中起到的作用,凸显出"先结婚后恋爱"与"先恋爱后结婚"不一样的地方。比起双双和喜旺,二春和桂英的恋爱推进与主体成长,缺少了这一中介环节,从而显得青涩、生硬,双双和喜旺也凭借婚后的丰富经验,成为撮合这对未婚男女的好帮手。

从这个意义上看,社会主义革命对私人关系的介入与重构,使双双获得了和丈夫平等的主体地位,恋爱则促生了喜旺从旧到新、从自私到无私的转变。也因为恋爱的发生,家庭不但在伦理上,而且在精神和情感上,成为农民幸福合理的生活的一部分。电影最后,在喜旺的眼里,

---

[1] 何翔:《再读〈创业史〉:"史诗-小说"的文体难题和社会主义新人的道德谱系》,陕西师范大学文学院编:《长安学术》第9辑,高等教育出版社,2016年版,第16—30页。

双双变得更聪明、能干、漂亮了，这意味着，银幕新人不但在集体劳动中，也在个人情感生活中获得了健康、爽利、美丽的女性身体形象。

不过，再次回看双双和喜旺的恋爱过程，可能会产生一丝疑惑：如果没有社会主义政治对农民新的要求，喜旺和双双是不是就不会产生龃龉？毕竟，他们在电影开头，就已经是恩爱夫妻，而两人的斗争，也主要围绕双双要走出家门、做大公无私的新人需要而展开，二人的个体情感里其实并不存在真实的矛盾。这恐怕与影片中个体情感的表现过于"配合"政治需求是分不开的。与之相似，双双对集体的认同，也太过内发、"自然"。正如我们在本文第一部分中分析的那样，双双和集体、国家的关系缝合得极为顺滑，一出场就拥有了与后者高度一致的视野，而看不到个体在这个过程中的反复与挣扎，致使新人的主体性显得不够丰富。而喜旺在"恋爱"过程里由旧到新的转化，也太过突出外部政治对主体的要求，而相对忽视情感本身的转折轨迹。政治与情感没有充分的结合渗透，一方面，使得作品里情感变化不够真实丰富；另一方面，也带来似乎可以撤掉政治而情感依然完满的危险。到了20世纪80年代之后的影视作品中，情感与政治、个体与集体的影像表达发生了新的颠倒，影片往往过于张扬个体情感的真实，而把宏大政治视作外部强加的后果。这一点，在"十七年"时期社会主义新人的生成机制中，恐怕就能找到些许肇因。

四、余论

1963年，李准在谈到"农村新人"这个话题时，把喜旺和双双都归入"农村新人物"的行列当中。[1] 李准对喜旺的"身份"并没有太多

---

[1]汪岁寒：《来自公社的反映》，中国电影出版社编：《李双双——从小说到电影》，中国电影出版社，1979年版，第199页。

理论上的展开，尽管喜旺在很多场合被评论家列入"中间状态人物"来讨论，但他和梁三老汉之间有着显著的差别。至少在电影上映后大获成功的一段时间内，李准是把喜旺纳入"新人物"之中的。李准所理解的农村新人物，应当比"新人"更为宽泛，既包括李双双这样代表未来方向的人，也包括喜旺这样代表了普通民众现状的人。

李准对"新人物"更宽泛的表述，和1961—1964年"新侨会议"召开之后相对宽松的电影创作环境有关，也正是这个时期成就了这部生活气息浓郁的"性格轻喜剧"。但影片撑开的这个多层次的"新人物"空间很快变得狭窄，到1966年的一场农民讨论会中，喜旺和双双被当作对立的双方，变成了"资产阶级个人主义的人生观"和"无产阶级人生观"的差别。李准原本最为得意的性格差异，也被观众上升为阶级立场问题。[1]

有意思的是，到了2005年，在另外一种历史语境之下，曾经被奉为经典的张瑞芳的李双双表演，也受到了演员自己的些许质疑。在张瑞芳的回忆录中，她自述当年由于导演鲁韧担心"丑化农民"，致使自己的表演没有放开手脚，并披露了李准在1962年12月写给自己的一封信。信中，李准也不无遗憾地认为"李双双这个人物，应当处理得比现在更疯点、傻点、毛手毛脚点才好"[2]。

其实，这个矛盾在选角时就已经显露。关于李双双人选，有人推荐张瑞芳，李准担心她泼辣不够，而鲁韧则又担心她太泼辣，一不小心会丑化劳动人民。鲁韧的想法来自他对政治红线的谨慎，另外，把这一年四十四岁的张瑞芳和鲁韧此前执导的几部影片《猛河的黎明》《洞

---

[1]《河北农民报》综合组：《一个受农民欢迎的讨论会——是当"李双双式"的干部，还是当"孙喜旺式"的干部讨论总结》，载《新闻业务》1966年第2期。
[2] 张瑞芳口述，金以枫执笔：《岁月有情——张瑞芳回忆录》，中央文献出版社，2005年版，第334页。

箫横吹》《今天我休息》的女主角相比,的确显得不够漂亮、秀美。所以,对女演员不能太泼辣、要秀美的要求,对鲁韧而言既是政治的,也是审美的。今天再来讨论双双是否应该"更疯点、傻点",本身意义不大。不过,从鲁韧和李准的分歧,鲁韧自己在影像表达上的斟酌,以及《李双双》在专家和观众眼中的不同评价当中,隐约能够看到上海(国统区)与延安(解放区)两种电影传统的对话与冲突。两种传统于全国第一次文代会上会师,分别代表了中国电影的两个流派,概而言之,前者侧重大众的口味与商业的诉求,后者则看重革命的因素。[1]李准属于新中国成立之后被培养起来的一代作家,严格说来他和两种电影传统都没有亲缘关系,是在20世纪50年代才开始学习电影文学创作的。李准所代表的文艺观念是全新的,在他身上既能看到配合政策写作的时势需要,也有对农民生活的深入观察,从内在脉络上来看接续的是延安文艺传统。而他呈现为文字的电影构想,则需要由鲁韧来赋予"肉身"。反观鲁韧,尽管他从1949年之后才独立执导电影,但回顾他在新中国成立前的影戏生涯:1926年进入南开中学组织话剧演出,1933年肄业于中国大学英文系,先后参加左翼戏剧家联盟、新球剧社,组织三三剧团、矛盾剧社,1946年加入苦干剧团、观众演出公司,演出《清宫外史》《天国春秋》等话剧,1948年任职昆仑、中电、文华电影公司,参演电影《夜店》《万家灯火》《希望在人间》,担任《喜迎春》(应云卫导演)副导演,这些都标明了他的海派源流。譬如,喜旺的笛子在电影中是一个不可缺少的道具,发展出许多有趣的细节,这些细节既来自仲星火所熟知的乡土民间,也标志了鲁韧的审美趣味。此外,喜剧节奏的调控,自然风光的描绘,对剧本阶级话语和说教色彩的进一步淡化等等,

---

[1] 毛尖:《性别政治和社会主义美学的危机——从〈女篮五号〉的房间说起》,载《中国现代文学研究丛刊》2010年第3期。文中,毛尖将谢晋十七年电影的语法概括为"粗中妩媚",可以与鲁韧的选角标准相参照。

也都出自鲁韧。最初影片送审时，夏衍、陈荒煤等人并不看好，从专家提出的双双不学毛选、不符合"三突出"等意见，可以看出《李双双》当时是不够"革命"，不符合电影主流的。但在公映后的成功，说明影片赢得了大众。另一方面，作为一个具备政治敏锐性的导演，鲁韧也深谙延安传统的重要[1]，因此才会在张瑞芳的表演分寸上特别谨慎。当80年代以后，以陈奂生为代表的农民形象出现在银幕上，影片对其土气、小气的调侃成为新的时代风气，发展到90年代，以赵本山为代表的农民形象活跃于舞台，回头重看鲁韧当初对"不能丑化农民"的看重，似乎不再仅仅是小心谨慎那么简单。而当今天"只剩下漂亮"的女演员占据了大小荧屏，那个不够漂亮的李双双，就显得弥足珍贵起来。

20世纪五六十年代的农业社会主义改造不仅要建立起一套消灭私有制的生产制度和政治制度，还要询唤出一种大公无私的社会主义新人主体形态。李准、鲁韧、张瑞芳等人共同打造出的银幕新人，来自李准深入生活时所采集到的现实新人样本，形成于作家生活感受与理论的反复结合，完成在导演、演员、观众和评论家等人的再理解与再诠释之中。今天，妇女看似赢得了前所未有的自由，却在工作、生育和家务的三重压力下，面临着被迫再次回家的处境。而家庭生活在抽去了宏大理想的指引之后，获得世俗幸福似乎变成了对普通人而言更加艰难的事情。在这样的现实语境参照之下，我们再次回望社会主义时期李双双这个最有代表性的银幕妇女形象，或许对今天仍有值得重新思考的意义。

---

[1]从鲁韧拍摄电影《洞箫横吹》期间与编剧海默的争论上，能看出鲁韧对农村现实与政治的影像表达都有着极为敏锐的把控，坚持既要揭示矛盾，又要把握分寸。参见朱安平：《〈洞箫横吹〉多坎坷》，载《大众电影》2012年第12期。

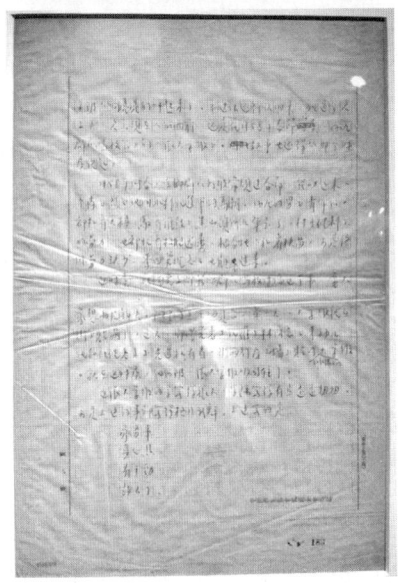

《李双双小传》李准写作手稿，中国现代文学馆藏。

从"跃出"到"回置"的新人
——小说《李双双小传》与电影剧本的版本变迁与思想变迁

◎梁帆

十七年文学中,李准的创作颇具特别性。在20世纪五六十年代,他的作品以"及时反映现实"见长,短篇小说是李准用以迅速配合政策最常采用的文学体裁。除此之外,李准还深度介入对其小说的各类改编,因此,他的不少作品并不单纯以文学形式发挥作用,而是被改编成电影、戏曲而广为人知。《李双双小传》即典型体现了李准的这一创作特点。李双双最初虽作为文学形象诞生,但使其家喻户晓的,是其后改编的电影、戏曲、连环画,这些不同形态的文本共同构成了一条"作品链",尤以电影影响最大。电影剧本《李双双》由李准亲自改编,彼时李准面对的,是相较于小说构思时已骤然变化的历史形势,因而电影剧本的创作又反过来激发了他对小说的进一步修改。

从小说开始构思的1958年,到电影上映的1962年,既是《李双双小传》文本反复修改与改编的四年,也是政治形势和农业政策快速变动、调整的四年。小说自1958年开始酝酿,直到1960年年初发表,期间历经"大跃进"的高潮、短暂的纠"左"阶段以及经由庐山会议的逆转而产生的进一步恶化，这一阶段被认为是人民公社制度的激进试验期。而李准对小说的修改与电影改编则集中于 1960 年下半年至 1962 年进行。这三年间，人民公社制度的负面后果与不合理性不断显露，经由一系列政策调整，农村的经济生产体制基本恢复到高级合作社时代。

形势的迅速变化要求李准做出及时的回应和改动。然而，李准并非只是消极地跟随政策修补文本。更具挑战意味的是，如何在新的条件下重塑新人，使新人既包含对现实的认识、结构能力，又更骨肉丰满？在那些李准反复修改仍不满意之处，恰恰是他觉得难以展开的地方，其现实对应是什么？经过几轮的修改，他逐渐克服了这些难题，如原小说中存在哪些消极因素，要着重对哪些因素进行了打开、提升，如何完成最终的作品呈现？

本文从《李双双小传》的修改与改编过程切入，通过对照小说手稿[1]、小说初刊本（1960）[2]、小说初版本（1961）[3]、小说通行本（1977）[4]、剧本初刊本（1961）[5]与剧本通行本（1962）[6]，整理、考察《李双双小传》修改与改编的具体内容与历史意涵，进而为理解李准创作在十七年文学中的特殊样态提供参照。

一、从小说到电影的主题改换

《李双双小传》最初发表在《人民文学》1960 年第 3 期，小说发表后不久就被上海电影制片厂选中，上影建议李准"按电影艺术形式的表

---

[1] 中国现代文学馆藏《李双双小传》手稿。
[2] 李准：《李双双小传》，载《人民文学》1960 年第 3 期。
[3] 李准：《李双双小传》，李准：《李双双小传》，作家出版社，1961 年版。
[4] 李准：《李双双小传》，李准：《李双双小传》，人民文学出版社，1977 年版。
[5] 李准：电影剧本《喜旺嫂子》，载《奔流》1961 年第 7—9 期。
[6] 李准：电影剧本《李双双》，载《电影文学》1962 年第 12 期。

现手法重新构思电影剧本"。为使故事更适于电影表达，李准保留了李双双和喜旺两人的基本性格特点，并在此基础上加强了双方的矛盾冲突。[1]值得注意的是，李准在创作电影剧本的同时，也对小说进行了幅度不小的修改。1961年3月出版的小说集[2]所收入的《李双双小传》，即是李准在这一时期修改后的小说版本。

由此看来，小说《李双双小传》与电影剧本《李双双》之间，并不是单向的改编与被改编关系，而是存在着相互激发的一面。一方面，小说对李双双和喜旺两个人物的成功塑造构成了剧本的基础；另一方面，李准在剧本中所做的新探索，又影响了他对小说的修改方向。可以说，李准对小说的修改与对小说的电影改编，两者在现实认识和情节构思上分享着很多共通的意识，对这些共通之处进行整理，有助于加深对小说与剧本的内在理解。

李准如此描述他写作《李双双小传》的情感触发：

> 《李双双小传》是写农村劳动妇女，在人民公社的新制度下，她们的新面貌、新品质……一九五八年在我们国家里诞生了人民公社，随之而来的，有几亿劳动妇女走出了家庭，参加了社会劳动和工作……前些年见人说话还脸红的那些妇女们，今天她们变成了叱咤风云、向地球开战的劳动者；变成了为革命、为集体利益而不断斗争不断前进的工作者。[3]

---

[1]刘福年：《电影〈李双双〉问世的前前后后》，载《春秋》2013年第1期。
[2]小说集《李双双小传》还收录了《人比山更高》《两代人》《耕云记》《春笋》四篇小说，李准曾在后记中说明这几部小说在自己创作中的重要位置："这四篇小说，是我在一九五九年下半年和一九六〇年上半年写的，内容都是反映农村人民公社的新人物"。其中，"反映农村人民公社"表示他对重大题材的即时把握，而"写新人物"则更是被李准视为自己突破"写事件""写转变人物"创作瓶颈的标志。参见李准：《李双双小传》，作家出版社，1961年版，第167页。
[3]李准：《李双双小传》，作家出版社，1961年版，第168页。

小说试图传达的是李双双这类普通农村妇女，如何有机会走出家庭，在参与公共管理的过程中被激发出诸如"泼辣大胆、敢说敢做、大公无私"的品质。这些品质使她们不断突破性别、家庭角色、既有观念曾给予自己的规定性，围绕她们形成了一个更具公道感的集体空间，也令她们接连获得政治上的认可。

在1962年的创作谈里，李准对电影的主题进行了重新界定和叙述，此时，他的情感基调、认识角度都发生了变化：

> 我进一步研究这个作品的主题，研究双双和喜旺这两种性格冲突的本质，我发现了使我自己吃惊的东西，这个主题还蕴蓄着更加重大的东西，那就是这一对普通农民夫妻中的关系变化，反映了我们这个社会的变化。他们两个中间的斗争，反映了两种思想、两条道路的斗争，而且又是这么深刻。在集体经济制度下，集体主义的新品质新思想，在普通人身上成长起来的时候，它又是那么大吵大闹地占领了道德和思想的阵地。[1]

1961年夏，正当电影准备投拍之际，农村公共食堂解散，政策的变化使李准不得不在短时间内将剧本中办食堂的情节全部改为评工记分。在今天看来，小说讲述办食堂，而电影却围绕评工记分展开，这构成了小说与电影最直观的差异。可事实上，电影剧本更关键也更内在的变化或许在于——相较于小说聚焦于李双双的成长，电影却重新打量起了那些在不断激进的历史条件下被视为"落后"的普通农民。这种变化同样体现在小说里：1961年版和1977年版中的修改内容，大部分内容

---

[1] 李准：《向新人物精神世界学习探索——〈李双双〉创作上的一些感想》，载《人民日报》1962年12月16日。

都与喜旺有直接关系。[1]修改后，喜旺的"转变"显然更过程化、清晰化，双双与喜旺两人的成长也更具相关性。

从上述引文可以看到，电影试图以"两种思想的斗争"结构双双与喜旺的戏剧冲突，以"集体思想的成长"把握喜旺的"转变"过程，而小说刊本却并未明确在"公私观"的思想框架下认识两人的差别。这一思路上的调整使得喜旺的性格特征、道德观念（如顾情理、爱面子、大男子主义）被视为代表"私"的旧意识，在后两版小说和电影中得到了更显在、清晰的表达。与此相关的是，电影增添、改写的几个"负面"人物，主要指向的也是带有"私心"的普通农民。对比小说刊本与电影中的几个负面角色便不难看到，前者以阶级性为准绳赋予人物负面性——典型如孙有这一形象，他不甘心被卷入合作社，私藏水车盼望恢复单干，带有明显的"复辟"的色彩；相形之下，电影里的负面人物大凤、孙有婆，其实更接近一般群众的普通形态。换句话说，他们被指认为"落后"更多是由于他们携带着群众中容易滋生的新病，这种新病尤其指向人民公社体制基本确定的前提下集体容易产生的新问题。因此，从作品呈现上看，相较于小说里的孙有被直接排斥在食堂工作之外，他们的"落后"不仅是普遍的，更是可理解、可转化的。

问题在于，在什么样的历史条件下，公私观能重又成为这一故事的思想凭借？那些有"私心"的普通农民为什么特别被李准看中？为什么李准认为塑造他们对打造李双双的形象别有意义？

---

[1]除此之外，1961年版小说的主要改动，还有一部分属于形势变化后作者对一些不合时宜的场面、表述所进行的修改，以配合对"大跃进"的反思、批判氛围，重要如：将"办公共食堂"改为"试办公共食堂"；删去刮"共产风"、侵占群众私有财产的描写：如食堂地址原来是"找在孙有家"，改为"借在孙有家"；删去带有"浮夸风"色彩的场面描写：如对万头猪场、特大丰收的刻画；删去突击夜战这类出火群众运动的描写；删去群众与孙有进行两条道路"大辩论"的情节；将"富裕中农"和"坏蛋们"的表述改为"有落后思想的人"；弱化富有革命浪漫主义色彩的技术革新。

尽管公私观一向是《李双双》的评论焦点，但如果脱离具体历史语境地谈集体化时期的公私命题，进而将电影视作李准重新回归"两条道路斗争"主题的撤退，则可能忽略了《李双双》更为紧要的创作诉求。事实上，单纯在观念范畴讨论公私问题难以贴近地体会电影改编的具体历史指向，而有必要考察20世纪60年代初期公与私所指向的实际问题的变化。

针对1958年以来集体化生产中的平均主义弊病，1961年5月中央工作会议通过的《农业十六条》修正草案规定废除供给制，全面恢复劳动定额和评工记分制度。在此基础上，配合队社规模的缩小与基本核算单位的回落等措施，公私边界得到了重新划分。通过一系列探索，农民的劳动与其所得建立了更紧密可感的关系，他们的劳动积极性也被有效地调动起来。不过还需要看到的是，单凭评工记分以及既有的监督手段，难以遏制"只顾工分、不顾效果"的行为，如果管理制度不健全，还会滋生干部特权、强迫命令、队员之间的平均主义等问题。[1]当时就有干部反映：

> 现在如果以队集体生产，还是采取评工记分的老办法，可以说，除了有历史习惯的齐心协力的少数小队外，普遍现象是做工只顾数量，不能保证质量。只顾工分，不顾效果。尽管你点子再多，绞尽脑子，什么包工定额，检查验收，互相监督等等。在无数小生产残余的反抗和与这些残余相联系的巨大的习惯势力和保守势力面前都是无能为力的。[2]

---

[1] 罗平汉：《农村人民公社史》，人民出版社，2016年版，第337页。
[2] 钱让能：《关于保荐责任田办法的报告》（1962年8月2日），中华人民共和国国家农业委员会办公厅编：《农业集体化重要文件汇编（1958—1981）下》，中共中央党校出版社，1981年版，第604页。

这段论述，凸显的是农民的意识和习惯会牵制评工记分历史效能的实现。因此，在论述者看来，不仅要认识到农民仍然存在私心，更要在承认这种私心的基础上进行制度上的调整，才能进一步激发他们的劳动积极性。但之后的规范性看法却认为，如果过于照顾小生产者意识来设计制度，反而会造成对私心的助长甚至迎合，所以，它更强调现有的集体组织形式和思想教育之于私心改造的重要意义，通过培养、调动公心来促进生产。

将工分制度所带来的新问题归因于农民的固有私心，体现了特定历史时期的理解方式。可事实上，在这一历史阶段，农民表现出来的"私心"，其来由除了上述所理解的小生产者意识外，也与前一时期制度的不合理有关。"大跃进"时期的大刮"五风"窄化了农民的生存空间，这使得"怠工、偷拿、压产、限产"等农民用来消极对抗制度的"化公为私"的"反行为"得以形成。1958年以后的很长时间里，诸种"反行为"并没有伴随制度的调整而消失，它们"原来还带有一定的偶发性和急迫性，现在则已变成了农民的'常规行为'和它们的'日常生活'"[1]。电影《李双双》中的孙有婆，常常装病逃避劳动、偷窃集体财物，正体现了这一点。而金樵、孙有的长于耍手段贪污工分，大凤的无法保证干活质量，则是1960年逐渐全面恢复按劳分配和工分制的新形势下发展出来的面向。这些"反行为"在困难时期曾是很多农民为求生存采取的无奈手段，但它们一旦"常态化"，反过来会无形中侵害那些老实、肯干、能干，且不肯违反原则的社员的权益。因为此时公社集体的生产、分配体制已恢复到相对合理、正常的轨道上，所以这些原先可以被认为出于不得已而被默认的"不正之风"此时则凸显出其对集体的

---

[1]高王凌：《中国农民反行为研究（1950—1980）》，香港中文大学出版社，2013年版，第245页。

伤害。[1]

尽管这些"反行为"在规范性认识和道德观念中仍然是不被承认的，可在实际上，它们已经被社员当作共识接受，因此，针对它们的说服工作，就无法单纯依赖以"为公"为诉求的集体教育或道德说服进行。正是在这个意义上，李准在《李双双》中探索了不同于政治设定的对私心的认识方式和转化资源。按李准原初的构想，只有李双双是其重点形塑的新人，可在1962年的创作谈中，他明确将喜旺也纳入新人序列[2]，这意味着，以文学方式探索喜旺这类农民的转变过程，同样具备介入当下现实的意义。

与此相对应，电影中的李双双，显然不完全被放在小说里"家庭妇女解放"的意义框架里进行表现；对她的性格设计，也超出了泼辣大胆、敢说敢做而有了新的因素。关于李双双"成长"的形式与契机，电影做了较大的变动。小说里的李双双，从一个家庭妇女成长为党员、模范，有一条清晰可见的线索：第一次成长是随着婚姻法颁布、上识字班、见世面，她不再是一个挨丈夫打的"黄毛丫头"；第二次成长源于老支书"政治挂帅"的教育，由此她认识到要"听党的话，热爱党，保护党提出来办的一切事情"，从而更义无反顾地投入食堂的维护中，积极响应"大搞卫生""技术革新""饭菜多样化"等号召。

这样的处理方式，是通过政治进步铺设新人的成长合法性。其成长的每一阶段，都清晰对应着政治意识和政治身份的获得。从李准的手稿来看，这一倾向甚至更明显，比如，手稿还有一段直接描述李双双入党的文字：

---

[1] 程凯：《"再使风俗淳"——从李双双们出发的"集体化"再认识》，载《文艺理论与批评》2020年第5期。

[2] "李双双和喜旺是我在探索新人物过程中塑造出来的两个人物（就允许我把喜旺也列入农村新人物，我是这样看待他的），也是我最喜爱的两个人物。"参见李准：《我喜爱农村新人——关于写〈李双双〉的几点感受》，载《电影艺术》1962年第6期。

散会后，老支书把双双叫到办公室里说："双双，咱们为什么要和孙有辩论？"双双说："就因为他要走老路，老路是个少吃没穿痛苦路。大伙要走社会主义幸福路，因此就得和他辩论这个路。"老支书说："说得对。（可是要走社会主义路，必须跟着共产党。）"接着他向双双谈了一阵（党员的标准），最后给了她一张表说："（前些时候你不要求入党吗？支部已经研究了。你只要好好工作，能为党为群众斗争就能入党。现在）你把这张表拿回去填上吧。填好以后交给你进大娘，晚几天支部讨论。"

双双接住表以后，走出了办公室，也不知道是刚参加辩论会后的兴奋，还是刚才老支书和她谈话使她激动。她只觉得脸上热烘烘的，身上软飘飘的，连天上的满天星斗，都像对着她笑。她头一次感到，一个人活在世上是这么有意思，这么重要。

（小说手稿，括号内文字为李准在手稿中画线删去的内容）

这段文字原位于群众与孙有"大辩论"的情节后，李准在正式发表时删去了。在李准原初的设计中，入党的环节在李双双的生命里占据重要位置。李准通过这段描写试图表现的，是双双从被教育、被培养的角色，转化成为有政治自觉的新人。其中，他特别给以凸显的是政治意识如何内化成为李双双的生命感觉。但这个过程不仅人为拔高的痕迹过于明显，并且潜在地夸大了与孙有的斗争在她政治意识建立中的关键性。正式发表时，李准只保留了入党的结果，对该过程却始终没找到恰当且令人信服的方式处理。

相较而言，电影一方面对李双双成长中的政治意识进行了弱化处理，另一方面突出了李双双与"落后"群众的互动过程。具体来说，李双双通过对这类群众的或隐或显、或原则或熨帖的思想说服、情感连带、人格感染、人心交换，不仅使集体中的"私心"得到了潜在的转换，而且也实现了自身的成长。这种成长不完全是政治性的，而是磨砺去其"泼辣大胆、敢说敢做"的性格所包含的负面倾向——冲动、情绪化、说话做事过于直接，逐渐成长为稳重、爽朗、通人情达道理的新女性形态。这样一种思路上的调整提示读者，或许可以从李双双与喜旺、大凤、孙有婆等人的关系与互动过程出发，切入对文本的分析，以理解小说与剧本的文本构造及其历史指向。

二、小说修改：喜旺"转变"逻辑的改写

《李双双小传》第四节至第六节的内容主要围绕喜旺展开，并着重描写了喜旺的情感在不同情境下被调动、转化的过程。李准借助这一过程，试图呈现出公共食堂作为新事物，如何挑战了农村既有的社会关系状态和交往原则，同时，李准又如何在此意义上区别于其他农民，成为"跃出来"的家庭妇女。可见，在手稿与刊本中，李准更专注于双双的"变"，而喜旺的"转变"过程还未构成其主要关切。

从"选炊事员"这一场开始，小说才开始正面展开喜旺的线索。习惯旁观的喜旺，本来只是"蹲在一边抽着烟来看热闹"，使他意外的是，大家看中他"干过馆子"有技术，纷纷举荐他做炊事员。这段本不十分光彩的经历重新被看见、承认，无疑构成了对喜旺光荣感的直接激发。这一过程，还伴随着双双对"穿着雪白的工作衣"，在工作中变得"会说了，会笑了，猛的年轻了十几岁一样"的喜旺的观望、欣喜。双双和大家的及时回应，又增强了喜旺对何为"为大家工作"的身心体验。

不过，一向将做饭视作"屋里人"本职的喜旺，对进食堂做饭难免心怀芥蒂。李准曾写过一段老支书安抚喜旺的情节，在正式发表时删去了：

做到了相对公平和平均，也仍会招致非议。但按照双双的逻辑，如若喜旺能做到"一清二白"，带给社员切身的公道感和信赖感，有些"二话"也就不那么容易击中他，这是双双对集体工作的朴素认知："我就不信，你只要公公道道，他们说也不行。"公共食堂在并不现实的历史条件下推行供给制，这使它不仅没有充分发挥政策制定者所设想的效用，反而滋生了特权和强制，前者表现为干部多吃多占，后者表现为通过管控口粮控制农民。对普通社员来说，则是生活自主性被大大挤压。相比喜旺，双双的单纯、直接、顾虑少、有拗劲儿，反而能使食堂在不修改制度的前提下，尽可能运转得合理。所谓合理并非表现在管理员在打饭上的平均（因为完全等同既无可能，也不必要，并且，还需要照顾到不同年龄、劳动力、健康状况的社员在需求上的差异，若一味追求绝对平均，纠纷会只增不减），而是经由社员们对管理员这个人的放心，使食堂逐渐转换、聚集成为一个保持公道感觉的空间。而公道感对集体生产的维护以及社员对集体的观感恰恰具有决定性意义，"农民追求的并不是某种'平均'（这种对农村问题的解释大约还是外人的一种'误解'），而毋宁说是一种'公平'、一种'道义'"[1]。

李准特别强调李双双来到食堂带给社员的踏实和放心：

> 孙有因为受了批评，心里不愿意。打饭时候，在一边故意拍着胸膛口说："哎！当炊事员可都得把心放到这里！"双双说："我不用放，就在这里长着！谁想来占便宜，不行！"双双回答得利落干脆。社员们都高兴地说："这一回行了，食堂里有公道人了。"[2]

---

[1] 高王凌：《中国农民反行为研究（1950—1980）》，香港中文大学出版社，2013年版，第301页。
[2] 李准：《李双双小传》，载《人民文学》1960年第3期。

这里的"公道"是刊本写法，1977年版本改成了"大公无私"。与这一修改相对应的是，刊本中，大家看重的是李婶"人干净"才推荐她当炊事员，1977年版本将推选的原因从"人干净"改为"人公平"。"大公无私"这个用词来自李准后来的追述，用来描述李双双的核心特质未必十分贴切。但这两处修改却体现出李准越发确认公道、公平的质素对于建立信赖感的重要性。他在1962年的创作谈中谈及社员对李双双原型的肯定，所循的也是这个方向："到了村里，我们和一些老年农民攀谈，才发现她在村子里有很高的威信。特别是在大公无私这方面，连在食堂吃饭的小学生们都称赞她。"[1]

在此之前，李准已经访问过多个模范炊事员，他在多篇文章中流露出对这些采访材料的不满意。他形容，这些事迹"好像在一般的通讯报道中见过"，因而只能从一个"模范炊事员"的角度写起，停留在"一连串的先进事件罗列上"[2]——这个人本身却难以留给他很深的印象。相对比下，李准对李双双原型的印象深刻，就包含着他的现实观察：彼时，食堂的弊端已充分显露，而发挥了实际作用、得到了老人和小孩信赖的，不是那些被安排的"模范"，反而是这个带着傻气、单纯简单、并无太多先进事迹的"李双双"。

李准后来对小说的大幅修改，集中于喜旺对炊事员工作感到懊恼之后的情节，并特别聚焦在喜旺的被举报、参与粮食调剂、主动进行技术革新这三个"转变"环节。以下分别列出几个版本中三个环节的差异，并给以比对与分析。

---

[1] 李准：《我喜爱农村新人——关于写〈李双双〉的几点感受》，载《电影艺术》1962年第6期。

[2] 李准：《向新人物精神世界学习探索——〈李双双〉创作上的一些感想》，载《人民日报》1962年12月16日；《我喜爱农村新人——关于写〈李双双〉的几点感受》，载《电影艺术》1962年第6期；《更深刻地熟悉生活——纪念毛主席〈在延安文艺座谈会上的讲话〉》，载《文艺报》1962年第5、6期。

喜旺转变的第一个环节是以公谋私被举报。

喜旺在双双的责问下，自觉羞愧，在手稿和刊本中，他还主动提出写"大字报"检讨：

> 双双把眼一瞪说："胡说，你怎么给富裕中农孙有捣的鬼，你说说！"喜旺看她揭了底，【耷拉着头不吭声了。】{马上愣住了。}双双接着就数落着他说："平常我和你怎么说，结果你还是弄个这！你没有想想，【咱是啥出身？】{咱们过去过的啥日子！}现在党领导咱们{'大跃进'}，办人民公社，还不是为了咱们赶快过好日子。咱们不光是要听党的话，听毛主席的话，还得热爱党，保护党提出来办的一切事情，谁破坏，就和他斗争！可你办这个事算什么？"接着她又把老支书说的话和人家揭发的那"大字报"事情对喜旺说了说，喜旺惭愧地耷拉着头不吭声了。临末了他说："小菊她妈，反正都怨我糊涂，【他娘的，旧社会剥削我，还给我弄个糊涂思想。】你说怎么办？是不是你再给我写一张'大字报'检讨检讨。"[1]

（【 】标出的是手稿写法，{ }为刊本修改后写法）

喜旺挪用食堂食材被揭发后，老支书没有把他的行为归结于个人品质，而是将此事件上升至阶级矛盾与"政治挂帅"的层面认识，并以此作为培养双双政治意识的机会。从引文中可以看到，双双并非原封不动地将老支书的话转述给喜旺，而是下意识地把所谓"政治挂帅"转化成了自己的理解——既然党是为了大家过好日子，那大家就不能对不起党。这是一种类似于"心换心"的理解方式，双双的"政治挂帅"很大

---

[1] 李准：《李双双小传》，载《人民文学》1960年第3期。

程度建立在这种体验之上。

刊本中的喜旺在这一环节就已经意识到了自己的错误。但细究起来，李准利用喜旺被举报的情节，较为完整地刻画了双双的"变"，喜旺的转变过程却不够清晰，而更多停留于态度上的变化——意识到自己受孙有的利用和蒙骗，于是主动写"大字报"检讨。在手稿中，李准强调阶级身份和阶级意识在喜旺认识里的关键作用，可在发表时删去了。删去后，引发其态度变化的，更多是喜旺出于羞愧害怕而急于证明自己的心情。但此时的李准也无意充分呈现新道德意识如何在喜旺身上建立。因此，在刊本后半部分，喜旺虽然拒绝了孙有分水车的利诱、主动参与了斗争（敢于当场指责金樵的"促退派"思想），但这些行为仅仅限于对特定、具体人（孙有与金樵）的提防，而并未在根本上动摇其长期积累的为人处事的经验，直到结尾，李准都保留了喜旺胆小怕事的性格色彩。

其后李准对小说的修改，则是要拉出另一条清晰的线索，以呈现喜旺在观念上的转变逻辑。比起双双一旦受到信赖、鼓励、培养就容易全身心投入一项具体事务，对于新事物，喜旺习惯从长期积累的生活经验出发，观察、感受而后行动，其转变也就不能建立在短时间内调动起的尊严感、工作热情、羞愧心之上。基于此，李准后来有意增添并突出了喜旺的性格所可能带出来的反应、行动，延长了喜旺的转变过程。比如，李准在1977年版中所做修改，几乎都是对电影剧本情节的挪用，尤其是借鉴了电影里那些对喜旺的性格表现非常有力的、并带有喜剧色彩的场景，如：喜旺揭下双双的"大字报"，被支书批评后复又粘上的动作；与双双吵架后反扣门锁的动作；拒绝孙有分水车的提议后，得意地使用"防疫针"的说法为自己辩白的情节。

与之相对应，在1961年版小说中，李准改写了喜旺的检讨态度——喜旺不愿贴"大字报"把这"不光彩的事""向人前张扬"，也不希望与双双一起做炊事员。

> 喜旺一听这个消息,又怪了!他说:"啊,原来是这样,那你去我不去。两口子都弄这个事,像个啥,我不和你挤在一块!"
> 双双笑着说:"我又没有穷气扑着你,夫妻两口当炊事员,只怕太好啦!咱们为的是工作嘛,这有什么不好。"双双接着又劝了他一阵子,喜旺慢慢想通了。他说:"调来调去,你又来领导我了。不过你呀,到食堂后,说话可软和点,别把人都得罪完了。"[1]
> (1961年版小说,1977年版本沿用该版写法)

刊本中的喜旺主动要求调去猪场,双双调笑道"去猪场也要'政治挂帅'",带有责备、教育和打趣的色彩。李准在1961年版本中的修改表明,他一面增加喜旺对工作安排的抗拒心理,一面突出双双对喜旺的主动疏通和安抚。喜旺担心夫妻一起上食堂招惹闲话,也不满老支书这一安排中隐含着的对自己的不信任,双双此时没有着急对喜旺的忧虑做评价,"夫妻两口当炊事员"恰恰是向喜旺强调两人身份平等。以往,双双对喜旺往往直接诉诸苦口婆心的原则教育,要求对方与自己保持一致,这些"正直"和"公道"的言论已经对喜旺构成了压力,结果只是增加了喜旺的畏惧而不得不瞒骗双双,长此以往两人的关系难免日趋紧张。刊本中双双对喜旺的嘱托仍然带有一方监督、带领另一方的意思,修改后,双双对喜旺的"落后"更包容、更耐得下心来理解,也更注意在理解之上的引导和带动。

双双喂猪得到了表彰,喜旺的炊事员却越做越糟,喜旺据此得出食堂工作"不能干"的结论,这表明,他过于放大工作内容的决定性,而

---

[1] 李准:《李双双小传》,李准:《李双双小传》,作家出版社,1961年版,第35页。

难以直接思考自己与双双的实际差别。李准在 1961 年版小说中，将喜旺调去猪场的情节设计，修改为两人一同留在食堂工作，这意味着喜旺将不得不直接面对两人的差异。

一起管理食堂的两人在粮食调剂的问题上发生了分歧，这是喜旺转变的第二个关键性环节。

>社员们吃厌了红薯，食堂出现了较为严重的浪费现象。喜旺不满大家浪费粮食，认为只要"细粮吃完，只剩下红薯，他们不吃也没办法"。四婶提议将红薯做成煎饼和面条。几人通夜试验成功，喜旺也不得不服气。
>
>（1961年版小说，1977年版本沿用该写法）

1961 年版小说增添的这一情节表现了公共食堂的调配难题。这里交代了一个背景是"大浇小麦返青水"，社员在劳动繁重的日子却每天吃红薯。长期以来，大家所习惯的居家做饭，可以忙时多吃、劳动力多吃、非（半）劳动力少吃，口味、饭量、种类都根据具体情况做自由调整。吃饭得不到合理安排和调剂，构成了公共食堂遭人诟病的重要原因："老是一点清水粥，吃厌了端起碗来就愁。要是一家一户吃，一样的东西能吃几样的饭，汤汤水水，舒舒服服。"[1]结合修改时间节点看，李准围绕这一情节所做的改动，实际上配合了 1960 年下半年对公共食堂的整顿和纠偏。比起公共食堂的激进实验期，该阶段弱化了通过思想斗争激发群众革命性和创造性的方式，而更强调干部工作方法的调整。因此，在粮食调剂的问题上，李准删去了刊本中双双与金樵围绕做红薯面展开的"促进派"与"促退派"斗争，并将之改换为双双与喜旺两种

---

[1] 罗平汉：《大锅饭——公共食堂始末》，广西人民出版社，2001 年版，第 266 页。

工作风格（是否走群众路线）的比较。

从喜旺、桂英、双双围绕这个问题的反应中，可以看到三人不同的工作方式，而三种工作方式所能体察到的社员需求的层次也有差异。喜旺只是直观看到社员的浪费行为本身，将浪费问题归结为大家的"挑嘴"。社员的不满使得他感到着急，这意味着基本责任意识的建立。可他关心集体的内在驱力，来自自己当前的工作是否做好、能否完成任务，却难以耐心、细致地把握社员的需求和心理。相较之下，桂英作为具备家务劳动经验的妇女，社员在农忙时改进伙食的需求使她生发出了一种感同身受的同理心，并能够顾虑到粮食调配的为难。这对应着妇女在食堂日常工作中所能发挥的作用。双双与桂英的家务经验，使得她们能够切身将食堂的运作与家庭的维护相比拟。而双双格外强调的"担子在我们肩上"，则意味着她进一步跳脱出了妇女经营家庭的状态：众口难调的情况下，只有管理者更担得起责任更尽心，让大家都感觉吃得好，这个工作才能得到维护。相较于刊本中积极响应上级号召的双双，这段情节的加入显然强化了她在解决问题上的主动性。可这一问题方向并不在李准的初始构思之内，因此，双双在这里的稳重与责任意识，喜旺的直愣与粗疏，都有些脱离了人物性格发展的原有脉络。

喜旺转变的第三个环节是主动进行技术革新。

在刊本的结尾中，双双与喜旺互相请教——喜旺向上过民校的双双请教猪档案，双双则向干过馆子的喜旺请教红薯面。双双试验成功"跃进面条"和"台阶式煎饼灶"，喜旺也研究出新的喂猪技术。双双被评为特等劳模：

> 广播罢了以后，喜旺感动得【使劲握着双双的手】眼里含着泪说："双双，双双，党真有眼。"【双双看见一群小姑娘笑着喊着向□跑来，忙说："你看人来了。"】

这时，猪场的一群小姑娘向他们笑着喊着跑来。双双【不好意思地挣脱出】说："我希望你也努力喂猪！【咱们只要永远听党的话，】明年一道上北京。"

喜旺挥着手说："我一定要赶上你。"[1]

（【 】标出的是手稿写法，刊本将【 】中的内容删除，□处字迹不清）

这样的处理方式颇具时代色彩，它试图勾勒出人与人之间关系的新理想形态——每个人的技术、才能和文化都能通过各司其职、"你追我赶"得到尽情发挥和提升。喜旺吹笛子本是为娱乐，却被他创造性地运用到喂猪上，这种转变当时即被表扬为"小聪明终于用到正路上"[2]。而双双前史里一再强调的她的"聪明"，此时也得以充分发挥。[3]结尾的设计，与"大跃进"高潮时鼓励以群众运动的方式来搞发明创造、推动科技进步的政治设想高度相关。

到1960年下半年，李准关心的重点已不是群众性发明创造，而是探讨新道德如何扎根于普通农民。因此，虽然三个版本里，喜旺最终转变的环节都是技术革新，但是他之所以走向技术革新的心理机制以及技术革新背后对人的设想和要求却发生了变化。

面对顺利解决粮食浪费问题的双双，喜旺不得不服气，但一时间的服气并不一定导向他的思想改变。毕竟，此时引发喜旺赞叹的更多是双双解决问题的能力，如果单停留在这一层面，喜旺则仍处于旁观者的角

---

[1] 李准：《李双双小传》，载《人民文学》1960年第3期。
[2] 茅盾：《一九六〇年短篇小说漫评》，载《文艺报》1961年第4期。
[3] 这一表述方式，也特别体现在当时的评论中："当农村中的公社化运动获得了蓬勃发展并且展开了技术革新运动时，她在劳动中高度地发挥了自己多年来不能充分施展的能力和才智，推动了生产的发展，终于成为全县的特等劳动模范。"参见冯牧：《新的性格在蓬勃成长——读〈李双双小传〉》，载《文艺报》1960年第10期。

度,并愈发可能将双双的"出头"归因于她的个人能力、历史机遇。因此,李准在1961年版小说中,特地加写了喜旺听到双双得到表彰时的"老大不痛快":

> 喜旺和双双都在听广播。喜旺听着对双双的表扬,心里却老大不痛快。双双这时早看透了他的心事,就问:
> "怎么你那个脸上,就像阴了天?"
> 喜旺没吭声,只叹了口气。双双又问,喜旺说:"我跟着你呀,反正是一辈子也是个老鼠尾巴,发不粗长不大。"
> 双双说:"你是炊事员,我也是炊事员,我怎么就妨碍了你哪!"
>
> (1961年版小说,1977年版本沿用该写法)

这一段意在写双双如何通过讲道理使喜旺发生了转变,但讲道理并非全然生硬的教化,李准要写出双双如何有意识地引导喜旺,如何调动其"不痛快"和难堪背后所含育着的上进心,并将之转化为公心。双双"早看透了他的心事"而不直接戳破,她问喜旺的问题也都是引导性的。喜旺听到双双受表彰后脸上"阴了天",是来自自己与妻子的关系越来越不对等的不满。而此时的双双,并没有顺着喜旺的逻辑去数落他的种种不足,她否认喜旺"我跟着你"的关系定位,点明大家"都是炊事员",将喜旺基于两人地位落差的不满,引向了他对实际工作的反思。

> 喜旺说:"你看你如今县里也去开过会了,报上也登过了,广播里三天两头表扬你,我只能拉马缊蹬,永没有出出头那一天!"
> 双双听他这样说,扑哧笑了。原来喜旺也想"跃进跃进"呢,可是他这个看法却不对。双双就对他说:"我去开会,是代表咱们

孙庄食堂去的，这里边也有你一份。再说去开会是为了交流经验，改进工作，怎么能算出出头？你真是要想去'出出头'，这个会还不敢叫你去开呢！"她这么一说，喜旺脸红了，双双急忙又说："什么事情，不能从个人想起，要为大家。你只要好好劳动，想办法把群众食堂办好，不要说县里，省里，北京你也能去！可是你心里就没有把食堂办好这一格，还想着要出出头，那当然不会有那一天。"接着双双又向他讲了几段劳动英雄故事。[1]

（1961年版小说，1977年版本沿用该写法）

  夫妻关系的变化，联动着喜旺对工作、对集体的感觉发生了变化：长期以来，喜旺已经习惯于"坐在角落里吸烟看热闹"，可当他与双双共同管理食堂、妻子的表现又特别触动他的心事时，喜旺无法像以前那样安心于旁观，他开始觉得别扭，"一辈子也是个老鼠尾巴"就显示出他的懊丧。正是在这种情绪下，喜旺急切地想在工作中做出成绩，也能像双双这样"出出头"。感受到喜旺这层上进心的双双既感到欣喜，又对他的抱怨感到可笑，所以"扑哧笑了"。

  而在喜旺的理解里面，双双工作做得好，意味着"出头""光彩"，可见喜旺对两人关系的高下仍有计较。被双双点明了这一层私心的喜旺不免"脸红了"。但在双双这一面，她并没有喜旺那样的"大男子主义"的包袱，从不会计较两人位置的高下，她更看重的是喜旺好胜心背后的上进意识。当她说"不要说县里省里，北京你也能去"时，是把本来的批评、讲道理嫁接在对喜旺鼓励、打气的语气上，凸显一起进步的态度。喜旺这时候"仔细听着想着"的，恰恰是受触动后，开始认真体会双双代表着的新道德意识。因此，双双"先把食堂办好"自然会有"那

---

[1] 李准：《李双双小传》，李准：《李双双小传》，作家出版社，1961年版，第45—47页。

一天"的道理，有针对性地回应了喜旺的困惑与期待。这时，面对炊具改革的机会，喜旺"浪子回头还金不换呢！我孙喜旺就不能'跃进跃进'了？"的回应，意味着将来自外部的期许内化为自我肯定和行动的要求。

1977年版本里，李准在此之后进一步加写了一段"先结婚后恋爱"的情节：

> 喜旺「由衷地」说："[我说我知道，你别问了。我说今后啊，我一定要赶赶你，也要争个上游！]「我说你变了，双双，变得聪明了，变得能干了，也变得通情达理了，你那个思想比我高。你想想你从前来咱家是个黄毛丫头，可现在你就像另外换了一个人！」
>
> 双双[感动地说："这太好了！我听见你说这个话，比人家表扬我还高兴。眼前这炊具改革就是个大事情，你在这上边想点办法嘛！"]「深情地说："那你不也变了！我就觉得我比以前更爱你。"她说着又笑嘻嘻地说："喜旺，你看咱俩像谈恋爱！"喜旺正经地说："就是搞恋爱，他们青年们是先恋爱后结婚，咱们是先结婚后恋爱。"说着两个人都高兴地笑了。」
>
> （[ ]标出的是1961年版小说写法，「 」为1977年版本修改后写法）

"先结婚后恋爱"的说法，曾随着电影《李双双》的放映流行起来，甚至几乎成为影片的代名词。实际上，这个说法并不在李准一开始的设计之内，而是在电影拍摄过程中逐渐生成和敲定的——它在剧本初刊本（1961年7月）、作品集本（1961年6月）中还未出现，直到电影通行本（1962年12月）才最后添加上。与这一情节相关的改动是对双双"聪明"和"漂亮"的描述：小说手稿里，双双一出场"蓬头□□"

（□处字迹不清）的形象更接近原型带给李准的直接观感，也更符合双双在老支书的培养带动下，从一个普通农妇逐渐变化成长的框架。但在正式发表时，李准把对双双外观的描述，从蓬头□□改成了"漂亮"。到了1977年版小说里，"聪明"和"漂亮"的说法，又被从开头挪到了结尾，变成了喜旺产生"恋爱"感觉后对双双的新观感。即是说，出现在双双前史中的"聪明漂亮"，是人物一出场就具备的特征。但后来被放在"恋爱"视角里的"聪明"和"漂亮"，则不仅仅代表女性在集体生产中的新精神面貌，还意味着双双的"变"受到了喜旺的正视和喜爱、双双的上进心从小家庭里获得了支撑。

三、电影改编：李双双"成长"的结构性现实

如果说，李双双走出家庭并参与公共管理是其成长的基本情节设置的话，那么电影则延续了这一思路。然而，同样是双双积极修渠、主动参与制度更新，可在电影里，她的这些行为所依托的观念意识、现实基础已然不同。通过辨析李双双成长的情感机制，可以探究李准所认为的"新人"应具备的特质以及这些特质与新现实语境的关系。

电影剧本里，双双一出场就是"洗衣服洗得有力、怡然自得"，对家务活十分熟悉上手，并能通过做好分内的劳动获得充实感。参加修渠使她进一步将这种充实感扩展至集体劳动中，并将之视为自己与集体的切实联结方式——"我有两双手，将来打下的粮食也有我的一份"。不过，喜旺却认为双双的积极实际上是吃亏："你积极，你能干！可你去劳动谁给你点什么呀？你要不去劳动谁不叫你去吃饭了？拾把柴火也能烧烧锅。这种人我真见得稀少。"双双得知，一同参加修渠的彦方嫂、桂英也受到了家庭成员的责备和劝阻：

彦方嫂:"是啊,可你有什么办法?俺婆子今天也吵我了,她说:'没有功没有利,连个工分也不记,劳动也是五八,不劳动也是四十,你去白出那牛力干什么呀!'"

双双:"她也这么说呀?"

彦方嫂:"是啊!这叫人比人,气死人。人和人的心都不一样啊!"

……

双双郑重地:"桂英,这个事情啊,咱们还得注意呀!刚才我就在这儿想,咱们队里妇女出勤不多,劳动力不够用,很可能和咱们队里工分记得马虎有关系。"[1]

"大跃进"作为一场群众运动,其动员逻辑中认定群众身上存在固有、潜在的革命性、积极性和创造性,并以此作为政治运动的推动力。小说中,喜旺的"大男子主义"更多不是作为一种性格或旧道德观念被否定,而是通过阻拦妻子修渠凸显在一种革命运动的态势中"大男子主义"如何会产生特定的保守作用。而到了电影里,引发喜旺不满的,是修渠等于白费力,这种理解对应的历史背景是"大跃进"破坏了多劳多得原则,出现干多干少差不多以及无偿劳动的现象。所以,电影中喜旺的不满配合了20世纪60年代初期的纠偏氛围,凸显了按劳分配的重要性。

那么,李准如何认识李双双对喜旺这类农民的带动作用?以"大公无私"的标准看,双双主动提出"评工记分"有为个人打算之嫌,喜旺之所以惊讶、得意于双双的"精明"表现正是出于这种误解。由此可以看到,电影中的李双双作为新人被赋予的特质,其重心并非在于观念上

---

[1]李准:《李双双》,张绍武、张舒主编:《李準全集》第3卷,九洲图书出版社,1998年版,第287—288页。

（或"大跃进"时代界定）的大公无私。恢复按劳分配、评工记分的初衷在于提高劳动积极性，可是，电影中不愿参与劳动的社员却抱有这样的心理——没有功与利则不投入任何多余劳动。正是在两者的张力中，李双双这类妇女对集体劳动来说具有特殊意义：电影中，李双双之所以"敢"先人一步要求记工分，更多出于她的热心肠、责任心，这使得她一方面带有乡村妇女特有的对人心、特别是对人心之常理常情——工分记得马虎致使大家出工的意愿下降——的观察和体贴，而当人心发展为"没有功与利则不投入任何多余劳动"甚至偷工减料、小偷小摸时，又有其特有的带动途径：通过调动乡村道德伦理中更醇厚的部分，扭转看似"人与人之间都不同"的"人心"。这也构成了她之后成长的基础。

按李准的描述，电影《李双双》的原型主要来自一位小组长，她是"吵架吵出来的人物"：

> 有一个外号叫"母老虎"的妇女在这个村子住，她很厉害，干活时总爱多占点工分。这天又因为评工分的事情和她的小组长吵起来了。这位小组长是个直性子姑娘，黄头发，扁扁的大嘴，一双像要喷出火焰的眼睛。她们在地头评工分，突然声音高起来了。
>
> "三分，给她上三分。不能光看面子，怕她呢！你们去看看她锄的地！只图快。"组长带着气斩钉截铁地说话了，下边几个妇女说着，也表示同意组长意见。
>
> 那个"母老虎"突然一甩胳膊站起来了，她说："今天的工分我不要了，工分也不是亲爹亲娘，我离了它也能过！"她说着锄头也扔了，扭头就走。[1]

---

[1] 李准：《我喜爱农村新人——关于写〈李双双〉的几点感受》，载《电影艺术》1962年第6期。

这个小组长为维护工分评定的公道性跟组员吵了一架,事后,小组长不仅没有记仇,反而还要"回去跟人家说好话"。这一股敢为集体打破情面的心直口快的"冲劲儿",被李准认为是大公无私的有力表现,并将其设为李双双的"性格基础"。对那些惯于小偷小摸、为自身利益撒泼不讲理的人,小组长的行为在维护集体秩序与社员利益上,会发挥各种制度设计与监督手段无法替代的作用。这一判断,来自李准自身的基层经验,也从老农的说法里得到了印证:

> 我问菜园老汉,刚才吵架时你们为什么不去劝劝,他说:"那个娘们太不讲理,只有这个小组长敢顶她,好不容易出来个杨排风,杀她一次威风,何必去劝。"接着他又感叹地说:"我们队这个妇女队长啊!一个月给她发一百块薪金也值得!村里有些人说她缺个心眼,其实人家是觉悟高。我就担心她生气不干了,这么几十户人家在一起干活,没有个唱黑脸的还行!"[1]

但无论是老农还是李准的叙述,都具有相当程度上的现场性,并潜在建立于一些预设之上。事实上,小组长的"冲"所能发挥的现实效用,是被她所身处的特殊情境决定的。如果小组长批评的不是一个惯于不讲理、大家对她敢怒不敢言的"母老虎",如果她的批评情境不是发生在一场双方情绪都被调动起来的吵架中,如果她事后没有"不记仇",那么,这种管理方式对于集体维护的有效性,就会变得不确定。

电影特别表现了李双双的冲劲儿在不同的"现实"下会处于不同的位置、发挥不同的作用:当双双批评的恰好是大家都看不惯的事情时,心直口快的结果自然是说出了大多数人的心声,在集体生产的条件下,

---

[1] 李准:《我喜爱农村新人——关于写〈李双双〉的几点感受》,载《电影艺术》1962年第6期。

社员也乐于像老汉那样，将她的敢说敢做与觉悟高相联系；但是，如果双双针对的是集体心照不宣的做法——如孙有婆偷窃集体的木板（在孙有婆的认知里，她也"就拾几块破木柴"），身为干部的金樵领取救济工分，那么，她的行为就更有可能被理解为缺心眼、管闲事、爱出头、争先进。电影里金樵说双双"好像大家都没长眼睛，就她一个人看得见"，即包含这一意思。特别是，双双冲口而出的话，在特定情境下也会产生集体对个体加以排斥的效应，比如她对大凤的批评，就实际上加重了大凤对集体的疏离感。就此而言，双双的"冲"固然于维护集体而言十分必要和珍贵，但一旦把它放在不同位置、不同现实下关照和想象，其局限性就会体现出来。[1]

在电影中，李准把"母老虎"的性格设置挪用于孙有婆，同时重新设计了大凤的形象。大凤是一个不会做农活的年轻媳妇，与孙有婆关系相近。两人皆位于集体相对边缘、"落后"的位置。孙有婆对集体的疏离是出于集体无法为自己带来更多实际利益，大凤不会劳动，心里不免认定自己难以被强调劳动光荣的集体完全接纳，这其中也包含干部家属的身份优越感，将不用劳动看成了一种特权。然而，发工分折时，犹豫再三的大凤还是把工分折领了回来——这也是工分制度给妇女带来的契机，使她们以一种"自己挣的自己花着光彩"的自豪感参与社会生产，同时也转换了大凤们对于劳动的感觉。

但评工记分时，大凤的农活做得并不合格，孙有婆却提议一样给大凤评五分：

> 孙有婆："也给五分吧。"
>
> 双双冲口而出："我不同意。咱们不能只图快，不讲质量。"她

---

[1] 大春同样因为"冲"伤害了桂英，经过双双的教育，他才意识到为何不应该嘴冲、如何和气说话。这一情节设置是对双双转变的直观表现。

说着站了起来，指了一行棉花说："你们看，她整了这几行，毛芽都没有打净。像这样过两三天，棉花就疯长起来，将来不少结桃吗？"

大凤不乐地说："谁的十个指头伸出来也不一般齐。谁敢说就打得那么净？"

妇甲："给四分吧。"

双双："四分也不值。给她四分也可以，后响她要再来收拾一遍。"

大凤生气地站了起来说："我不要了，工分也不是亲爹亲爷，离了它我就不能过啦！"气呼呼地离去，又扭过头说了一句："没有工分我也要吃饭。"[1]

由此可见，李准把上述"母老虎"原型，分成孙有婆和大凤两个人物，背后关联着几个层次的设计和认识。原型中的"母老虎"总能多占工分，依赖的是一贯的蛮横不讲理，她不仅在道德上不被同情，其行为也已经构成了对集体秩序的侵犯。因此，当小组长提出"只能给三分"时，组员们借势表达了对"母老虎"的不满，这反过来也使组长获得了支持。而电影中，队员们对大凤的宽容，实际上是碍于大凤干部家属的身份，双双驳回了大家的建议等于是对这一默认规则和人情的直接冲撞。这使得双双原本出于公道心的举动，反而显得各色甚至具有冒犯性。相较于"母老虎"个人的不讲理，大家对大凤的宽容态度体现了评工记分在缺乏有效管理手段的条件下如何滋生特权。由此，电影重构后的心直口快更凸显了双双的本心及其在维护评工记分落实上的必要性。

大凤、金樵、喜旺的行为显示，单纯希望依靠工分制度的激励建立

---

[1]李准：《李双双》，张绍武、张舒主编：《李准全集》第3卷，九洲图书出版社，1998年版，第299—300页。

起每个成员对粮食生产的关心，其结果可能背道而驰，使"少费力多拿工分"取代"多生产"成为劳动的目的。但双双的监督方式，停留在对自私行为的戳破和指责上，这不仅难以长久促生集体的凝聚力，甚至还有潜在的负面性——可能会进一步催化双双在集体中的孤立，以及社员对集体的冷感。

直接指摘那些自私的表现可能会出现的问题是，表象无法说明一个人的具体和内在，如果跨越了对人的体察进行批评，尤其这种批评又直接被上升至这个人有私心，甚至联系到某种阶级本性时，"公"本身就可能变成一个带有强制性的价值取向和话语力量。常常被表达成这种形态的"公"，其号召力难免会被磨损。加之人民公社化运动对"公"的界定不断趋"大"，也使得切实可感的集体认同被削弱。因此，此时农民对于集体的疏离感，不仅仅出于电影所指明的旧情理、旧习惯，也包含着公社化运动的现实后果。

重建集体认同是农村政策与李准共同关切的焦点。可1960年初期，这种认同感并不会伴随政策的调整而自然提高。电影试图呈现的，恰恰是制度更新和物质鼓励难以直接解决思想问题——评工记分等一系列政策施行后，金樵、大凤等干部和队员仍会多占工分、侵害他人的利益；哪怕存在李双双那样维护公道的队员来贯彻政策、补充政策所可能存在的漏洞恐怕也不够——双双的"冲"以及地段责任制的施行并没有转变他们的实际行为和想法。这表明，两者都不是李准想要构筑的集体形态的终点。在这个意义上，李双双作为新人的重要性，并不体现在她如何通过监督自私行为、压服私心以贯彻政策，李准这时探索的，是"把革命要求塑造为足以激发潜质的媒介，表现乡村和农民如何以自我肯定、自我提升的方式实现自我改造和更新。这与革命理论中所预设的对于小农生产、小农意识加以否定的方式,有着微妙而决定性的差异"[1]。

被推选为妇女队长后,双双对自己的"说话太冲"和"嘴快"经历了一个反省的过程。这一反省的实现,不是诉诸个体内心斗争或老支书的思想教育完成的,而特别表现在双双与其他队员的交往过程中。特别是双双发动大凤的片段,突出体现了李准所认为的作为"嫂子"的双双如何在乡村中发挥带动、凝聚作用。

双双在救济工分的问题上得罪了金樵,致使喜旺一气之下与金樵离家跑运输。喜旺的离家固然使双双伤心,但她还是在老支书的鼓励下强打起精神找大凤。本来,大凤对双双的到来怀有敌意,而双双的目的也更多是发动大凤参加劳动。可一进门,双双就看到了由于金樵离家一人抹眼泪的大凤。于是,双双一改常态而柔声倾诉,"我家小菊她爸也走了"。相似的处境使她们获得了感同身受的心理基础,大凤意识到,双双并非来看笑话,或拿她那个"公"逼迫自己。她"垂下了头",感觉到了自己的出口伤人("你来干什么,把我男人赶跑了还不甘心?"),但又不愿放下架子理双双。随后,双双转而不谈男人离家的事情,她看到大凤做的"小婴孩鞋帮",一下子明白了眼前这个妇女无助感的由来:

> 双双走过去把她的肩膀轻轻一摇晃说:"大凤,在这方面我是你嫂子,也比你有经验,咱们村哪个妇女进产院不是我送的!金樵不在家我会照顾你。"
>
> 大凤猛地抬起来满眶泪水的眼睛看了看双双,又突然地伏在双双的怀里叫着"亲嫂子!……"嘤嘤地哭起来。

有了这个前提,她不自觉地转换了自己面对大凤的身份——刚进门

---

[1] 程凯:《"再使风俗淳"——从李双双们出发的"集体化"再认识》,载《文艺理论与批评》2020年第5期。

时"我来看看我的社员",不免带有干部与群众的距离感以及发动大凤的目的性,而此时,双双自居嫂子,则无形中拉近了彼此的距离。大凤平日里虽反感双双,但跟大家一样,心里清楚她人公道、信得过,此刻,她对双双的正面感觉一下子被调动出来,转化成了对双双的信任感、依赖感。

屋内,大凤向双双诉说着:"……他们男人太高贵了,哪儿舒服去哪儿!把家一丢,拔起腿子就走!"

双双:"是啊!可咱们也不能把他们拴在床腿上。"

大凤:"下一辈子我再也不当女人了。"

双双:"可这一辈子还得完成任务。"她又叹了口气笑着说,"别傻了,大凤,怕什么,我们也长着两只手。"她又拿着大凤的两只手说:"就这两只手啊!它会长小麦,也会长棉花。谁高贵谁不高贵?谁能劳动谁就高贵。自己做来的,自己劳动来的,吃着气儿顺,穿着也光彩。"

然而,大凤的抱怨,也特别容易滑向自怨自艾和自我封闭。"下辈子再也不当女人"的宣泄方式,实际上是将性别看作自身的最大限定。而双双对大凤的劝慰,正在于打破了大凤对性别的固有理解,引导她从女性的自我同情和等待外来帮助,转向自我认可。大凤不满于男人"哪儿舒服去哪儿",这里面本就内含着走出家庭的要求。于是,双双关于"劳动"的一番议论,在外形上是大凤平时厌恶的公家话,却由于抓住了大凤想要摆脱当下被动状态的心思而具有了内在吸引力。另一方面,这番话,也不只是单向地说给大凤,它们也是喜旺离家后,双双"有鸡子叫天明,没鸡子叫天也明"的自我鼓励,正是基于两人的共通经验,这些话在大凤听来也就格外真诚、有力。

大凤连连地点头。她忙说："双双嫂子，我也是这么想。看见你们上地，我在家里还憋闷得慌。可就是有些农活我还不会呀！"

双双："我教你，我从小什么农活都学过。大凤，我平常说话太冲，你也担待点。"

大凤感动地说："双双嫂子，别说了！别说了！我觉得你心思顶好，我明天就跟你学吧！先学打棉花枝顶。"

双双："哎！没关系，我包教你。"她又笑着说："咱们当妇女可决不后悔！"[1]

大凤的回答也促使双双改变了对她的既往看法。在双双与其他社员的认定中，大凤娇气、自私、贪图享受，明明有劳动能力却只知道"伸着两条腿在家里坐着"，自己与大凤，自然存在先进与落后的区别。但是在大凤吐露自己"在家憋闷"、并坦言"不会劳动"的困难之后，双双发自内心反省自己"说话太冲"给社员造成的困扰。因此，这场谈话都为两人的自我提升提供了可能。对大凤来说，由于她不会劳动，之前的集体意味着妇女们私下里的白眼，集体对她的吸引力仅仅来自工分，而双双则传递了集体蕴含的新意义。对双双而言，她本是受到老支书"多打粮食""公事为重"的鼓励来劝服大凤下地，但这一过程却促使她找到了带动社员、影响集体的方式。对那些看起来"落后"的群众而言，直接被定性为没有公心常常意味着"公"对人的排斥。双双之前所坚持的那一套"理"，尽管存在维系公道的作用，却也可能在"激进期"的诸种设定和压力下，越发偏离现实中的人。由此可见，无论是小说中双双对喜旺的引导，还是电影里双双对大凤的劝导，凸显的都是建立在

---

[1] 李准：《李双双》，张绍武、张舒主编：《李凖全集》第3卷，九洲图书出版社，1998年版，第319—320页。

私心和私心彼此感受上的"公心""情理"。

电影里，双双最终从一个"平常在家里看着不咋的"，只是一个"爱管闲事""厉害的小媳妇"，成长为"领导着大家收打粮食，指挥如意，喜气洋洋""村里人哪个提起她来不说个好"的妇女队长。在此基础上，李准几次修改剧本的结尾，反复调整李双双成长的意义指向：

> 喜旺猛然想起报纸的事，又回手拿起报纸，对双双说："双双，你看你上报了。"
>
> ……
>
> 喜旺："双双，报上说你是新人！"
>
> 双双激动地说："要不是党！哪有我这个新人哪！"
>
> 小河水喧闹着，奔腾着向前流着，流着。[1]
>
> （电影剧本初刊本）

1962年3月版[2]删去"新人"的说法，改为喜旺对双双变化（思想高、变漂亮）的赞叹，将故事收束于夫妻两人的情感增进；1962年12月版[3]在上述删改的基础上进一步删去了双双上报的设计，增加了"先结婚后恋爱"的说法。从修改轨迹看，李准最终放弃了双双"上报"、成为模范的设计，更着意于双双在具体关系中获得的成长。不刻意对双双进行政治性拔高，而是强调其妻子和嫂子的身份，正是把她的起点和成长终点都放在共同体内部，她的成长才更坚实，同时这个新人对乡村和集体的维系意义也被进一步凸显出来。

---

[1]李准：电影剧本《喜旺嫂子》，载《奔流》1961年第7—9期。
[2]李准：电影剧本《李双双》，李准：《春笋集》，河南人民出版社，1962年版。
[3]李准：电影剧本《李双双》，载《电影文学》1962年第12期。

对于在"十七年"期间修改的作品而言，政策变化往往被认为是作品改写的动因并相当程度上规定了修改的着力点和方向。由此，对修改行为的研究，常会强化"政治左右文学"的理解方式。《李双双小传》同样经历了政治运动的起伏波动以及这一起伏所伴随的写作合法性的失效，可李准对小说的修改与电影改编，其难度并非在于追随、迎合政策，人物活力和现实性的释放也并非来自疏离政治。在配合政策方向的前提下，通过不断加深双双与喜旺、大凤等人互动过程的刻画，李准探索的是一种既不同于政治设定又有别于旧有常态的新的人心关系形态。《李双双小传》正在这一意义上或许可以提供与上述认识方式不同的理解向度和参照视角。这也使得，通过对相关修改段落进行具体辨析和整理，重新审视政治进入文学的路径，重新认识李准特有的文学把握方式成为可能。

附录：《李双双小传》的相关版本

小说：

1960年2月，改定手稿。

1960年3月，发表于《人民文学》第3期。

1961年6月，收于作品集《李双双小传》[1]（蒋兆和、张德育插图），作家出版社出版。1962年6月第2次印刷，1964年1月第3次印刷。

---

[1] 收入《李双双小传》的还有《人比山更高》《两代人》《耕云记》《春笋》，末尾为李准写于1960年12月的后记："这四篇小说，是我在一九五九年下半年和一九六〇年上半年写的，内容都是反映农村人民公社的新人物"，"也巧得很，这几篇小说，大部分都是反映农村妇女的"，"从这里使我思考到一个问题，那就是如何更积极地掌握革命浪漫主义的精神。对于我现在以至前几年所写的作品。我是非常不满足的。平板的叙述和琐碎的描写，越来越使我厌烦了。我觉得我的作品，需要更强烈更新鲜的时代感情"。

1977年12月，收于作品集《李双双小传》[1]，人民文学出版社出版。

1978年11月，收于作品集《不能走那条路》（文学小丛书）[2]，人民文学出版社出版。

1981年11月，收于作品集《李准小说选》（当代作家自选丛书）[3]，四川人民出版社出版。

1998年8月，收于《李準全集》第1卷，九洲图书出版社出版。

2004年10月，收于王应洪主编的作品集《李準作品选》（河南省著名老作家丛书），大众文艺出版社出版。

2009年9月，收于作品集《李準小说选》（中国文库文学类），人民文学出版社出版。

电影文学剧本：

1961年7月至9月，电影文学剧本《喜旺嫂子》发表在《奔流》第7—9期。

---

[1] 李准于1977年8月撰写后记："出版社同志告诉我：要再版一批'文化大革命'前的小说，让我把过去的几个短篇小说集子，编选一本"，"在编选的过程中，我有机会把十多年前的旧作重读一边，内心是很感动的"，"我自觉后期的作品比之前期的作品要健康一些，在意识上也成熟一些"，"由于这十几年是处于社会主义改造的时期，很多故事中，是反映他们怎样把'旧中国'的'旧'字，改成'新中国'的'新'字。大部分作品是带有点喜剧色彩，也就是农民在新的生活斗争中的乐观情绪和幽默感"，"我认为不妨先读这几篇……这些小说大部分是我在1958年'大跃进'以后写的。也是我尽力克服自己的缺点——写中间人物多的毛病后创作的。写新的英雄人物力求丰满一些，生动一些，真实一些"。

[2] 收入《不能走那条路》《参观》《李双双小传》《两匹瘦马》《两代人》《耕云记》《清明雨》。

[3] "自选"收入20世纪50年代到80年代的短篇小说。李准撰写前言："我的小说反映了这一条曲折路程的渺小侧影"，"像我这样的人大约是缺乏一点'深刻'的……我从劳动人民中吸取了乐观的气质，所以不管在任何困难和艰苦的时候，我总希望用笑声来唤醒他们身上的信心和希望"，"但是把《李双双小传》只看作是宣传办食堂的，我觉得对文艺功能的理解也太狭窄了。我写双双和喜旺这两个人物，是写两种道德观的斗争。即什么是'老好人'，什么是'新好人'。同时也是写中国农村妇女参加社会的第一步时的觉醒！"。

1962年3月，电影文学剧本《李双双》收于作品集《春笋集》[1]，河南人民出版社出版。1978年9月第2版。

1962年4月，电影文学剧本《李双双》单行本，上海文艺出版社出版。1963年4月第2次印刷，1964年4月第3次印刷。

1962年12月，电影文学剧本《李双双》发表在《电影文学》第12期。

1963年10月，收于《走乡集》[2]，中国电影出版社出版。

1965年3月，电影文学剧本《李双双》单行本（杨文秀装帧、插图），上海文化出版社出版。

1978年11月，电影文学剧本《李双双》单行本，中国电影出版社出版。

1978年12月，收于《李准电影剧本选》[3]，北京出版社出版。

电影分镜头剧本：

1963年9月，《李双双》（分镜头剧本，鲁韧）收入《李双双——从小说到电影》，中国电影出版社编辑、出版。1978年8月第3版。

---

[1]收入代表性小说以及电影剧本《老兵新传》《小康人家》《李双双》，未收小说《李双双小传》。
[2]收入电影剧本《老兵新传》《小康人家》《耕云播雨》《李双双》，李准撰写前言："这个集子收集了我近年来学习写的四个电影剧本……我为什么学起写剧本来？因为电影观众多"，"《李双双》……是想通过李双双和孙喜旺这一对农村夫妻的关系变化，来反映今天农村新人的高尚品质，由于集体生产的锻炼，新的大公无私的品质在普通农民身上日益显著地呈现出来。《李双双》就是我基于这个感受写出来的"。
[3]收入电影剧本《老兵新传》《李双双》《龙马精神》《壮歌行》《大河奔流》。李准于1978年3月作序，主要讲电影创作与小说创作的不同，"《李双双》这个剧本也是这样。在剧本写成后，虽然在不少章节中，人物已然跃然纸上，但从整体的构思上，人物性格随着斗争的发展，还缺乏缜密的安排。这些安排是导演和副导演帮助我解决的。整体构思很重要"。

电影故事：

1963年11月，电影故事《李双双》（李准编剧，周嘉俊改编，王亦秋插图），上海文艺出版社出版。

1964年4月，电影故事《李双双》（李准编剧，周嘉俊改编，王亦秋插图），上海文化出版社出版。1964年8月第2次印刷。[1]

电影连环画册：

1963年6月，《李双双》（孙青改编），中国电影出版社出版。1964年7月第2版，1981年11月第3版。[2]

连环画：

1960年，连环画《李双双小传》（华三川绘）载于《连环画报》第11—12期。

1963年2月，连环画《李双双》（陈杜之改编，杜滋龄绘），天津人民美术出版社出版。1964年第3次印刷（1963年获第一届全国连环

---

[1] "为了帮助工农干部和基层干部提高政治思想认识，学习科学文化知识，上海各有关出版社联合编释、出版这套《工农通俗文库》。《工农通俗文库》还包括由上海教育出版社、上海科学技术出版社、上海人民出版社出版、上海人民美术出版社出版的以普及实用文化常识、实用科学技术、爱国历史知识为主的系列图书。1963年9月，上海文艺出版社出版《不能走那天路》单行本。

[2] "人民美术出版社和中国电影出版社最近采取一系列的措施，提高连环画的编辑和出版质量，以适应广大农村读者对通俗读物的迫切需要。去年以来，这两家出版社分别派出许多编辑到浙江、河北、山东和北京郊区等地农村以及图书馆、租书摊去调查访问。他们根据农村干部和群众的意见，对连环画的内容和形式等方面，作了许多改进的尝试。根据农村读者普遍的要求，这两家出版社把编辑农村现代生活题材和革命斗争题材的作品放在首要的地位。当电影《李双双》和《槐树庄》刚在各地公映时，中国电影出版社根据同名电影改编的连环画就发稿了。报纸上发表了伟大战士雷锋的报道，人民美术出版社就组织几十位画家及时绘出一部反映雷锋高贵品质的连环画。……中国电影出版社在编写电影连环画的说明时，还做到难字注音，专门名词加注释，加强通俗化的工作。"参见《美术、电影出版社提高连环画质量》，载《人民日报》1963年3月12日。

画三等奖）。

1963年6月，连环画《李双双》（张耀辉、王雷改编，于志学、王纯信绘），黑龙江美术出版社出版。

1963年9月，连环画《李双双》（朱先立改编，王宇文绘），河北人民美术出版社出版。

1964年2月，连环画《李双双》（陆仲贤改编，贺友直绘），上海人民美术出版社出版。

1977年12月，连环画《李双双》（陆仲贤改编，贺友直绘），上海人民出版社出版。

（其他版本：江苏，1964年1月，梅崇源；吉林，1964年4月，朱然、赵越；宁夏，1964年6月，杨步升；江西，1964年9月，傅志旺；河南，1964年12月，吴懋祥）

话剧：

1963年，话剧剧本《李双双》（邵力编剧），北京文化部艺术事业管理局（内部交流剧本）。

1964年3月，话剧剧本《李双双》（邵力编剧，中国青年艺术剧院演出本，河南方言演出），中国戏剧出版社出版。1964年5月第2次印剧。[1]

地方戏曲：

1963年7月，《李双双（七场豫剧）》（李准与赵籍身合作），《剧本》1963年7月号。

1963年9月，现代豫剧剧本《李双双》（李准，赵籍身，杨兰春编剧，赵籍身执笔，河南豫剧院演出本），河南人民出版社出版。1964年10年第4次印刷。

1979年8月，七场豫剧剧本《李双双》（李准，赵籍身，杨兰春），河南人民出版社出版。

1963年9月，评剧剧本《李双双》（任峰等改编），春风文艺出版社出版。

1963年11月，评剧剧本《李双双》（天津市评剧院改编，曹荆子、赵颖执笔，《百花唱本2》），百花文艺出版社出版。

1963年12月，评剧剧本《李双双》（高琛、郭启宏等集体讨论，高琛执笔），中国戏剧出版社出版。1964年12月第2次印刷。

1964年3月，评剧剧本《李双双》（高琛、郭启宏等集体讨论，高

---

[1]为响应"把社会主义的文艺送到农村去"号召，1963年，文化部组织的由中央歌剧舞剧院、中国青年艺术剧院、中央歌舞团组成的三个演出队于3月下旬从北京出发，在河北、河南、安徽的农村巡回演出，致力于把歌剧、话剧、歌舞这些新的艺术形式输送到农村。其中，中国青年艺术剧院在4月到9月到河南商丘地区演出，为了适应群众的观看习惯，不仅多方面征求地方剧团的意见，还学习、使用河南方言来演出，在下乡期间，"一些文艺演出队、工作队的队员，常常是晚间演戏，白天还同农民一起劳动，渐渐被群众当成'自家人'"；"中国青年艺术剧院的演员们，在河南睢县演出时，当地发生水灾，他们同农民一起抢险，受到群众的热情赞扬"。工作队回京之后上演并出版了话剧《李双双》。该话剧被各主流媒体大力宣传。参见：《文化艺术工作要更好地为农村服务（社论）》，载《人民日报》1963年3月25日；《高举毛泽东文艺思想旗帜，向农民普及社会主义新文化：各地文艺界派千百"轻骑队"上山下乡》，载《人民日报》1963年8月9日；《又一个李双双，又一个新创造》，载《人民日报》1963年12月24日，等等。

琛执笔，中国评剧院演出本，北京市戏曲剧目选，北京市戏曲研究所编），北京出版社出版。

1963年7月，郿鄠现代剧《李双双》（姚诚祖改编），东风文艺出版社出版。1964年1月第2次印刷。

1964年10月，郿鄠剧《喜旺出走》（陕西省戏曲剧院一团移植整理，姚诚祖执笔），长安书店。

1963年10月，云南花灯戏《李双双》（鲁凝等改编），云南人民出版社出版。

1963年，湖南花鼓戏《李双双》（谢让尧等改编），湖南人民出版社出版。

1964年，七场山歌剧《李双双》（夏浓改编），广东人民出版社出版。

1964年，潮州歌册《李双双》（杨昭科改编），广东人民出版社出版。

1964年，粤剧《李双双》（南帆改编），广东人民出版社出版。

1978年9月，弹词《李双双》（浙江省曲艺队集体改编，施振眉执笔），浙江人民出版社出版。1979年2月第2次印刷。

辑 四

1977年李准、董冰夫妇与曹禺、赵丹、张瑞芳、黄宗英等人在北京住所留影。

1984年10月4日在北京四川饭店聚会，祝贺丁玲八十大寿。

1985年李准写给王增如的题词。

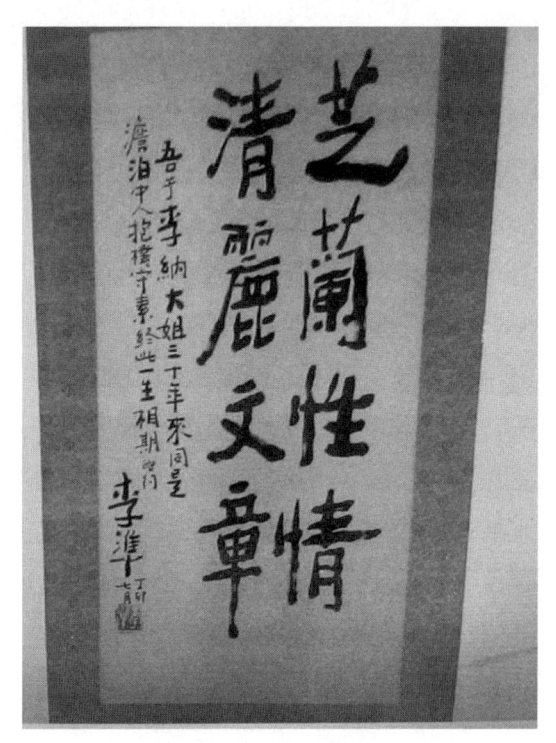

1987年李准给李纳题词。

1984年6月22日李准致中国作协作家支部的信。

我见过的李准

◎王增如

一、初见李准

1982年9月7日早晨一上班，丁玲告诉我说："下班以后你不要走，晚上有客人来。"

原来，有两个中国作家代表团要访问美国和加拿大。当时中国出访欧美的作家不多，缺少经验，丁玲一年前在美国和加拿大参观访问了三个多月，回国后发表了多篇访美散记，反响很好，访美作家代表团的冯牧团长提出，请丁玲同志谈谈访美观感以及出国访问的注意事项。丁玲邀请大家到家中做客，时间是晚上7点。

晚饭后我们在客厅里沏好茶水，摆好水果。丁玲和陈明8月29日从大连回来，带回一些又大又甜的巨峰葡萄，当时是稀罕的新品种，他们都不大舍得吃，也盛在果盘里。6点刚过，门铃响起，第一位进门的是个肤色略黑、身体结实的男同志，用响亮的河南口音说："丁玲同志，你好！"丁玲告诉我说："这是李准同志嘛！"我有点激动，说："我买过您写的《李双双小传》。"李准笑着说："谢谢！"李准在沙发上坐下，丁玲问起他的创作情况。……

李准穿了一身藏蓝色西装，头顶冒出汗珠。丁玲说："天气热，你就把西装脱了吧，这是在家里，又不是会见外宾，用不着那么讲究。"李准脱掉西服，里面是一件粗布白衬衣，丁玲笑着说："这才是李双双的作者嘛！"我冒失地问了一句："您的夫人是李双双吗？"李准哈哈大笑："我媳妇不是电影里的李双双，可我的小说却是以我媳妇为原型写出来的，她当过妇女队长，小说里的好多故事都是她的，许多语言、土话，都是她教给我的，她的小名就叫双双……"

接着吴强、冯牧、李瑛、张洁、蒋子龙、谌容陆续来到。冯牧和丁玲坐在客厅的藤椅上，冯牧宣布开会，他说："中国作协最近要派两个代表团出访，我带一个团去美国，光年带一个团去加拿大，这是中美建交以后，中国作协第一次派正式代表团出访。'文化大革命'把我们和外界隔绝了十多年，现在国外是什么样子，美国是什么样子，我们一点不知道，丁玲和陈明同志从美国访问回来，写了一些文章，有很多观感，我们今天是来登门求教的。"

丁玲说："今天是冯牧同志出题目，我和大家一起聊聊天。美国人开会有个规矩，一人主讲，听讲的人可以自由提问，随便问什么都行。我们今天也学学他们。我先介绍一点情况，然后你们来提问，你们看好不好？"大家同声赞成。

丁玲和陈明是1981年9月至12月，应美国爱荷华大学（又译艾奥瓦大学）国际写作中心邀请，参观、访问、写作、讲演。其间，应加拿大的大学、文学界和华侨社团的邀请，顺访加拿大十天，一切费用均由对方提供。丁玲详细介绍了在美国的活动情况，讲完了，大家提了一些问题。李准说："你们在写作中心的生活，我听着很新鲜，你们自己到超市购物，自炊自食，到外地讲演、交流，为了节省住宿费，还要住到朋友家里，倒是满有意思，但我听说这个中心的'格'不是很高，好像不是美国政府办的。"

丁玲说："你这个问题老早就有人跟我说过，有的人还劝我别去，说聂华苓那个写作中心是个民间团体，规格不高，这些也是实情。我这个人老早就不讲什么格不格了，丁玲就是丁玲这个格，何况聂华苓他们那样热情、细致、周到，我感到很满意。你们这次的中国作家代表团就属于中美两国间的作家交往，有些活动可能更方便一些。"

李准又问："美国作家能不能靠稿费生活？"丁玲说："据我了解，美国作家中能靠稿费生活的，没有多少人，他们那里也没有我们国家的专业作家制度和待遇。这次我去看了斯诺夫人，她1937年就到过延安，报道红色中国，如今八十多岁了，住在一栋又老又旧的小屋，靠一点养老金生活，没有别的经济来源，她有三十多部关于中国的手稿，可是按照美国的审查制度，一直不能出版。"

他们一直谈到十点多，冯牧看看手表，说该让丁玲同志休息了，如果还有问题，可以打电话向丁玲同志请教。

那天是我第一次见到李准。

二、李准与作家支部

以后我和李准的近距离接触，主要是在作家支部的四年。1983年5月之前，李准是临时指定的支委，1983年5月下旬，中国作家协会机关党委正式批准他担任支部副书记，书记是曾克。直至1991年李准调任中国现代文学馆馆长之前，他的党组织关系都在作家支部。

听老同志讲，中国作协在20世纪50年代就有驻会作家党支部，这些老作家大多在二三十年代就参加革命，发表作品，蜚声文坛，后来在"反右"和"文化大革命"中受到迫害摧残，粉碎"四人帮"拨乱反正以后，他们的冤案得到平反和澄清，重回北京，关系落在中国作家协会，又恢复了党支部。本来党支部不是一个行政单位，可是这十几名驻会的老作家无法安排到机关部门或报刊社，于是作家支部就成为一个党政一体化的小单位，作协机关习惯称他们为"老作家支部"。支部的成员，连同我和沙汀秘书大约十三四个人。这些老作家的平均党龄超过四十年。1983年，艾青曾经在一次支部会上依照年龄排过座次：丁玲第一、沙汀第二，都已年届八十；罗烽第三，艾青第四，都是七十三岁；草明第五，舒群第六，都过了七十；逯斐第七，曾克第八，过了六十五岁；……李准最年轻，五十五岁。这些人资历深，级别高，名气大，其中有中国作协副主席三人，全国政协常委、政协委员和全国人大代表七人。他们身体状况不好，几乎个个疾病缠身，因而他们自己戏称是"老弱病残支部"。

　　这些老作家党员们组织纪律性很强，开会都争先恐后发言，开展批评和自我批评。李准作为老作家里最年轻的党员，作为支委和支部副书记，尽力做好支部工作。有两件事我印象比较深刻。

　　有一次，舒群给他提意见，说他组织观念不强，从美国回来一个星期了，也不向支部汇报（作家支部有个不成文规定，凡外出，必须汇报）。李准接受批评，立即见诸行动，在支部会上汇报了情况。此后他一直遵守汇报制度，1984年下去深入生活，6月22日还专门给支部写了汇报信：

曾克同志并支部各位同志：

　　您们好。来河南已两个月，在豫西走了临汝、孟津、宜阳等县，主要是采访"专业户"，调查农村商品生产发展情况。农村有很大变化，但阻力也不小，新鲜事物比较多。我也写了一篇报告文学和小说。

　　我现在住洛阳郊区自来水公司张庄水厂，是借人家的房子，自

352

己做饭,因为张庄是个蔬菜队,每天新鲜蔬菜极多。

从刊物上看到创作部开会的消息,很高兴,望以后多举办些活动。

我大约七月上旬回京,还想去孟津看个社队企业,补充点材料,如身体许可,再写点东西。问候同志们好。天气炎热,望多注意身体。

1983年春天,舒群和临时代理支部书记的逯斐产生矛盾,起因是丁玲在云南写给作家支部几位党员的一封信,汇报下去的情况,在关于这封信要不要打印下发给每位党员这件事情上,舒群和逯斐意见不一致。他俩一时闹得关系很僵,支部会也无法正常召开,逯斐委屈得哭了。李准分别到舒群和逯斐家里进行调解。因为这件事牵扯到丁玲,李准又到丁玲家说明情况,得到支持,丁玲表示,在信件公开发表时,可以略去抬头党员的名字,作为致作家支部的一封信,淡化了矛盾。经过做工作,逯斐在支部会上检讨自己"老糊涂"了,造成误会,舒群也对自己的粗暴态度做了自我批评。两人和好。

为了准备这次发言,我翻阅了1983、1984年作家支部的记录本,看到李准在1983年9月17日学习《邓小平文选》、1983年11月29日学习十二届二中全会精神、1984年11月13日传达学习胡耀邦关于电影工作批示的支部会上的发言,他主要谈了以下问题。

李准多次强调作家要坚持深入生活。他说:"这是毛主席给我们的最大教育。对三中全会以来的政策,特别是农村政策,我拥护,我有十几家亲戚在农村,知道大锅饭吃不得。一个老农民说邓小平不得了,几十年的脑筋一下开了窍,共产党行了。这个我印象很深,我们得这样的民心的确不容易。我从(一九)七四年到北京,写《大河奔流》,这几年写得少,不是不行了,不是死火山,觉得要整理思想。现在有些青年作家没有生活，写出来的故事不能让人接受。"他批评"有的电影看不懂，故作高深，生活是没有的"。他说："在文学上，我是现实主义的（1983年11月29日）"；"我觉得作家就是灵魂工程师，不是，就不配当作家"；"关于社会主义新人问题，我同意舒群同志意见，我不会写悲伤的、伤痕的"；"《牧马人》里的李秀芝就是个小姑娘，不懂政治，但她是爱国的"。

李准跟作家支部的老作家一样，特别喜欢谈文学创作，每当讨论话题转到这上面，就显得十分活跃。1984年11月13日，支部传达学习胡耀邦关于电影工作的批示，又谈到文学创作问题，谈到现在研究《红楼梦》的人很多，可是研究如何继承《红楼梦》的创作方法的很少，比如贾宝玉、林黛玉的心理描写。李准说："《金瓶梅》描写市井生活十分精彩，那里面光潘金莲穿的一条白衣服裙子就写得妙极了。《水浒传》里潘金莲见武松一段写得之妙，欧洲文学无法比。"丁玲说："最好成立一个什么研究会，专门研究创作和写作问题。"李准立即说："这样最好。现在每天坐在那里写文章，既要照顾开头，又要考虑结尾，很麻烦，不如坐下来随便谈好，这样互相刺激，互相启发，哪怕三言两语也是宝贵的。"他建议当时正在筹备的《中国》杂志开辟一个栏目，就叫"书话"，只谈艺术创作问题，什么形式都可以。

三、李准的三幅字

这几年，我经常去看望老作家李纳（已于2019年逝世），她家客厅墙上挂的唯一一幅字是李准写的——"芝兰性情，清丽文章"，落款处的小字是——"吾于李纳大姐三十年来同是澹泊中人，抱朴守素，终此一生，相期如约。李準，丁卯七月"。

李纳从延安鲁艺毕业，抗战胜利后到了东北，开始发表作品，新中国成立后她来到北京，参加中央文学研究所学习，在女学员中被称为"小丁玲"，粉碎"四人帮"后先后在人民文学出版社和作家出版社工作。她性情温柔、仪态端庄、气度高雅、才思敏捷、文笔清秀、待人诚恳，在作家圈里口碑很好，与冯牧、陈登科、徐光耀、关露、邵燕祥等都是很要好的朋友。她爱人朱丹长期在美术界担任领导工作，家里名人书画很多，但独独挂出李准这幅字，可见李纳对它的认可和喜爱，我们也觉得这八个字的评价，既准确，又精练，又雅致。

我有一个小本子，上面是一些作家给我的题字，其中李准写道——"兰在幽谷，不以无人而不芳。思考是一种快乐。增如同志留念。李準，一九八五，元月二日"。我跟李纳老师从资历、才华和成就上，远远不能相比，李准写给李纳的，是对她的赞美，写给我的，是对我的期望，但他两次都提到"兰"，说明他对兰花的喜爱，表明他的审美取向，更可看出李准为人行事的目标和准则：澹泊中人，抱朴守素，独自思考、孤芳自赏的深谷幽兰。他曾经在支部会上说过："我不愿担任任何职务，只想写东西。"

1995年11月25日，李准时任中国现代文学馆馆长，给我写信说，"我身体已恢复了，只是不愿更多出头露面"。那年他还送给我一幅字——"浮云游子意，落日故人情。增如同志雅正，乙亥，李准"。我去他家里看望，他说，咱们的交情是从丁玲同志这里开始的，咱们借李白的诗缅怀丁玲。他还开玩笑说："你别小看这幅字，在荣宝斋挂着，值三千块呢！"

四、丁玲两次称赞李准改编的电影

1982年春节（1月25日），由李准根据张贤亮的小说《灵与肉》改编、谢晋导演的电影《牧马人》公映，丁玲看后十分喜欢，2月1日又让蒋祖慧夫妇陪美国《人物》杂志社来北京采访她的高德惠夫妇去看了一场，3月写完《漫谈〈牧马人〉》，5月12日刊登在《文艺报》上。丁玲写道："张贤亮同志的短篇小说《灵与肉》发表后，一下子就吸引了我"，"现在，经过李准同志改编，由谢晋同志导演，它终于搬上了银幕，与广大观众见面"；《牧马人》是成功的，当然，它离不开改编，离不开原小说的底子"；《牧马人》看起来要比小说更能吸引人，有些地方是提高了"；"增加了许多原小说上所没有的，无论是环境还是人物，都很美、很动人。特别是秀芝写得好"，"她有一股劳动自立的豪气，具备劳动者的本色特征"。丁玲把《牧马人》同谢晋在一年前拍摄的另一部电影做了比较，她更喜欢《牧马人》，因为它歌颂了劳动，歌颂了劳动人民，歌颂了"许灵均性格、命运中最动人的就是受苦不在乎，我还是坚韧地站起来了"，"不是那种一打就倒，一打就跑，吃安眠药、上吊的人。这就与灰色的人生观划清了界限"。

1984年10月4日，在四川饭店举办祝贺丁玲八十寿诞聚餐会，李准也参加了。到会的大多是延安、晋察冀和全国解放初期中国作协这三个时期丁玲的老战友、老朋友，唯独李准例外，他跟丁玲从1979年之后才相识，但他敬重丁玲，他来祝福丁玲健康长寿。

1985年11月20日，丁玲住在协和医院里，病情严重，已报病危。当晚中国作协书记处书记邓友梅来电话，说明日要来探视，并告知电影《高山下的花环》在香港上映获得成功。丁玲闻听，特别高兴，说应该给作者发贺信！陈明当即代为起草，丁玲过目修改后签上名字。第二天邓友梅来探视，丁玲请他把这封贺信交给李准同志。贺信写道：

> 李准同志并转谢晋、李存葆同志：病中得知影片《高山下的花环》（《卫国军魂》）在香港上映获得成功，精神为之一振，我的病似乎好了一半。这证明你们坚持的创作路线的正确，也证明香港广

大同胞的欣赏趣味和艺术水平是很高的。这对我们从事创作的人也是有力的鼓舞和鞭策。谨向你们表示热烈的祝贺。

1985年12月26日，丁玲与刘白羽、林默涵谈到当年评选的茅盾文学奖时，说："李准的《黄河东流去》我没看过，但我想是能靠得住的，李准毕竟是个老同志，而且长期在下边，熟悉生活。"

马三和为《没有拉满的弓》所绘插图(《长江文艺》1957年第5期)。

根据李准小说《瓜棚风月》改编的电影《失信的村庄》(李澈编剧,王好为导演,1986年)剧照。

字里行间的"时势"
——研读李准

◎朱羽

一、"时势"与"文学":以李准为方法

相比于赵树理、周立波与柳青,研读李准显然更为艰难。那种企图抓住某种形式或风格进而解开社会主义经验"褶子"的方式,乍一看无法直接运用到李准身上。比如说,我们可以从"新颖"的赵树理小说技艺出发来思考革命现代性,以周立波笔下的"风景"为焦点来一窥农村集体化进程中主客体转型的踪迹,从柳青将叙述的文学语言与人物内心独白的群众语言协调在一起的努力中,触摸到赋形新人内心生活的可能

性。[1]但是李准的创作似乎缺乏那种攫住注意力的鲜明的形式要素。面对这样的作家，阐释者难免会遭遇方法论上的无措感。

不过，切入李准写作的合适方式，早已有人提示出来，而真相或许并不可爱——至少对今天的我们来说并不可爱："李准同志一直是在配合政治任务的，而且配合得好。"[2]当时批评界的强势声音即认为，李准的创作同现实结合得很紧，总是能及时地创造那些代表社会主义方向的新人物。中肯地讲，任何一位社会主义作家原则上都应具备这一特质，但无疑李准表达得特别明显与"及时"。这应该与他的写作起点有关：作家李准的诞生，与新中国第二次文代会之后的文艺导向紧密相关。[3]李准的创作由此具有一种别样的认知意义，而这也逼迫阐释者在一定程度上调整已有的阐释路径。概言之，政治任务、政策与文学的关系在此得到自觉而具体的展示；而李准文学创作的"文学性"或结晶化历史难题的能力，亦需放在这一前提下才可获得恰当的理解。在这个意义上，李准的创作反而成了一种基础性的社会主义文学装置的典型案例。因此在多大程度上能够充分打开李准的创作，也意味着在多大程度上能够找到一种把握中国当代文学的方法。

为了激活李准式写作的潜能，我尝试引入"时势"概念。这一古典概念在汪晖的解释中，意味着儒者对历史断续的理解，以及对于天理之

---

[1]关于赵树理小说所展示的革命现代性特征，可参看贺桂梅：《村庄里的中国：赵树理与〈三里湾〉》，载《文学评论》2016年第1期。关于周立波笔下的"风景"问题，参见何吉贤：《"小说回乡"中的精神和美学转换——以周立波故乡题材短篇小说为中心》，载《文艺争鸣》2020年第5期；朱羽：《"社会主义风景"的文学表征及其历史意味——从〈山乡巨变〉谈起》，载《文学评论》2014年第6期。关于柳青文学叙述的特征分析，参见贺桂梅：《"总体性世界"的文学书写：重读〈创业史〉》，载《文艺争鸣》2018年第1期；朱羽：《柳青的"抵抗"》，陕西师范大学文学院编：《长安学术》第12辑，高等教育出版社，2018年版，第25—29页。
[2]为群：《新中国妇女的颂歌——谈李准同志的三篇小说》，载《人民文学》1960年第6期。
[3]李准：《培养文学上的接班人》，载《长江文艺》1956年第4期。李准在此文中明确提及自己是在第二次文代会后参加到作家队伍里的新兵。

时间特质的把握。所谓"势",尤指"支配物质性变化的自然的趋势或自然的力量","这种自然的趋势或自然的力量固然总是落实在促成其自我实现的人物、制度和事件的身上,却不能等同于物质性过程本身"。[1] 亦有治中国哲学者认为"势"的概念既涉及特定的行动背景,也体现了现实存在的普遍内容;既基于当下,也展现了事物的未来趋向;既包含与行动直接相关的方面,也兼涉间接影响行动的因素;既内涵必然之理,也渗入了各种形式的偶然性;由此展现为具有综合性和系统性的实践背景。[2] 此种古典概念当然无法化约为历史唯物主义视野中的"第一自然"与"第二自然",或列宁所谓的"形势"以及葛兰西笔下的"力量对比",但并不等于不能在此做一番"翻译"。"时势"概念,尤其是"势"的概念,包含着重新组织所谓历史规律、政治理想、集体实践与主体决断之间的辩证关系的可能性。后设地看,如果将中国社会主义革命与建设的政治理想视为"天理"一般的存在(或至少处在此一位置之上),那么,历史实践的展开本身即为时势。而社会主义文艺工作者的表达,更是深刻的时势的产物,每时每刻彰显出关联着"理"的权衡与决断。这一概念有助于打破将李准的作品理解为"遵命文学"或追随政策而进行的简单复制的误区,从而敞开一种对于文学创作能动性的新理解。"时势"概念的优势,正在于能把政治理念、政策及其落实以及人的改造皆囊括在内,进而凸显出历史断续的辩证法。

李准的写作给人最为直接的印象或可表述如下:他非常主动地将具有普遍化潜能的实践经验处理为叙事要素,以此方式使自身的写作成为时势的一部分。比如《李双双小传》的核心事件"办食堂",就关乎"大跃进"时期公共食堂的兴起以及相关政策推动;特别是河南经验一

---

[1]汪晖:《现代中国思想的兴起 上卷 第一部 理与物》,生活·读书·新知三联书店,2004年版,第57页。
[2]杨国荣:《说"势"》,载《文史哲》2019年第4期。

度得到中央肯定,《李双双小传》几乎一一再现了上述经验的诸多要点:改革炊具、讲究卫生、清洗食堂人员中的不纯分子、强化领导力量(领导积极介入)等。[1]但需注意的是,虽然政策-事件(以实践形态展开的政策)可以为文学人物行动设置某种边界,人物的行动、性情与性格特质却无法从政策-事件中完全推导出来。毋宁说社会主义文学人物系统的铸造拥有一种相对独立的操作方式。从李准创作李双双形象的准备工作中就可以看出,"李双双"的最终成形,是他对几次下乡落户时了解到的不同先进妇女形象进行整合的结果:如贴"小纸条"的龙头村妇女队长、与多占工分的落后妇女吵架的小组长、自告奋勇述说自己事迹的女炊事员、揭发落后妇女而遭报复的女共青团员、因公不因私而推荐自己丈夫的女会计、帮人打离婚官司的妇女社长。[2]人物形象所承载的时间线索,与政策-事件的时间线索之间,并不是完全平行的。在此意义上,人物形象具有一种相对的自主性,并不一定随政策事件的改变而速朽,这也就解释了为何李准能在20世纪60年代初迅速将"办食堂"的小说改编为"评工分"的剧本。

由此看来,所谓文学中的"时势",或许包含以下三个层次的问题:第一,政策方向与更为具体的政策-事件成为叙事前提或直接化作情节。第二,人物形象尤其是人物之间的搭配——比如李准所喜用的"夫妻档"家庭冲突成为新旧斗争的微缩化表达——与更为持久的社会主义革命相关,也与生活世界的变动轨迹有关。第三,人物行为与内心的边界、叙事的边界也反过来测度出社会主义政治与伦理的边界——"理"的历史世界的边界的浮现,以及"时"之真正转型的征兆。也就是说,

---

[1]《中共中央对于加强公共食堂领导的批示(1960年3月18日)》,中共中央文献研究室编:《建国以来重要文献选编》第13册,中央文献出版社,1996年版,第80—88页。
[2]李准:《我喜爱农村新人——关于写〈李双双〉的几点感受》,载《电影艺术》1962年第6期;李准:《向新人物精神世界学习探索——〈李双双〉创作上的一些感想》,载《人民日报》1962年12月16日。

作为整体的"时势"，自身包含着多重时间特质，在这里至少呈现出三种不同的变化节奏。更为重要的是，时势本身是一个断与续、变与不变相交织的进程。李准的写作不仅关联着第一层的政策的时间性，也关联着第二层的人物变化的时间性，更因为他的文学生涯贯穿了20世纪50年代至80年代，因此也触及了第三层即时势之内乃至时代之间的辩证断续。

从上述视域出发，我尝试择取李准在不同的"时势"中创作的几个文本展开分析："双百"时期的《没有拉满的弓》（1957）、"大跃进"时期的《李双双小传》（1960年《人民文学》、1961年小说集两版）、"大跃进"结束后的剧本《李双双》（1962）与农村改革初步完成时期的《瓜棚风月》（1985）。从可资比较的抽象主题要素来看，这些作品都涉及基层农村集体单位中的劳动与物质利益问题；同时也呈现出历史进程中的数种"自发性"[1]，以及几种可资比较的个体与集体的关联方式。因此，本文也是将这些既有关联又有差异的文本，视为一部不断将时势吸纳在内的总体作品。李准创作的形式感，将在字里行间的时势中彰显出来；而当代文学顺势而为的基本机制也将同时得到展示。

二、《没有拉满的弓》与"社会主义经济人"的寓言空间

《没有拉满的弓》原刊于《长江文艺》1957年第5期，1981年李

---

[1] 在社会主义文化语境中，"自发性"与"自觉性"构成一种重要的对举关系，也是一种提升的关系。"自发性"往往指向的是未经革命政党介入的群众意愿及其表达，而"自觉性"则是指受到革命理论洗礼、革命政党领导后的状态。因此，"自发性"往往关联于群众旧有的思维与行动习惯，本文中所要讨论的"算计"的自发性即可归入此一系列。但在马克思主义者眼中，群众的自发性中亦蕴含着巨大的革命潜能，"自发势力"在某些语境下并不是一个贬义词，反而关乎群众的创造力以及他们迎向新事物的积极性。本文论及的某些案例亦与此一相对褒义的自发性相关。

准将之编入自己的小说选集（更名为《冬天的故事》），可见他对之颇为重视。此篇作品与《芦花放白的时候》《灰色的帆篷》都可算作"双百"时期的产物，但似乎未受到当时的评论界重视，甚至连批评也没沾到什么边。[1] 的确，与《芦花放白的时候》《灰色的帆篷》相比，《没有拉满的弓》虽然笔头也流露出讽刺与批评，却更少"干预文学"腔调，反而承续着李准更早时候农村书写的基本"问题"感觉（如《冰化雪消》）。略做一些横向爬梳，便能发现李准依旧以20世纪50年代中期的农村基本经济政策为叙事前提，特别是1956年9月《中共中央、国务院关于加强农业生产合作社的生产领导和组织建设的指示》中强调的发展副业对于巩固合作社的重要性。[2] 搞好副业成为情节发动要素，或多或少与此相关。更为关键的是，1957年上半年中共中央关于"民主办社"的要求——其中"社和队的决定要和群众商量"[3]——一条尤为重要，或可看作是小说直接秉承的政策精神，亦成为情节矛盾展开的思想依托。这也是"双百"时期的民主化取向在此篇作品中的具体呈现。在这一严格意义上的语境线索之外，小说显然还关乎如何教育群众与发动群众这一更为恒久的政治文化议题。这也就涉及了对于20世纪50年代基层合作化组织中的干群关系的反思。但更有意味的是，这部小说启用了一种实验性的叙事策略，展示了某种颇成问题的人性理解对于干群关系的损害。

《没有拉满的弓》的主要人物是十七年文学中相当少见的一种类型，或可暂且命名为"社会主义经济人"。此种形象的基本特征为：在

---

[1] 洪子诚在《当代文学概观》中则有一小处提及《没有拉满的弓》，参见洪子诚等：《当代文学概观》，北京大学出版社，1980年版，第267—268页。
[2]《中共中央、国务院关于加强农业生产合作社的生产领导和组织建设的指示（1956年9月12日）》，《当代中国农业合作化》编辑室编，黄道霞等主编：《建国以来农业合作化史料汇编》，中共党史出版社，1992年版，第402—404页。
[3]《中共中央关于民主办社几个事项的通知（1957年3月15日）》，《当代中国农业合作化》编辑室编，黄道霞等主编：《建国以来农业合作化史料汇编》，中共党史出版社，1992年版，第424页。

社会主义集体框架内将人际关系化约为基于需要的经济交换关系。[1]主人公五里台高级社副社长陈进才在社员群众口中是个机灵人、能干手，他的威信来自对于经济活动不可思议的把控能力（"曾经给社里买过七个牲口，没有一个不是便宜几十元到一百多元"[2]），县委蓝书记称他为"一根钱串儿"[3]。他对于任何可以转化为钱的东西极为敏感。正社长炳文在他眼里虽然直爽厚道，但却"太老实，不够机敏"[4]，甚至有点婆婆妈妈气。

叙事的实际展开是在农历十月，地里农活较少，农民相对空闲，腾出了足够的空间进行副业活动与商业交换。而社里一把手炳文赴地委党校学习，则给了陈进才的算计理性与治人方法以充分的"实验"空间。陈进才拥有经营农副业的惊人本领与"管理"社员的狡黠手段，对付年龄不同、脾性各异的社员，颇能分而治之。小说第一小节的"取钱"场景即是此种"人学"的展示。陈进才有着一种很少呈现于社会主义文学叙事中的超乎常人的"投资"眼光，与供销社、银行营业所、土产公司的干部混得极好，他消息灵通，对诸种业务皆有兴趣。陈如此"能干"，小说进展到快一半时，眼看着就要将"弓"拉满了：在社务委员会上，陈进才通报了"已经有十三种副业可以搞"，"从磨豆腐说到养猪，从养猪说到做木器家具，最后一直说到做变鸡蛋，做麦芽糖"。[5]

但他的跌落也正在此刻。在炳文的视点中，陈的毛病被一一拎出：爱用小聪明，学习很少，不相信群众。陈对于"人"的预设极低，对于身边的帮手也要反复考验，生怕他们有私心；同时，对于任何动员

---

[1]关于传统的经济人概念，参见[法]米歇尔·福柯：《生命政治的诞生：法兰西学院演讲系列，1978—1979》，莫伟民、赵伟译，上海人民出版社，2011年版，第200页。
[2]李准：《没有拉满的弓》，载《长江文艺》1957年第5期。
[3]李准：《没有拉满的弓》，载《长江文艺》1957年第5期。
[4]李准：《没有拉满的弓》，载《长江文艺》1957年第5期。
[5]李准：《没有拉满的弓》，载《长江文艺》1957年第5期。

性的、具有一定政教意味的"开会",则抱有厌恶。这与他对于人性的理解相关:"社员们要的是什么?是工分,是钱,是粮食。他多做十分,他就能多分,他不做,就没有。"[1]这种近乎理性经济人的预设,充斥在陈进才这位"改革式"管理者的脑海中,也成为他开展工作的基本前提。针对此点,小说后半部分启用了一种相当戏剧化的反噬逻辑。一旦陈进才想只通过利益与奖惩来"卡"社员群众,群众就可以将这种算计逻辑释放到溢出五里台高级社的程度:所有人都奔着更有利可图的活儿去,比如割干草卖给运输公司而不参与社里组织的副业劳动。最具反讽性的场景是:当陈进才少见地给运输公司戴了政治"帽子",而后者不得不与农业社签订代收干草合同时,依旧没有一个人来帮社里整烟叶,"因为有人说城里胶轮大车要干草,运输公司将来总得来收,有很多妇女就把干草放在家里"[2]。

陈进才对群众自发性的预判及其最终的失控,形成了一种高度寓言化的叙事结构。然而有趣的是,作者的叙述口吻却始终在讽刺与不过度批判之间摇摆,即一方面用"没有拉满的弓"的寓言,将陈进才的做法问题化;另一方面又在诸多段落里凸显陈进才并不自私(对自己的家庭没有特别照顾,也颇能以身作则)。叙述者数次强调他一直在意的是搞好集体,比如一开始点出的那只为了方便边吃边办事而到处端着走的"大碗"。让人好奇的是,陈进才一心为集体的动力何在?小说里有一些暗示:每当他为合作社节约下开支或为社里的副业发展找到门路后,总会从心里浮现出高于所有其他社员的得意。这种隐秘的优越感建立在陈进才的经济才能之上,他仿佛觉得自己才是这个集体唯一的主人。在陈进才眼里,其他人都是"经济人",只有他讲"社会主义"。但此种"社会主义"实质是一种变相的优越论或等级结构。李准对于陈进才动机的

---

[1]李准:《没有拉满的弓》,载《长江文艺》1957年第5期。
[2]李准:《没有拉满的弓》,载《长江文艺》1957年第5期。

纯化，使之具有了寓言性。陈进才也确实表现出了寓言式人物一条路走到黑的偏执特点。作为正确观点发表者或者说政教题旨暗示者的社党分支书记银柱多次提示他去发动群众，稍有头脑者都会采纳这一扭转颓势的方法，但陈进才却没有。

然而，作者也不愿意使小说过分流于寓言化。他启用了一种以后反复出现的"夫妻档"人物搭配。甚至可以说，陈进才的妻子、第三队妇女队长玉梅颇有后来李双双的影子。小说用不少笔墨描摹夫妻二人的情感关系，这样一种对于日常现实较为严肃的模仿，使人物不致被拖入滑稽讽刺的境地。这就是《没有拉满的弓》所展示的歧义性：一方面以寓言化的方式构造叙事与人物，将陈进才的品性极端化，使故事呈现为不可控的反噬过程；另一方面却又不愿意让陈完全陷入反面人物的境地。

李准为何对陈进才留有余地？这是溢出显见主题之外的关键问题。陈进才与乔光朴（蒋子龙《乔厂长上任记》，1979年）在某些地方十分相似。缺失一种更为现代、更聚焦于人心的管理术，成了更为激进的改革者批评乔光朴的基本措辞。[1] 但陈进才若"进化"为更懂得"情感"动员的管理者，就能催生出良性的干群关系吗？答案恐怕是否定的。因为陈进才隐秘的优越论依旧无法得到处理。正是在尝试动摇这一优越论等级的意义上，李准的叙事与改革时期关于管理的思路极大地拉开了距离。

小说本身隐约提供了另一种可能性。通读全篇，一个现象十分刺目，小说没有用阶级来划分人群。阶级话语的缺席在此具有一种叙事上的必要性，是陈进才管理实验得以成立的前提。而在小说末尾，炳文对"政治经济学"的兴趣，似乎意味着阶级视野的真正来临。因此，《没有拉满的弓》也是一次不以阶级斗争而以经济建设为中心的叙事实验，是

---

[1] 对于乔光朴管理方式的批评，参见鲁和光：《谈现代管理科学——从两本小说谈起》，载《读书》1983年第1期。

一篇单纯"见物"式管理之不可能性的寓言,也宣告了"社会主义经济人"内在的矛盾及其破产。但在陈进才与群众相互算计的情形之外,在小说末尾,还出现了一群"觉悟高"的无名社员,他们自发地来看望病中的陈进才,并表达出对于集体的关心。就在炳文"政治工作是一切工作的生命线"[1]话音刚落,他们便到场了,表达出另一种"操心":"平常倒不觉得,进才害了病,我担忧起来。说的是社,其实和自己家一样,要说比家还重要。你想,地、牲口、我这几口人的嘴都交给社了,也就是说把命也交给社里了,谁不操心哪!"[2]听到这些,进才"忽然伏在被子上哭起来"[3]。这一场景明明白白地呼应了青年银柱对进才的批评:"你认为群众就不会有积极的一天了,就得和他们玩手段,比心眼!这是合作社,有人家一份。他们是给自己干,不是给别人干。"[4]当时陈进才的反应却是一气之下想撂挑子,因为他觉得银柱贬低了自己的能力。但此时,"给自己干"的社员在场,才真正触动了在经济上遭到重大挫败的陈进才。当社员们自己表达出"社是我的社"时,陈进才的"经济人"思路才会趋向瓦解,他那种高于其他社员的优越论才会被松动,因为这种优越论所以觉得只有自己有资格代表集体的幻觉才有了消散的可能。

小说以此种方式结尾,宣告了一种净化、纠正的可能,也暗示陈进才在领导集体生产上依旧可发挥作用,从而有了成为"新人"的可能。李准最后的叙事选择——那群无名社员动情的表态,而非炳文单纯的政教言辞——也表达出作者对于问题核心的把握:社是大家的;政治无法脱离经济,经济里蕴含政治。但是《没有拉满的弓》点出却无法在个别

---

[1] 李准:《没有拉满的弓》,载《长江文艺》1957年第5期。
[2] 李准:《没有拉满的弓》,载《长江文艺》1957年第5期。
[3] 李准:《没有拉满的弓》,载《长江文艺》1957年第5期。
[4] 李准:《没有拉满的弓》,载《长江文艺》1957年第5期。

叙事中回应的更大的问题是：杂糅了物质鼓励与政治措辞的"教育"，同实际的管理术之间，究竟能达成何种良性的关系？"见人"与"见物"究竟如何共存？如果说社会主义经济人在叙事上必然会遭遇自我瓦解的僵局，那么政治、伦理与经济之间究竟应该达成何种有效的联通与互动而不至于滋生单纯的算计心与建基于能力之上的优越论？这是《没有拉满的弓》中显现的历史难题。当然，很快，小说的许多叙事前提将不复存在，特别是1958年城乡户籍管理制度实施之后，在叙事上，许多群众的相对落后的"自发性"将事先被抑制住，而这也将变换文学本身的色彩。但无疑，《没有拉满的弓》对于干部、群众心性的刻画，创造出了一个溢出政策事件乃至人物系统的寓言空间。

三、时势中的"李双双"

与《没有拉满的弓》所诞生的时势不同，《李双双小传》能够出现，无疑得益于大办公共食堂的契机。但李双双形象之所以成立，源于李准20世纪50至60年代几段颇为深入的落户生活，特别是他在登封县金店公社马寺庄几乎亲历了整个"大跃进"过程。李双双的诞生还呼应于1960年"三八"国际劳动妇女节五十周年纪念，刊载《李双双小传》的那一期《人民文学》同时发表了《种子》《一点红在高空中》《孙孙的名字》等歌颂劳动妇女的作品。从李准的创作谱系来看，对于"新妇女"的关注早有踪迹。[1] 但是，1960年第3期《人民文学》版的《李双双小传》与更早时期的作品相比，更为彻底地将时势内化为一种叙事，将三重主题容纳在一个文本之中。

一是妇女解放，特别是"大跃进"条件下的"跃出"。在这个序列

---

[1] 李准：《河南一农村》，载《人民日报》1954年11月22日。

里，曾经没少挨喜旺打的双双获得了"正名"的机会；她努力学习文化，尝试走出家庭，摆脱落后丈夫的束缚，这些都联通到了之前的文学传统上（如赵树理的《孟祥英翻身》）。1961年茅盾对于此版的读法便主要着眼于此序列，他点出小说开头"脱胎于"《阿Q正传》无法为主人公命名的情状，而且尤其看重小说前半部分的回叙，认为写出了妇女地位的变化。[1]而小说第二小节确实交代了双双的"脾气"是逐渐变大的。

二是"大跃进"技术革命、"文化大革命"。如小说最后一节聚焦于双双、桂英等改造孙有的水车，进行"炊具机械化"实验，包括调到养猪场的喜旺吹着唢呐驯导小猪。这些较为奇观化的"大跃进"情景在1961年小说集版中被大量删减。

三是社会主义文艺始终关注的公私斗争与思想改造议题。首先是富裕中农孙有及其儿子金樵的落后举动被归结为阶级本性使然，此版有一句话"不会上那些富裕中农和坏蛋们的当了"[2]尤可注意。个别的落后人物不但与李双双形成交锋，而且私藏水车败露后"群众纷纷起来和孙有展开了辩论"[3]，而金樵怀疑红薯能变出花样的"促退派"思想也立即遭到气愤的群众的批评。在这里，群众一改《没有拉满的弓》中落后的自发状态，变成助手般的自觉的形象。[4]其次，改造喜旺成为新旧转型主题更为重要的表达，但《人民文学》版在表现喜旺"转变"时显得缺少过渡，关键还是那张由匿名群众写就的"大字报"发挥了作用——

---

[1]茅盾：《一九六〇年短篇小说漫评》，载《文艺报》1961年第4期。
[2]李准：《李双双小传》，载《人民文学》1960年第3期。
[3]李准：《李双双小传》，载《人民文学》1960年第3期。
[4]但需注意的是，1961年出版的《李双双小传》小说集所收录的版本（文末标注："1960年8月31日四次修改"）明显弱化了阶级对抗，比如"不会上那些富裕中农和坏蛋们的当了"被改为"不会上有些落后思想的人的当了"。批判孙有的群众大会被删去，且使金樵更早地消失而以喜旺来代理这出关于红薯的辩论。参见李准：《李双双小传》，作家出版社，1961年版，第32页。

揭穿孙有拿捏喜旺弱点而揩油食堂："初上来人们还在风言风语地估猜，后来就有人干脆在食堂贴出了'大字报'。喜旺是个胆小的人，一见'大字报'，先吓了一跳。"[1] 在经受双双一番批评后，喜旺主动去写"大字报"进行自我批评。不过，喜旺的转变之所以"顺"，恐怕也关系到阶级性判断（"他原也是个贫苦出身"[2]）。广义的思想改造尚有第三个面向（虽然小说表现得还比较模糊）。李双双的直来直去、见不得人占集体的便宜，与喜旺的随和、胆小、迁就之间的对照，引出了一种新的乡村伦理关系的构想。其实，《没有拉满的弓》在反思干群关系的同时，已触及了集体内部应该形塑何种人际关系的问题，而《李双双小传》里尤为凸显的，则是对于原有以血缘、亲疏（喜旺与孙有是本家）为基础的人际关系的替代，即强调人的集体身份的优先性。

正因为有这三重主题序列，"李双双"在时势变换中成为一个"可写"的文本。1961年小说集版最重要的情节变动出现在最后三节。李准有意拉近李双双与喜旺之间的叙事距离：将原来喜旺、双双分别在食堂与养猪场搞"技术革命"，改为两口子双双进食堂；在第八节中放弃了对于孙有水车的"征用"，且将快速摊煎饼的煎饼灶发明权匀给了喜旺（《人民文学》版中是双双发明了这种煎饼灶），因此既稀释了技术革命的浓度，也弱化了妇女解放的面向。特别值得注意的是，1961年版将喜旺的转变过程拉得更长，凸显出一种落后者与先进者之间的激励机制。煎饼灶的发明正起源于这场新增的对话：

---

[1] 李准：《李双双小传》，载《人民文学》1960年第3期。
[2] 喜旺的阶级定位在《李双双小传》中以一种未加点破的方式发挥着作用，而剧本《李双双》则把这一点明明白白表述出来，在双双与公社刘书记的对话中，她主动区分了喜旺与孙有的阶级属性："孙有可不一样，这个人鬼主意太多，他不是无产阶级，我们家[那位]是无产阶级。"参见李准：《李双双》，载《电影文学》1962年第12期。有趣的是，剧本虽然彰显了阶级身份的差异，却在叙事中对孙有更加留有余地，尤其是电影版还直接呈现了孙有一家最终的转变，喜旺的无产阶级属性也不再是转变的显见动因，双双与喜旺之间的情感－教育关系成为关键点。

喜旺说:"你看你如今县里也去开过会了,报上也登过了,广播里三天两头表扬你,我只能拉马缒蹬,永没有出出头那一天!"

双双听他这样说,扑哧笑了。原来喜旺也想"跃进跃进"呢,可是他这个看法却不对。双双就对他说:"我去开会,是代表咱们孙庄食堂去的,这里边也有你一份。再说去开会是为了交流经验,改进工作,怎么能算出出头?你真是想要去'出出头',这个会还不敢叫你去开呢!"她这么一说,喜旺脸红了。双双急忙又说:"什么事情,不能从个人想起,要为大家。你只要好好劳动,想办法把群众食堂办好,不要说县里,省里,北京你也能去!可是你心里就没有把食堂办好这一格,还想着要出出头,那当然不会有那一天。"接着双双又向他讲了几段劳动英雄故事。

喜旺仔细听着想着,觉得双双的话有道理。照他原来想着,如今人不为钱了,还要为个名。可是照双双讲的,这图个名也是不光彩。只能是为工作,为大伙,为社会主义。喜旺想到这里,觉得和自己结婚十多年的这个老婆,忽然比自己高大起来,他不由得嘴里溜出来一句话:

"劳动这个事,就是能提高人!"[1]

这段话显然是李准深思熟虑后添加的政教表述,不仅彻底翻转了双双与喜旺的地位,使双双真正成为喜旺的教育者与仿效对象,而且触及了社会主义之人的深层动机问题,即对物欲与功名的双重否定。"这里边也有你一份"则是对《没有拉满的弓》最后出现的群众自发的集体关切心的续写:强调在集体性前提下,任何凸显出来的个体成就总已表征

---

[1] 李准:《李双双小传》,作家出版社,1961年版,第45—46页。

着更大的集体成就，因此也是对上述新型集体性伦理关系的落实。1961年小说集版既做了减法，也做了加法，使一篇具有浓厚"大跃进"气息的作品转变为更适应社会主义思想改造议题的文本。

相比于小说，电影剧本版《李双双》的故事无疑流通更广。[1] 据说，电影摄制组1961年夏天到河南林县体验生活时恰逢"食堂要散"的大势，本来准备好的"办食堂"剧本不能用了，但李准十分顺利地将核心事件替换为"评工记分"。[2] 这一替换也是顺势而为。由此而言，《李双双》剧本无疑是一个回退的文本，这从"工折"这一细节就可见出。小说一开始仅仅处于从属性叙事地位的"劳动日"与"工折"（"在高级社时候，很少能上地里做几回活，逢着麦秋忙天，就是做上几十个劳动日，也都上在喜旺的工折上"[3]），在这里成为组织叙事最为核心的政治经济学要素。发放工折这一事件，成为新的叙事开端。因而也就不难理解，小说鲜明的时间标志（1958年春节后）被剧本模糊化了。那个自发要去修渠并受到挑灯夜战的集体劳动感染的双双，变为冷静地思考如何使更多劳动力出工的双双。这样就将原本更为激进的妇女解放及技术革命议题，转换为按劳分配原则基础上的制度设计议题，将对李双双主人翁式劳动姿态的热烈赞扬，转换为对劳动者残留私心的批判。此种"回退"在"广播"的缺席中亦可得到见证。在《小传》里，正是广播里的通知激励着双双展开更为积极的行动。在小说里，广播的不同内容分别对应于公共传播（双双爱听新闻报告）与私人闲暇活动（喜旺爱听梆子戏），但剧本却将这一个体性与公共性的联结媒介略去了，而用剧

---

[1] 就笔者目力所及，1962年以后，在电影剧本情节基础上所作的各种文艺形式的改编包括：赵籍身、杨兰春：《李双双》（豫剧，1963）；高琛：《李双双》（评剧，1963）；邵力：《李双双》（话剧，1964）；陆仲坚改编、贺友直绘：《李双双》（连环画，1964）；浙江省曲艺队集体改编、施振眉执笔：《李双双》（评弹，1978）。

[2] 姜忠亚：《活力的奥秘：李准创作生涯启示录》，中原农民出版社，1989年版，第149页。

[3] 李准：《李双双小传》，载《人民文学》1960年第3期。

团下乡演戏的方式，把喜旺的私人趣味直接转化为一种集体娱乐活动。这样一种弱化宣教的做法，与"政治挂帅"措辞的消失，构成了富有意味的呼应，再次证明了叙事重心的转移。

叙事的政治经济学基础的变动，带来了风格转换的要求。剧本集中体现了这样几种变化：一是通过重组桂英形象，以及引入她与二春的恋爱事件，带出了农村知识青年出路何在的政教议题，其成功的先例即《朝阳沟》。此外，桂英被设置为孙有之女，在一定程度上用代际对抗取代了阶级对抗，模糊了原本泾渭分明的阶级区分。二是重组金樵的形象，并增加其妻——落后妇女大凤——的改造情节。这一方面使落后干部及其改造的问题复归，另一方面大凤的改变也呼应了一个农业合作化文学叙事常用的装置——用劳动来改造落后妇女，使之从"对手"变成"帮手"，这在周立波《山乡巨变》里的张桂贞以及后来《艳阳天》里的孙桂英身上都可看到。三是李双双夫妻关系得到了浓墨重彩的表达，特别是强化了"深情"[1]，也是最关键的。从1961年小说集版拉近双双与喜旺的距离开始，李准便在构造一种密度更高的夫妻关系叙事。李准曾回忆自己是逐步发现了双双与喜旺关系的重要性：

> 我进一步研究这个作品的主题，研究双双和喜旺这两种性格冲突的本质，我发现了使我自己吃惊的东西，这个主题上还蕴蓄着更加重大的东西，那就是这一对普通农民夫妻中的关系变化，反映了我们这个社会的变化。……沈浮同志听了很兴奋，又和摄制组同志们帮助我们设计了那几场双双和喜旺中间反复的"拉锯"斗争的

---

[1] 剧本不但用了"深情"这一字眼（"双双走过去，夺过包袱，深情地看着喜旺……"），也多次提到双双对喜旺充满感情的注视。如"喜旺向门外一看，发现双双站在车院门口，瞪着两只水灵灵的大眼睛，嘴抿得紧紧的，在期待地望着喜旺"。参见李准：《李双双》，载《电影文学》1962年第12期。

戏。[1]

在《李双双》的剧本中，喜旺几乎与双双在叙事上拥有了平等的地位，或者说两人被结合成一个叙事单位。李准曾明确宣布喜旺也是"农村新人"[2]。这种新风格的起源究竟何在？或许我们可以将剧本叙事要素划分为两个大的序列：第一个序列是评工记分制度及其完善。当双双发现落后者单纯为了工分而劳动，不讲究劳动质量时，想到的是还得再变变制度。双双劳动自然不是为了赚工分，但受"时势"影响而形成的叙事逻辑决定了双双会通过完善工分制度来限制落后者。第二个序列即婚恋、情感序列，突出特点在于对家庭情感的强调。甚至在电影版中，喜旺第三次"出走"——去教育金樵时落泪，也是因为"我对不起你双双嫂子"。评工记分制度化与夫妻-家庭深情化达成一种结构性的互补关系。小说版公共食堂以及相关的制度设计（如福利院、托儿所乃至"大跃进"时期一度流行的"十三包"设想），客观上会改变旧有的家庭生活习惯，乃至重塑人们的伦理感觉与情感态度。但是评工记分及其制度增补，却无法从根本上改变人们固有的心性与习惯。正因为按劳分配本身的不稳定性，才会有1958年的相关论争。[3] 由此，家庭与恋爱要素，夫妻之间的情感强化（"先结婚后恋爱"）可以视为对无法及时到来的根本性文化变革的叙事填补。

正是在"大跃进"落潮之"势"中，李准最终将所谓的"重大发现"落实为一种伦理－美学。双双与喜旺的反复拉锯，引出的是《李

---

[1] 李准：《向新人物精神世界学习探索——〈李双双〉创作上的一些感想》，载《人民日报》1962年12月16日。

[2] 李准：《我喜爱农村新人——关于写〈李双双〉的几点感受》，载《电影艺术》1962年第6期。

[3] 关于"按劳分配"的论争，参见朱羽：《社会主义与"自然"——1950—1960年代中国美学论争与文艺实践研究》，北京大学出版社，2018年版，第372—380页。

双双小传》已经暗示出来但湮没在其他意义序列之中的新"情理"议题。双双是"情理不顺"就要管,针对孙有、金樵的"私",敢于扯破面皮积极介入;而喜旺则是"老几辈都是好人",不敢得罪人,金樵的干部身份外加发小身份尤其成为障碍。电影实际完成版可以说更为强化"情"的面向。尤其是上文提及的喜旺劝说金樵,话音落在"对不起你双双嫂子"上,高度煽情的瞬间凸显出的是喜旺转变的完成。他的悔意证明了双双的"新情理"已经入了他的心。同时,因为喜旺没有完全变成另一个双双,也可以说在很大程度上保留了自己的个性,因此,双双那种情理不顺就要管在喜旺这里得到了一种软化或者说下降,反使之更具现实性与共情感。因此,再次"恋爱"塑造出一个伦理单位,且尝试通过这个单位扩展出一种集体伦理关系,这是对评工记分制度更为积极的情理增补。喜旺同双双的情感,与新旧情理之间的转换构成互动关系。因此,家庭这一基本伦理单位在电影剧本《李双双》中不可或缺,但李双双与喜旺的家庭又绝非传统的乡村大家族而更像是城市中的三口之家。电影中的李双双与喜旺只有一个女儿小菊,电影对喜旺与小菊之间父女情的精心呈现强化了家庭单位的分量,也使电影有了一种超越农村情境的普遍指向。

从《李双双小传》到《李双双》,三重主题的交织转变为两种主题的共振,甚至妇女解放的面向也让位于家庭成员间的情理之争。如果说《没有拉满的弓》凸显了经济在场而政治缺席,那么《李双双小传》则是用"政治挂帅"来重构伦理与经济,但剧本《李双双》却以伦理来牵动政治与经济,由此形成了叙事中心从经济到政治再到伦理的转变轨迹。李双双与喜旺的美学形象之所以成立,恰恰是时势变换所致,是评工记分制度所无法涵盖的政治-伦理维度的内在要求。

四、"法""权"缝隙中的《瓜棚风月》

《瓜棚风月》与《李双双小传》等前三十年文学书写的可比性，首先建立在一种看似否定性的关系之上，李准的创作从早先及时的顺势而为，变为需要艰难地去体认与赋形新的时势。《瓜棚风月》是李准改革时期为数不多的能够接续上述农村书写的小说，但似乎并没有在1985年发表后引发什么反响，零星的提及者也以为它不甚成功。[1] 引发注意的，反而是由此篇小说改编的电影《失信的村庄》（李澈编剧，王好为导演，1986年）。在20世纪80年代中后期浓厚的新启蒙氛围中，电影改编在影像方面进行了一些吻合于新启蒙意识形态的处理。摄制团队放弃了李准所建议的外景拍摄地点——"具有江南秀色的南阳地区"，而选择了古都洛阳附近的乡村，以豫西的天井窑院、出水窑院为人物活动的重要空间场所，"古拙而浑厚，在视觉上给人一种封闭感"，"配之以很深很窄的院落、黄土沟壑、古刹以及淹没在庄稼地里的巨大的宋陵石刻，都造成一种古老的历史感"。[2] 此外还特地三次展示黄河，"在影片的首尾都用了一组奇异的黄河泥沙积淀的特写"[3]。果然，当时的评论对这种影像表达产生了符合创作预期的共鸣。有评论者兴奋地指出：村庄民宅建在凹地上犹如坐井观天，与高墙夹道一起象征着深受封建思想和小农意识束缚的农民的狭小眼界。取之于古都洛阳附近农村的实景，以及片头片尾的黄河淤泥空镜头，"使人联想到传统文化中落后一面的心理积淀，是何其厚重"[4]。但即使如此，这部电影也无法让当时的观众满

---

[1] 参看宝光：《失落之余的反思——〈失信的村庄〉座谈简记》，载《电影艺术》1987第4期。
[2] 王好为：《我拍〈失信的村庄〉》，载《北影画报》1987第1期。
[3] 王好为：《我拍〈失信的村庄〉》，载《北影画报》1987第1期。
[4] 高歌今：《"财神"为什么被赶走了？——评影片〈失信的村庄〉》，载《红旗》1987第6期。

意。有人指出根本问题在于李准的原作：它反映的是承包初期的问题，"到今天来看有过时感"[1]。李准似乎对"现在的农村不熟悉，没有跳出一贯的思维模式，还是善善恶恶、公与私的矛盾"，主人公丁云鹤"还是个英雄人物，而不是真实的人物"[2]。可见，从核心问题焦点到人物描摹方式，《瓜棚风月》都处在不新不旧的尴尬位置。从 20 世纪 50—60 年代那个能够"及时"配合政策来写作的李准，变成了"过时"的李准。这无疑提示出，那种使李准的创作得以可能的结构发生了变化。

此时李准的思想底色究竟处在何种光谱中，十分耐人寻味。他在 1980 年曾自述对生产责任制落实后农村的两极分化颇有顾虑[3]，但很快便确认了联产计酬责任制是一个结束有史以来人数最多怠工现象的"精灵"，而它坚定的是"人们对社会主义的信念和希望"[4]。这种改革初期对农村改革的高度认同，到了 20 世纪 80 年代中期，势必面临贫富分化以及所谓社会主义物质与社会主义精神难以同步等现实问题的困扰。有一位评论者相当粗暴的影评，反而可能点出了李准隐秘的创作动因："[下乡承包瓜田的丁云鹤]有了钱还想留下个美名，送给辛庄彩电、图书等等，这也符合时下某些'万元户'的思想境界。"[5]真正不错，《瓜棚风月》对丁云鹤诸多德行的细致描绘，仿佛让我们忘记了，他首先是一个当时先富起来的人，一个万元户。

李准的小说完成于 1984 年，回看 1983—1984 年这一时期，政策层面的措辞依旧还是强调集体经济的，但整个中国农村正处于政社分开的

---

[1] 宝光：《失落之余的反思——〈失信的村庄〉座谈简记》，载《电影艺术》1987 年第 4 期。
[2] 宝光：《失落之余的反思——〈失信的村庄〉座谈简记》，载《电影艺术》1987 年第 4 期。
[3] 见李准：《初春农话》，载《人民日报》1980 年 4 月 22 日。
[4] 李准：《一个"精灵"的出现——河南省西华县农村见闻琐记》（报告文学），载《人民日报》1980 年 3 月 21 日。
[5] 高歌今：《"财神"为什么被赶走了？——评影片〈失信的村庄〉》，载《红旗》1987 第 6 期。

巨大转型之中。[1]与《瓜棚风月》相关，当时的农村经济政策，一是提出在稳定和完善生产责任制基础上，提高生产力水平，疏理流通渠道，发展商品生产；二是鼓励技术转移与人才流动。[2]丁云鹤应是在这股潮流中下乡的。改革之后强硬的经济计划的相对退场[3]，决定了小说叙事的松弛化，自由市场要素的出现、群众算计自发性的释放，都取消了原有社会主义文学模仿－政教机制[4]的可行性，反而是双百时期的暴露－批评的叙事机制有了复活的可能，但也变了调子——出现了对于犯错群众的指认。另一方面，小说叙事虽然仍凸显了生产队、生产大队，甚至是"公社"的存在——这在小说中仅有一处鲜明痕迹，当黑墩捉奸失败后，郑仙女说出的是："你给我栽赃，咱们上公社！走！"[5]但作为集体组织架构，其政治－伦理功能已经相当弱化了。

《瓜棚风月》开篇以"拜菩萨"与"相亲"开篇，就是上述变味的证明。这里的关键是辛庄社员辛老乖只有他爹爹给的二十元钱作为相亲见面礼。借相亲介绍人他大姨的口，小说点出了辛庄人不会干副业，而干部（指大队支书张米贵）也不往上面使劲，因此穷而缺钱。"钱"非

---

[1] 农业部调查组：《总结、完善和稳定农业生产责任制情况调查（1983年9月）》，《当代中国农业合作化》编辑室编，黄道霞等主编：《建国以来农业合作化史料汇编》，中共党史出版社，1992年版，第1018—1019页。

[2]《中共中央关于1984年农村工作的通知（1984年1月1日）》，《当代中国农业合作化》编辑室编，黄道霞等主编：《建国以来农业合作化史料汇编》，中共党史出版社，1992年版，第1103—1107页。

[3]《国家农委印发〈全国农村人民公社经营管理会议纪要〉的通知（1980年3月6日）》，《当代中国农业合作化》编辑室编，黄道霞等主编：《建国以来农业合作化史料汇编》，中共党史出版社，1992年版，第921—924页。

[4] 在笔者看来，前三十年中国社会主义文学最重要的特点之一就是"模仿－政教"。简言之，文学担负着从思想上改造和教育人民的任务，而其使命的达成则倚赖人物的塑造，尤其是新人的塑造。书写先进典型，随之而起的模仿、学习与改造，构成了社会主义文学的一条"红线"。由此，必然需要使文学感知与生活行动进行有效联通，同时也会导致对于文学表达中的"过剩"与"冗余"展开反思、进行处置。

[5] 李准：《瓜棚风月》，载《人民文学》1985年第2期。

常明确地成了小说的基本叙事要素，但它不是着落于集体（如生产队的资金积累），也不是着落于经由集体中介（工分制）的个人身上，而是直接落在个人身上。倒不能说《瓜棚风月》与《没有拉满的弓》《李双双小传》完全切断了联系。小说中为数不多的正面人物，在辛庄推动种植西瓜业务的生产队长辛老灵"脑子特别好使"，这与陈进才形象颇有一些承续性。小说中最重要的女性角色，那个为下乡的丁云鹤提供食宿的寡妇郑仙女有着说不完的话，那张嘴巴也可以说继承了李双双的某些特点。黑墩这样完全负面的二流子形象在李准以前的小说里是几乎见不到的，不过张拴、洪祥之类好逸恶劳的形象或可算其前身。但实际上，李准笔下的人物系统已然发生了一次裂变。人物的意义无法再安放进前三十年的政治-伦理-经济联通结构当中，这从小说中与丁云鹤构成敌对关系的大队支书张米贵的形象上看得尤为清楚。他"二十来岁就当大队干部，从解散食堂以后当大队支书"[1]，因为九皋山水库的修成（但叙述者没提张米贵是否支援了水利建设），粮食年年丰产而成为当地广播里的名人。"米贵"这个名字使人联想到"以粮为纲"，叙述者可能在暗示他未能摆脱"文化大革命"后期的农村经济思维：一开始看不惯责任制与大包干，觉得搞副业是不务正业，又怕社员吵着没钱，只能死板地决定发展棉花。政治与经济之间发生了一种结构性偏移，张米贵形象正是这种偏移在文学上的表现。

小说中张米贵买瘸腿驴的场景让人联想起李准的《两匹瘦马》（后改编为电影《龙马精神》）里韩芒种的遭遇，但在这里是个彻底的讽刺桥段，还被村里几个小青年编了快板。这里快板的功能与《李双双小传》以及《李双双》电影剧本里的"大字报"可做比较。快板仿佛是褪去了政教负担的"大字报"，但还是具有某种监督与批评功能，虽然更

---

[1] 李准：《瓜棚风月》，载《人民文学》1985年第2期。

流于讥讽、调侃与自娱。往前追溯,"快板"早已出现在李准的文章之中。时值"大跃进"高潮,他在《遍插红旗遍地开花》一文中曾细数自己落户的河南省登封县群众文艺运动实绩,尤其点出"快板"这一传统的通俗文艺样式已成为普通语言,"夫妻吵架,群众互相批评也用"[1]。相比于有着确定历史起源的"大字报",快板似乎更为"自然"与"自发",而且相比于"大字报"对于"字"或"文"的强调,快板更凸显出难以掌控的声音的弥散力量。

张米贵对快板相当在意,可生产队长辛老灵却不是,这是一个极为重要的新因素。小说提到,当张米贵认定那个讽刺他不懂科学、盲目给瓜田追肥的快板源于丁云鹤时,辛老灵为了缓解曾经因右派身份而受到冲击的丁云鹤的焦虑,主动提出移花接木的方法:将自己名字换上去,叫他们随便传。辛老灵的"不在乎",暗示着一种新的社会机制诞生的可能。在鲍里斯·格罗伊斯(Boris Groys)看来,以苏联为代表的社会主义社会有着一种将社会所有层面语言化的倾向,因此任何批评或自我批评都显得非常刺目。而资本主义社会与之不同,它不追求语言化,而要求将一切货币化,后者总能在显在的语言与符号层面之下收获补偿。[2] 在这个意义上,辛老灵的"不在乎",已经透露出整个社会摆脱语言化逻辑以及某种"准"市场社会到来的征兆。

但丁云鹤因为政治创伤——这位铁路职工因为说了一句"读《毛泽东选集》和读《红楼梦》一样吸引人"[3] 而成为右派扩大化的牺牲品,对于快板这类批评机制依然十分敏感。他将快板辨识为曾经的政治化-语言化机制的留存。右派这一身份看似是对改革初归来者文学的呼应,但其实蕴含着更大的叙事玄机。小说第八节有一段关于丁云鹤经历的补

---

[1] 李准:《遍插红旗遍地开花》,载《长江文艺》1958年第7期。
[2] Boris Groys, *The Communist Postscript,* London: Verso, 2010.
[3] 李准:《瓜棚风月》,载《人民文学》1985年第2期。

叙为我们复原出这位万元户的前史。正因为这种颇为屈辱的右派身份，丁云鹤在1958年参加了挖河的"大跃进"工程，体验了前所未有的超强劳动（因此他如今下乡不惧身体力行干活）；在1960年困难时期被转到劳改农场，与猪为伴而发现了野地红薯；又因这红薯而得到了同宿舍老知识分子孙荫山的知识亲传，并开始进入一种痴迷的学习状态。最终他在字面上证明了"知识就是力量"，成了一位土专家。这里的丁云鹤仿佛是黑格尔所谓"主奴辩证法"结构里的奴隶：在主人忙于政治与生产斗争时，奴隶静悄悄地占据了科学的维度，最终发现了主人亦无法摆脱而不得不求诸的力量。在此意义上，丁云鹤是一位迥然不同的新人。他在以往政教叙事机制破裂开的缝隙中，充分释放出自身求知－积累的自发性与能动性。

聚焦个体必然也同时带出群体形象的问题。群众在此部小说中主要出现在如下三个场景：一是丁云鹤下乡同有意选种西瓜的农户开会，讲解种瓜的技术要求和合同内容；二是西瓜成熟后村头瓜棚下的乘凉聊天会，那"很像一台多口相声"；第三个场景则在形式上接近此前的群众大会，但会上讨论的焦点，却是张米贵召集种瓜户，决定不按合同原定的"八二开"分配，而按百分之十的比例只给丁云鹤八千多元。在此之后，小说便转入对"道德"的讨论，表现了种瓜户们的内心挣扎，他们受到传统的"失信"观念的折磨，这段情节由此弥散出相当浓厚的道德情感氛围。但是，张米贵的一句话却不可不加注意："这是立场问题！咱社员们黑汗白汗干了四五个月，叫他拿走一万多块，这算什么？这是剥削！"[1]

从叙事内容看，张米贵的发言并不真诚，他的行动表明自己根本不是那种单纯而教条的"讲政治"者：他看到种瓜有利可图，早已抛掉

---

[1]李准：《瓜棚风月》，载《人民文学》1985年第2期。

了公社的种植要求，自己也与丁云鹤签订了种瓜合同。虽说如此，但这一发言却可以从言说主体身上分离出来，成为一种幽灵般的回响。张米贵表面为集体实质为私利的虚伪作态，并不能完全取消马克思主义政治经济学的追问。更何况，张米贵言辞内在的分裂性与虚伪性，本就诞生于改革初期个体利益的正当化进程。辛庄大队的集体性已然丧失了逻辑上的优先性，集体丧失了真实的肉身，仅仅是一个个利益个体的汇合而已。在这个意义上，张米贵的言说无法逃避的"双声性"不仅是个人的问题，更是集体组织自身的裂隙的呈现。而在20世纪80年代这一时刻，剥削措辞恰恰也只能在革命公利向私利转换的瞬间才能现身，一旦法权－契约确立，剥削问题就会隐匿。

但在"经济"得到正当化的大势中，小说迅速转化了这种提问的可能性。这里的核心叙事要素是合同的遵守。丁云鹤不但代表了科学技术与生产力，而且代表了遵守契约精神的一方，辛庄的绝大多数人则为违约方。因此，是否遵守合同、守护契约精神，在某种程度上置换了"剥削"问题。可在小说末尾，县法院，那个丁云鹤所以为的"讲理的地方"——在丁的理解里，"讲理"首先需落实在合同的遵守上，却没有给他满意的处理。法院吴推事特别提道："前天赵书记还在广播上批评这个事哩，说有一个人在辛庄干了不到半年活，拿走一万多元！"[1]将"广播"与"法律"对举，无疑对应的是改革以来文学叙事中很常见的"权"与"法"的冲突，并折射出整个宣传生产责任制时期对于"平均主义"的不懈批评。最终，合同的遵守与更具道德感的"守信"牢牢结合在一起，成为叙述者施加叙事惩戒的根由。小说最后对辛庄失信村民给予了惩罚：老丁已经请不来了，去了郑州搞了西瓜基地，直送香港。

李准无疑在丁云鹤形象上倾注了很多心血，将其摆放在可媲美于

---

[1] 李准：《瓜棚风月》，载《人民文学》1985年第2期。

前三十年文学正面人物的位置之上。他传授技术，农活亲力亲为，赚得多，但也处处肯让利。特别是小说设计了寡妇郑仙女与他形成某种搭配，这种情感维度的叙事补充使丁云鹤的形象更加可爱。当然，丁云鹤与郑仙女的恋情并未真正发生，但这种情感关联有些类似《朝阳沟》那种将地方性依恋带入的机制，郑仙女之于丁云鹤或可类比于拴保之于银环。可丁云鹤最终还是"脱域"了，他消失在背景中，成为更大的未知的神秘网络的一部分。这种结局对于前三十年的农村题材小说来说是不可思议的，那个由市场所表征的无边的网络却为之提供了一种现实性。李准的态度显然比电影改编者更为复杂，至少那种呵斥小农意识与封建心理的新启蒙思路，他是有隔膜的。李准为电影最初设计的拍摄地——"具有江南秀色的南阳地区"——便是明证。他至少不准备将《瓜棚风月》抽象化为对于所谓民族文化心理的批判，反而在风景的美感上尝试接续《李双双》传统。在这个意义上，也可以说《瓜棚风月》烙印了不同时势的叠影。李准更在意的是丁云鹤这样的"新人"如何撬动已经丧失活力的集体惰性，带动地方，实现一种为社会主义服务的新方式。困难在于，经济契约与道德表达在丁云鹤身上难以真正统一，技术的独一负载者与传播者也已然标示出了一种新型等级关系，丁云鹤与辛庄的伦理联结因此只能成为一种形式上的而非实质的关系。《没有拉满的弓》里虚构的经济绝对性在这里似乎以一种彻底的方式现实化了，但那一能够将经济回收到政治与伦理之内的结构已经衰颓下去。李准最后的道德化与情感化处理，不禁让人联想到路遥《人生》最后的道德化处理。这只能被视为一种症候，是对那个巨大的时代隐痛的转移，而那以否定的方式表达出来的幽灵之声，才是时势最深层的秘密在文本中的表达通道。

五、结语

  时势的改变，尤其是计划经济向其自身否定面的转化，是造成李准的文学叙事发生变化的根本原因。但这里还需要分殊出一些不同的层面。首先是李准从学徒期即深入其中的社会主义政教机制已然呈现瓦解趋势，由经济计划的透明性与阶级区分的政治性所带来的清晰位置感都失势了。随之而来的是群众形象发生了改变，教育与改造的前提发生了动摇。如果说政策转型尚可积极跟从，那么人物形象所携带的政治伦理要素，以及时势内部诸要素不平衡的变化节奏所导致的抵牾，则需要一个较为艰难且漫长的适应、协调与转化过程，甚至可能导致文学书写之不可能。在这个意义上，《没有拉满的弓》《李双双小传》《李双双》与《瓜棚风月》不但呈现了可资比较的社会主义农村生活世界的变动，更凸显出李准式写作所发生的位移。字里行间的时势之变，远远大于政策之变，也不止于人物形象之变与美学风格之变，而是这一切的总和。字里行间的时势将提示我们历史时间内在的多质性与差异性，更能不断勉励我们在有待展开的未来中，去为那尚未实现的过去赢得机会。

转折与延续
——论李准《黄河东流去》的当代性

◎李海霞

《黄河东流去》是李准"文化大革命"后最重要的一部文学创作。作品的上部发表于1979年（《解放日报》1979年1月11日以《牛铃》为题选载部分内容，《十月》1979年第2期刊载1—10章）。这之前，李准编剧、以小说为底本的电影剧本《大河奔流》率先发表（1977年《人民电影》第5—7期），1979年春节电影上映。这中间，作家还应谢晋邀请，接手了几部电影剧本的编剧，其中影响最大的有《牧马人》和《高山下的花环》。在小说创作方面，李准这一时期还写了几部略带"反思"色彩的短篇，如1980年的《芒果》、1981年的《飘来的生命》、1981年的《王结实》等。至1984年秋《黄河东流去》下部发表，可以说整个"新时期"，李准的主要文学创作的精力都投注在了这部长篇中。作品获得了第二届茅盾文学奖，赢得了它应该赢得的地位，但当时批评界反应冷淡，与同时期引起轰动的《芙蓉镇》《许茂和他的女儿们》等引领潮流的"反思文学"相比，《黄河东流去》有点"生不逢时"。

如果这部作品出来得早一点，比如发表于"十七年"时期，可能这种"生不逢时"的感觉会彻底改观,不论从主题思想还是从写作风格来看,《黄河东流去》都更像是一部"红色经典"。它延续了红色革命历史题材鲜明的阶级观和历史观,给人一股强烈的"传统"感。[1]这种"传统",在创作于1974年的电影剧本《大河奔流》中,更为强烈。[2]许多20世纪80年代的学者认识到了小说《黄河东流去》在写法上努力"摆脱传统"的特点,认为它"失足的地方正是成功的起点",从人物形象和写作视角上真正实现了"现实主义的深化"[3],并盛赞其为一部真正的"中国式小说"[4]。作为新中国培养的第一代作家,李准是少数的成名于"十七年",却仍然能够在新时期受到赞誉的作家。时代的转折,不仅使得那些曾经的"运动文学"速朽了:"人还没死,作品死了",而且还兴起了全新的文学评价标准和审美情趣。从这一角度对比李准从"十七年"到新时期的创作成果,我们可以发现中国当代文学在观念与写法上的挣扎与成长。

李准的《黄河东流去》以开阔的视野、深沉的思考,延续了当代中国文学最核心的难题。这些难题中,诸如灾荒与政治、个人发财与团结互助、重土务农与经商从工……当新时期的反思文学将个人与国家的磨难放在各种天平中去计较的时候,《黄河东流去》却在时代转折的旋涡中,写出了人民对国家无比忠贞的信念。本文将以这部著作为核心,从

---

[1]"传统"在李准研究中是一个关键词,主要指作品因袭了十七年文学创作的某些成规:"当时的批评者,恰恰忽略了决定《大河奔流》基本面貌的正是十七年文学阶段形成并占主导地位的'传统'。以人物故事来演绎和诠释某种权威理论,在十七年文学中是相当普遍的现象。"参见万国庆:《一道曲折的"辙印"——从李準的创作之路看新中国文学坎坷前行的轨迹(二)》,载《喀什师范学院学报》1998年第2期。

[2]新时期批评家对"李麦"这一形象的塑造尤其不满,认为她仍然有刻意拔高、"三突出"的痕迹。代表性的文章如秦裕权:《要恢复革命现实主义传统——从〈大河奔流〉的某些得失谈起》,载《电影艺术》1979年第3期。

[3]孙荪:《从〈大河奔流〉到〈黄河东流去〉——论转折时期李準的创作》,载《评论》1986年第2期。

[4]孙荪、余非:《〈黄河东流去〉与中国当代文学》,载《中州学刊》1986年6月。

三个方面探讨当代文学在时代转折面前的变与未变。

一、流民的家史：中国农民的"自发"与"自觉"

《黄河东流去》源自20世纪60年代李准下乡为村民整理"家史"写作的经历，不过这是一部同时写几个"家"的"村史"，整个自然村的乡亲在黄泛区中流浪以及始终不忘回归本土。写农村家庭题材的故事是李准的强项，他在新中国成立初期创作的《不能走那条路》《李双双小传》等名篇都将故事限定在一个小家庭范围内，从父子矛盾、夫妻矛盾之中及时反映农业合作化进程中遭遇的问题。但在《黄河东流去》后记中，李准却明确自己此次创作聚焦于没有"家"的难民："这本书从某种意义上说，是一本描写'难民'的小说。"[1] 而之所以选择这个角度，是出于作者对于"家"这一中国文化的核心单位的"再反思"。这一反思显然是立足于"文化大革命"的，他想借战争、饥荒、蝗灾、旱灾、水患这样一些天灾人祸，回答一个问题：在一次次的浩劫中，中国人民为什么没有覆灭？

在今天重读这一颇为主题先行的红色经典，我认为作者给出的仍然是一份很有分量、很有说服力的答卷。中国人民在面对"浩劫"时，制胜的法宝到底是什么？——尤其当我们意识到这部作品创作发表的年代，对"浩劫"反思的答案其实并不像李准这么"正确"。再进一步来设问，面对刚刚过去的那场灾难，作家对他笔下的人民为什么仍然抱有那么充沛的乐观主义信念？回答这个疑问，对我们理解李准与同时期为主流的"反思文学"之间的差别至关重要，当然更重要的，作为一名从"十七年"走来的作家，是李准回应"文化大革命"的方法对我们理解

---

[1] 李准：《我想告诉读者一点什么？——代后记》，李准：《黄河东流去》，北京十月文艺出版社，1992年版，第775—783页。

当代中国的延续性具有重要意义。

我想借争议最大的主要人物"李麦"来回答这个疑问。小说中的李麦确实有"半人半神"的色彩——这里的"神"主要指人物的思想精神与社会革命历史之间高度的契合。李麦以"入戏"的方式出场，在观看街头剧《放下你的鞭子》的时候，她"一阵风似的"跑上去，"一把夺住那个老汉的鞭子"。[1] 在对新四军干部痛说家史的时候，她不仅表达了自己跟地主海骡子之间无法化解的冲突，而且更明确地说明了自己"不信神""不信官"的斗争经验。作家似乎不仅要把她塑造成一个各方面都符合传统革命理念的人，而且，还要通过她，把革命理念在人民身上的体现写得"自然而然"。在李麦的故事里，她的任何革命思想都是从受苦的经历中来的，这个对苦难叙事有着深刻同情的女性，是一个从小就在逃荒要饭中流浪的人："我这个人是苦水里泡大的，是经过九蒸九晒的人，什么苦也吃过，什么罪也受过，什么心也操过，什么气也装过！"[2] 这个发言代表了李准对"人民受难"的根本认识。"扒开黄河"的是非对错就像中国历史上历次天灾人祸一样，原因复杂，但结果却都一样，那就是受难的都是人民。

尽管这个主题对中国文学而言老生常谈，但仔细对比，我们仍然会发现，要塑造这样一个在时局动荡和天灾人祸中战斗着的中国女性，仍然是非常有挑战性的。长期以来，对中国乡村社会静态的观察、对中国农民本质性（国民性）的揭示，成为中国文学和社会思想领域最重要的成果。但李准站在一次次时代巨变和灾难的结尾处，采取了一种不探究

---

[1] 李准：《我想告诉读者一点什么？——代后记》，李准：《黄河东流去》，北京十月文艺出版社，1992年版，第24页。
[2] 李准：《我想告诉读者一点什么？——代后记》，李准：《黄河东流去》，北京十月文艺出版社，1992年版，第182页。

原因、不着急纠错[1]、却把错误和苦难的主体放在人民身上的态度，其最大的意义，就是通过辨析农民的"被动"与"主动"，在国亡、家破的大灾难面前，揭示中国农民自觉的阶级意识和历史意识。

1938年，不仅是抗日战争全面爆发的一年，也是政治思想界对中国农村与农民形成战争视野下的新观察和新判断的一年。梁漱溟曾用"破坏"一词来概括这个巨大的变化。他说："在近百年中，帝国主义的侵略，固然直接间接都在破坏乡村，即中国国人所作所为，一切维新革命民族自救，也无非是破坏乡村。所以中国近百年史，也可以说是一部乡村破坏史。"[2] 以乡绅的视角去认识农村和农民，看到的必定只是霸权阶层自身镜像化的世界。就像汤普森考察英国乡村中的绅士与贫民的关系时所指出的那样，放弃阶级视角，采用一些描述性的概念企图在总体上认识任何一种乡村形态，都将是徒劳无功的。这些概念包括宗法制、家长制、前工业、未开化……它们都是历史学家从记录着乡绅和贵族的档案资料中，以及更重要的，从自己的阶级立场出发，对乡村生活所做的远观，贫穷劳动者的"生活观与乡绅并不相同"[3]。经过当代中国革命思想的建设，我们对于阶级视角下农民生活的认识显然有了质的变化，但在多大程度上，我们会相信农民的生活观里会有自觉的阶级意识，甚至会有明确的政党观念和坚定的国家意识，这却是一个需要仔细辨析的问题。

在对农民形象的塑造上，中国作家一直存在着写"中间人物"的趣味。"小腿疼""吃不饱""梁三老汉""宋老定"……不论作者对这些形

---

[1] "纠错"来自汪晖近作，参见汪晖：《为什么中国不但没崩溃，反能逆境新生？》，载《文化纵横》2019年第8期。"纠错"在文中特指新时期的转型。

[2] 梁漱溟：《乡村建设理论》，中国文化书院学术委员会编：《梁漱溟全集》第2卷，山东人民出版社，2005年版，第150页。

[3] [英]爱德华·汤普森：《共有的习惯》，沈汉、王加丰译，上海人民出版社，2002年版，第17页。

象是什么态度,他们身上或多或少都凝聚着读者对中国农民的"刻板印象"。一段时间里,这种符合"刻板印象"的农民形象被认为是在文学上取得了更大成功的,相比于"新人""模范",他们身上因为保有"传统"色彩,而更多地获得了文学上的合法性。在红色经典的写作中,不论正确的农民形象多么生动,似乎都无法撼动这些中间农民的文学魅力。而"李双双"在文学上的成功,到底是因为其符合政治运动,还是因为其在传统的家的"中间状态"下更容易赢得读者,这也是值得作家反思的问题。"中间"农民形象身上所迎合的"刻板印象"中有哪些是传统阶级文化对农民的想象性投射?又有哪些是已经站稳了阶级立场的新一代作家对农民文化的"深描"[1]?

以李准本人为例,"十七年"中他一度将写作集中地放在了农村新人身上,这意味着他特别想要把握农村社会的变动。也正是因为有了对变动的敏感,他才能创作出具备"运动"色彩的短篇:比如因为看到土地买卖税的增多,才有了《不能走那条路》;因为看到农村集体劳动中女性的变化,才有了《李双双小传》。当读者虔诚地信赖《李双双小传》,认为它是一把"了解中国的钥匙"时,李准对此是有反省的。[2]怎样的农民形象才是真正理解中国的一把钥匙?转折当中的李准显然感受到了文学与政治在农民这个问题上的撕扯。幸运的是,他并没有彻底放弃这把钥匙。李双双这一人物写作的面向上,并没有与传统过多挣扎的痕迹,在她跟夫权斗争的过程中,并没有延续漫长的农村妇女受压迫的历史记忆。这是一个聪明(作品中叫"灵透")的女性形象,她积极借助了政治运动,实现了自身家庭地位的革新。可惜的是,这样有内容

---

[1]"深描"一词,参见[美]克利福德·格尔茨:《文化的解释》,韩莉译,译林出版社,1999年版。
[2]这里指日本评论家松岗洋子与李准的对话,参见李准:《我想告诉读者一点什么?——代后记》,李准:《黄河东流去》,北京十月文艺出版社,1992年版,第775—783页。

又鲜明的形象在十七年文学中太少了，尚未形成形象谱系。对李准而言，直到"文化大革命"末期，他仍然希望能够延续"李双双"的写作的有效经验，尽管对大部分批评家而言，这是他落伍于时代的一面。

为了让李双双的先进性更有说服力，创作李麦的李准，让中国农民彻底走出了稳固、安静的"家庭（家族）-乡村"空间。灾难在《黄河东流去》中，不仅承担着叙事功能，更在"大乱"的政治隐喻中承担起发现农民文化自觉可能性的功能。其实从现代文学开始，农民对于天灾人祸的被动承受就是中国国家灾难的一个具体内容，就像杰姆逊著名的"第三世界文学"概念所揭示的那样，个人的磨难在现当代中国革命语境中很容易被本质化和历史化，这使得任何对人民受难进行描述的努力都很像对宏大叙事的一点微不足道的"喋喋不休"。一个极端的例子，像张爱玲的《倾城之恋》传达的那样，也许国家倾覆或许反而会成为个人情感解放的一个契机。这意味着，李麦写作的真正难度，是如何在可信性、可传承性的层面上将一种与国家意识、政党意志高度统一的农民的"自发哲学"表达出来。[1]在对李麦的写作中，李准特别强调她身上的贫穷、苦难代代相传的延续性。这不是一个"祖上也阔过"的农民，因此，她的受难史特别长，受难的记忆特别深刻。我认为这是作家在替农民写家史、写祭文的时候最重要的收获。在这种漫长的世代相陈的苦难中，农民一方面形成着李准所总结的对苦难的"容忍"，以及像黄河一样的坚忍向前。从积淀的黄河中打捞民族记忆、从奔腾不息的黄河中寻找民族精神，这种方式很快被当时引起更大轰动的、将黄河判定为落后"黄色文明"象征、反思"民族劣根性"的声音所淹没。另一方面李准也看到，这些受难者自然也沿袭着自身阶层应对苦难的智慧，这个智

---

[1]葛兰西意义上的"自发哲学"，对于我们辨析当代文学中的"高大全"式的形象具有重要意义。参见[意]安东尼奥·葛兰西:《狱中札记》，曹雷雨等译，中国社会科学出版社，2000年版。

慧在《李双双小传》那里曾有过灵光一闪，但在李麦身上，它表现得格外立体而全面，她的身上正代表中国农民身上朴素的走向革命的自发精神和阶级智慧。

二、阶级-国家视角的延续：写作的"灵魂"

1953年，通过对"大仁政"与"小仁政"问题的辨析，当代中国明确了自己工业化的总路线。[1]今天看来，这个总路线强调了国家优先发展的战略，是否因此就导致了民富与国强的矛盾？《黄河东流去》中"国家"的形象和声音都是比较弱的，上部写民国乱世，新中国成立后，灾后重建的工作是通过文件广播的形式传播的，作为国家代表的新四军干部宋敏、秦云飞等外来者形象，李准也做了相当弱化的处理，这些干部只是百姓疾苦的倾听者，尽管他们依然在作品中承担"救世主"的功能，但他们少了红色经典中突出的高大形象，更多的时候，党和新中国只存在于人民的口耳相传中。党和国家形象的延迟、淡化出场，对阅读体验来说会造成一种紧张和焦虑的感受，苦难一波接着一波，漫长的抗日持久战，似乎只有这样一个长篇的容量才能再现历史的艰难。这种处理下，人民对党和新中国的坚定信念，抗战胜利、灾荒过去、重返家园的快乐，才可以从更深的层次中爆发出来，我觉得这个写法体现了李准新时期写作的重大变化，在灾荒面前，人民与国家的情感关系得以强化，这种变化中的坚持，超越了当时对政治制度反思的限度。

《黄河东流去》中的王跑经历了财富的奇遇。但幸运却从未真正降临（"王跑的驴子""石头梦"），在一次次与"财富"擦肩而过的遭遇

---

[1]关于这次批判梁漱溟的"小仁政"问题的资料，参见林蕴晖：《向社会主义过渡：中国经济与社会的转型（1953—1955）》，香港中文大学当代中国文化研究中心，2009年版，第262—272页。

中，王跑认清了"穷人受穷"的阶级命运。不仅王跑，做过"中将梦"的四圈，做过"陈胜、吴广梦"的长松，做过"城市梦"的爱爱，做过"生意梦"的凤英，在苦难中挣扎着生活的赤杨岗农民，他们不缺聪明才智，他们也不缺改变命运的商机，但作家严肃的现实主义精神，并不允许他对中国农民做类似《大地》（美国作家赛珍珠著）的塑造。

我们很难不恢复阶级－国家的结构性概念来理解李准。今天，对农民－乡村出现许多看似更具学术性的概念，它们正在大范围取代原有思想观念，比如"前现代""前工业化""消费社会"等等。这其中有许多概念是具有掩饰性的，比如宗法社会、家长制等等。但就像觉醒了海老清那样，"看破世事惊破胆，伤透人情寒透心"[1]，在文学批评上，我们吃够了描述性概念的苦。这些概念把农村当作一个稳固的经济文化单位，在其中我们越是在小范围内感觉对中国社会有分析力，就越要警惕它们内在的"劝导性"[2]：它们会诱使我们把文学等同于社会资料，且会在两者相互的印证中强化越来越相似的农民印象。

对农民受难怎么表现？"十七年"时期的李准似乎从未直接在阶级论上发言，因为好像那是个不需要处理的问题。但在《黄河东流去》中，李准把受难的主体毫不犹豫地放在了农民身上，并且特别强化了农民深厚的阶级情感，描述了群体受苦人，这种情感是互助式的，这是他们获得阶级意识的物质前提，这种情感同时也指向新的国家和未来。新时期以来，受难主体在文学上的投射已经悄然发生了位移。这其中有几条意味深长的写作脉络，比如王蒙的"幸存者"（《蝴蝶》等）、张

---

[1] 李准：《黄河东流去》，张绍武、张舒主编：《李凖全集》第2卷，九洲图书出版社，1998年版，第462页。

[2] "劝导性"来自汤普森在分析"家长制"一词时的判断，他认为，"家长制"这个词在描述社会关系的时候"可能具有过分的劝导性"，并且，"它过于简单了，以致无法通过它而达到那种'一个阶级的社会'的观点"。参见［英］爱德华·汤普森：《共有的习惯》，沈汉、王加丰译，上海人民出版社，2002年版，第21页。

贤亮的"落难公子"(《绿化树》)、茹志鹃的"错误干部"(《剪辑错了的故事》)、张承志的"青年"(《北方的河》)、郑义的"新启蒙"(《老井》)……这是一个急切地想要对历史进行再解释、对苦难进行再阐释的时代，而不同阶层也借助这次时代变化，重新梳理各自历史的前因后果。农民受难，某种程度上回到了他们在现代文学三十年所处的位置，更令人不安的是，通过这次重回，作家想要彻底甩开国家的负累，对苦难进行本质化的加工。在《黄河东流去》同时期的苦难叙事中，比较有影响的是"伤痕"式的写法：《许茂和他的女儿们》(周克芹)、《李顺大造屋》(高晓声)、《被爱情遗忘的角落》(张弦)、《乡场上》(何士光)等。"伤痕"与"反思"共同作用，把中国农村和农民重新放在了贫穷落后的现代化脉络中，最后的成果，便是"寻根"文学或者"新历史小说"中的农村叙事——"从社会批判走向文明批判"。[1]

从徐秋斋的形象，我们可以探讨《黄河东流去》中对苦难的写法。徐秋斋是一个非常有魅力的人，很早就有评论者注意到他的独特性，认为他是恩格斯所说的"这一个"[2]。事实上，"这一个"在中国历史上并不孤单，有名的以算命为生的古人有14世纪的画家吴镇（1280—1354年），文学上李绿园的《歧路灯》、吴敬梓的《儒林外史》等都对算命先生有过世俗意义上典型化的描写——即痛斥其怪诞荒谬和欺世盗名。尽管算命先生的知识背景有可能是一套已经失传的代表着中国思想的一定高度的内容——比如李约瑟的《中国科技与文明》中就对以风水为主要

---

[1] 倪伟：《农村社会的变革与文学叙事——社会历史视野中的新时期农村题材小说》，倪伟：《主体的倒影：历史巨变的精神图景》，北京大学出版社，2019年版，第179页。
[2] 比如谭解文就注意到这个人物与红色经典中农民形象的不同："这个被蛤蟆嘴掌柜视作'六不像'的人，的确是一个很奇特的人物。他不是英雄，没有朱老忠(《红旗谱》)那样叱咤风云的战斗经历；他大概也不是中间人物，他不像梁三老汉(《创业史》)那样因袭着沉重的思想负担。我们很难将他勉强归入哪一确定的人物类型，他就是他自己，恩格斯所说的'这一个'。"参见谭解文：《现实主义道路上的新探索——读李准的〈黄河东流去〉》，载《理论与创作》2001年2月刊。

内容的中国古代智慧有过较高的评价——但在民间普遍看来，算命先生的形象并不高大，人民在生活中既依赖他们又对他们怀有警惕，他们有时又和"江湖郎中"的名号纠缠不清，就像《小二黑结婚》中代表生活"小"聪明的"二诸葛"，这一阶层的文化知识也不能和稳居村中势力中心的士绅"大诸葛"相比，作为农民知识者，"二诸葛"们常常是嘲弄的对象。可以确定的是：首先，这一古老行当有着属于他们行业内部的黑暗门道，在知识的现代转型过程中，它愈加民间化；其次，这个行当自宋代开始在城市文化中兴盛，同时便受到来自官方和知识界的双重打压。因此，并非到了近现代有了"迷信""科学"等信念之后，算命先生的形象才日趋负面。现代文学延续着明清知识界对迷信思想的批判，加入科学启蒙视角之后，算命先生就更是社会压迫的帮凶了。可以说，不论是历史现实还是文学艺术，算命先生身上都很难做翻案文章。

老舍的《柳家大院》是现代文学中比较特殊的写法，其中的算命先生"我"是作品的叙述者，作者借这个人物，展示了"柳家大院"里穷人与穷人之间野蛮而残酷的内耗。特殊的地方是，"我"表现了一定的斗争智慧——如何在市井人情内部解救被迫害的女性？"捉鬼""驱魔""心理辅导"……老舍叙述的讽刺风格反映了作者自身的立场，但《柳家大院》客观上塑造了一个特殊的"算命先生"形象，这一形象跟徐秋斋有很相似的地方。同为社会底层的受压迫者，这类人物对苦难有着深刻的理解和同情，而更难得的是，他们对统治阶级和富人的心理结构非常熟悉——这是职业训练的眼光。

徐秋斋读过所有旧式文人都读过的书，也做了所有落魄文人都会做的事：教书、行医、算卦，但这个被统治阶层甩开的人，并不像他的前身"孔乙己"那般可笑、弱小，而是充满着生存斗争的智慧。他抓住地主海骡子珍视性命、看重财富的心理，平定了赤杨岗上的砍树风波——这一招要比《红旗谱》里的与地主正面冲突的朱老巩高明多了，可以说有着"四两拨千斤"的神力。逃难到城市,他深知都市尔虞我诈坑蒙拐骗的伎俩,却没有像同行那样去给达官显贵看卦,而是在贫民区打发日子。遇到愁苦的人,他的卦摊成了情感的出口,遇到欺压,比如走盐的妇女们受到盐商的敲诈,他也可以出谋划策,全胜而归……与老舍的讽刺笔法不同,李准甚至有意美化了这个形象:

> 我们人穷情谊不穷。人不同于畜生,就在这一点上。什么叫夫妻情?用这报纸上的新名词来说,夫妻情就是相互牺牲!你放上一块瓦,我放上一块砖,你放上一根檩,我放上一根梁!你放上一腔血,我放上一个头!有情有义的房子,就是这样盖起来的。……[1]

很难相信这么纯洁坚贞的爱情观会出自一个"算命先生"之口。在《黄河东流去》中,李准为乡村爱情唱了赞歌,因为爱情是家庭的基础:"爱情本来就是一所伟大的学校。它陶冶着人的性情,启迪着人的智慧。这个学校的课本是不尽相同的,但是效果却是相同的,只要人们正确地对待它。"[2]但几对青年的恋爱故事都或多或少地受到了苦难的冲击,在这个意义上,徐秋斋对爱情的信念就显得特别感人。作家认为这种爱情观,是人类高尚的道德品质的体现。李准在创作后记中曾说:"我只是想把中国农民的伦理道德的精神,重新放在历史的天平上再称量一下。"[3]忠贞的爱情、牺牲的信念、清洁的道德,这些构成徐秋斋的内心世界。这样去塑造一个"算命先生",作家的底气何在呢?

---

[1]李准:《黄河东流去》,张绍武、张舒主编:《李凖全集》第2卷,九洲图书出版社,1998年版,第261页。
[2]李准:《黄河东流去》,张绍武、张舒主编:《李凖全集》第2卷,九洲图书出版社,1998年版,第285页。
[3]李准:《黄河东流去》,张绍武、张舒主编:《李凖全集》第2卷,九洲图书出版社,1998年版,第679页。

事实上，徐秋斋身上有一点作家自己的影子，比如他也通过替穷苦人写家信而更加了解和熟悉着苦难的现实："我在西安住了七年，光是替人家写信，就写过几千封。什么样的苦，什么样的难，我都见过。"[1]作品完全可以借助徐秋斋的视角完成叙述上的宏大规模。从文学叙事的角度看，"算命先生"是一个很好的功能性的角色，也许他可以成为像私人侦探、江湖郎中、地方警察这样一些具有"方法的动因"[2]意义的情节串联式的人物。但李准并没有这样做，他的叙事视角是更宏观的，前文所述《黄河东流去》过于"传统"，可能也跟它采取着传统的叙述手法有关。如果像老舍那样，选取一个有局限的单一视角，或许可以使作品更具现代意味，也可以想象，可能会更具文学性。但作者延续着他熟悉的那套写法，这种不合时宜的坚持，今天的文学批评该如何面对呢？

现实主义文学中全知视角受诟病，无外乎犯了"自以为知道"的毛病，在真实性上遇到了叙事伦理的挑战。书中不少地方，颇有点像托尔斯泰的作品那样，作家跳出来发表大段的议论，或者借助人物的口，来表达一些政治见解。但与托尔斯泰截然不同的是，那些关于家庭、国家、道德的看法，是与他作品中的人物紧密贴合在一起的，有很多时候，我们甚至会觉得，人物比作家更坚定。我想这就是李准在听农民讲家史、为农民写祭文的过程中感受到的"艺术的真实"[3]。家史与国史在托尔斯泰那里是分裂的，就像他笔下的那些兵油子一样的农民，他们在

---

[1] 李准:《黄河东流去》，张绍武、张舒主编:《李凖全集》第2卷，九洲图书出版社，1998年版，第616页。

[2] "方法的动因"，形式主义者用来总结情节发展时使用的概念，詹姆逊在《塞丽纳和天真》一文中，借助这个概念讨论了流浪汉、私人侦探、医生等职业在叙事结构上所承担的因果关系。参见[美]弗雷德里克·詹姆逊:《论现代主义文学》，苏仲乐等译，中国人民大学出版社，2018年版，第74—81页。

[3] 吴光华:《李凖和他的〈黄河东流去〉》，张绍武、张舒主编:《李凖全集》第2卷，九洲图书出版社，1998年版，第692页。

战争时代与国家的分裂只是这个国家内部分裂的一面镜子,而作家在反映这些问题的时候,如果缺少统一的能力,那也只能客观地摹写现实的分裂。[1] 而以徐秋斋为代表的中国农民,却靠苦难的滋养,自觉地完成了国家-政党意识的建立:"别看小老百姓都不敢吭声,都只会叹气、流眼泪,古人说过'千夫所指,无疾而亡'……"[2] 所谓更具文学性的视角,人物自身的职业、性别、阶级、性格等会左右故事的走向,也会影响读者的判断。但农民群像的塑造,却让作为整体的农民的阶级意识和国家情感得到了最大程度的再现。而这一点,正是李准写作最大的动力来源——"灵魂":

> 为了开阔与眼界,寻找小说的"灵魂",他重访了洛阳、灵宝、咸阳、西安等地。一天,他漫步在一个生产大队的打麦场上,发现打麦场上堆满了粮食。他知道,这个生产队是黄泛区最穷的生产队,全村死绝了几十户,卖儿卖女的人占了多一半,可如今竟变成了黄泛区最富有的生产队……是什么因素促使这个生产队发生了巨变?
>
> 当年要过饭、如今是生产队长的老农告诉他:"咱们这儿不能开诉苦会。一开诉苦会,人们就像疯了一样。国家要什么,他们给什么……"[3]

如果说发财致富号准了农民文化中基因性的脉搏,那如何不能说,

---

[1] [苏]列宁:《列夫·托尔斯泰是俄国革命的镜子》(1908),中共中央马克思恩格斯列宁斯大林著作编译局编译:《列宁全集》第17卷,人民出版社,1990年版,第181—188页。
[2] 李准:《黄河东流去》,张绍武、张舒主编:《李準全集》第2卷,九洲图书出版社,1998年版,第617页。
[3] 吴光华:《李準和他的〈黄河东流去〉》,张绍武、张舒主编:《李準全集》第2卷,九洲图书出版社,1998年版,第687页。

这种火热的国家信念同样也是农民文化跳动的脉搏。"徐秋斋"式的农民，也许掌握着最无用，甚至最反动的"知识"，也许是最无知、最可以堕落、最会变成鬼的社会渣滓，这样的人即使有幸进入文学，也必将是可笑、可怜、可恨的化身，但正是这群人，成就了苦难的新中国，也成就了改革开放的伟大转折，李准视他们为写作的"灵魂"，而不仅仅是一个形象、一种视角，这无疑是对现实主义写法最朴素的实践。

三、"宋老定"新传——农、商、工的历史纠葛

如前所论述，李准对正面人物的反思，使得他放弃了一家一户小范围的短篇模式，转而进行了农民群像的长篇构思。缺乏谱系支持的"李麦"，在《黄河东流去》中得到了来自作品内部其他农民形象的支撑。在这些农民形象中，中国农民自发的生存智慧得到了更多的揭示。其中，关于如何积累财富的小农思想可以说延续了李准创作的核心问题意识，并且直接呼应了新时期对于财富、发展、自由等的呼声。如果没有灾难，中国农民的出路何在？作品一开始以"长松买地"接续了他在《不能走那条路》中触碰过的"宋老定"难题。尽管在宋老定身上，政治政策的导向性过于明显，但到底为什么宋老定的道路不可以成为中国农民的道路呢？[1] 当活下去成为人的第一要义，"两条道路"这样的争论是否显得毫无意义了呢？

对于中国农村在不受干扰的政治环境中会不会自然增长的探讨有很多，本文在此将以《黄河东流去》中的几个相关人物的命运回应部分讨论。首先，买地的长松讲述的是一个农民勤劳克俭积累财富的故事。他倾尽所有，买下一块地，但也正是因为对土地的强烈欲望，长松家在灾

---

[1]万国庆：《一道曲折的"辙印"——从李準的创作之路看新中国文学坎坷前行的轨迹（一）》，载《喀什师范学院学报》1997年第2期。

荒中受难最惨，卖掉了两个女儿。这个故事似乎告诉我们农民在经济上应对风险的能力更弱，与此对应的还有赤杨岗上最会种庄稼的海老清，他把毕生的智慧都奉献给了土地，尽管他只是个长工，但这丝毫没有妨碍他对土地的热爱。面临灾荒，他套作多轮生长的经济作物，尽可能弥补损失。但这样的行为没有换回应得的回报，海老清累死在自己的土地上。海老清这个形象身上还有一个特点最为明显，那就是严重的"重农轻商"，他对商业的厌恶是多方面的，首先是效益上的："生意钱，一阵烟，种地钱，万万年"[1]；其次，还有道德上的。他对于大女儿"爱爱"选择在城里说书，自始至终都无法释怀："他渐渐觉得他和老伴、女儿中间有一条沟。这条沟是在破坏着他们家庭的淳朴关系。"[2]在这位农民眼中，金钱是罪恶的，城市生活是道德败坏的——女儿爱爱最终也确实被城市生活伤害、毁坏了。海老清与爱爱之间的矛盾，也可算得上经典的城乡矛盾的一个缩影。灾荒只是这个家庭分裂的外因，对到底走农村还是城市道路的不同认识才是他们一家最终破碎的原因。

　　第九章"水上婚礼"与这个故事相似，春义和凤英的爱情悲剧也颇为引人注目。这是一对在磨难中走到一起的年轻人，他们的分裂传达了乡村社会深刻的不可调和的矛盾。强调中国农民在灾荒面前"人乱伦不乱"，这是李准非常看重的一个主题。作家自述"家"一直都是他文学创作和反思的核心：水患不久，岸边就搭了各式各样的草棚，"沙岗上就变戏法似的出现了各种各样的简单房子"[3]；在农民心中，最大苦难莫过于"父北子南""骨肉分离"；对于爱情，作家更是不吝笔墨地写出了

---

[1]李准：《黄河东流去》，张绍武、张舒主编：《李準全集》第2卷，九洲图书出版社，1998年版，第21、409页。
[2]李准：《黄河东流去》，张绍武、张舒主编：《李準全集》第2卷，九洲图书出版社，1998年版，第419页。
[3]李准：《黄河东流去》，张绍武、张舒主编：《李準全集》第2卷，九洲图书出版社，1998年版，第73页。

老秀才徐秋斋的忠贞、蓝五与雪梅的浪漫，因为爱和相互帮扶是乡里乡亲的根基。但春义和凤英的小家却最终难以挽回地走向了破碎。初看起来，打败他们的，是性格上的差异，一个沉稳内向，一个活泼开放。而性格背后，也还是存在一种不可调和的矛盾性。春义代表着农耕思想，他总是想要回农村去，想要去种地："他想到这个城市地方，就是人吃人的生活。在农村，人是向土地要东西，在城市，人是向人身上榨取、勒索，甚至偷盗东西。"[1] 而凤英却及早地认清了城市的出路，也许因为出身小商贩家庭，这个姑娘颇具商业头脑，城市看起来更适合她。"海老清－爱爱""春义－凤英"的矛盾冲突构成了《黄河东流去》一条隐形的线索。

除此之外，小说中也涉及灾荒之下的农民谋生之道，努力寻找安顿下来的活口：梁晴、嫦娥、雁雁等女孩在城里找到了零散活计；还有一些特殊的劳动者，比如会吹唢呐的民间艺人蓝五、木匠手艺人王跑、没什么技能但身强力壮的人力车夫四圈……李准文末总结了中原文化的"侉"，主要针对的就是这后一类人，他们"既浑厚善良，又机智狡黠"[2]，而这些人集中代表的，是中国农民背井离乡，脱离了乡土后，初逢陌生的城市时所展现出来的生存毅力和文化心理。《黄河东流去》借一场逃难，把原本秘而不宣的农村百态都暴露了出来，这使我们认识到，农民文化并不是铁板一块的，它对城市有消极抗争，也有积极应对。跟"十七年"不同，李准没有简单地把城乡矛盾、农商对立的问题在叙事上做过于"正确"的调整。相反，他尽可能地写出农民思想中深刻的对商业金钱与城市生活的反感与厌恶。为什么海老清和春义没有办

---

[1] 李准：《黄河东流去》，张绍武、张舒主编：《李準全集》第2卷，九洲图书出版社，1998年版，第352页。
[2] 李准：《黄河东流去》，张绍武、张舒主编：《李準全集》第2卷，九洲图书出版社，1998年版，第682页。

法像其他农民那样适应城里,顺势而生?这也许让我们从更深层的农民文化内心区理解《不能走那条路》中宋老定的买田梦。再进一步追问:作为一个阶层的中国农民文化,其根子里是否一度本能地形成着反抗城市盈利性个人商业的自觉意识?在灾荒这种"准无产"阶级化的生成历史中,农民是如何盘算其离土离乡的收益的?没有国家光环的城市工业和商业如何能有效地吸纳农民?

在《黄河东流去》创作发表的20世纪70年代末到80年代初,从严格意义的"农业-农村"的角度反映农村生活变化的,不论在主题内容还是在写作方法上,都有了明显的变化。同时期更具现象级意义的《芙蓉镇》,就是时代变革之中的代表作。严格意义上说,《芙蓉镇》并不是农业形态的载体,它是"镇",主要的生活形态是商业。但仔细分析,我们会发现由乡向镇的转移、由农耕向小商品生产、经营的转移是新时期文学中对农村生态最重要的一层改写。《腊月·正月》里的食品加工厂,《陈焕生上城》里的小食品买卖,《小贩世家》里的小馄饨摊子……在许多作品中,农业与各种形态的商业相依而生,借助农村经济体制改革的东风,这种农-商结合下的中国农村生活形态被美化、理想化了。这其中最具代表意义的就是汪曾祺的美文写作。新时期的汪曾祺示范了一种静谧的乡村之美,他用各种故事、各类"化外之人"、各种乡土的吃食、植物……表达着中国农村对安定、稳定的渴望,也反映了动荡之下人民普遍的心理诉求。而在社会思想上,依托费孝通等学者的乡村经济共同体研究;政治政策上,借助小岗村分田到户、家庭联产承包等的落实。中国农村的经济面貌在新时期有了与"十七年"很大不同的表达:就像《黑娃照相》里靠养殖长毛兔"发财"的黑娃,他非常开心,并且信心满满,钱生钱的快乐充斥着新时期文学……列宁曾经把这种快乐称作经济的"浪漫派"[1]。而中国"20世纪80年代的改革很大程度上利用了人的逐利本能，以此来激发社会的内在活力"[2]，今天，站在历史之后，我们发现这两种对农民文化或者农民财富心态的不同文学表现中，隐藏着更为深刻的差异。

时代的巨大变化，李准不可能没有体会。如果说《不能走那条路》中的宋老定只是被政治政策喝止的人，那在《黄河东流去》中，李准有些落伍地通过一个农民群像的塑造，首次尝试不那么简单地回应时代政治的召唤。农民文化中，对商业的警觉、对城市的排斥自有来由。从这个角度看，宋老定不能代表整个农民阶层，或者说，宋老定对购买土地的欲望只能是农民中某一类人的表现。这意味着，我们通常所理解的"中间人物"也可看作"十七年"对农民阶层塑造的片面化表现。早在20世纪80年代，就有批评者借助这个问题，盛赞《黄河东流去》对农民形象的改写，具有重大的历史意义：

> 比如，作家对富裕中农、中农的自发倾向、自私、保守等等的表现，曾经有过精彩的篇章。但并非出于从农民整体上去观察、解剖和开掘，尤其是地道本分的农民身上反而愈多愈充分地存在着小农的狭隘落后和愚昧的负担，在生活中的应变能力、适应能力愈差愈弱。这如果不说是李准的一大发现，至少也得承认，是李准创作中的现实主义深化的一个标志。全面地立体地把握中国农民的劣根性，本来是"五四"新文学的优良传统，但在中国当代文学的创作中，自从批判了胡风的所谓"精神奴役创伤"以后，三十年来，表

---

[1] [苏]列宁：《评经济浪漫主义》（1897），中共中央马克思恩格斯列宁斯大林著作编译局编译：《列宁全集》第2卷，人民出版社，1990年版。
[2] 倪伟：《农村社会的变革与文学叙事——社会历史视野中的新时期农村题材小说》，《主体的倒影：历史巨变的精神图景》，北京大学出版社，2019年版，第176页。

现劳动人民尤其是在阶级成分划分中被划定为工人、贫民的人物身上的弱点，几乎成了禁区。作家在创作中或者回避这方面的开掘，或者把贫农以至各阶层农民身上的弱点都"集中"到中农或上中农身上去。这就造成了两种或几种农民形象的简单化或虚假化。现在看，这是一种十分浅薄的低级的文学观念。[1]

这种如当时批评家所言的"十分浅薄的低级的文学观念"，在我们讨论农业合作化题材的小说时，是一个常常需要费神面对的书写难题。就像前文在分析李麦时指出的，对于从来没阔过的中国农民，他们是如何染上富裕中农的毛病的？他们为何会有那么可爱可笑的私有财产观念的？——对此，我们的文学确实缺乏更为深刻立体的开掘。《黄河东流去》中经历过多次大灾大难、见多识广的赤杨岗农民，尽管他们个个都有被愚弄、被压迫、被剥削的经历，但我们从他们身上看不到苦闷的、无法表达自己思想的压抑。不论他们选择回乡还是留在逃难地，也不论他们选择种田还是做工，每一个农民形象都有着完整的生活观念，他们都清醒地在与现实做斗争之后做出了生活的选择。而这种现实的奋斗精神，就是李准想要挖掘的中国人民应对苦难的民族性。

当然，与前引批评家的意见——"小农的狭隘落后和愚昧的负担，在生活中的应变能力、适应能力愈差愈弱"[2]——不同的是，我们应该注意到作品中农民思想意识的变化，比如海老清一听到爱爱学说书，他的反对那么激烈，但苦难让他坚硬的道德感变软了；四圈更是在爱情中认清了阶级对立的坚硬，并最终找到了属于他的家庭；王跑大起大落的生活也教会他生计的根本还是劳动……这些"落伍"的人生故事，或许不过是农民劣根性的另一种表现，但它们却传达了劳动致富的朴素观

---

[1] 孙荪、余非：《〈黄河东流去〉与中国当代文学》，载《中州学刊》1986年6月。
[2] 孙荪、余非：《〈黄河东流去〉与中国当代文学》，载《中州学刊》1986年6月。

念，对新时期经济浪漫派的高歌猛进是一个有意义的提醒。今天读来，仍然可以感受到其蓬勃的生命力。

可想而知，《黄河东流去》会面对很多挑战。甚至在它获得了茅盾文学奖之后，它仍然要与庞大的文学史写作相对抗。今天重读这部作品，我们会体验到一种熟悉的陌生感，更庞大的对中国农民的写法正在代替着我们的情感结构。在今天对横跨两个时代的作家进行所谓"转折与延续"的讨论中，更多的路径是从前往后看，比如看1949年以前的赵树理到1949年后的转折与延续、看改革开放前的路遥到改革开放后的转折与延续……这种顺时的观感，往往给处在历史后置位的读者一种顺理成章的感觉，但是，如果我们借助李准新时期的创作反观其新中国成立以来走过的路，我们反而会对两个时代之间深刻的关联有拨开云雾的感觉。勾连起两个时代的，正是农民与国家之间强大的文化政治纽带。在这个意义上，我们要感谢这本书，它以更高的现实主义视野，修复着我们对农民情感认知中的偏颇。

从李准的《黄河东流去》谈新时期初现实主义美学的变化[1]

◎谢俊

一、引言：社会主义现实主义、新时期现实主义、新写实主义

这篇文章试图通过对李准的长篇小说《黄河东流去》的解读，去探索新时期初现实主义美学发生的新变化。一般我们会将1977年《班主任》的发表看作新时期文学的起点，但这个起点和改革开放这一新的政治关系过于密切了[2]，它可能会让我们忽视对美学问题的考虑，即去思考现实主义美学的发展在这个时期和前一时期到底有何不同？这个变化的一个重要方面在当时已为众人热议，这就是强调重新发挥现实主义"写真实"的批判功能，恢复来自20世纪50年代百花时期的、更广阔

---

[1] 本文为教育部人文社会科学研究一般项目"新时期初现实主义的基本美学问题研究"（18YJC751052）阶段性成果。
[2] 关于这个"起点"和当时的文化政治关系的讨论，参见谢俊：《可疑的起点——〈班主任〉的考古学研究》，载《当代作家评论》2008年第1期。

的现实主义的道路。[1] 但是还有一个更深层次的、审美上的变化，这就是在突破以典型论为美学核心的"社会主义现实主义"美学范式上的努力，当时的重要作家如刘心武、冯骥才、汪曾祺、王安忆等都在这个方面做出过贡献[2]，我在本文中对李准《黄河东流去》的讨论也主要是在这个方向上做进一步的探索。

这样一种美学上的变化是真实存在的，但它一直没有被学界注意到，可能是我们目前讨论20世纪80年代话语范式的局限所致。讨论80年代文学，除了强调1977年这个起点在政治上的意义外，还会强调1985年这个新起点在审美上的意义，而在这个新起点背后就形成了一套新的话语方式，即通过由"85新潮"引起的现实主义－现代主义之争理解80年代的方式。1985年之前官方话语确实常以现实主义为名义批判和压制现代主义思潮，到了1985年以后，也确实发生了一个实质性的翻转，现代主义思潮越来越在精英文化层面获得文化领导权，乃至逐渐形成一套"纯文学"话语方式与文学史表述。在这种表述中，新时期文学的真正开始被认为是"85新潮"甚或"87变革"，而1985年之前的"朦胧诗""现代派"探索，或汪曾祺这样难以归类的审美作者，则被请入先贤祠中[3]，这样一来，1977—1984年在各个方向上活跃的现实主义美学探索，就被一并压制在新的神庙底下。当然我并不是

---

[1] 这里也涉及几次"逆流"，如1979年由李剑发表的《"歌德"与"缺德"》一文引起的争论，1981年由《时代的报告》发起的对《苦恋》的批判等，在美学上来讲，其实也涉及现实主义和真实的复杂关系问题。

[2] 通常这一美学争论会被掩盖在现实主义和现代主义的争论之下，但更细致地观察会发现，表面上是现实主义和现代主义的争论，实际上可能是现实主义内部的争论。比如黄平就注意到，1981年刊登在《人民文学》上的冯骥才给刘心武的信《下一步踏向何处？》与刘心武的回信《写在水仙花旁》所传达的新的美学关怀，即从政治热度上后退，去写更广阔的生活。但以往我们总认为他们俩只是"四只小风筝"里的两只，卷入对现代派的讨论中。参见黄平：《"现代派"的讨论与"新时期文学"的分化》，载《扬子江评论》2016年第4期。

[3] 此处为一种典型的表述，参见李陀：《1985》，载《今天》1991年第3—4期合刊。

说 1977—1984 年文学的意义被否定了，而是说它们只能主要在内容和政治层面被承认，现实主义的美学被现实主义所表征的诸如知识分子伤痕、"文化大革命"反思、工农业改革这些内涵所替代了。这一受现代主义话语压制的局面到了 90 年代就有变化，由于社会文化意识的变化、先锋探索的受挫及城市消费文学的兴起等诸多因素，开始出现所谓现实主义回潮的现象。不过这时的现实主义又经历了美学上的重大变化，当时出现最重要的现实主义是所谓的"新写实主义"，大致指刘震云、池莉等人的写作，而评论者之所以强调"新"又命名为"写实主义"，实际上是在努力将自己与传统现实主义区分开，只是对于"这种区分到底是什么"的讨论目前也不多见。

在以上这一系列错综复杂的话语言说中，李准发表于 1984 年的《黄河东流去》这个全本的长篇小说就很难被表述，但另一方面它的格格不入又为我们重新开启讨论、在社会主义现实主义、80 年代现实主义和反叛的现代主义、90 年代新写实主义之外寻找一个审美观察点提供了方便。另外，围绕《黄河东流去》的文本衍生现象有助于我们的讨论。这个情况是这样的，首先，我们有电影剧本《大河奔流》和小说《黄河东流去》可做对照：《大河奔流》创作于 20 世纪 70 年代后期，同名电影在 1977 年上映，而李准是在 50—70 年代就很活跃的作家，也是社会主义现实主义美学的重要建设者之一，所以在他 70 年代创作的电影剧本里，依然保留了浓厚的社会主义现实主义的美学印记；然而正是由于对 1977 年剧本的不满足[1]，李准才会将他在新时期初创作的主要精力放在把剧本改写成小说这个工作上，那么这样一来，将两者做比较就会很有说明意义。其次，《黄河东流去》所写的主题内容又给我们带来了第三个参照，这个小说从 1939 年花园口决堤写起，写了七个河南

---

[1]李准：《黄河东流去》，人民文学出版社，2005 年版，第 1—4、702—708 页。

农民家庭颠沛流离的逃难生活，结束在1945年重回故土的明朗结局中。这个主题内容和刘震云创作于1993年的《温故一九四二》有高度的重合，但刘震云这个创作具有明显的"新写实主义""新历史主义"风格，所以又一次和李准这个小说的美学产生了对照。从电影剧本《大河奔流》到小说《黄河东流去》，再到小说《温故一九四二》，社会主义现实主义、新时期初的现实主义及新写实主义，三种不同的现实主义美学对同一段的历史做了三次不同的展现，这是一个有趣的文本衍生现象，对我们研究新时期初美学的独异性会很有帮助。

这里涉及一个关于现实主义的理论问题，就是怎么看待现实主义在认识论要求和审美要求的分途？按照美国理论家杰姆逊（Fredric Jameson）的谈法，现实主义既有一种知识论的诉求——表现真实的东西，也有着一种美学建设上的努力——塑造某一种生活世界的美的形象。[1] 我们若只讨论现实主义的知识方面，就很容易在现实主义是否反映真实的问题上陷入僵局，现实主义是用艺术创作去模仿对象，那么在它制作完成的艺术作品和它模仿的对象的实存之间就总有一条鸿沟，所以我们会说任何一种反映都仅是一种折射、挪用，是意识形态的。那么从审美方面着眼会有什么问题呢？这就需要首先声明我们不是要像卢卡奇那样（同他对伟大的19世纪现实主义小说的迷恋那样）对历史上的某一种特定的现实主义审美产生乡愁，毋宁说我说的审美的兴趣还是历史主义的，就是说我想去观察，在某一个特定的历史时期，作家们（这次是李准）是怎么去把生活塑造成美的，这个过程又蕴含了他们怎样的文化政治的诉求？可能这么讲还过于抽象，我们可以用上面的例子说明，如我们可以拿1977年的电影《大河奔流》和刘震云的《温故一九四二》，或冯小刚的电影《1942》做比较，去追问这些不同的对真

---

[1] Fredric Jameson, *The Antinomies of Realism,* London and New York: Verso, 2013, pp5-6.

实的显影背后的审美追求与文化政治诉求到底是什么？如果说《鲁滨孙漂流记》为资产阶级市民社会创造了新人，让这一个阶级有勇气把自己的生活世界宣布为真的和美的，那么电影《大河奔流》或电影《1942》，或我们想着重要讨论的小说《黄河东流去》，又是想提供怎样的对生活的显现呢？这是我们下文主要要讨论的问题。

二、去主角化：从英雄叙述到芸芸众生

在《黄河东流去》的"开头的话"里，李准这样描述他创作上的主要变化：

> 在这本小书的人物塑造上，我也作了一些探索。那就是"生活里是怎样就怎么样"。"十年一觉扬州梦"，我绝不再拔高或故意压低人物了。但我塑造这些人物并不是自然主义的苍白照相，她"美于生活""真于生活"，我认为一个真正的典型，是需要严格地提炼的。造酒精容易，造"茅台酒"难。酒的好坏不是光看它的度数，还要看它的醇和香。
>
> 所以在这本小说里，几乎看不到叱咤风云的"英雄人物"了。但他们都是真实的，他们每一个人身上，都还有缺点和传统习惯的烙印，但这不是我故意写的，因为生活中就是那样的。[1]

回到历史语境看，我们会发现李准对自己创作的美学原则的表述在当时有一定的代表性。在文学创作上，这个时期出现了大量在"胡同"（刘心武）、"小巷"（陆文夫）、"街"（汪曾祺）、"弄堂"（王安忆）里发

---

[1] 李准：《黄河东流去》，人民文学出版社，2005年版，第3页。

生的故事。在理论上，王安忆强调自己的现实主义写作的"非典型性"，刘心武在和冯骥才的通信中提出要远离时代的热度，为每个人建设心理空间，等等。[1] 而到了1988年，汪曾祺则给出如下更具理论总结性的描述：

> "市井小说"没有史诗，所写的都是小人小事。"市井小说"里没有"英雄"，写的都是极平凡的人。"市井小民"嘛，都是"芸芸众生"。芸芸众生，大量存在，中国有多少城市，有多少市民？他们也都是人。既然是人，就应该对他们注视，从"人"的角度对他们的生活观察、思考、表现。[2]

比照李准和汪曾祺的这两段描述，很容易发现至少两个共同之处，一是都强调写平民不写英雄，二是在怎么写的问题上提出按照生活里的样子写、从人的角度去关照。这里既涉及模仿的对象，又涉及模仿的方式。在对象问题上，我们发现了"人"和"英雄"的区分。一般我们认为，20世纪80年代的人道主义话语重新激活了20世纪左翼文学内部的"人性"与"阶级性"的争论，在反对阶级的抽象性意义上强调人的具体性和丰富性，但以上区分提醒我们，在人道主义话语内部应再做一个区分，即指出伤痕文学、反思文学的以知识分子为主体的"大写的人"和李准、汪曾祺、刘心武或王安忆笔下的农民、市民、平民里的"民"在美学和伦理追求上都不尽相同。事实上，不少伤痕文学、反思文学里主人公依然是作为英雄被塑造的，但是李准和汪曾祺在这里都

---

[1]刘心武：《写在水仙花旁——复冯骥才同志》，载《人民文学》1981年第6期；王安忆：《我的小说观》，张新颖、金理编：《王安忆研究资料（上）》，天津人民出版社，2009年版，第41—43页。

[2]汪曾祺：《〈市井小说选〉序》，邓九平编：《汪曾祺全集四 散文卷》，北京师范大学出版社，1998年版，第235页。

指出了一种新的努力的必要性，即将写英雄的史诗降落为写芸芸众生的平凡生活的故事，这是一种更彻底的奥尔巴赫式的"文体下沉"，且带有显著的民主化倾向。我们都知道，亚里士多德提出了悲剧要模仿一个高尚的人的行动的说法，在亚氏的语境里，这个"高尚"含有"道德上严肃、有责任心、能承担公共政治使命"这样的含义。[1]生活在民主制下的亚里士多德提出这样的要求，其实蕴含着他对贵族制下的古人的生活方式的追慕，而高尚之人在社会身份上之所以必须是贵族而不可以是奴隶、女人、平民，也因为在亚里士多德的德行分配的思想里，只有特定身份的人才被认为有潜能去承担重大的道德责任。近现代长篇小说在模仿对象问题上已经民主化了，但在写法上，对主人公往往依然寄予了英雄式伦理与美学理想。所以，李准、汪曾祺这里提出的问题在理论上相当激进，这还并不是模仿对象从革命干部和知识分子转到市井小民这么简单，而在于能坦然面对他们的缺陷，不再将他们作为高贵的人去要求，这也就是要否定亚里士多德-黑格尔传统里的目的因，不去要求人物的成长，也不要求为了"远大前程"而将人的实存生活做扬弃，现在最平凡的老百姓的吃喝拉撒睡，它本身作为卑微的存在业已有了自足的意义。[2]

不过这样的美学追求容易被指责为"自然主义"。卢卡契（Georg Lukacs）曾在《叙事和描写》里强调，之所以要叙事，是在于我们要在散碎的生活里找到意义，让人物的行动呈现出总体历史前进的方向，他反对"描写"是因为"描写"总是耽溺在实证主义的生活细节里，他提出自然主义虽好似在用一种科学的、实证的逻辑书写下层民众的生活，

---

[1] 此处对《诗学》的讨论，参见陈明珠：《〈诗术〉译笺与通绎》，华夏出版社，2020年版，第156—157、163—166、217—219页。
[2] 对这种美学诉求最清晰的表达，参见汪曾祺：《小说三篇·卖蚯蚓的人》，邓九平编：《汪曾祺全集二 小说卷》，北京师范大学出版社，1998年版，第60—66页。

但实际上这种态度是消极的,是臣服于所谓现实的合理秩序的,它取消了人民追求更新更好生活的潜在可能性。[1]李准显然对这样的批评是熟悉的,所以他自我辩护说他的人物"不是自然主义的苍白照相",是"美于生活""真于生活"的。作为补充说明,李准用了一个很有韵味的比喻,说他的提炼不是在强度上去提炼、去纯化人物,而是要把它制造得更加醇和香,也就是更符合生活中活泼、感性的快适感。这里说得更明显一点,就是在说一个平民人物要更美,并不意味着要把他放在重大的历史斗争中去考验他,并将他拔高为一个纯粹的、理想的人物,而是需要让他在自己的平凡生活中去显现出自足的美和人生意义来。李准的这个思想让我想到汪曾祺的"巧云"和《大淖记事》,巧云的美离不开大淖的美,我在讨论汪曾祺的文章中就提出过,这是一种反神学、反黑格尔主义的,像尼采与海德格尔要求的那样面向大地的对典型的追求。在这种新的典型模式中,我们说巧云是"大淖"的典型,就是说巧云的经历和遭遇都来自"大淖"这个世界,她最能体现"大淖人"的生活里的矛盾以及他们做人的理想,而且她是活生生的,不是那种指向超验世界、模仿柏拉图式理式的典型。[2]这里不再多谈这个问题,但我认为李准这里表达的意思和汪曾祺作品里的这个趋向很接近。

在本文中我想主要谈的是另一个问题,即这种新的美学追求如何影响了李准的叙事机制。我发现,从剧本《大河奔流》到小说《黄河东流去》,李准组织艺术世界的方法发生了一个根本的转变。《大河奔流》围绕着李麦这一个朱老忠式的先进农民的成长来展开,故事的主线情节是李麦如何在党的领导下成长为觉悟者并去发动群众与反动派做斗争。但

---

[1] Georg Lukacs, *Writer and Critic and Other Essays,* New York: The Universal Library, 1971, pp110-148.
[2] 谢俊:《"巧云挑担"——谈新时期初一个"缺陷性"形象及乌托邦美学问题》,王杰主编:《马克思主义美学研究》第19卷第2期,东方出版中心,2017年版,第87—105页。

在《黄河东流去》里，这一个英雄成长的线索被削弱、取消了。小说里的李麦与其说是英雄人物，不如说是一个用来珠串情节的线索人物，在她的串联下，河南难民群体里的七个不同家庭艰难而顽强的生存故事被铺展开来。这里我说"珠串"，是想说在李准的这些故事里，故事和故事之间并没有黑格尔美学所要求的那种环环相扣的矛盾展开，如果说小说的上部的前半段还有些旧叙事模式的影子，如根据一些重大世界历史事件（如花园口决堤、日本人抓壮丁等）来安排情节，那么到了上部的后半段及整个下部，随着这同一村的七户人家分散流布，要想去抓一条命运的总线就变得非常难了。但这种控制的放松是李准有意为之，因为只要不再顾及叙事主线，李准才可以饶有趣味地将李麦家、春义家、长松家、王跑家、海老清家及四圈和蓝五的各自的生活故事娓娓道来，而这时整个长篇的推进方式就有点向古典传统靠拢，比如空间展开是移步换景、散点式的，而随着世界历史的叙事时间轴被淡化，在一个缓慢的节奏里，百姓的生活世界就以画卷的形式被铺排开来。

也许我们可以这么说，在这个长篇作品的撰写过程中，李准慢慢从一个现代欧式成长小说的作者变成了一个传统的"讲故事的人"，这或许与作家个人对民间曲艺和民间故事形式的长期喜爱有关。事实上小说里的一些特别生动的片段，也确实是作为独立成篇的故事被先发表出来（如《姑嫂》《石头记》），但这样一种叙事策略的转变恐怕更与作家如上所言的美学追求有关。本雅明（Walter Benjamin）在讨论布莱希特的史诗剧的贡献时谈到，布莱希特往往会用一些不连缀的片段故事去打破传统戏剧在情节上的紧张连贯，而这样做的好处就是能让故事慢下来从而让我们去更清晰地看看生活本身。在本雅明的另一篇文章《讲故事的人》里，他说故事总会对集体生活有些教益，在故事里生活的那一个更接近自然的面向总会以一种无法穷尽的方式被保留，这与外在世界历史及新闻消息的简化状态形成鲜明的对照。[1] 这让我想到《黄河东流去》和《大河奔流》里的一个有趣的例子。在剧本里,有一个情节是,农民长松被迫把自己的女儿卖掉,结果被李麦救下,电影用这个情节服务于一个政治说教,即旧世界如何逼着人民卖儿鬻女,而共产党员与先进人物如何把穷人从火坑里救出。但在小说里这个情节完全被改写了,小说里的长松有了三个女儿和两个儿子,卖女儿的情节以一种缓慢的方式多层次地铺展开来。第一个层次以长松为视点中心,面对饥饿和死亡,长松不得不接受把女儿一个个卖掉的现实,这对这个要强的男人来说是毁灭性的,他经历了从挣扎苦撑到尊严丧尽的绝望历程;但随即有了女儿们的层面,第一个女儿从一开始的惊惧转变到对父亲的理解,最后还收获一种为亲人献祭的崇高感,另一个女儿则倔强地选择自卖自身自找出路,通过远嫁穷乡以维护尊严,尽管这一选择导致她受尽虐待身死他乡;最后一个层次是两个儿子的层次,他们顽强地把第三个被卖掉的很小的女儿找回来了,期间还夹杂着一个妓女和一个破落游民在艰难中的扶危济困,于是整个苦难故事也就因为一种朴素的至亲之爱和民间的侠义精神得到了在伦理上的升华,相比于剧本里"机械降神"似的从外在获得党和英雄人物的救助,李准新的叙事手法不仅让暗影里的生活获得展示,也让救赎的希望从生活自己的深渊里生长出来,确实可以说是"把现实主义引向了深化的道路"。

我这里用了蒋孔阳当年评论刘心武的小说《立体交叉桥》的谈法,这也是想说明李准这种叙事和美学上的追求在当时有一个共通的文化氛围。刘心武以创作《班主任》《醒来吧,弟弟》走上新时期文学舞台,他早期的创作里都有一个真理在握的教师的叙事声音,但到了《立体交叉桥》,这样一个声音就被抛弃了。作品里叙事声音的姿态与其说是指

---

[1] Walter Benjamin, Anna Bostock trans, *Understanding Brecht,* London and New York: Verso, 1998, pp1-14; Walter Benjamin, *Illuminations,* New York: Schocken Books, 1969, pp147-154.

导，不如说是观察，而随着这样的叙事调子的放松，这一家两个老人、两个儿子、一个女儿及相关一众人等的心理空间就都得到了铺展，故而这个小说成了空间性、去主角化的小说。美学家蒋孔阳评论说，《立体交叉桥》的可贵之处在于：

> 把现实主义引向了深化的道路，它没有满足表面、平面地反映生活，没有把生活写成意图和方案的结果，而是像恩格斯所说的那样，让无数个别的愿望和个别行动互相冲突，互相错综起来，形成一个立体交错的生活网，并多层次开拓下去，这就形成了立体的框架。[1]

这里蒋孔阳用了恩格斯的话，"无数个别的愿望和个别行动互相冲突"，这是恩格斯在《路德维希·费尔巴哈和德国古典哲学的终结》中的一个段落里的话。在这个段落里，恩格斯谈到自然界或人类社会表面上的偶然性，指出辩证唯物主义必须认真对待这个现实的散碎的世界，但恩格斯马上谈到，更重要的是要去探索偶然世界之后的规律。刘心武的小说里确实也无意揭示侯家人冲突背后的总体规律及矛盾解决的必然方向，正如李准也慢慢放弃了对造成河南大灾的社会政治原因的探寻或去为农民指引一条前进的道路。所以蒋孔阳落脚在对偶然性、散碎性的强调是符合刘心武探索每个人心灵空间的意图的，也符合李准试图写作普通农民在灾难里顽强生存的精神及美好的民间情义的用心。而我们也可以进一步说，在当时的氛围里，努力让这样一种生活的偶然性和自然力量释放出来，并非一种虚无的自然主义的感伤，而是有着时代积极意义的。下面我们将对这个小说的"去主角化"和空间化作一个和欧陆小

---

[1] 礼平等著，中国作家协会创作研究室选编：《新时期争鸣作品丛书 晚霞消失的时候》，时代文艺出版社，1986年版，第466—467页。

说的横向对比，从而进一步说明其背后的美学政治问题。

"去主角化"或小说世界的空间化这样一种长篇小说的构筑方式，无论在19世纪欧洲现实主义，还是在我国20世纪现实主义的发展脉络里都不是典型的，但这并不意味着它就没有先例可循。在西方现实主义的历史中，西班牙和拉美裔的小说家就总是更关心空间世界的展开，而19世纪的加尔多斯（Galdós）大量写马德里生活的小说就是去主角化的。根据杰姆逊的分析，其作品里所谓的主角人物往往是线索人物，他总是借所谓主角的视点去交代次要人物的故事，而这些主角也只有在其他小说里成为其他主角视野下的人物时，才能让自己的生活和叙事空间得以展开。这种结构方式导致的另一结果是，加尔多斯的所有小说形成了一个巨大的体系，最终展现了马德里各色人物及社会生活的方方面面。[1]但这种写法就算在欧陆世界也显得不常见，因为它不符合"长篇小说"这个体裁自18、19世纪以来的经典范式，我们太习惯跟随着一个雄心勃勃的（男）主人公去征服世界了。[2]但为何在西班牙和拉美裔小说家那里，长篇小说的基本模式会发生变异呢？杰姆逊提炼出以下两点：首先，加尔多斯笔下的西班牙社会并非典型的资本主义社会，它的资本主义发展较晚也不成熟，大量封建因素留存，因而实际上并不能完全打造一个以现代主体性为核心的资产阶级典型英雄；其次，加尔多斯的写作时间恰又是西班牙社会迅速民主化的时间，于是在资产阶级英雄还没充分成长，旧社会的社群性还没有解体的情况下，小说内部的民主化就会一方面要求给所有人物提供足够的视点空间，一方面又要求人物不形成完全闭合的、原子化个体的内在性。而这就在美学上引出"空间"对"时间"的对抗，形成"风俗画"对"史诗"的对抗。读者在阅

---

[1] Fredric Jameson, *The Antinomies of Realism*, London and New York: Verso, 2013, pp95-113.
[2] Franco Moretti, *The Way of the World: The Bildungsroman in European Culture*. London and New York: Verso, 1987.

读英雄主角式的欧陆小说时，往往会将自身投射到主人翁上，跟随着英雄的个体视野去结构整个散文化世界，这个时候英雄个体的内部时间成了我们组织审美经验的关键。但如果这样一个孤独的个体英雄的内在世界未能被完全建立起来，比如我们更青睐于像听故事那样去聆听一个完整社群的集体故事，或我们希望像欣赏风俗画或阅读汪曾祺式的风俗小说那样去感受一个社会的人间百态，那么我们在体验小说世界时，时间的重要性就可能让位于空间的重要性。

所以也许可以这么说，如果说《大河奔流》凸显的是一个滚滚向前的历史性的时间进程，那么《黄河东流去》缓缓展开的就是黄泛区灾民艰辛生活的空间画卷，而这样一种故事结构方式也同加尔多斯和他的马德里社会一样，与新时期初独特的文化历史语境有着密切的关联。这大体上包括：第一，旧式无产阶级英雄的塑形方式已失去审美上的合法性，而社会主义共同体的伦理想象在经历了"文化大革命"式斗争后也难以产生真正的凝聚力，当时对一种更自在、更日常的生活世界的追求成了艺术解放的普遍呼声；第二，西欧典型的资产阶级式内在个体尚未获得成长的土壤，但一部分启蒙知识分子已在建筑康德式的内在自我，然而同时另一部分更坚持人民性写作的作家则将以往政治性的对无产阶级人物的塑造转向对市井社会的民间美学力量的探寻；第三，中国革命文化和社会主义建设带来的对普通人的生活和情感世界的尊重依然有广泛影响力，而"文化大革命"后社会各阶层的实际平等，及建立在劳动和生产基础上的基本伦理立场，也为一个更民主的社会主义市民社会的美学想象提供了社会基础。也许正是在这样一个大前提下，《黄河东流去》不仅症候性地显示出美学叙事形式的新特点，也在内容层面上开启了对市井世界的生活意义的新开拓。我们下面就来重点谈谈这后一个方面的问题。

三、俗人俗情与百姓灶火：生活阴暗底色上的明媚日子

上面已经谈到，《黄河东流去》这个作品相比于电影或电影剧本《大河奔流》，在叙事方式上发生了重大转变，并且我指出这种转变和新时期的历史文化语境相关。但这种相关性不仅体现在形式上，也体现在内容上，即伦理、审美和情感各个方面。下面我将说明这种审美、伦理、情感有着鲜明的新时期初期的特点，它既不同于20世纪50—70年代，也不同于90年代。

与50—70年代的伦理和审美相比较，这时的一个重要的变化可用"伦理下沉"来大体表述。汪曾祺在描述市井小民时说，这些人"地位不高，财力有限，辛苦劳碌，差堪温饱"，说他们总体上"贤愚不等，流品很杂"，但同时也指出只有这样的"市井百态，才值得一看"。[1] 由这个视角去看，确实《黄河东流去》里的七家人，除了李麦一家人有较高贵的品质和较理想的形象外（这是电影剧本及小说一开始部分的重要人物，但后来慢慢淡出视野），其他各家人都有明显缺点和毛病，他们的人生道路也更曲折，基本都是坑坑洼洼的，但作者在写作展开的过程里，明显对他们的美学兴趣越来越大。如果说在《大河奔流》里，李麦一家人是电影的主角，是有着"无产阶级精神"的人物，那么在《黄河东流去》里，他们的形象就慢慢被一群在"人民群众的眼光下"的更像普通人的形象淹没了。这是一个非常关键的变化，对普通市井小民的这种关照，此时在古华、陆文夫、高晓声、刘心武、汪曾祺、李准、王安忆等一批作家里都有出现，而且他们和更早的新中国文学都颇有渊源：赵树理早在50年代进行曲艺改革、提倡"说说唱唱"的时候，就

---

[1] 邓九平编：《汪曾祺全集四 散文卷》，北京师范大学出版社，1998年版，第235—236页；邓九平编：《汪曾祺全集二 小说卷》，北京师范大学出版社，1998年版，第60—66页。

已明确提出想用"人民群众的眼光"代替"无产阶级的要求"的想法，而这时年轻的汪曾祺正是《说说唱唱》杂志的编辑。[1] 陆文夫在新时期以写作小巷故事出名，高晓声被认为最能写活农民，但事实上他们早在1957年的百花时期，就和方之一起尝试过办《探求者》杂志，提出要探索更丰富的社会主义空间。其他线索还很多，如古华的创作与他多年采集民歌经历的关系，李准新时期的创作和他50—70年代创作的关联，等等，这里不一一展开了。大致可以这样说，在20世纪左翼文学发展的漫长历程里，一直存在着精英的左翼启蒙主义立场与下沉的民间文化本位立场间的对抗，而赵树理的"人民群众的眼光"虽在50年代中期遭严厉批判，但在新时期初期文化多元宽松、"拔高"美学被普遍质疑的情境里，一种对民间生活有着正面的情感，同时对市井人物的缺陷又能有更宽容的理解的"伦理下沉"的美学就越来越受到欢迎，而李准在这个作品里能如此自在地创作"俗人俗情"，怕也和这个重要的社会文化语境有关。

同时相较于90年代的更新的现实主义或新写实主义创作，这个时期的市井写作中作者对百姓生活正面、积极、肯定的描述又显得特别突出。就此我们可以通过比较《黄河东流去》与《温故一九四二》来做说明，这两个作品都以1942—1943年的河南大灾荒作为背景内容，但作品的审美色彩及表达的伦理诉求迥然不同。刘震云是在1993年写作《温故一九四二》，这个小说自称"纪实体小说"，"纪实"是因它试图重新汇编口述史、新闻资料、历史档案，从而揭露河南大灾荒的真相，因而蕴含着一种道德激情；但它又宣布自己是小说，这是因为作家已接受先锋派叙事实验的洗礼，对文学叙事及历史叙事的有限性很自知，对自己的道德激情也持另一种反讽情绪（难道温故就能找到真相吗？）。在

---

[1] 相关讨论参见张均：《赵树理与〈说说唱唱〉杂志的始终——兼谈"旧文艺"现代化的途径与可能》，载《福建论坛（人文社会科学版）》2014年第12期。

这样的复杂情绪的裹挟下,《温故一九四二》与同时期新历史主义小说一样,开始了对宏大正史叙事的攻击,但如果说苏童、莫言等人的作品多从个人欲望出发来重新解释历史,那么刘震云的这个作品则蕴含着从"民"的角度打抱不平的激烈批判态度,小说一开始就用这样一段议论打下了基调:

  死了三百万。他严肃地看着我。我心里也有些发毛。但当我回到一九四二时,我不禁哑然失笑。三百万人是不错,但放在当时的历史环境中去考察,无非是小事一桩。在死三百万的同时,历史上还发生着这样一些事:宋美龄访美、甘地绝食、斯大林格勒大血战、丘吉尔感冒。这些事情中的任何一桩,放到一九四二的世界环境中,都比三百万要重要。[1]

这段文字和本雅明在《讲故事的人》里谈到黑贝尔(Hebbel)的自然历史思想的一段文字很接近[2],只是刘震云的表达有些过于明显,而且还充满了太多的愤怒,但大致意思还是近的,就是普通人的死亡是最接近自然层面的事,但它总是最远离历史。对于刘震云来说,河南大饥荒的被遗忘就是河南普通民众的一段惨烈的自然生命历史被遗忘,所以他想用他的小说来温暖(温故)这段历史,使他们不至于被冰冷地埋没在地底之下。我们可以感到这里有一种从无名的百姓向有名的英雄发起攻击的努力,这和我们上面所谈的李准或汪曾祺写众生不写英雄的叙事原则有共通之处。但《温故一九四二》的色调极冷,整个作品基本是批判与否定——蒋介石政府从最高层到最基层都被批评,民众的怯弱、健忘与残忍也被揭露,一些知识分子尚有良知的记录被提到,但也被叙事

---

[1] 刘震云:《温故一九四二》,长江文艺出版社,2016年版,第4页。
[2] Walter Benjamin, *Illuminations,* New York: Schocken Books, 1969, pp93-94.

者嘲讽，认为他们无力甚至虚伪，正面赞美则都给了外国人，美国记者、西方传教士，甚至日本人，这就又一次造成对民族历史和民族情感的冲击。这部作品下力如此之猛，我想除了刘震云确实有控制不住的激情要宣泄外，也由于他当时受到的存在主义式的人性观的影响（这恐怕是先锋派带来的一个后果），所以在小说阴沉的美学调子下，灾民仅作为被牺牲者被展览，他们逃荒、扒火车、卖儿女、妻离子散、饿死荒野还为野狗所食。

虽然没写尸体被野狗吃这样的太惨的场景，《黄河东流去》也写了灾民逃荒、扒火车、卖儿女、妻离子散、饿死荒野，但李准只是将这些苦难作为生活底色来写，而他在创造人物形象和讲述故事时已将生活美化了。小说《温故一九四二》几乎没有人物，三百万是一个黑暗的、充满怒气的历史冤魂的集体形象，到了冯小刚要拿这个剧本拍电影《1942》，形象上的视觉化就不可避免了，但也许是由于受这种阴沉底色的影响，最后电影所创造的形象几乎都只是动物式的人的形象，他们鲜活的外表只是为他们将被轻易毁灭的命运渲染情绪，但所有这些人几乎都缺乏人一样的意志、缺乏主体性。电影里有一个情节，星星在将自己卖作妓女后，因为吃得过饱而无法蹲下去伺候客人，这个情节容易让观众感到滑稽，并且还会因整个的生存无意义的调子而感到感伤，所以《温故一九四二》和《1942》里的世界是虚无的世界，颇像尼采所言的"西勒尼时代"的世界，这个魔鬼对苦难中的人的劝告是"不要生下来，不要存在"[1]。但《黄河东流去》的世界却是尼采所赞美的荷马时代的希腊人创造的世界。尼采说，希腊人在此在的苦难上建起了阿波罗神像，像做梦一样给世界涂上光亮的色彩，于是也就照亮了此在。那么我们也可以说李准在创作他的人物时给他们灌注了生气，不管是王跑、蓝

---

[1] [德] 尼采：《悲剧的诞生》，孙周兴译，商务印书馆，2018年版，第32页。

五、四圈这些他并不很赞同的人物,还是春义、长松、凤英、爱爱这些他寄予了更多情感的人物,李准都让他们共享一种伦理精神,这就是要坚定地活下去、要过日子、要有追求美好生活的意志。小说里有一个情节,王跑逃荒到了野地里饿晕过去,但这个时候他会做梦,并且梦见红薯、红烧长条肉、黄焖肉、红烧鲤鱼;后来他和妻子老气在一个寺院落脚帮忙种菜,他就拼着命去干;他在打井的时候意外挖到一块可以卖大钱的石头,就得意地做起有二十亩地的王掌柜的梦;后来他遭权势者算计,他们为了夺他的石头把他弄下狱,在生命危急时他对妻子说千万要把石头藏好,"我王跑扒权了半辈子,还是一个篮子,这就是我给孩子们留的一家业!"[1]亚里士多德曾要求他的英雄能有道德勇气,能像俄狄浦斯王那样去为城邦负责。李准笔下的草民没有这么高的品质,他们不关心公共政治生活,但是在活下去、让家人过上好日子这一点却又是严肃的英雄。而这正是新时期初"日子"美学最核心的主题,我们在王安忆《流逝》里的欧阳端丽、陆文夫《小贩世家》里的朱源达、汪曾祺《大淖记事》里的巧云身上,都能看到同一类型的伦理意志和道德承担,这些使李准小说里这群从赤杨岗逃出来的灾民和《1942》里范殿元、瞎鹿那群灾民有了完全不同的精神面貌。

小说中还有一些汪曾祺所言的"辛苦劳碌,差堪温饱",同时"贤愚不等,流品很杂"的人物,比如四圈、蓝五这些,但他们都会被给予一个道德高光时刻,这时他们同样会体现出一种坚定的性格力量。比如在我们上面谈到长松的三女儿小响被卖到妓院、她的两个哥哥寻到她的场景里,他们刚好碰到穷困潦倒的四圈和与他姘居的女人大五条(一个年老色衰的妓女),四圈是个结巴,品德也不高,但他非常讲义气地拿出他所有的财产——他前一个情人留给他的一对金耳环——为这个小

---

[1] 李准:《黄河东流去》,人民文学出版社,2005年版,第247页。

女孩赎身,而这只因为一种道德义勇,"救人要……要救活","不能叫孩子们再……再受这罪!"[1]另一个是似乎相反的例子,蓝五和他的情人雪梅被棒打鸳鸯,多年后又相逢的雪梅已是姨太太,却旧情仍在又燃起私情,结果被他的恶丈夫害死在野外,这时,一直躲避在外的蓝五毅然回去收尸,并出人意料地当夜就吊死在雪梅尸旁。蓝五一直是老实、懦弱的形象,但这个自杀情节却一下子显示出他坚定的求死意志,让读者看到这个完全不起眼的无用的男人也有强大的心灵力量。如果说《1942》里的人物已经只存在动物式的生存本能,那么李准笔下的人物的行动却都来自心灵,因而具有一种黑格尔意义上的坚定的主体性人格。也许也正因为他们可以自己决定生和死,他们就不需要像刘震云笔下的三百万一样要蒋介石、李培基、美国人或日本来对他们的命运负责。在另一个层面,王跑贪财,四圈好色,蓝五懦弱,这些人物是有明显缺陷的人物,但现在小说作者已能坦然面对俗人俗情,所以就不再去指摘他们的道德流品,这样一来这些缺点反而成为塑造他们生动个性的有趣印记,于是我们看到从赤杨岗流亡出来的这群灾民不仅每一个都有一种活下去、求生存的普遍伦理力量,同时又各有鲜活生动的具体性格,相当符合黑格尔美学对塑造人物的要求。

不过,李准显然有他更喜爱的人物,这些人物分成男人和女人两组,各自都有一种更深层、更普遍的伦理力量作为支撑,两者的冲突在故事里具体化为父与女,夫和妻之间的冲突,而他们的这个矛盾又直接对应着改革年代的基本伦理的冲突,他们是代表农村乡土传统的"黑脸求土"的长松、春义、海老清和代表都市商业精神的"笑脸求人"的凤英、爱爱。我们下面就深入谈谈这两组人物的伦理追求,以及他们和新时期改革精神的内在关联。

---

[1]李准:《黄河东流去》,人民文学出版社,2005年版,第551页。

虽然两组人物都在苦难中过日子、求生存,但似乎"黑脸求土"的男人们的日子更不好过,长松被一大家子的拖累压垮,海老清离开城市回家给地主耕地,结果在饥荒里饿死,这其中春义境况最好,他是主动离开凤英的收入殷实的饺子铺,甘愿去当苦力、做农民,并最后又主动提出离婚的(而不是向其他家庭一样被迫亲人间分离),这就显示出他的自由意志及他与他妻子在伦理冲突上的尖锐性。那么这种冲突的本质是什么呢?春义概括为:"我宁可黑脸求土,决不笑脸求人。"[1]夫妻二人的故事开始于一场动人的水上婚礼,当时大水已淹没土地,但村里人还能在一块方舟似的土坡上维持一种临时的共同体状态,这时凤英的老父亲驾着一只小船把已许给春义的女儿送来,这既是为了履行契约承诺,也是让女儿在大灾难中有个男人可以依靠,所以这段婚姻起于这样一种感人至深的相濡以沫、相依为命的爱情神话。然而在另一面,这种萍水相逢的婚姻又预示着他们的根基不稳,对于奉行"黑脸求土"的古老自耕农精神的春义来说,他面临的最大挑战是土地的丧失、乡村共同体的瓦解,他成为黑格尔所言的无实体性的主体。在和凤英逃到咸阳后,他就进一步面临完全被城市的生活与伦理疏离的状况,本来他们有幸能住在开面铺的熟人陈柱子家,凤英在饭铺帮厨,他也谋到了在街市卖菜的营生,但他却无法张嘴吆喝,也不敢、不愿给菜蔬泼水加重;但妻子却是适应市场原则的、"满眼都是钱"的机灵人,她还在帮厨时就偷师学艺,打算来年跳行立业,而这在春义看来又是道德上的不义;凤英张罗店铺,需要拉关系、讲人情,不管公事人还是闲人她都说好讨笑甚至卖弄风情,这最后一点让春义觉得丢人败俗,男人的尊严丧失殆尽。[2]

以上就是春义的伦理挫折,我们还可以比照着看到,春义的这些焦虑和海老清在女儿爱爱那里的遭遇很类似,他看不惯女儿卖艺的营生,

---

[1] 李准:《黄河东流去》,人民文学出版社,2005年版,第651页。
[2] 李准:《黄河东流去》,人民文学出版社,2005年版,第360—425页。

也看不惯女儿乌七八糟的感情处理方式，最后赌气回乡自己向土地求食，却在灾荒中饿死。长松倒没有能干的女人帮他赚钱，但他苦撑苦干也养活不了一家人，最后沦落到卖女儿，陷入人格的崩溃。所以当小说结尾写到他们得知土地可以失而复得，共产党政权能保证让他们安居乐业，他们就兴致勃勃地回家，还将当年埋在土里的农具都挖出来，这时的兴奋和乐观确实是由衷的。于是李准顺利地将小说收束到这样一个充满希望的1945年，这时这群农民又有了重获土地、恢复伦理秩序的可能。但同时我们也须看到小说世界的这个时间也对应着作家写作这个章节的大致的1983、1984年，因而也对应着当时新时期的安居乐业的土地政策，即家庭联产承包责任制。这时农村改革正在正面宣扬小生产者的伦理与建立在劳动基础上的自尊精神，这方面蔡翔、林凌等已经做了不少精彩的讨论，而我们在高晓声的陈奂生系列小说、何士光的《乡场上》或张一弓的《黑娃照相》等作品里也都能看到自耕农的劳动者美学的恢复[1]，所以我们也可以说，李准是以书写历史的方式参与到新时代美学形象和生活精神的重塑进程里。

然而仔细的读者还是会感到，叙事声音在讲述海老清和长松的故事时虽饱含同情，但也有一种微弱的反讽，在面对春义的那种愤怒时则明显有些责怪，无论如何，在整个小说除最后几章外的章节里，这些男人们的伦理理想都在实践上被否定，是一种片面性的存在，因此我们必须加入对这些呆板的男人的对立面——那些活泼的女孩子们的讨论，这样我们才能全面理解这个作品复杂的伦理关怀。其实熟知李准的读者也大多会有这样的预感，创造了李双双这样泼辣可爱的女子的作家，怎么会

---

[1]林凌：《重返"八十年代"的另一种可能——〈乡场上〉与"按劳分配"原则的生机与危机》，载《杭州师范大学学报（社会科学版）》2012年第3期。对这种20世纪80年代初的伦理和美学立场与前三十年的关系的讨论，参见蔡翔：《革命/叙述：中国社会主义文学－文化想象（1949—1966）》，北京大学出版社，2010年版，第222—272页。

轻易把自己真挚的情感认同投向春义、海老清这些老实保守同时又带封建习气的男人们呢？所以我们要在本文最后介绍凤英和爱爱，笔者认为这是李准塑造的更有生命力的人物，而且她们不仅是理想的，也是现实的，因为她们是小说里唯一的不仅有意志且有能力担负起家庭生计的人物，虽然她们还只是年轻姑娘和小媳妇。

春义认为凤英不安本分，但这在凤英那里是"人往高处走"，这是虚荣，更是上进心；更何况除了勤劳、节省，支持这份上进心的还有凤英善于学习新知识、善于发现潜在资源、善于决断做风险投资、善于开拓人际圈子、善于利用社会资源等一整套能力。这最后一条在春义看来是卖弄风情，但小说的隐含叙事人对此置之不理，甚至还有些暗中鼓励——卖弄卖弄又如何呢？小说写了一个很有韵味的细节，凤英因为担心春义劳累又营养不良，就去偷喝了一口帮工店里的香油，然后闹着玩似的用嘴送到春义嘴里。这个小举动真是既有风情又显活泼，而且还透着质朴的对男人的疼惜，有这样的情感能力的女掌柜在开门做生意时要卖弄风情怕也会是游刃有余。这里的关键是，凤英敢于为过好日子承担更多的风险，她对生活是充满欲望的，也有一种更大胆的、更向外开拓的态度，这和春义身上农民的保守性形成了鲜明对比，而在新时期初年，这样的有活力的女性形象当然不会孤立，我们在《芙蓉镇》里的胡玉音、《流逝》里的欧阳端丽、《四妹子》里的四妹子、《大淖记事》里的巧云等一系列女性形象身上都能看到这样的飒爽的倩影，在她们身上也更有改革的气息。

但还要注意，这种飒爽和明媚放在苦难的生活中，则背后更有一种苍凉、深层的生命意志了，我用李准塑造的另一位美丽女性、海老清的女儿爱爱来说明。洪水来时老清和家人失散，老清嫂带着两个女儿爱爱和雁雁流落到洛阳一个叫烧窑沟的地方。生活还要继续下去，爱爱和雁雁开始摆茶摊，然后卖绿豆丸子汤，接着就遇到说河南坠子书的艺人徐韵秋，爱爱决定拜师学艺，做了个曲艺艺人。年轻的曲艺女艺人在中国现当代文学里是一个常见的形象，如郁达夫《迷羊》里的谢月英、张恨水《啼笑因缘》里的沈凤喜，或田汉《名优之死》里的小凤仙等，这些人物自然多姿多彩，但总体来讲她们总是些既清纯又有性吸引力的女人，因而当然是男性的欲望对象，同时由于职业略带着风尘色，她们又极易陷入堕落或遭遇灾祸，这也总会给她们的爱慕者带来毁灭性打击。李准熟悉曲艺，当然知道这个形象所包含的这些情节素，他也没有避开这些要素，但他重新组装的新故事却又有了一个全新的改革时代女性的风采。

爱爱愿意学坠子书一方面是生计考虑，这在她看来是一门"武艺"，并不是轻易或轻贱之事；另一方面这种技艺还能给一个贫穷的农家女儿带来虚荣和自尊，爱爱知道自己漂亮，也愿意以技艺和容貌被城里人、上等人欣赏和抬举，这在天真的她看来是完全正当的。当然这个职业马上带来可观的收入，这时不仅是爱爱，连带着老清嫂都开始享受到物质宽裕带来的快适了，而另一种烦恼或快乐就是男性的爱慕。不过李准处理得极有分寸，他既不拔高也不贬低这些爱慕者。如关主任这个爱慕者就不是以往的军阀、恶霸、纨绔的形象，这是一个四十多岁的、无儿女的离婚男人，一个小军官，粗鲁但对爱爱很爱惜，这个关处长不但给她物质上的帮助，在情感上也愿意和爱爱沟通，是一个愿意做长久正式夫妻的追求者。爱爱对他心存感激，但是她又有固执、任性的所爱，一个照相馆的小相公彦生，虽然无财无势，但爱爱就是对他喜欢。爱爱一直在两者间犹豫，最后决定嫁给关处长，但又不甘心，所以在婚前主动私会彦生，和他做了一个晚上的夫妻。这个举动看似过于冲动，但从性格逻辑角度看合情合理，爱爱既然不得不在生计前低头，那么她就会报复性地想去做自己爱欲的主人。我们看到在《大淖记事》里，巧云在被刘号长霸占后一方面维持着和刘号长的关系，一方面又主动向小锡匠献身，其实也是类似的情感冲动。但这次冲动导致了怀孕，这让爱爱陷入忧虑和紧张，而这时李麦刚好前来拜访，就给爱爱说了几句定人心神的话："人一辈子，七次跌倒，要八次爬起来！千万不能窝囊，爱爱，你要拿定主意，是风是雨只管往前走，没有过不去的火焰山。"[1]这是定心丸，虽然形势的发展比预想的还要糟，关处长没有给出他的担待，发了大火后离她而去，小相公也没有他的担待，受了惊吓后一走了之，但爱爱既没有低声下气去求男人，也没有撇开母亲妹妹一死了之，她的选择是去找师傅要求重新登台说大书，爱爱这次说的是全本的《杨家将》，小说里写这个登台的场面既苍凉又辽阔：

> 刚走出前台，观众看她挺了个大肚子，先"哄"的一声笑了。徐韵秋替她捏了一把冷汗，爱爱却旁若无人，沉着肃立，脸上堆出微笑，并不在乎。只听一阵清脆的檀板响声，大家开始肃静下来，那檀板只打得"哗！哗！"作响，既热烈奔放，又节奏鲜明，好像大年初一五更的鞭炮炸响，又好像深夜空街的群马奔腾，只是这一段开场板声，便惹起观众一阵暴风般的掌声。[2]

李准这里用词相当雄阔，在檀板声里爱爱在想些什么呢？也许她的思路正追着《杨家将》里满门男儿皆战死沙场的激烈苍凉，但"没有过不去的火焰山"，男儿死尽也有杨家女将披挂上阵。正如爱爱，虽然父亲饿死异乡，情人下落不明，照顾他的好男人负气远去，还有老母、妹妹、自己孩子要照顾，也还有自己长长的人生要追求，空无一人，就只能勇敢地自己去面对深渊式的命运苦难了，"没有过不去的火焰山"，"是风是雨只管往前走"。小说里写到经过这一夜后，爱爱变成熟了，她

---

[1]李准：《黄河东流去》，人民文学出版社，2005年版，第620页。
[2]李准：《黄河东流去》，人民文学出版社，2005年版，第631页。

埋葬了她的少女岁月；无独有偶，在《大淖记事》里，巧云也是最后决定捡出父亲的筐箩和担子，自己去挑担养活一家人，而汪曾祺也写她从一个姑娘变成了一个能干的小媳妇。当时的评论者评价巧云的话或许也可以用在评价爱爱身上，这些女性是美的，因为她"执着地追求生，追求爱，追求自己的权利"[1]。

李准把凤英和爱爱留在了城里，同时让春义、长松回到故土，而围绕他们周围的，还有四圈和大五条、王跑和老气、老头子徐秋斋，以及李麦一家等众乡亲鲜明、具体、生动的形象，这就产生一个类似奥林匹克山式的极为丰富的形象世界和伦理竞技场。这种情况一方面与我们在第二部分谈的去主角化和空间化的叙事机制有关，另一方面也和李准写作这个作品的新时期自身的文化与伦理价值混杂、活跃、自由有关。我们看到这里所涉及的就包含了平民的发财梦想、乡土的自耕农精神、"五四"的爱情话语、社会主义革命带来的生产者美学以及改革时期对新的市场经济人的乐观理想，小说的叙事者对这些人物并非没有一种隐晦的褒贬，但正如汪曾祺在总结市井小说时观察到的，这种褒贬是温和的，是贴着人物也贴近生活的[2]，这就使这部作品对我们今天去理解什么是"人民性"、什么是"人民群众对美好生活的诉求"这样的理论问题提供了丰富的文学资源，也让我们看到了这一时期现实主义美学可以达到的深度和广度。

---

[1] 凌宇：《是诗？是画？——读汪曾祺的〈大淖记事〉》，载《读书》1981年第11期。
[2] 邓九平编：《汪曾祺全集四 散文卷》，北京师范大学出版社，1998年版，第236页。